胡適年譜長編

"十四五"国家重点出版物出版规划项目

宋广波 著

第七卷

1947—1951

长江出版传媒
湖北人民出版社

目　录
第七卷　1947—1951 年

1947 年　丁亥　民国三十六年　56 岁 ………………………………… 1
   1 月 …………………………………………………………………… 1
   2 月 …………………………………………………………………… 11
   3 月 …………………………………………………………………… 20
   4 月 …………………………………………………………………… 33
   5 月 …………………………………………………………………… 40
   6 月 …………………………………………………………………… 49
   7 月 …………………………………………………………………… 60
   8 月 …………………………………………………………………… 65
   9 月 …………………………………………………………………… 75
   10 月 ………………………………………………………………… 89
   11 月 ………………………………………………………………… 103
   12 月 ………………………………………………………………… 115

1948 年　戊子　民国三十七年　57 岁 ………………………………… 129
   1 月 …………………………………………………………………… 129
   2 月 …………………………………………………………………… 140
   3 月 …………………………………………………………………… 149
   4 月 …………………………………………………………………… 160
   5 月 …………………………………………………………………… 170
   6 月 …………………………………………………………………… 179
   7 月 …………………………………………………………………… 186
   8 月 …………………………………………………………………… 195

9月	206
10月	215
11月	228
12月	237
1949年　己丑　58岁	**245**
1月	245
2月	251
3月	259
4月	267
5月	274
6月	289
7月	301
8月	307
9月	316
10月	324
11月	338
12月	344
1950年　庚寅　59岁	**355**
1月	355
2月	362
3月	369
4月	374
5月	379
6月	389
7月	392
8月	397
9月	399
10月	404
11月	406

12月	409
1951年　辛卯　60岁	413
1月	413
2月	420
3月	423
4月	426
5月	429
6月	431
7月	433
8月	434
9月	436
10月	447
11月	452
12月	455

1947年　丁亥　民国三十六年　56岁

> 是年，胡适仍任北京大学校长。
> 是年，胡适的学术研究，仍以《水经注》考证为主。
> 1月，胡适力主以法律途径解决"沈崇案"。
> 2、3月间，蒋介石力劝胡适入其政府，胡终辞之。
> 7月，胡适主持接收北洋大学平部工学院。
> 9月，胡适发表《争取学术独立的十年计划》，提出国家重点扶植5所国内一流大学。

1月

1月1日　北京大学史学系全体学生与北京大学史学会联名致函胡适，为向达因受辱辞职一事，请胡适校长挽留向达，并立即查明和开除侮辱向达的学生。(《北京大学史料　第四卷　1946—1948》，409～410页）

1月2日　Sdren夫妇致电胡适，祝贺新年。(中国社科院近代史所藏"胡适档案"，卷号 E-0338，分号8）

1月3日　下午3时至5时，胡适举行茶会，招待北大教职员工及其家属，庆祝新年。(次日之《益世报》）

同日　胡适复电朱家骅并转王世杰、傅斯年，述沈崇被奸污之简要经过，已抄阅警局、医院案卷。沈崇的亲戚杨君已聘请律师，北京大学则请赵凤喈、燕树棠等人任法律顾问，次日中午会同检阅案卷。美军方面似亦明了此事的严重性，故30日学生游行时均闭门不出，美军审判，现尚未定。

（王汎森：《史语所藏胡适与傅斯年来往函札》，《大陆杂志》第93卷第3期，21页）

　　按，此日前后，胡适曾复电傅斯年，抄送地方法院侦审此案华方证人的纪录一册。又云：

　　回来后，始知证件太不全，故组织法律顾问会，力劝被害人及其监护人，使其受中美双方侦查检验，尤其是女身所受硬伤，当晚与次日两次检验均未发现，至第二夜以后始发青紫的。此种重要证据，当时均未记录，殊属疏漏。

　　……我们今日所作只是充分把全校的法律人才供被害人之用。（王汎森：《史语所藏胡适与傅斯年来往函札》，《大陆杂志》第93卷第3期，20～21页）

　　又按，1月1日，王世杰致电胡适、梅贻琦、袁敦礼、徐佩琨等4位大学校长（院长），云：美军污辱女生事件，系刑事案件，应听由法律解决。现闻竟有人借此鼓动风潮，请4校校长（院长）阻止。(《胡适遗稿及秘藏书信》第23册，603页）

　　再按，1月2日，朱家骅致电胡适云，此次北平市美军士兵奸污女生事，教育部极关注，究竟当时实情如何，该女生家庭有何意见表示，以及近来学生情绪如何，凡此种种，亟待明了，以备参考。务请以最迅速方法，妥为调查明确，即将有关各项资料，迅速寄给教育部。(《胡适来往书信选》下册，158页）

1月4日　中午，胡适宴请法学教授赵凤喈、李士彤、周炳琳、燕树棠以及甘介侯、左明彻、沈崇表姊杨正清夫妇等，就美军士兵强奸女生事件之法律问题交换意见达3小时之久。胡适事后表示：东单事件主要为法律问题，根据法律手续，搜集证据等甚为重要，此次宴会系就此事有所商讨。胡又表示：必要时今日被邀请诸人皆愿作为沈崇的法律顾问，予以援助。（1月6日之《申报》、天津《大公报》）

　　同日　教育部就如何妥善解决好由北平美军士兵强奸女学生事件引起

的学生游行致电胡适、梅贻琦。(《胡适遗稿及秘藏书信》第25册，460页)

1月6日　下午5时，胡适主持召开北京大学第二十八次行政会议，决议1月11日举办蔡元培80冥寿纪念会等事项，胡适报告美军士兵强污女生事件，现请法律系教授燕树棠等6人组成法律顾问委员会，负责代被害人搜集法律证据等。(《北京大学史料　第四卷　1946—1948》，34～35页)

同日　下午7时，胡适就美军士兵强奸北大女生案招待记者。胡适说，北京大学决定聘请法律系刑事方面全部专家集体为被害人搜集证据，提供意见，给被害人以实际之帮助。此项法律顾问系由燕树棠、李士彤、费青、蔡枢衡、赵凤喈组成，并推李士彤、赵凤喈为被害人之律师，必要时代表出庭，同时向地方法院检察庭告诉，由首席检察官自4日起重新调查所有人证物证。胡适又说，沈崇尚在北平，所谓沈氏失去自由之说绝对不确。胡适又表示：女家之若干长辈皆为熟人，个人当然绝对帮她的忙，如需要自己助其出庭，甚愿以监护人资格陪她去。(次日之《申报》、天津《大公报》)

1月7日　胡适撰成《论杨守敬判断水经注案的谬妄——答卢慎之先生》一文。此稿于1949年8月25日修改一次，1958年2月又修改一次。(《胡适手稿》第5集卷2，491～515页)

1月9日　张子高致函胡适，推荐王古鲁。(《胡适遗稿及秘藏书信》第34册，12～13页)

同日　季泽晋致函胡适云："昨在平良晤为快"，已回津。今转上王世杰密电。(《胡适遗稿及秘藏书信》第23册，606页)

　　按，王世杰致胡适电云：报载兄对美军士兵案，准备出庭作证，未知确否？美方刻正羞愤同深，兄之地位或未便如此。尊意如何？(《胡适遗稿及秘藏书信》第23册，605页)

同日　罗崇宪致函胡适，请胡适为其题座右铭。(中国社科院近代史所藏"胡适档案"，卷号1443，分号1)

按，是年向胡适求字的人还有：许峰飞、叶中梓、胡子安、储安平、过养默、赵志轩、洪高煌、李滋新、丁山、马文楷、汪振教、冯百川、赵甡。（据中国社科院近代史所藏"胡适档案"不完全统计）

1月10日 胡适致电傅斯年：参谋本部石楼及校尉营房全部迄今仍未腾交，孙方鲁长官来南京，请傅斯年将此事转告陈诚总长，并请陈诚在方便时与他商议此事，以便将这两处尽早腾让。（据台北"中研院"史语所"傅斯年档案"，旧档号：I: 1314）

同日 胡适致函中国太平洋国际学会各理事，云：

> 去年九月十三日印度的"全亚洲会议筹备会"发出请函，邀请中国六个团体到印度参加1947年二月半至三月底之间的"全亚洲会议"……
>
> ……………
>
> 十二月三日教育部杭次长曾邀集各有关团体会商一次，当时我曾提议请吴秘书长去电请印度方面把会期展到1947年的十月间。但后来听说，我国政府方面不甚赞成这个意思，此电就不曾发出去。
>
> 十二月廿六日吴铁城先生又邀我去商谈此事，参加者有戴季陶、王雪艇、朱骝先、叶公超诸先生。那时候已得印度来电，说此会已确定三月廿四日至四月三日举行。那天我说：太平洋学会明年（1947）须筹备九月间赴伦敦大会，一年之中两次参加国际会议，我们无此人力财力。故我主张本会不参加此会。
>
> 当时吴秘书长表示很盼望本会参加，并盼望我本人参加。他说，旅费一层是不成问题的。我当时声明本人实无暇赴会。
>
> ……请各位理事考虑（1）本会应否参加此次印度召集之全亚洲会议？（2）如应参加，应推定何人代表本会出席？是否可由各位理事授权与胡适与在京各理事，与其他被邀请之各团体商酌办理？（《胡适遗稿及秘藏书信》第20册，364～367页）

1947年　丁亥　民国三十六年　56岁

1月11日　北京大学教职员及蔡元培弟子举行蔡氏80冥寿纪念会，与会者约60人。首由胡适致辞。胡适盛赞蔡元培是全德之人以及他的积极的无为。又指出蔡在一战结束后说明欧战胜利意义的4条意见（强权论消灭，互助论发展；霸道消灭，正义发展；独裁专制打倒，民主政治发展；种族偏见消灭，大同主义发展）今天仍用得到。胡适演讲毕，李圣章、汪敬熙、何思源、钱端升相继发言。（次日之天津《大公报》）

同日　胡适致函天津《大公报》，对该报有关林语堂发明打字机之报道有所辨正：

> 一月十号贵报登载中央社纽约八日专电，记载林语堂先生发明的中文打字机，而加上"林语堂生财有道"的大字标题。我看了这个标题，十分感觉失望。所以我想替他说一句公道话。林先生这个打字机，的确是他三十年研究的结果。中间中央研究院和中华教育文化董事会都曾给他一笔奖学金，使他能够到美国工厂去试验制造他的机器，到最近几年他才完成他的研究。前年他把他一生的积蓄都拿出来作试作机器的费用，到了最近他才敢定期公开试验。我自己虽然没有看见他的机器，但是据赵元任先生说，他的机器的成功可能性比任何中国打字机都更大。我觉得这件事是中国教育文化界和一般社会人士都应该同情赞助的。因为这不是林先生的生财之道，实在是中国教育文化史上一件大发明。
>
> 我附带要报告最近三四年来中国人在外国研究的中文打字机。据我所知，共有三个最有成绩的人，一个是林语堂先生，一个是中央通讯社的高仲芹先生，一个是加拿大的华侨马先生（Frank Mak）。林先生的打字机一月十号的各报已有详细的说明了。高仲芹先生的打字机去年七月间已经在纽约公开试验，当时中国各报也有记载。如果我的记忆不错误的话，高先生的打字机，每打一字须按四个数目字，头两字代表笔画数，第三个数字代表同画中的部首，第四个数字就打出同画同部首的第几个字。加拿大马先生的打字机，我曾去看过，他因为

中国旧有的打字机，每打一个字必须有两步手续，第一步找本字，第二步才打出字来，马先生是个机械工程师，他想把这两步手续并作一步，前年他报告我，他的试验已经成功了。

这三位先生都是有心人，都可以说是中国教育文化界的恩人，我们对他们的研究和试验，应该表示敬意。（1月15日之天津《大公报》）

1月13日　下午5时，胡适主持召开北京大学第二十九次行政会议，胡适报告：在南京请求增加复员费15亿，在南京接洽外汇困难情形，卫生署防痨设计委员会与本校筹商设立结核病防治医院经过。又修正通过北京大学组织大纲等事项。（《北京大学史料 第四卷 1946—1948》，35页）

1月14日　下午3时半，由外交界及名流学者所发起之国际关系学会在南京举行成立大会，到会人员200余人，由邵力子主席并致辞，次发起人何凤山致辞，通过会章后，选出邵力子、孙科、王宠惠、白崇禧、王世杰、俞鸿钧、陈立夫、甘乃光等25人为名誉理事，宋子文、颜惠庆、朱家骅、胡适、周鲠生、陈光甫、吴国桢、何凤山、李惟果等31人为理事，刘文岛、陈裕光、吴贻芳等9人为监事。（次日之天津《大公报》）

同日　杨联陞致函胡适，谈及"国民大会"通过了"宪法"，为胡适"没白跑一趟南京"感到高兴；从周一良来信中得知北大教授阵容最为齐整，"更是替您喜欢"。述及在康桥的中国学人过圣诞、新年的盛况。哈佛燕京学社甚望杨能回哈佛执教，此点，请胡帮忙斟酌："无论您认为我最好今秋回国，或无妨在美国再住两年，都请早点告诉我，以便遵命行事。"（《胡适遗稿及秘藏书信》第38册，318～319页）

1月15日　胡适致函张元济：北归不满三日，就听得两个同事盛称祥保女士教育成绩之好。先生闻之，当可放心。（张树年主编：《张元济年谱》，商务印书馆，1991年，520页）

同日　傅庆隆致函胡适，谈陈雪屏担任北大训导长的种种不妥之处，述自己之哲学信仰和训导主张，自荐做北大训导长。（中国社科院近代史所藏"胡适档案"，卷号1868，分号11）

同日　傅斯年急电胡适，谈及陈雪屏受某种分子攻击，系破坏北大之企图，自己与陈虽意见不合，但在关键时候请胡对陈全力给予支持。(《傅斯年遗札》第三卷，1731页)

　　同日　傅斯年急电胡适：北京大学两处用房事已遵命访陈诚、孙越崎，孙谓无问题，并已嘱其下属韩处长致电北平移交。彼日内北返后，盼即与一洽，或即托张伯谨速办移交。(《傅斯年遗札》第三卷，1730页)

　　1月16日　胡适复函陈监先，感谢其为章学诚和乾嘉学人手迹事屡次费神。又云，就陈所示的目录看："其中关系比较重要的，似乎只有任大椿、钱坫、朱锡庚、冯廷丞和引之（王引之？）诸人，这几个人的信札中如果有涉及学问上的问题，或和他们的生平极有关系的资料，不知书贾是否还肯容许先生借来托人抄录一份。但如果像来书所说，其中也只是些寻常事情，便不必了。全份索价四十五万，实非我的力量所能购买，请不必再和书主商谈了。"(高增德：《关于胡适致陈监先的三通书信》，《书屋》1997年第3期，39页)

　　　　按，陈监先原函作于1月9日，现存中国社科院近代史所藏"胡适档案"中，卷号1306，分号3。

　　同日　胡适将蒋梦麟竞选立法委员请予支持函100份寄送陈垣，"请转致贵校同仁为盼"。(《陈垣来往书信集（增订本）》，219页)

　　同日　胡适复电王世杰：弟无作证人资格，仅出庭观审而已。闻已定17日开审。前飞寄证件想已达览。女生沈崇为沈文肃之曾孙，林文忠之外玄孙，并闻。(王国华、耿来金选编：《胡适档案中有关沈崇事件来往函电选》，《北京档案史料》1994年第2期)

　　同日　胡适重读清人赵昀撰《遂翁自订年谱》一卷，并有题记："民国卅五年十一月读此谱，觉其真率可信。（我在夫子庙书铺翻开此谱第三页，见其记看小说一段，即知其可信。）卅六年一月十六日百忙中重读一遍，觉得这是一部很好的自传，故题记如上。"据此书的胡适另一题记，知此书是胡适1946年11月在南京购藏的。(《胡适藏书目录》第3册，1556～1557页)

同日　胡适在清人赵一清撰《水经注释》四十卷卷首一卷、附录二卷、水经注刊误十二卷（乾隆五十一年赵氏小山堂刻本）卷末题记："民国卅六年一月得此本，定为赵东潜书刻本的最初刻本的初印本，毫无可疑。试举一证：此本卷三十八叶二'故昭陵也'下赵注'洛陵汉表作洛阳'，与四库本及吴骞家写本及其他写本相同。此第一刻本原状也。海源阁藏刻本（今归于我）与芝城大学北京大学藏刻本，此注'汉表'二字剜改作'一本'，此初次剜改本也。我藏的修改重刻本，此注改作'洛陵汉表作路陵'，此句以下又剜改了廿四个字。此二字大剜改本也。（参看卷一叶一上'山三成'句我的校记。）此本与王先谦所见本，及张寿荣父子所见本，完全相同。三十六年一月十六日，胡适记。"（《胡适藏书目录》第4册，3004页）

1月17日　上午9时，美驻华海军陆战队第一师组织的军事法庭，公审美军士兵皮尔逊强奸北大女生沈崇案。胡适出庭，并"频频笔记"。出庭的还有沈之法律顾问李士彤、赵凤喈，以及左明彻、孟昭楹、吕宝东、张述先、纪元、宪兵第十九团代表以及中外记者等27人。（次日之《申报》、天津《大公报》）

同日　《申报》报道，上年12月21日成立于南京的中国科学促进会将展开重要工作。报道又说该会委员多系研究科学专家，主任委员为杭立武，常务委员为杭立武、任鸿隽、孙洪芬、卢于道、李振翩、朱章赓、沈其益，名誉委员有宋子文、吴稚晖、翁文灏、胡适、王世杰、周诒春、蒋梦麟、朱家骅、陈立夫、陈诚、钱昌照、俞大维、司徒雷登、史蒂文、罗士培、李约瑟、艾德华、费慰梅。

1月18日　美驻华海军陆战队军事法庭继续公审美军士兵强奸沈崇案，胡适仍到庭旁听。（次日之《申报》）

同日　北京大学校长胡适呈文教育部：迄1946年12月底，北大总计学生4288人（附名单）。（《北京大学史料 第四卷 1946—1948》，297页）

1月20日　美驻华海军陆战队军事法庭继续公审美军士兵强奸沈崇案，胡适仍到庭旁听。（次日之天津《大公报》）

同日　华盛顿大学校长Raymond B. Allen致函胡适，云：

1947年　丁亥　民国三十六年　56岁

  This will introduce Dr. Franz Michael to you who is an Associate Professor of this University and whom we are sending to China to make a tour of various Universities.

  During the last few years, we have been proud to have on our staff five or six distinguished Chinese professors. We have long felt, however, that one of our own men should renew our contacts with Chinese Universities on the spot and take up again the scholarly tasks which were disturbed by the war.

  Doctor Michael has no purpose other than that of discussing our common problems and exploring possible avenues of cooperation between your University and ours. Doctor Michael has my complete confidence and comes as a distinguished member of this University.

  I shall deeply appreciate any courtesy that you may be in a position to extend him.（中国社科院近代史所藏"胡适档案"，卷号E-120，分号3）

1月21日　储安平致长函与胡适，述创办《观察》的目的，"希望在国内能有一种真正无所偏倚的言论，能替国家培养一点自由思想的种子，并使杨墨以外的超然份子有一个共同说话的地方"。并恳请胡适担任《观察》的撰稿人。（《胡适遗稿及秘藏书信》第41册，1～6页）

  按，是年向胡适邀稿的还有现代新闻社、王造时、王剑虹、沈孝墀等。（据中国社科院近代史所藏"胡适档案"不完全统计）

1月22日　美驻华海军陆战队军事法庭开庭，对美军士兵强奸沈崇案宣判：皮尔逊强奸罪名成立。胡适到庭旁听。（1月24日之天津《大公报》；1月25日之《申报》）

1月23日　胡适就强奸沈崇之美军士兵皮尔逊被判为强奸已遂罪，对记者谈话：本人于本月6日对各位表示，即有信心相信美军法庭可有公正判决，至此皮被判强奸已遂罪，已证明本人之信心，此案判决极为公正。（次日之《申报》）

1月24日　胡适读明人潘曾纮编《李温陵外纪》(此书乃李棪所赠)。(邹新明:《〈胡适藏书目录〉补疑》,《胡适研究通讯》2016年第2期,2016年6月25日,2～3页)

1月27日　下午5时,胡适主持召开北京大学第三十次行政会议。胡适报告:地质系教授米士于上年11月离校赴英,请求援例发薪金一年。讨论决议:照发薪金半年,又决议恢复教授休假办法等事项。(《北京大学史料　第四卷　1946—1948》,35～36页)

同日　胡适复函张元济,云:《水经注》之《大典》本后半部,北大买价为960万元法币;近日又得赵东潜《水经注释》初刻第一本的初印本。赵书刻本,6个月内已收得5个本子。文津阁本赵书,近日已去校过。又借得拜经楼写本一校。但苦不得久闲,不能把《水经注》问题的几篇长文一齐改定付印,了此3年余的心愿,以作别样工作。近日试作《水经注版本目录》一文,拟于每一本子之下,作一篇简短提要。已成三分之一,已不下万字。又问候张之足疾。(《胡适全集》第25卷,218～219页)

同日　《申报》报道,安徽学院将设置"念总奖学金",聘胡适等为审议委员。

1月29日　吴晓铃赠送胡适《小航文存》(四卷,1930年刻本)一部,并题记:"廿七年春松筠阁书友张子安君买到这书。说是胡先生找的,于是我收下,返平之后幸而未失,转眼就是九年!现在送给适之先生留个纪念。受业吴晓铃,卅六,一,廿九。"(《胡适藏书目录》第3册,1627页)

1月30日　上午9时半,美驻华海军陆战队增援第一师另组法庭公审美军士兵皮尔逊暴行案帮凶普利查德,胡适、左明彻、杨振清,及中外记者等18人旁听,主犯皮尔逊亦出庭作证,并要求明了普之罪状。(次日之《申报》)

1月31日　胡适对记者谈话称:北大考虑下学期增辟两项职业专门科目:①图书馆学方面,将请北平国立图书馆馆长袁同礼设计,并聘在美任图书馆工作多年之专家王重民任课;②博物馆学方面,将请韩寿萱任教。上述两科,俟有发展后,将扩充为系。胡适称:北大从不主张办理职业训练,现

始从事试验。（次日之《申报》、天津《大公报》）

同日　胡适复函卢慎之，指出"邻苏老人颇喜自夸大，其治学方法实甚多疵病"，又举例说明他"信口开河，不知治学者所谓谨严正确为何事"。（《胡适遗稿及秘藏书信》第20册，267～268页）

同日　劳榦致函胡适，谈《居延汉简》的释文问题。（《胡适遗稿及秘藏书信》第36册，515～516页）

2月

2月4日　傅斯年致函胡适，转达1月15日蒋介石约傅斯年餐叙请胡适出任国府委员兼考试院长事，又陈自己对此事的态度：

……我说了好些，大致为：①政府非振作不可，何必待各党各派来再"一新天下耳目"，许多事自己可做也。他问我何事，我说了几件。②宋与国人全体为敌，此为政治主要僵局之一。③实施宪政必须积极，此时尽可无多虑，他似乎并不以为不然。

他问我，前谈先生组织党之说，如何？我说未再谈过。他说，请先生再考虑。我说，组党不如办报……

他提出一件事：他似乎觉得小党参加政府不易，希望在"社会贤达"方面先做工夫……他请先生担任国府委员兼考试院长。我当力陈其不便：自大者言，政府之外应有帮助政府之人，必要时说说话，如皆在政府，转失效用；即如翁咏霓等，如不入党，不在政府，岂不更好？他说，并不请先生入党。我说，参加政府亦同……自小者言，北大亦不易办，校长实不易找人，北大关系北方学界前途甚大。他说，可以兼着。我说，不方便，且不合大学组织法。他说不要紧（此公法治观念极微）。如此谈了许久，我反复陈说其不便，他未放松。我答应写信通知先生，详述他这一番好意。

…………

自由主义者各自决定其办法与命运……

……我们是要奋斗的，惟其如此，应永久在野，盖一入政府，无法奋斗也。……（《胡适遗稿及秘藏书信》第37册，497～499页）

同日　陆侃如、冯沅君致函胡适，报告他们到沈阳东北大学后的情况，感谢胡为冯沅君函介徐诵明大夫，又请胡指正冯沅君的文章。（《胡适遗稿及秘藏书信》第34册，648～649页）

2月5日　黄文弼致函胡适，述半年来在西部考察、教研事，感谢胡适为西北科学考察团向政府申请工作费，并寄上考古组恢复工作计划书及经费预算书等。（《胡适遗稿及秘藏书信》第37册，17～18页）

同日　吴坪（吴敬梓乃其九世祖）致函胡适，感谢胡适使《儒林外史》流传中外，愿将十二世祖吴国对墨迹真草手卷一轴拍摄照片献给全国文化会，借以谋得一丝机会，当作升学途径，不知须用何项手续，等等。（《胡适遗稿及秘藏书信》第28册，304～307页）

同日　萨本栋再度函请胡适介绍专家给中研院，并提供他们的联系方式。（《胡适遗稿及秘藏书信》第41册，118页）

2月6日　上午，谷正纲来访。（次日之天津《大公报》）

同日　胡适复函傅斯年，云：

……我因为很愿意帮国家的忙，很愿意帮政府的忙，所以不愿意加入政府。蒋先生的厚意，我十分感谢，故此信所说，都是赤心的话。我在野——我们在野——是国家的，政府的一个力量，对外国，对国内，都可以帮政府的忙，支持他，替他说公平话，给他做面子。若做了国府委员，或做了一院院长，或做了一部部长，虽然在一个短时期也许有做面子的作用，结果是毁了我三十年养成的独立地位，而完全不能有所作为。结果是连我们说公平话的地位也取消了——用一句通行的话，"成了政府的尾巴"！……这个时代，我们做我们的事就是为国家，为政府树立一点力量。

我十月里有一次到行政院去看翁詠霓，坐了一会，秦景阳也来了，我怕他们有事商量，站起了就要走。他们坚留我坐，说这是他们聊天的聚会，每天都是聊天，无一事可办。我坐了整整一个钟头，听他们聊天，听他们发牢骚，我心里想着，"这是中国两个最有脑力的人才，干吗不到一个学校或研究室去！干吗要把他们困在一个完全自私自利的宋子文手下吃闲饭，聊闲天！"

……我觉得小党派的人才实在不多……

我的看法是：蒋先生应该充分抬出党内的最有希望的自由分子，给他们一个做事的机会。行政院长必须换人，雪艇、哲生都比子文高万倍，都可以号召国内与国外的同情支持。若用子文，则国内无以号召，美国借款也借不成。若有人至今仍相信美国借款非宋子文不可者，乃是坐在鼓儿里做梦。

这是国民党训政最后一年的政府，国民党岂可不冒一点险，抬出一个"全明星"（All-Star）的政府来给世人与国人看看吗？国民党要做广告，这是最好的广告机会。国民党要为将来做竞选工作，这是最好的竞选机会。

故这一次政府改组，必须以国民党的第一流人才为主力，配上三五个小党派与无党派的人才，就像个样子了。为国外的号召计，似以哲生组阁为最相宜，雪艇次之，我不是偏袒此二人，实以我九年的观察为根据。

外国人对我国的观察也有未可一概抹煞之处。例如老兄不喜欢马帅，但我曾听一个美国朋友说，马帅对中国人士向不下明白坦率的判语，惟对于罗隆基，则曾坦白的说此人一无可取，且不可靠。此可见马帅不是瞎眼人也。

今天第一天起来，写此长信奉复。因为信中颇捧雪艇，故不给他写信，还是直寄给老兄。我大约三月初旬南下。两个会开完了就回来。余又荪兄的事，我还想请他来北大，望仔细考虑后见复。（王汎森:《史语所藏胡适与傅斯年来往函札》，《大陆杂志》第93卷第3期，17页）

按，2月20日，傅斯年致函胡适，谈及胡适此函转交蒋介石后的情形：

> 日前在蒋先生处，座中有布雷，老调仍弹。我便解释来信之旨（来信转去，一字未改）：一、于事无济，于己有损，其损亦国家之失也。二、要国民党自己振作，拿出人来。又加一层意思：我辈二三十年教授，不复可以治事，云云。仍不以为了，说"撑面子，要如此"，倒是真话真意（上三字，非下三字）；又说盼先生可早来，云云。……（《胡适遗稿及秘藏书信》第37册，500页）

2月7日 下午6时，胡适到北京饭店出席军调部中共方面举行的盛大酒会。出席者还有李宗仁、王鸿韶、张伯谨、蔡文治、张申府等。（次日之天津《大公报》）

同日 王重民致函胡适，告将于14日搭船回国，又向胡适推荐侯宝璋到北大执教。（《胡适遗稿及秘藏书信》第24册，84～85页）

2月8日 胡适对来访学生代表声称：已与党部有联络，绝无将要捕人之事。学生在校一天，学校即负责一天。假如有人被捕，本人负责保释。（次日之天津《大公报》）

2月9日 下午4时，胡适到南河沿欧美同学会会所出席该会恢复成立大会。出席者还有陈岱孙、周炳琳、张伯谨等70余人，通过会章，并决以通讯方式选举。（次日之天津《大公报》）

同日 下午2时，中国留美同学会举行成立大会。大会选出宋子文、孙科、王宠惠、胡适、陈立夫、蒋梦麟、寿勉成、吴贻芳、赖琏等31人为理事，张伯苓、段锡朋等15人为监事。闻该理事会将推宋美龄为名誉会长。（次日之《申报》、天津《大公报》）

2月10日 下午5时，胡适主持召开北京大学第三十一次行政会议，决议修正通过"修正教授休假研究规程"等事项。（《北京大学史料 第四卷 1946—1948》，36～37页）

同日 任鸿隽致函胡适，希望胡适早日南下参加中基会的会议，转达

张紫常对胡适的问候等。(《胡适遗稿及秘藏书信》第 26 册，643 页)

同日　Herbert W. Briggs 致函胡适，云：

Mr. Samuel Hsuan Wang is completing his doctoral dissertation on "The Sino-Japanese War and American Far Eastern Policy, 1931—49", under my direction and expects to receive his Ph. D. in June. He is very much interested in obtaining a position in the Department of Government at the National Peking University, or at some other university in China.

We regard Mr. Wang very highly at Cornell, not only as to the soundness of his judgment and his thorough and accurate scholarship, but as a young man of fine sensibilities and charming personality. He has demonstrated great ability in his chosen field of international relations and modern diplomatic history, and I feel confident that he may be counted upon to make scholarly contributions to that field. He is particularly interested in obtaining a teaching position at a university where he will have further opportunity to pursue his scholarly interests.

We recall with great pleasure your lectures here last year and it was a particular pleasure to me to meet you at that time. (中国社科院近代史所藏 "胡适档案"，卷号 E-136，分号 16)

2 月 14 日　胡适复函张元济，谈早几年对张著《中华民族的人格》之看法：该书所收 8 人，大都是复仇侠士，与杀身成仁的志士，范围稍嫌过狭，不曾顾到中国民族的积极的、建设的一方面。建设有为的人物还有马援、诸葛亮、陶侃、王导、魏征、陆贽、范仲淹、韩琦、王安石、张居正诸人。还有孔子、墨子、汉光武、唐太宗、宋神宗。又希望张能写一部自定的年谱。又谈及用傅增湘藏残宋本《水经注》校《大典》本事："初仅校记宋本与《大典》的异同，后来觉得如此校勘太简单，无大用处。故改用黄省曾、吴琯、朱谋㙔、谭元春、项纲、赵一清、戴震七本，与残宋本、大典本，共九本，参合校勘。先记宋本与《大典》之异同，次记黄本误字或改字，次记吴琯

本订改之字，次记朱谋㙔本订改之字，次记谭元春翻刻朱笺时订改（依朱笺订改）之字（项絪未见南昌原刻《朱笺》，只据竟陵刻本，故谭刻为项絪、黄晟两本的底本），然后可知赵、戴之前各本沿革的历史，然后可知赵、戴二公的贡献何在，是非得失何在。如此校勘，费时颇多，但所得亦极多。现已校完宋本四册，已完大半了。将来此校本大有用处，小之可以解释《水经注》四五百年的争论；大之可以'还原'一个比残宋本与《大典》本更古的祖本。"又举例说明《大典》本与残宋本底本不同，而《大典》的底本为优。（《胡适遗稿及秘藏书信》第19册，446～451页）

  按，2月6日，张元济致函胡适云，涵芬楼毁于大战；希望胡适作品能给商务印书馆出版；又谈到百衲本二十四史。（《胡适遗稿及秘藏书信》第34册，129～130页）

  又按，2月28日张元济复胡适14日函云："……《大公报》载我兄辑述三国曹孙二氏校事史迹，此真有关世道之文；世人无不骂曹操，然骂者自骂，学者自学，吾独虑学者未必能见及此文也。《中华民族的人格》不过弟一时兴到之作，当时正校《史记》，感于诸人之举动足以振励末俗，故写成此书，我兄指为范围过狭，诚是诚是。但欲增加建设方面诸人物，是为著述之事，雅意殷拳，非弟衰孱所能胜任。自传云云，屡闻明命，惟自问浮沉斯世，无可告人，故迄未预备，倘加我数年，生事稍能暇豫，或能仰副厚望乎。二十余年前商务印书馆曾在北平购得藏文论集……寄存北平图书馆，汇为九十二包……东方图书馆恢复无期，且此间亦无要求阅读之人，如能得价，颇拟售去，以疗商务目前之贫，不知我兄能为估值否？"（《胡适遗稿及秘藏书信》第34册，131～132页）

2月15日 胡适参加汤用彤举办之文学院教员茶会。马坚（子实）来谈，送胡阿拉伯文《论语》全译本，及其著作两种。致函哈特曼夫人。（据《日记》）

  按，本谱引用胡适1947年日记，除非特别注明，均据《胡适的日记》手稿本第 15 册，以下不再特别注明。

同日 胡适在《水经四》十卷（桑钦撰，郦道元注，清康熙间项氏群玉书堂刻本）题道："去年十一月十夜，我写了一篇长跋，记兼士家藏此本的几个奇特之点。今年二月兼士赠我此书。"同年 6 月 1 日，胡适又题道："今年五月我得见谢山五校本真迹全部，始知我前跋有是有非，当重写一跋以更正前文之失。"（《胡适藏书目录》第 2 册，1518 页）

2 月 16 日 下午，校《水经注》卷十九完，用《大典》本为底本，用残宋本校，又用黄省曾、吴琯两本校。（据《日记》）

2 月 17 日 下午 5 时，胡适主持召开北京大学第三十二次行政会议。胡适报告：得傅斯年来函，本年度国家预算教育设备费共列 500 亿，本校已开列预算请傅斯年在南京代为请拨；教育部长朱家骅来函商榷本校院系设置问题，决议请各院系签注意见后函复。又决议请校长与结核病防治院董事会签订合作办法等事项。（《北京大学史料 第四卷 1946—1948》，37 页）

2 月 18 日 胡适召集北平市妇婴保健所赞助委员会，意欲帮王伯琨女士的忙。（据《日记》）

同日 胡梦华来谈。（据《日记》）

同日 晚，用许印林（瀚）手校本校伪《全氏〈水经注〉》题辞及序目，校薛刻本，记其异同。写《〈水经注〉本子简目》，迄今共得 60 种本子！（据《日记》）

同日 黎锦熙致函胡适，感谢胡适批评《国语小报》应该改进的几点，一定照办，附上第一号，请胡适指正。（《胡适遗稿及秘藏书信》第 39 册，566 页）

2 月 19 日 胡适致函马元材，指出其所著《桑弘羊传》（马氏请胡适为该书作序）的一些错处。（据《日记》）

2 月 20 日 胡适访 Prof. R. A. Jelliffe。（据《日记》）

同日 协和董事会秘书 Mary Ferguson 来谈他在南京、上海接洽的情形。（据《日记》）

同日　夜校《水经注》三十四卷，用残宋本校《大典》本。（据《日记》）

同日　胡适复函傅斯年，询胡之2月6日信是否已转给蒋介石。又云，读傅《世纪评论》第七期的文章，"痛快之至，佩服佩服"，认为此文足为《世纪评论》光宠，也大可为《世纪评论》登广告。又云，《文萃》文字太坏了，实在看不下去，等等。（王汎森：《史语所藏胡适与傅斯年来往函札》，《大陆杂志》第93卷第3期，18页）

2月21日　晚，王世杰衔蒋介石之命来访，仍劝胡适就任考试院长及国府委员。（据《日记》）

按，次日之《申报》只报道王世杰来访胡适，未报道谈话内容。

同日　中央社自北平发出一则电讯：平津国立各院校长胡适、梅贻琦、张伯苓、金问洙、袁敦礼、陈萨民、徐佩琨等，以本学年教科本异常缺乏，对教学方面影响甚巨，按照本月各院校长联席会决议日内即呈请教部，拨给外汇额33万美金，以便添购教科本，计北大10万美金，北洋6万美金，清华57000美金……其他院校各1万余美金不等。（次日之《申报》、天津《大公报》）

同日　北京大学以校长胡适名义呈文教育部，请求褒奖该校体育委员会委员白雄远，因其在被日寇非法拘捕后受尽毒刑而忠贞不屈，实可以示范社会。（《北京大学史料　第四卷　1946—1948》，233页）

同日　杨联陞致函胡适，谈及旅美学人情形，又谈及想早点回到教书生活，哈佛燕京社仍望杨执教哈佛，如胡适让杨秋间回北大，一定遵命，等等。（《胡适遗稿及秘藏书信》第38册，320～321页）

2月22日　胡适与来访的王世杰细谈。（据《日记》）当日王世杰日记有记：彼不愿接受蒋先生之邀约，拒绝担任考试院长，亦不愿任未来国民政府委员会委员。予以其用意在保持独立地位，以便随时为政府助，故未强劝。（《王世杰日记》上册，850页）

同日　胡适致函王世杰，云：

今日分别后细细想过，终觉得我不应该参加政府。考试院长决不敢就，国府委员也决不敢就。理由无他，仍是要请政府为国家留一个两个独立说话的人，在要紧关头究竟有点用处。我决不是爱惜羽毛的人，前次做外交官，此次出席"国大"，都可证明。但我不愿意放弃我独往独来的自由。

我出席"国大"，是独往独来的。若我今日加入国府，则与青年党、国社党有何分别？

国府委员而兼北大，尤为不可。当日北大同人要孟邻辞去北大校长，是根据孟邻自定的"大学组织法"。我决不能自己解释国府委员不是官而兼北大校长。

我愿意做五年或十年的北大校长，使学校有点成效，然后放手。此时放手，实无以对北大同人，亦对不住自己。

…………

总而言之，我请求蒋先生容许我留在此地为国家做点有用的事。（台北胡适纪念馆藏档，档号：HS-NK04-005-019）

2月23日　胡适复函傅斯年，谈辞谢王世杰受蒋介石之命来北平劝胡就国府委员事，主要理由是：请政府为国家留一个两个独立说话的人，在要紧关头究竟有点用处；大学校长兼国府委员，不合《大学组织法》。因国府委员名单即将公布，所以拜托傅为胡"出一点大力，打消此事"，等等。（王汎森：《史语所藏胡适与傅斯年来往函札》，《大陆杂志》第93卷第3期，18页）

同日　胡适校《水经注》卷三十八，未完。（据《日记》）

同日　《申报》刊布教育部学术审议委员会第三届委员名单：朱家骅、杭立武、田培林、吴稚晖、陈立夫、张君劢、陈大齐、蒋梦麟、王世杰、张道藩、王星拱、汪敬熙、罗宗洛、叶企孙、李四光、傅斯年、胡适、吴有训、竺可桢、周鲠生、周炳琳、邹秉文、茅以升、马寅初、戚寿南、艾伟、徐悲鸿、袁敦礼、周鸿经。

2月24日　胡适到协和医学院，与 Mr. Trevor Bowen，Miss Mary Ferguson 商协和校务。（据《日记》）

同日　下午5时，胡适主持召开北京大学第三十三次行政会议。胡适报告：美国医药助华会自本年起，改变政策，决定以全力援助五六个中国医学院，本校医学院为其中之一，其余为中央、武汉、上海医学院，湘雅医学院4校。其援助方式凡有4种：（一）设立留学奖学金额，100至125名，每名1800至2400美金，合计60万美金。（二）津贴各校高级人员出国研究或考察旅费及其他费用。（三）赠送各校特需之仪器，约50万美金，教科设备约125000美金，运费125000美金，3项合计75万美金。（四）供给外国客座教授，约计25万美金。又决议请校长与结核病防治院董事会签订合作办法等事项。（《北京大学史料 第四卷 1946—1948》，37～38页）

同日　晚，胡适校《水经注》卷三十八。（据《日记》）

同日　郑英有致函胡适，列举多条西沙群岛归属中国的历史证据。（《胡适遗稿及秘藏书信》第39册，175～179页）

2月25日　胡适校完《水经注》卷三十八。生病，发热。（据《日记》）

2月26日　张紫常致函胡适，告董作宾过此时，曾遵嘱加以照料，现已前往芝加哥；陈受颐将于6月间返国等。（《胡适遗稿及秘藏书信》第34册，328～329页）

2月28日　北京大学以校长胡适名义复公函与湖南大学：本校复员之始，临时有借支办法，现已按月发薪。至于补助教职员生活办法，悉照中央规定，并无其他补助办法。（《北京大学史料 第四卷 1946—1948》，888页）

3月

3月3日　胡适卧床五日后，今日痊愈。（据《日记》）

3月5日　胡适病愈后始到北京大学办公。（据《日记》）

同日　蒋介石致函胡适，告已宣布胡适为国府委员：

日前雪艇兄返京，极称先生坚不愿参加政府，但愿以私人地位匡辅国家，协助政府，闻之心感。惟改组后之国民政府委员会为集议决策机关，并无行政烦琐工作，其职权大于参政会而性质则相同，且系过渡时期机构，为期不过数月。倘先生并此而不参加，岂惟政府决定政策之最高机构失一重大助力，一般社会且将不免致疑于政府革新政治之诚意。用敢重违尊意，推定先生为国府委员。倘因时间匆促，不及于发表前商得先生之同意，尚望体念时局之艰难……（《胡适遗稿及秘藏书信》第39册，350～354页）

同日 胡适致某人电：太平洋学会执行委员会推定刘裕崇出席印度泛亚会议，已由陈光甫通知吴铁城。蒋梦麟代本会指定3人，本人明晨飞沪，当面告陈光甫。（中国社科院近代史所藏"胡适档案"，卷号624，分号2）

同日 胡钟吾致函胡适，为筹设医院事请胡适去函安徽省李主席及卫生署长说项。（《胡适遗稿及秘藏书信》第30册，580页）

同日 王重民致函胡适，谈归国之经过，又告明日可在上海登陆，等等。（《胡适遗稿及秘藏书信》第24册，86～87页）

同日 胡适函谢刘瑞恒之2月17日的来函（中国社科院近代史所藏"胡适档案"，卷号E-476，分号1），云：

After studying the situation and realizing that there was no existing rule that could apply to the case of Dr. C. C. Yen, I consulted the Medical College and proposed a resolution which was passed by the Executive Consul of the University last week. The Chinese text of the Resolution is enclosed for your reference, and I give the English translation as follows:

"Resolution Regarding the Proposed ABMAC Fellowships and Travel Grants to Members of the Peita Medical College:

"Resolved（1）That the Peking University expresses its readiness to accept the proposed Fellowships and travel grants to members of the Peita Medical College, and pledges to do its utmost to make these grants most effective and fruitful.

"(2) That Peita shall pay the full salary to any member of the College who has been granted an ABMAC Fellowship to study abroad and whose family needs support during his absence. Any person thus aided shall, on his return from abroad, have the obligation to teach at Peita for a period not less than two years.

"(3) That any professor or associate professor of Peita Medical College who has received a travel grant from ABMAC, regardless of the length of his past service at Peita, shall receive his full pay during his period of investigation abroad. Any professor thus aided shall, on his return, have the obligation to teach at Peita no less than two years."

I hope the provisions of the above Resolution will open up a new relationship between Peita and the ABMAC. I also hope that you will have the kindness of informing our New York friends of the above resolution. （中国社科院近代史所藏"胡适档案"，卷号 E-100，分号 21）

3月6日　胡适与协和医学院校董事会秘书 Mary Ferguson、护士学校主任聂女士搭美国军用机南下飞抵上海。召开协和医学院董事会的"提名委员会"。（据《日记》）

3月7日　胡适在上海出席协和医学院董事会提名委员会第二次会议。（据《日记》）

同日　王重民致函胡适，希望在上海能与胡适晤面，又谈及在北平图书馆和北大的工作事。（《胡适遗稿及秘藏书信》第24册，88页）

3月8日　胡适在上海参加协和医学院董事会提名委员会第三次会议。（据《日记》）

同日　张元济致函胡适，愿把藏文论集全部借给北京大学，等日后缺钱时再定办法。（《胡适遗稿及秘藏书信》第34册，133页）

同日　徐大春致函胡适，云：

1947年　丁亥　民国三十六年　56岁

In a letter which I received yesterday, David Hsia asked me to find out from you about some books and money the Harvard Medical School students had collected for Peita Medical School.

It seems that some 750 books and $1500 are now ready to be sent over. The books are all packed and ready for shipment. The money is in the bank. Both are waiting for some sort of reply or acknowledgement from Peita.

David said he had cabled you last December, when the students first started this campaign as a gesture of friendship and relief. Also an airmail letter was sent to you. Then, again, on February 8 another wire was sent to Peiping.

I guess David is feeling a little embarrassed not knowing what to do with the money and books collected. And so he asked me if I could find out about the situation and wire him. What should I say to him?（中国社科院近代史所藏"胡适档案"，卷号 E-234，分号 9）

3月10日　胡适收到 Mrs. Florence Bruce Smith 托人带来的年节礼物多种。（据《日记》）

同日　郑天锡致函胡适，推荐瑞士友人到北京大学担任法学教授。（中国社科院近代史所藏"胡适档案"，卷号 1391，分号 3）

同日　吕大吕（吕海寰之子）将其自传送给胡适看，并向胡索序。（据《日记》）

按，是年向胡适索序的，还有胡鑫、冯百川、胡俭。（据中国社科院近代史所藏"胡适档案"不完全统计）

3月11日　胡适终日参加协和医学院校董会年会。（据《日记》）

同日　胡适从商务印书馆借来杨守敬、熊会贞的《水经注疏》校本，并作有读书札记。（据《日记》）

3月12日　上午10时，北平协和医学院董事会在国际饭店开会。出席者有胡适、周诒春、刘瑞恒、季铭、Dr. Dunlap、Mr. Ehcallou、Dr. Wilson

等 7 人，由胡适担任主席，经讨论后决议：①协和医学院定今年秋季开学，先招收一年级新生；协和医院亦同时筹备，于秋季复业。②公推李宗恩博士担任协和医学院院长，美国人 Dr. Alan Gregg 担任副院长。③胡适博士继续担任董事会董事长；李铭、陈志潜、Dr. Dunlap 3 人连任董事 3 年；另推选孙锡三、朱继圣及美国 L. K. Little（李度，任江海关总税务司）3 人为董事。（次日之《申报》、天津《大公报》）

3 月 13 日　胡适与周诒春、蒋廷黻同去南京。参加中央博物院理事会。参加中基会预备会。晚，蒋介石邀吃饭，胡适日记有记：

> 晚八点，蒋主席邀吃饭，先约我小谈。我申说我的意见，请他不要逼我加入政府。他说，你看见我的信没有？是托何市长转交的。我说没有。他最后说：如果国家不到万不得已的时候，我决不会勉强你。我听了，很高兴。出来对孟真说："放学了！"

同日　陈布雷日记有记：8 时到官邸晚餐，宴胡适之先生。（《陈布雷从政日记（1947）》，40 页）

同日　晚，夏鼐、高去寻、王则诚来谒。（《夏鼐日记》卷四，110 页）

3 月 14 日　中基会第十九次年会在南京鸡鸣寺路中央研究院举行。出席董事有蒋梦麟、翁文灏、周诒春、孙科、胡适、蒋廷黻、傅斯年、任鸿隽，以及教育部代表杭立武、外交部代表于彭、美国驻华大使代表 Raymond P. Ludden。蒋梦麟主席。胡适提出"中基会与北大第二次合作办法"案，交执行委员会审议。（中国社科院近代史所藏"胡适档案"，卷号 2350，分号 1；卷号 2290，分号 1）

3 月 15 日　下午 4 时，胡适出席中研院评议会谈话会，一起出席的还有朱家骅、翁文灏等十余人，首由评议会秘书翁文灏报告该院组织法及评议会条例修正经过，继讨论起草"院士选举规程"有关问题，商定要点数项，推胡适等起草。（次日之《申报》；胡适是日日记）

同日　晚，王世杰邀胡适、陈诚、傅斯年、罗家伦晚餐。（据《日记》）

3 月 16 日　胡适到蒋梦麟寓长谈。（据《日记》）

同日 杨联陞复函胡适,感谢胡适建议杨接受哈佛大学的聘请,并允诺回国仍可执教北大。非常思念胡适。前几天寄上"TLV 镜〔规矩纹镜〕跟六博"的一篇短文,请胡指教。又谈及目下在联合国的工作等。(《胡适遗稿及秘藏书信》第 38 册,322～323 页)

3月17日 王世杰奉命来劝胡适参加国民政府委员会,作无党无派的一个代表。胡适再三申说不可之意。陈布雷、邵力子来访。胡适到教育部,与朱家骅细谈北大经费事。参加中研院评议会谈话会第二会,续商院士选举法。访印度大使 Merinon。(据《日记》)

同日 陈布雷日记有记:余奉命往访胡适之先生谈教育问题与改组政府问题等。(《陈布雷从政日记(1947)》,42 页)

同日 中央社南京电讯:三民主义青年团中央团部第二届指导员、评议员聘定,胡适为评议员之一。(次日之《申报》)

3月18日 下午4时,蒋介石约见胡适,仍劝胡任国府委员:

> ……蒋先生约谈,他坚说国府委员不是官,每月集会二次,我不必常到会,可以兼北大事。我对他说,现时国内独立超然的人太少了,蒋先生前几年把翁文灏、张嘉璈、蒋廷黻、张伯苓诸君都邀请入党,又选他们(廷黻除外)为中委,这是一大失策。今日不可再误了。他承认那是错误。但他一定要我考虑国府委员的事。我辞出时,他送我到门问胡太太在北平吗?我说:内人临送我上飞机时说:"千万不可做官,做官我们不好相见了!"蒋先生笑说:"这不是官!"(据《日记》)

同日 下午5时,胡适拜访英国驻华大使 Ralph Stevenson。谈话内容胡适在其日记及 20 日致王世杰的函中有披露。

胡适当日日记:

> 这次国民党结束训政,是一件政治史上稀有的事。……这是孙中山遗训的复活。……国民党执有政权二十年,今日宣告结束训政,故是稀有的史实。

3月19日　胡适抵上海。顾廷龙偕徐森玉来访，畅谈《水经注》。与任鸿隽、竹垚生长谈。陈光甫来访。(据《日记》;《顾廷龙日记》)

同日　周泽春将痛斥中苏条约的文章剪寄胡适。(《胡适来往书信选》下册，184页)

3月20日　胡适到机场候机，因天气不佳，不得飞。(3月23日胡适致傅斯年函)

同日　下午3时，北平地质学界在北大地质馆举行公葬葛利普典礼，由汤用彤代胡适主祭。(次日之天津《大公报》)

同日　胡适致函王世杰，安慰受到攻击的王，请王不要辞职。又转述18日与英国驻华大使的谈话，又拜托王能使胡不担任国府委员。

> 十八日下午，英大使请我吃茶，谈了一点钟，没有别人在座。他的大意是说：中国是个"小世界"(Micro-Cosmos)，处境与那个"大世界"正有同样困难。大世界的问题是两种相反的势力——一个tolerant势力，一个intolerant势力——正在一个"武装和平"之下维持现状，希望能维持一个时间，徐谋求得一个比较可以长久相处的解决。中国的局势能不能避免武力冲突，先做到一个"武装和平"的时期呢？
>
> 我对他说：武装和平，无论在大世界与小世界，都是需要很可怕的代价的(terribly costly)。即如贵国(英)现在已明白承认担负不起这笔代价了。贵大使想想看，中国能担负这等代价吗？能担负多长久呢？
>
> 我又说：我虽没有参加政协会议，但我颇相信前年九月以后，一整年之中，我国的开明人士，都有诚心避免内战；我相信蒋主席确曾盼望做到一个"武装和平"的局面，徐谋进一步的，比较满意的政治解决。但和平是需要双方合作的——It takes two to make peace，大世界与小世界都是一样。我今日实在不知道，也看不出，有什么法子可以做到并且维持一个武装和平的苟安局面，美国最近对希土问题的新姿态，当然还是想求到这样一个苟安局面。但英国担负不了的任务，美

1947年　丁亥　民国三十六年　56岁

国能担负多久呢?

……我又请他注意蒋先生十五日的开幕词,这是近代政治史上的一件希有的事:一个政党抓住政权二十多年了,现在自己宣告取消一党专政,而愿意和别的政党共同担负政权。这是第一个重要意义。……今日之事,只是孙中山的遗教的复活,是国民党的诺言的履行,是国民党从苏俄式的政党回到英、美式的政党的开始实现。这是第二个重要意义。(《胡适之先生年谱长编初稿》第六册,1961~1962页)

按,3月22日,王世杰复函胡适,感谢胡之来函,谈辞职之理由,又谈及胡适对英国大使的谈话是一种深刻的看法等等。(《胡适遗稿及秘藏书信》第23册,592~593页)

3月21日　胡适飞返北平。(据《日记》)

同日　晚,胡适与汤用彤等商量是否允任国府委员事,汤等均认为胡适不应参加。(3月23日胡适致傅斯年函)

同日　《申报》自北平发出一则电讯:

旬前蒋主席曾函致胡适,但内容为何,尚属一谜。缘该函系由何市长转致,函到时,胡已赴京,蒋主席于宴中华教育基金会席上,曾询胡信收到否,今胡返平,而转函人何思源亦去南京,今胡对记者表示,彼现无意做官,因将大学能办得略见成绩,最少亦须四年,而彼到校甫八月也。渠答对国际干涉中国问题称:外国人对中国不明了,多搔不到痒处。答中国如何获得和平问题称,谚云:"两好搏一好。"西谚亦云两方面才能讲和。(次日之《申报》)

3月22日　孙楷第致函胡适,为胡适表示不入政界感到高兴,谈及抗战后自己关于元曲作者研究的新得,又劝胡适将这方面有关研究整理出版,再谈到近来自己的研究兴趣等。(《胡适遗稿及秘藏书信》第32册,621~631页)

3月23日　胡适致函傅斯年,谈及任鸿隽"大概可以赞成中基会借美金与北大的办法。美国董事之中，Greene 必能赞成，Brodie 也许可以赞同"等，重点是谈国府委员一职，恐"不能逃"：

> 我看了这信［系指蒋介石3月5日来函］，颇受一点感动。今晚（廿二）锡予、树人、华炽诸人在我家中……他们都觉得我怕不能逃脱国府委员的事。……近两个月，我已辞谢了六次……结果只能逃了做你的近邻一事。国府委员一事……我看那天（十八）下午蒋先生的口气，与此函的口气，怕是逃不了的了。
>
> 在沪所闻，知所谓无党无派的四个国府委员，是我和陈光甫、莫柳忱、胡政之。光甫是一九三八——一九四〇在美国借得第一、二次借款，为美国前财政总长摩根托最敬信者；余三人即马歇尔心目中所谓"中国自由主义者"也！此讯如确，则此四人皆是对美国人的幌子；即上函所谓"一般社会"，其实仍是对付国外为多。
>
> 此事于我个人绝无益而有大损失，于国家除了"充幌子"之外亦无其他用处。但我的子弹已用光了，不得不求教于炮手专家。若老兄别有奇"兵"妙计，可以保护小人安全出险，则真是大慈大悲的大菩萨行了！（王汎森：《史语所藏胡适与傅斯年来往函札》，《大陆杂志》第93卷第3期，18～19页）

按，3月28日，傅斯年得此函后，即拟一电与胡适，严词劝诫胡适不可加入政府（次日发出）："示悉，至深惊愕。此事如先生坚持不可，非任何人所得勉强。如自身太客气，我在此何从为力？国府委员纯在政府地位，五院院长为当然，可以知之，绝与参政会不同。北大应振兴之事多矣，如兼职在三千里外，全蹈孟邻先生覆辙，三十年之盛名，为社会国家计，不可废于一旦，使亲者痛心，学校瓦解。故再进忠言。如能直电京中，以学校同人反对为辞，坚称不可，事自解矣。"（《傅斯年遗札》第三卷，1743～1744页）

同时，写一长函与胡适，详为解说：

一、参政会决不与国府委员同，五院院长为当然，知其是政府也。

且为中央政治会议国防最高委员会之续,尤知其是政府也。其法定名词为"最高决策机关",决策非政府而何哉,信中所云,欺人之谈也……

二、"政府决心改革政治之诚意",我也疑之,盖不能不疑也。现在改革政治之起码诚意,是没收孔宋家产,然蒋公在全会骂人时仍言孔宋不贪污也。孔宋是不能办的,CC是不能不靠的,军人是不能上轨道的。借重先生,全为大粪堆上插一朵花。假如先生在京听到蒋公教训中委的一段话……当知此公表面之诚恳,与其内心之上海派决不相同。我八九年经历,知之深矣。此公只了解压力,不懂任何其他。今之表面,美国之压力也。我们若欲于政治有所贡献,必须也用压力,即把我们的意见 consolidated, articulated, 而成一种压力。一入政府,没人再听我们的一句话!先生是经验主义者,偏无此八年经验,故把我们政府看得太好,这不是玩的。

三、此事全在先生一颗不动摇之心,我代辞,多少次了,是无用的,尤其是先生那样客气之下。我们又不是一个政党,谁也替谁保不了,只在自己而已。我要作官之说,嚷了一年多了,然我心中全无恐惧,因我自有决心也——即最后决裂,辞此教官,亦所不惜——所以全不着急。我知道先生是决不要做的,但要更进一步,即无论如何也不做,尤其是那样信,岂可动心。

四、此时先生急来电托雪艇转上,谓北大同人坚决反对,不能为孟邻先生之续,故如发表,恕不奉命。如为此影响到北京大学,则以此等名节之事而影响北大,爱北大者——即爱北大之精神者——决不因此责备先生。

五、试想先生答应了,北大如何办下去?兼着,像怎样样子?不兼,谁来?我决不来,孟邻先生来,后果可想(我想,他也不来)。北大如此渴望先生,先生决不应使之再遭患难。

六、雪艇是主张先生出山当行政院长的。至于府委,他也说"无聊,不该牺牲他"。布雷同情,先生知道我的一切在党的朋友几乎皆谓先生不当来,身在其中,知其奥妙也。即如四人之说,我听到,胡政之不

来（此人原非有上等品格之人），而章行严要为司法院长（已数变，最后如此说，其为国府委员无疑也），章吃大烟，又是杜月笙秘书，先生与之同列，成何景象？

……先生自己之损失，即是国家之大损失，我看法如此。云五一参加，声名尽矣，彼今日悔不听我去年之劝告也。（《傅斯年遗札》第三卷，1741～1743页）

3月24日 下午5时，胡适主持召开北京大学第三十六次行政会议。胡适报告在南京与教育部接洽校务情形：一、建筑费问题，第一期建筑费53亿，部长允为筹拨，第二期建筑费部长允俟暑假后设法，第三期建筑费须从长考虑。二、学生修业年限问题，医学院修业年限7年，部长允准考虑，工学院农学院修业5年，恐难实现。三、文学院各系排列先后，请部中允照本校决定次序。农学院各系课程可不受部定课程标准之约束。四、研究所问题，文科研究所部长允许照旧办理。或改称文史研究所。五、教授待遇，研究费可能增加3倍或4倍。又决议请马大猷参加校务会议等事项。（《北京大学史料 第四卷 1946—1948》，39～40页）

3月25日 胡适致函郑华炽，详列种种特殊原因，商量可否考虑给考试不及格者免除退学的办法。胡拟办法是：容许不及格学生留校察看一学期。（《胡适遗稿及秘藏书信》第20册，197页）

同日 胡适复函陈垣，谢赠全祖望笔迹影片两张，已寄给中研院王崇武托其比勘国学图书馆所藏双韭山房校本《水经注》了。（胡致王函载《胡适遗稿及秘藏书信》第20册，340页）辅大的讲演，俟稍安定后来补讲。《胡注表微》的后序，稍缓也即试作。（《陈垣来往书信集》，219～220页）

同日 周诒春致函胡适，告自太平洋战争爆发以来，中基会历届任满董事均照第十七次董事会年会通过的《紧急委员会及其他预防办法》第四条规定继续任职。本年3月14日召开第十九次董事会年会决议：紧急时期已经终了，任满董事应予改选。胡适的董事一职本应在1944年满任，此次改选连任，任期至1949年底。（《胡适遗稿及秘藏书信》第30册，74～75页）

同日 任鸿隽致函胡适云,关于北京大学向中基会借款事,周诒春的意见是由北大出具公缄以便下次开会时讨论。又询胡适是否同意列名为静生生物调查募捐的发起人。(《胡适遗稿及秘藏书信》第26册,644~645页)

> 按,3月27日,任鸿隽再函胡适,云:周诒春不赞同北大向中基会借基金,其理由是这样做会有损美方观感以及其他基金的动用,还有教育部担保方面都会出问题。任赞成周之态度。再询胡适是否同意列名为静生生物调查募捐的发起人。(《胡适遗稿及秘藏书信》第26册,646~649页)

3月27日 下午3时,胡适出席北京大学本年度第八次教务会议,郑华炽报告了一系列问题。胡适提议,关于本学期二分之一不及格学生处理办法可否重加考虑案(附胡校长致郑教务长原函)。决议:重加考虑。(《北京大学史料 第四卷 1946—1948》,540~542页)

同日 购自来薰阁陈济川藏的黄省曾刻本《水经注》,由王重民带来。凡《水经注》的刻本,除宋元刻本外,已全收得。(据《日记》)当日,胡适在此明嘉靖十三年(1534)刻本题记:"民国三十六年三月,我在上海,来薰阁主人陈济川先生把这部黄省曾刻本给我看。我托魏建功先生对他说明我买不起贵书。陈君说,'别人买,须出六十万元;胡先生买,我只要三十万'。所以我用膨胀的法币三十万元买了这部四百多年前的刻本。胡适,卅六,三,廿七夜。"(《胡适藏书目录》第4册,3004页)

3月29日 胡适通过朱家骅转蒋介石一电:

> 北归后始得读公三月五日手示,极感厚意,但反复考量,并曾与北大主要同事商谈,终觉适不应参加国府委员会。府委是特任官,决不应兼任大学校长,况此是最高决策机关,尤须常川专任。北大此时尚在风雨飘摇之中。决不许适离开,道义上适亦不愿离开北大。……故只有恳请我公许适不参加国府委员会,许适以超然地位继续为国家社会尽其棉力。(《胡适遗稿及秘藏书信》第19册,78~79页)

按，同时，汤用彤、饶毓泰、郑天挺致电朱家骅：

顷闻中央拟推适之先生为国府委员……深感惶惑……北大方始复员，适之先生万不能中途离校。国府委员会为国家最高决策机关，更不宜由国立大学校长兼任委员。此事倘经实现，不惟妨碍北大前途，又与《大学组织法》不合。今日大局不安，教育界往往为不安之主因，适之先生在北大，对整个教育界之安定力量异常重大。同人爱护政府，爱护学校，并深知适之先生之立场，用敢冒昧陈辞，务祈婉为上达，力为挽回……（《胡适遗稿及秘藏书信》第36册，482～483页）

又按，胡适复傅斯年28日电、函：

函电都悉。顷有长电，锡予兄等亦有电托骅公转陈蒋公，仍盼兄大力协助，使其有效。（《胡适遗稿及秘藏书信》第20册，138页）

再按，4月2日，蒋介石复电胡适云：

骝先兄转来尊电，情词恳挚，至深感慰。中正对于延请先生参加国府，固出于平生向慕之诚，亦实以国家与政府殷切之需要为前提。此意前次面谈时亦已详陈，今日仍爱此旨，非至国家绝对需要相助方为有眉时，必当尊重兄意，不欲相强。吾人志趣相同，苟增利于国家，想兄亦必不坚却。既承尊示，容当再加考虑。（《胡适遗稿及秘藏书信》第39册，355页）

再按，4月5日，胡适又有复电与蒋介石。（据《日记》）

3月31日　下午5时，胡适主持召开北京大学第三十七次行政会议，胡适报告聘请英国George Catlin教授来校讲演事。又决议接受住宅分配设计委员会建议等事项。（《北京大学史料 第四卷 1946—1948》，40～41页）

3月31日—4月3日　胡适有《杂记赵一清〈水经注释〉刻本依戴藏本修改的例子》笔记数则。（《胡适手稿》第3集卷5，409～417页）

1947年　丁亥　民国三十六年　56岁

4月

4月2日　北京大学以校长胡适名义致电教育部，以校舍分散，恳请增加工役名额。14日，教育部电复：未便照准。(《北京大学史料 第四卷 1946—1948》，109～110页)

同日　陈布雷日记有记：代拟覆胡适之电一件。(《陈布雷从政日记（1947）》，52页)

4月6日　郭墨狼致函胡适，云：周作人的书籍不应拍卖（以免散失），而应由国家明令交给北平图书馆或北平大学，最为妥当，而且这种工作最好是由胡适来提议。(中国社科院近代史所藏"胡适档案"，档号1596，分号6)

同日　王崇武复函胡适，谈胡适所寄全祖望的字迹照片。又告：已商得国学图书馆同意，他们允许自己拍几张校本的照片，再和原来的照片一同寄胡。(《胡适遗稿及秘藏书信》第24册，262～264页)

4月7日　胡适有致钟凤年长函，谈《水经注》。后来胡适又在此函上批道：此书多误。此时我还未得见全五校本，又未认识上海所存全校各本。(《胡适手稿》第1集卷2，275～278页)

同日　胡适在《水经注》四十卷（桑钦撰，郦道元注，清康熙间项氏群玉书堂刻本）书前题道："朱谋㙔《水经注笺》，原刻谭元春批点本，即所谓竟陵本。"序后又有胡适题记："谭刻朱笺为项絪刻本的底本，我在美国英国遍借不得，故托孙子书先生代买一部。现在看了此本，才知道四库馆本校语所谓'近刻'正是这个本子！"(《胡适藏书目录》第2册，1519～1520页)

同日　傅斯年致函胡适，谈朱家骅向蒋介石进言，以免令胡适做国府委员之议，仍劝胡适坚拒此事：

骝先兄于接先生来信后即去说，适是日蒋先生请客，皆政府中人，即谈改组事者也。骝先遍托达泉[诠]、铁城等人，人皆曰："是雪艇办的，向雪艇问。"雪艇说先生已经答应了。于是骝先自向蒋先生说，蒋先生也说先生已经答应了。于是骝先竭力说了一遍北大可能因此引起之不安及北大之重要云云。介公说："你打电报劝劝他们（指北大教授）。"骝先说："电报自然可打，但无用，而且大学校长不能兼任他官。"介公说："发表时作一个声明，说明国府委员不是官。"（这样说法是使我永不相信在介公手中，中国能走上法治的。）但最后终于把两个电报收起来。过两天，介公约骝先去又说此事。介公意似微动，他仍说："他以前答应了。"骝先又反复陈说。于是有两电报，想早到（我未见电文）。此次骝先冒着他官运的危险，大卖气力，确实难得。又找雪艇，雪艇云他极为难，只能不问，不知有何难言之苦者。以上经过如此，是否作罢，不能说定。

困难在乎蒋公一口说定先生已经答应了。所以一切文章都如别人从旁打岔者然。

雪艇是主张先生做行政院长，而又主张作挂名府委的人。骝先、布雷、力子，乃至CC二流人物来原亦是自由主义者，如胡健中、程沧波，皆与我的意见一样，而王、朱、陈"奉命"相劝，至觉为难而已。

此事闹得甚热闹了。似乎介公心中只是我们打岔。……雪艇让我去说，我以为他早认定我是打岔的，必无用，且向例不求见。他找我，我自然竭力说；不找我，我只有托骝先诸人。

前发电与信后，颇悔信中有些话说得太重，如"名节"等……我原不曾觉得太要紧，因为先生牙根咬定，他能捆绑上任吗？所以在此与先生说，也只是"不放松"而已……

…………

我有一句话："先生在政府，并不能发生政治作用，反失去社会上的道德作用"，雪艇亦大以为然也。我上次电信发后之一日，即接锡予兄信，大不以此事为然，则我前信中涉及他者冤枉他矣。（中国社科院近代史所藏"胡适档案"，档号1873，分号7）

1947年　丁亥　民国三十六年　56岁

4月8日　胡适作有《伪全校本诬告沈炳巽并且侮辱全祖望》。后胡适自注：此文曾登《大公报》"文史"33（三十六、七、十七），但实在是错的。（《胡适手稿》第2集卷1，211～214页）

按，胡适另有《伪全校本诬告朱之臣》，胡适亦自批道：此条误。（《胡适遗稿及秘藏书信》第2册，542～544页）

4月10日　胡适复函傅斯年，感谢傅之两函：

谢谢你的两封忠实恳切的信。……我所以自始不敢（不肯）用"北大同人坚决反对"的话，此中苦衷，你应该可以明白。我前年接受北大之事，曾说明我可以暂代到孟邻先生回校为止。我说此话时完全是诚意，因为我真不愿做行政的事。现在我虽然明白孟邻不肯回校了，但我总不愿留一个"我想北大同人拥护我长久留在北大"的印象。所以我回平之后，两三次与锡予、毅生、华炽诸同人谈，我从不敢提议请他们替我挡驾。到了快三月底了，我心里焦急，曾拟一个电报给骝先，措词侧重北大不应离开的理由；后来我觉得这电报应该分作两个电报，一个是我的口气，一个是北大同人的口气，而我自己终不好意思提议请汤、郑诸兄挽留我保护我，所以这草稿涂改几次，终于不好意思拿出来。后来你的电报与雪屏的信同日到，雪屏与毅生回来，毅生说起锡予曾有信给你，我才对他们说我有此意而终不便提议要大家挽留我。我的为难，他们也明白。到此时，我们才大家起草，我草我的电报，说："北大在此风雨飘摇之中，决不许适离开，道义上适亦不愿离开北大，万一命下之日，学校人心解体，不但北大蒙其害，亦甚非国家之福。"毅生、锡予、雪屏合草一电，说"适之万不能中途离校。……今日大局不安，教育界往往为不安之主因，适之在北大，对整个教育界之力量异常重大"云云。此等话，我自己决不会自动的提议说出，这种心理，老兄似不很能了解。……

至于政治情形，我总觉得我在海外九年，看事理比较国内朋友似

稍客观，故对蒋公，对国民党，都比一般朋友的看法比较宽恕。我并不否认你的"经验"主义，但我因为没有这九年经验，故还保留一点冷静的见解。老兄主观太强，故不能 share 我的看法。试举一例，如老兄主张"现在改革政治之起码诚意是没收孔宋家产"。我的 Anglo-Saxon 训练决不容许我作此见解。若从老兄所主张的"法治"观点看来，用法律手续做到"没收孔宋家产"，在 Anglo-Saxon 国家里可说是绝不可能。若不用法律手续，则又不是我所想像的"法治"了……老兄试想我此说有一二分道理否？

至于蒋先生所谓"他已答应了"，也有他的理由。我见他两次，第一次他说"我答应胡先生，国家不到万不得已的时期，我决不勉强你。话就说到这里为止，好吗？"我听了很高兴，我谢谢他，出来就告诉你们各位朋友，说"放学了！"这事在三月十三……第二次见他在三月十八下午，谈的是国府委员一事，我先已托雪艇回复谢却了，那天我又申请此意，并且指出他以前把张伯苓、翁咏霓诸人邀入党为中委的大错误，请他为国家保留一两个真正超然的人，亦是国家之福。他又申明"不到国家万不得已，不来勉强我"的话。我临行时，又再三说明府委是特任官，需要常川任事。他还说他很能谅解我的地位，但他最后还说"这不是官！"

所谓"答应了"，就是我曾谢谢他说的，"不到国家万不得已的时候，决不勉强你"一句话。后来雪艇也说，这话不是"放学"，是带个尾巴的！现在看来，雪艇是对的。这是一个解释的问题，我解作"放学"，而他（蒋）解作"有尾巴"的答应。故他可以说有他的理由。

老兄信上说："究竟他因何认为先生答应了，我全然不知。"其实我也全然不知。……

……因为老兄说到"话说的太重"，故赶紧作此函，要你知道我毫不感觉"话说的太重"，但此中实有我对北大，我对孟邻，我怀疑我自己在北大的重要性……（王汎森：《史语所藏胡适与傅斯年来往函札》，《大陆杂志》第 93 卷第 3 期，19～20 页）

1947年　丁亥　民国三十六年　56岁

同日　胡适作有《伪全校本假托宋本而留下作伪的铁证》。(《胡适遗稿及秘藏书信》第2册，545～547页)

4月11日　教育部国语推行委员会召开扩大常委会，胡适、黎锦熙、沈兼士等8人出席。胡适对目前白话文退化情形慷慨陈词，希望政府改革先自公文改革为白话，并加标点。并称：报纸已用标点，实为数十年来之一大进步。惟电稿仍为文言，实为扫除文言之一大障碍。(4月13日之重庆《中央日报》、天津《益世报》、《和平日报》、《新闻报》)

同日　胡适作有《伪全校本所谓"孙潜校"》。(《胡适遗稿及秘藏书信》第2册，548～560页)

同日　唐兰致函胡适，谈遵嘱写样子事，又谈到编字典诸事。(《胡适遗稿及秘藏书信》第31册，424～426页)

4月13日　胡适来天津，出席天津北大校友会成立大会。(次日之《新闻报》、《中央日报》、《前线日报》、《中华时报》、重庆《大公报》)

同日　北京大学聘胡适为文学院中国语文学系主任，任期自1946年8月至次年7月。(中国社科院近代史所藏"胡适档案"，卷号2321，分号4)

4月14日　下午5时，胡适主持召开北京大学第三十八次行政会议，通过"请胡适、汤用彤、向达、裴文中、杨钟健、韩寿萱、殷宏章、芮逸夫、唐兰、杨振声、冯兰洲十一先生为北大博物馆筹备委员会委员，由胡先生召集"等决议。(《北京大学史料　第四卷　1946—1948》，41～42页)。

4月15日　胡适签署致南开大学公函：贵校前借西南联合大学迁运费5000万元，事隔甚久，尚未结案，相应函请查照。赐予归还，是为至祷。(《胡适研究通讯》2008年第1期，2008年2月25日，5页)

同日　冀贡泉函寄自己的履历与胡适，又介绍其《战轴心短论》一文，倘能发表，当寄上全文。(《胡适遗稿及秘藏书信》第40册，572页)

4月16日　胡传揆致函胡适，告：向胡适争取结核病防治院筹款修缮院址一事，美国救济团已允拨给120亿元。再，关于本医院修建新院计划及请求增加床位与人员名额呈文，已于14日报送教育部医委会，请胡适就近联络交涉，俾早日批准实行。(《胡适遗稿及秘藏书信》第30册，

537～538页）

4月17日　北京大学以校长胡适名义致公函与西北大学：本校教职员钟点费暂按城内每小时45元，城外每小时55元，加成1100倍。(《北京大学史料　第四卷　1946—1948》，889页）

4月19日　蒋介石致电胡适，"此次尊重兄意，不克延致，殊为耿耿。若有两全之道，则必借重以慰群望也。国事艰虞未已，尚盼时赐尊见"。(《胡适遗稿及秘藏书信》第39册，356页）

按，胡适得蒋此电后，即分别致电王世杰、朱家骅致谢：此次得"逃学"，全赖王、朱之大力。(《胡适中文书信集》第3册，581页）

4月21日　下午5时，胡适主持召开北京大学第三十九次行政会议，决议体育委员会加聘体育教师等事项。(《北京大学史料　第四卷　1946—1948》，42页）

同日　胡适作有《沈括论山崖间的介族化石》。(《胡适遗稿及秘藏书信》第5册，165～168页）

4月22日　胡适致函傅斯年：傅增湘已同意傅斯年以1.3亿元的价格将北宋本《史记》、宋本《庄子》出让与中研院，但傅加一附加条件：把这部《庄子》影印出来。又谈接洽此事之经过。又云：

我此次居然得逃学，此中深得骝先、雪艇两公大力……但你最后一信也有极大关系。我若不得你此信，决不能知道蒋公所谓"他已答应了"的心理。……

有一事又要请你代我想想。五月二十日参政会开会，我还未决定去不去。颇想在开会二三日后去应一应卯，稍住三四日即北回。但又怕引起别的纠纷。所以请你代为一决。因为我实在不知道南京目前的政治情形。(台北胡适纪念馆藏档，档号：HS-NK05-105-003）

同日　钟凤年有长函复胡适，谈《水经注》。(《胡适遗稿及秘藏书信》第40册，610～622页）

4月24日　胡适致电傅斯年：傅增湘允售二书。(《胡适中文书信集》第3册，520页)

按，4月28日，傅斯年复电胡适，感谢傅增湘同意将两宋本书出让给中研院，款子凑齐后请胡适转交。影印《庄子》事，当照傅增湘之意进行。(《傅斯年遗札》第三卷，1746页)

4月25日　下午，英国法治学者葛德林教授应北京大学之邀，前来做学术演讲，讲题为"世界文化的危机与人生价值的争取"。葛氏讲演前，胡适先对其作简单介绍。(次日之北平《益世报》；《北京大学史料　第四卷　1946—1948》，584页)

4月27日　清华大学举行第三十六届校庆活动，胡适出席并呼吁捐款。(次日之重庆《益世报》)

4月28日　胡适复函萨本栋，表示同意院士选举规程草案。又对第十三条第二项提出修改意见。并附上第一次院士选举筹备委员会的选举票。胡适提出的院士选举筹备委员会选举票候选人是：

数理组五人：吴有训、吴学周、谢家荣、姜立夫、茅以升
生物组五人：秉志、王家楫、罗宗洛、林可胜、汪敬熙
人文组五人：陈垣、傅斯年、王世杰、陶孟和、李济
(《胡适中文书信集》第3册，583～584页)

按，5月1日《申报》刊登中央研究院第一次院士选举筹委会委员名单：①朱家骅(当然主席)、翁文灏、萨本栋(当然委员兼秘书)；②数理组：吴有训、茅以升、吴学周、谢家荣、凌鸿勋；③生物组：汪敬熙、林可胜、罗宗洛、王家楫、秉志；④人文组：胡适、傅斯年、王世杰、陶孟和、李济。共十八人。并云："该委会自一日起开始办公。"

4月29日　田耕莘枢机大主教来访，胡适请他在 The New Testament of Our Lord and Savior Jesus Christ 上签名，他所签如下："+ Thomas Tien S. V. D.,

Cardinal Archbishop of Peiping."胡适在封内藏书票上题记:"此是天主教新修改的'新约',1941年印行的。"(《胡适藏书目录》第4册,2477页)

4月　胡适电贺张群就任行政院院长,并祝顺利成功。(《胡适中文书信集》第3册,583页)

同月　胡适致函孟治:本校西方语文学系讲师夏志清君得李氏基金之奖学金之助,今来美国进修。敬为介绍来奉访。倘蒙吾兄随时赐以指导,不胜感谢。(夏志清:《我保存的两件胡适手迹》,《传记文学》第51卷第2期,1987年8月)

5月

5月1日　熊大仕致函胡适,不赞成北大农院畜牧兽医不分系,不接受科主任聘书。(据中国社科院近代史所藏"胡适档案",卷号1908,分号1)

5月3日　胡适在北大学生"五四"筹备会举行的历史晚会上演讲"'五四'后新思潮运动的意义",指出:新思潮运动的意义,就是以一种批评评判的态度与精神,重新估定一切的价值。(次日之《华北日报》)

同日　重庆《中央日报》《益世报》均报道:独立时论社明起发稿,胡适等教授执笔。报道说,北大、清华两校一部分教授,因时有各地报纸及杂质索稿,颇感难以应付,最近特依照美国作家发稿办法,组织独立时论社,邮寄稿至全国各地同时发表。项已筹备就绪,决定自5月4日起发稿。

同日　胡适、汪敬熙联名致电中研院评议会,不克出席筹备会。如能请人代表,胡适请傅斯年代,汪敬熙请罗宗洛代。(《胡适中文书信集》第3册,584页)

同日　傅斯年复函胡适,感谢胡帮忙为史语所购得傅增湘收藏之宋本《庄子》和《史记》。又详述为傅家支付书款时之种种周折,明日当电汇。又谈因所中同人意见,鉴定其是否为北宋刊本事。又谈及,胡可南来参加参政会,理由是:"(一)风波已过,(二)参政会本无所谓,(三)介公量实在不大,此次已迁怒及北大,办学之事,到不得已时,只有坚守立

场,若不到此最后关头,随和些好……"(《胡适遗稿及秘藏书信》第37册,511～515页)

5月4日　胡适在北大校友"五四"聚餐联欢会上讲话,缅怀蔡元培将一个旧式大学变成一个新的大学,靠的是提倡学术自由的精神和不揽大权两条。北大精神是自由与容忍。又云思想不是可以压迫的。(次日之《华北日报》)

同日　天津《大公报》及国内有关大报发表胡适为独立时论社撰写的《"五四"的第二十八周年》一文,文章回顾了这次运动的经过,又列述了孙中山对"五四"运动的评价,又说:

>　　孙中山先生的评判是很正确很平允的。五四运动在两个月之中,轰动了全国的青年,解放了全国青年的思想,把白话文变成了全国青年达意表情的新工具,使多数青年感觉用文字来自由发表思想感情不是一件困难的事,不是极少数古文家专利的事。经过了这次轰动全国青年的大解放,方才有中山先生所赞叹的"思想界空前之大变动"。这是五四运动永久的历史意义。
>
>　　中山先生是个革命领袖,所以他最能了解这个"思想界空前之大变动"在革命事业上的重要性。他对他的同志们说:"吾党欲收革命之成功,必有赖于思想之变化。"
>
>　　我们在二十八年后纪念五四,也不能不仔细想想我们今日是否已"收革命之成功",是否还"必有赖于思想之变化"。(《独立时论集》第一集,独立时论社出版,1948年,1～2页)

5月5日　下午5时,胡适主持召开北京大学第四十次行政会议。胡适报告:美国医药助华会资助本校医学院高级人员出国研究名额人选,已推定助产学校主任全如玉先生,及牙学系主任毛燮钧先生;留学奖金名额人选,已推定解剖学科李肇特先生,寄生学科赵振声先生,生物化学科丁延先生,内科邓庆曾先生,小儿科赵锡祉先生,妇产科严仁英先生,外科吴阶平先生。又报告:美国援华联合会资助教授出国研究名额人选,已推定地质学系

孙云铸先生，物理学系吴大猷先生，经济学系杨西孟先生。决议：推胡适、饶毓泰、汤用彤、周炳琳、江泽涵、朱光潜、钱端升七先生为三十六年李氏基金设置留美奖学金考试审查委员，由胡适召集。又决议教职员加薪等事项。（《北京大学史料 第四卷 1946—1948》，43 页）

5月6日　胡适作有《天津省立图书馆所藏全氏五校本的目次（依本书的次第写定）》。（《胡适手稿》第3集卷1，9～15页）

　　按，胡适又有《天津市立图书馆（直隶省立第一图书馆）藏全谢山五校水经注》。（《胡适手稿》第3集卷1，3～8页）

5月7日　中央社电讯：胡适电请教育部调整教职员待遇，以免教职员陷入不能维持之境地。（次日之《和平日报》、《中华时报》、《中央日报》、上海《益世报》）

同日　傅斯年为史语所兼任研究员汤用彤在中研院领全薪事，致函北京大学校长胡适，请胡惠允"锡予先生之薪水，由本年一月起至本年六月止，六月以后另定之，由敝所支付。庶几锡予先生之收入可以稍多，且锡予先生决不因此而减少在贵校之义务，并不因此而增加在敝所之义务，无非求手续合法而行得通而已"。（《胡适研究丛刊》第三辑，中国青年出版社，1998年，371～372页）

5月12日　下午3时，胡适主持召开北京大学1946年度校务会议第一次会议，推举郑天挺为本会议书记，又通过决议多项。（《北京大学史料 第四卷 1946—1948》，73～74页）

5月15日　胡适在傅增湘所赠汉人桑钦撰《水经》（明正德十三年，盛夔刻本）上题记：盛夔写刻杨慎校定《水经》三卷，傅沅叔先生赠送给我的。盛跋题正德戊寅（十三年，一五一八），在黄省曾刻本之前十六年。胡适，一九四七，五，十五。（《胡适藏书目录》第4册，3002页）

5月17日　下午5时，胡适主持召开北京大学第四十一次行政会议。胡适报告：本校学生为响应中央大学学生，酝酿罢课，提出教职员生活、学生公费及时局等问题。本日已由学校布告劝导（原文附后），决议追认。

又决议请钱思亮出席行政会议等事项。(《北京大学史料 第四卷 1946—1948》,44页)

同日 胡适、梅贻琦联名致电教育部长朱家骅:查北大、清华两校员生考取钧部公费留学者共20余人,前部中举办讲习会时承特准该生等无庸赴南京参加,而于北平由两校会同为该生等举办讲习事宜,兹与两校同人商拟办法草案,随电附陈,仰祈鉴核示复以便遵办,至所需用费预算,约计800余万元,并请速予核拨,以利进行,是所至感。(《北京大学史料 第四卷 1946—1948》,463～464页)

5月18日 《申报》报道:北大各院系级代表138人,今日下午3时,举行会议,至7时始散。会中提出要求多项。北大校方,除于今布告增加学生副食费及停止总考外,胡适校长并出一白话布告,劝阻罢课,其末段称:"至于同学们对现实政治,自由发表意见,我们当然不反对,但政治问题,都是复杂的,都不是短期能解决,更不是学生罢课所能立刻收效的,所以我们诚恳希望同学郑重考虑,切不可用牺牲学业方式,作政治要求。"当日下午4时,胡更于私邸召开校务会议,据秘书长郑华炽称:会议对罢课取劝导态度,此间官方传学生将于明日游行,已有所准备。

同日 胡适有《眼前"两个世界"的明朗化》一文,文中说:

……眼前世界上有两种对峙的大势力,这是不可否认的事实。这两种大势力的分野在最近一年中似乎更明朗了,这也是不可否认的事实。但这两个壁垒的明朗化是祸是福,这两个势力会不会就走上武力冲突的路上去,这些问题都还有讨论的余地。

依我个人的观察,在最近的将来,至少在最近十年内,大概没有第三次世界大战的危险。最明显的理由是:美国与苏俄都不愿意再打仗了,都愿意求得安全与和平。最明白的证据是:无论在联合国安全理事会里,或在联合国大会里,或在外长会议里,代表这两个大势力的各国尽管在会场上作种种激烈爽直尖利的争论,争论完了,都还是联合国的会员国,没有一国肯放弃退出这个新兴的国际组织……

…………

　……今日只有美国与苏俄两个国家有安定全世界的力量。也有破坏全世界和平的力量。这两个大势力之间，有了明朗化的政策，这正是免除误解的起点，也正是全世界和平的新起点。

　有了明朗化的国际局势，再加上长期集会的国际新机构与国际新生活的训练，使旨趣不同的国家都有个尽量公开辩难争论的机会，使政体与经济组织不同的各国代表都有个从辩难争论里相互认识了解的机会，那末，十年或十五年的国际对峙形势也许可以逐渐进步，演变成一个更调协、更合作的新世界了。（《独立时论集》第一集，16页）

　5月20日　天津《益世报》刊登胡适就学潮发表的谈话。胡适说，蒋介石文告谓此次学潮受共产党直接间接之策动等语，认为"是不很公道"，并谓："还不如说这些行动是青年学生在对当前困难感到烦闷而发生的，比较公道些，国家各方不上轨道，政治不满人意，没有合法代表民意机关，监督政府，改革政治，所以干预政治责任，当然要落在青年学生身上，这事在古今中外，并无例外，这是二十年来我推测政治改变的通行。中国汉宋太学生，明朝复社，清朝公车上书，都是学生参加改革政治工作的先例。欧洲巴黎大学，千年前也有这种先例。后来的法国大革命，苏俄的十月革命，都是学生对政治关心的结果。就是廿年前的国民党革命，也是由学生发动而来的。现在共产党也有很多学生参加，这可以证明是学生们不满社会政治现状的现象。反之，一切政治上轨道，学生对于政治，则毫无兴趣。……现在一部分人，不满于政治，而且大多数还不满意政治现状。不过学生罢课，决不是改革政治的一种好方法，所以本校在学生罢课前，出了一个布告，劝告同学勿以罢课作手段。若是大家去研究政治，发表改革言论，或者干脆跑到校外参加政治活动，在地上在地下工作，都无不可。……改革政治，有两种方式：一种是革命，一种是经过合法民意机关去改革。学生要干预政治，宣传也好，实地工作也好，也离不开这两个方式。……"

　同日　《新闻报》报道，胡适不赞成用罢课游行手段作政治要求，但对

1947年　丁亥　民国三十六年　56岁

青年运动之动机则谅解并同情。

同日　《新闻报》报道，胡适表示：中国大学之多，达190余所，已成一反常现象，实无力支持这许多大学。他反对再增设大学。

同日　罗常培函荐魏益世到北大旁听。（《胡适遗稿及秘藏书信》第41册，307页）

同日　陶孟和致函胡适，谈道：我兄缄默久矣，识与不识，每谈及时，常深为忧虑。今早得读我兄对目前学潮谈话，谓政府动感情，污学生有背景为不当，所见公平正确，直言无忌，不逊当年，曷胜钦佩！大家所忧虑者，可从此冰释矣。欣幸之余，专函奉告，尚祈求谅察是幸。（此函被胡适粘贴于5月22日日记中）

5月21日　胡适致函朱家骅，报告昨日北大、清华等学校进行反内战、反饥饿游行事：20日上午北大、清华、燕大、辅仁、师院、铁院各大学及一部分中学学生共四五千人，在北大第一院操场集合，于下午1时半结队出发，经东四、东单、王府井、长安街、西单、西四游行，并推代表至行辕请愿。沿途因行辕李主任与地方当局予为戒备，未肇事端，惟在西单有北洋学生1人，于队外被便衣人殴伤，即送北大医院医治，大队一部分学生在西四离去。6时半返抵北大后解散，时清华梅校长在北大共同商定，备公共汽车于8时半送清华学生出城。现校内尚称安谧，谨先奉闻。（《北京大学史料　第四卷　1946—1948》，970页）

同日　胡适复函张元济，感谢赠送《吕新吾格言》，感谢将藏文《甘珠尔》移存北京大学。又告已从天津图书馆借到全祖望校本《水经注》，"数月之中，得两部全谢山真本，可称物聚于所好。津本之发现，可以助我判断全校《水经注》一案更多"。（《张元济全集》第2卷，555～556页）

5月22日　下午5时，胡适主持召开北京大学第四十二次行政会议。胡适报告5月18日学生在西城向民众讲演被殴及20日学生游行情形；学生连日罢课及与学生代表谈话劝导复课经过，并报告明日复课；又通过工学院添设土木工程、化学工程两系等事项。（《北京大学史料　第四卷　1946—1948》，44页）

同日 胡适将自拟院士提名名单函寄萨本栋、傅斯年，特别提出吴稚晖、张元济、傅增湘、杨树达4人应入选：

我此单里提出三位老辈：

（一）吴敬恒，他是现存的思想界老前辈，他的思想比一般哲学教授透辟的多，故我很盼望孟真、济之两兄能赞成把这位老将列入提出之内。……

（二）张元济，他对于史学的最大贡献是刊行史籍与史料，他主持的《四部丛刊》与百衲本《廿四史》等，使一般史学者可以容易得著最古本的史籍与古书，其功劳在中国史学界可谓古人无与伦比。我曾想，百衲本《廿四史》的印行，比阮元的《十三经注疏·校勘记》还更重要。……

（三）傅增湘，沅叔先生的校勘工作不算顶精密，但他终身做此事，四十年不辍，至少可以代表老辈的校勘学。他在搜集与保存古书的方面，是有大功劳的。关于此老，我只做一个提议，并不坚持。

……我列入杨遇夫（树达），我很盼孟真、济之两兄考虑他做一老派古学者的代表。

语言学门是否应列罗莘田，此点我不坚持。

…………

哲学	吴敬恒、汤用彤、金岳霖
中国文学	沈兼士、杨树达、傅增湘
史学	张元济、陈　垣、陈寅恪、傅斯年
语言学	赵元任、李方桂、罗常培
考古学及艺术史	董作宾、郭沫若、李　济、梁思成
人文地理	无
民族学	无（《胡适中文书信集》第3册，588～589页）

5月24日 北京大学以校长胡适名义致电行政院秘书处：关于汉奸嫌疑犯张仁蠡所藏石刻碑版，前经贵处寅俭电准由本校接收保管在案。顷经

本校前往办理接收，查悉此批文物中，当有磁器图章等项，适合本校博物馆之用，因原电未行列举发生拟义，相应电请准由本校一并接收保管，并分行各有关机关为感。(《北京大学史料 第四卷 1946—1948》，817 页)

5月25日　北平文化教育界在师范大学文学院举行公葬高步瀛、钱玄同纪念集会。李蒸主祭。袁敦礼、沈兼士、陈垣、胡适均致辞。胡适称，钱氏以国学大师章太炎弟子身份，由复古转变为赞助、倡导新文化运动，实可敬佩，并提议组织钱氏遗墨编辑委员会，收集珍贵资料，以供研究。(次日之北平《和平日报》、重庆《中央日报》;《胡适遗稿及秘藏书信》第40册，251页)

5月28日　胡适致函陈武鸣，解释5月20日学生游行时没有配枪。(《胡适研究丛刊》第三辑，372页)

5月31日　北平行辕新闻处举行记者招待会，特邀胡适出席，谈最近学生运动问题。胡适说：

> 赵先生约我谈学生运动，我觉得很惭愧。过去的大部时间都用在油盐柴米上，弄房子，修房子，替先生找宿舍，替学生找宿舍，替先生解决生活问题，替学生解决生活问题，对学生没有负起指导的责任来。
>
> 不过看最近两星期的表现，北平青年还是有理智的。从五月十八日街头讲演，到二十日的游行，和本周的复课，虽然其中标语说话有刺激感情的，但大部还是理智的帮助制止了感情；很少有轨外行动。本人藉此对地方当局表示谢意。行辕李主任、警备司令部陈司令、何市长，及党部团部，这两星期以来，一方面与学校当局合作，一方面保护青年安全，做成"疏导政治"。例如二十日游行，地方当局并未说不许可，让他们的烦闷感情有所表现，公诸社会合全世界，虽然有几个小问题使罢课延长了几天，但可证明疏导政治之有效。
>
> 青年的感情发泄上表现以后，自然回复到学业上，现在课室、图书馆、试验室里，都在埋头苦干，学校当局很得到安慰。我对学生代

表讲话，鼓励往理智上走。这次的表示，表现（Demonstration）有很大的成功，不但全国知道，但世界亦都知道了。希望继续保持理智的态度。

……我认为青年对政治表示，不可完全抹杀。对学潮有一个历史的看法：古今中外，任何国家，政治不能满人意时，同时没有合法有力的机关，可以使这不满意得到有效的改革，这个事情总落在受教育的青年身上，也就是学生身上。……

…………

现在学生对政治不满意，感觉生活压迫，推敲理论，见仁见智，至少承认有烦闷的理由，有不满意理由。没有客观环境，不能说几个几十个人能号召使几千人的学校罢课游行……党政军团可与学校合作，水来了，不要挡，疏导他，没有害的让他们发泄，发泄完了以后，大家仍以学业为重，我们对于这一点很同情。

北平没有大的不幸事件。……（五月二十六日）学联开会的结果，决定六月二日不出来游行，不出去煽动罢工罢市，只在学校内举行纪念仪式，有负责代表二人对我说：个人认为很聪明很有理智，应继续依决议去做。一方面使地方当局省去许多麻烦，一方面避免无谓的冲突及牺牲。当局各方面的合作，帮助学生，过去已有效，学生遵照上星期六学联决议，疏导政治，使学校很快即可恢复正常。

只有受理智的表示，是最有效的表示。因为枝节的冲突，这里流血，那里失踪，使人往往捉摸不到学运所表示的目标。最后感谢地方当局合作的是：疏导政策。（次日之《华北日报》）

同日 胡适复函过养默，对冯嘉祥因中公事受拖累感觉十分不安。又云：

……要我"协助，俾可适当解决"一层，不知有何"适当"办法？……要我想办法，我因为不懂得商界金融界的情形，竟不知此事应该如何办理。究竟廿六年十一月判决后，冯君曾否代中公清偿此款？

现在所谓"适当解决",是对"正大"解决?还是对冯君家属解决?……我们保人应担负什么数字?这些问题,都请你详细赐示……(《胡适遗稿及秘藏书信》第20册,186~187页)

按,是年4月30日、5月27日,过养默两度致函胡适,要求胡适出面帮助解决中国公学债务问题。6月6日,过养默复函胡适,对以上诸问题详加说明。次日,过又函胡适云:潘公展与其商量中公债务在本年内以3亿元国币偿还;预计以名人法书、募捐与球赛偿债。(过氏诸函存中国社科院近代史所"胡适档案"中,卷号968,分号7、1、2、3)

6月

6月1日　胡适作有《跋〈四明卢氏抱经楼书目〉》。(《胡适遗稿及秘藏书信》第12册,364~370页)

6月2日　《申报》北平电讯:今日上午此间在戒备森严中,大致平静度过。北大于晨9时在大操场(现已被学生命名为"民主广场")举行内战死亡军民追悼会,胡适亦被邀出席讲演。胡氏赞学生取消六二游行为明智之举。周炳琳、吴之椿等教授,亦有讲演。西郊燕京清华俱罢课。清华学生,今日决议,3日起继续罢课3天。城内罢课者除北大外,尚有中法、师院、艺专等校,情形大致平静,仅华北学院有纷扰。各中小学多数照常上课,惟因家长顾虑学生安全,颇多代子弟请假者。

同日　胡适复函邓世华,谈道:

今日的苦痛,都是我们大家努力不够的结果。……

正因为今日的苦痛都是从前努力不够的结果,所以将来的拯救没有捷径,只有努力工作,一点一滴的努力,一尺一步的改善。

蒋介石先生有大长处,也有大短处。但我在外国看惯了世界所谓大人物,也都是有长有短,没有一个是天生的全人。蒋先生在近今的六个大巨头里，够得上坐第二三把交椅。他的环境比别人艰难，本钱比别人短少，故他的成绩不能比别人那样伟大，这是可以谅解的。国家的事也不是一个人担负得起的。

……现在的强国，除了苏俄之外，绝对没有一个国家要侵略我们的。我们的将来全靠我们今后如何努力。……

…………

青年人苦闷都由于当年希望太奢，所以今日必须明白和平比八年苦战困难的多，抗战时须吃苦努力，和平来了更要吃苦努力，才可以希望在十年之中做到一点复兴的希望。悲观是不能救国的，叫喊是不能救国的。责人而自己不努力是不能救国的。

易卜生说过："眼前第一大事是把你自己这块材料铸造成器。此外都不重要。"（《胡适遗稿及秘藏书信》第20册，261～265页）

按，6月2日邓世华致函胡适，谈到青年人的苦闷，就内战与国家的前途诸问题，向胡适请教。（《胡适遗稿及秘藏书信》第40册，192～193页）此函经胡适改写后，冠名以"青年人的苦闷"，收入《独立时论集》第一集。

同日　任鸿隽将其《追念顾临先生》一文函寄胡适。（《胡适遗稿及秘藏书信》第26册，652～653页）

6月3日　胡适致函何思源，感谢何亲临北大指挥，爱护母校、信任青年。对极少数人对何出言不检点，感觉十分不安。（中国社科院近代史所藏"胡适档案"，卷号1390，分号3）

同日　王重民致函胡适，告：《记沈炳巽〈水经注〉最后校本的过录本》一文，"把王梓材造伪的法宝找出来，虽有凭藉，他造伪的罪状，并不因此减低；而我们对于他造伪所用的赃证，也更明了了！"又告"师爘"案的"师爘"姓蒋，并略述其简历。（《胡适遗稿及秘藏书信》第24册，89页）

6月4日　胡适致朱家骅加急电：北大、清华歇日可复课。（《北京大学史料　第四卷　1946—1948》，988页）

6月5日 胡适有《跋天津图书馆藏的明钞残本水经注》一文。(《胡适手稿》第4集卷1,107～114页)6月27日,此文刊载于《大公报·文史周刊》第32期。1948年2月22日改写,同年3月5日载于天津《民国日报》第84期。

同日 任维焜致函胡适,述多年来对胡适崇仰、关切之情,又述自己的教学、研究经历,并寄呈《子产》等3部书请胡指正。(《胡适遗稿及秘藏书信》第26册,165～169页)

6月6日 王重民致函胡适,送上谭元春的《水经注》,因卷内过录了何焯校语,又有校沈本及谭献殿本的地方。(《胡适遗稿及秘藏书信》第24册,90页)

6月8日 胡适复函俞大绹,中心意思是劝俞大绹不必读一个学位。理由是:时间怕不够长;学位是没有多大价值的;随便读点爱读的书,听点爱听的学者的讲课,而不去费许多功夫去准备得学位,那是最可乐的事。又说,傅斯年与俞大维都没有得博士学位,"但社会上谁会因此轻视他们一分一厘?"美国守旧的大学,如哈佛大学、耶鲁大学,对于"英文学"的博士候选人,颇多苛求,花不少时间做准备工作,不值得。不如打定主意不求学位,等到住定了地方,再打听那个大学有些什么名教员可有些什么 courses 可学,然后支配时间去要求旁听。关于"英文学"的课程,可请教赵元任、郑儒珍等人。盼傅斯年此次检查身体甚满意。江冬秀附致问候。(《胡适中文书信集》第3册,596～597页)

> 按,4月22日,俞大绹致函胡适,谈到因母亲生病,一家人赴美行程暂缓,已决定6月19日登程。自己希望借傅斯年治病之机,在美国修英文学,询胡适入何校合适。又请胡适写推荐信。5月25日,俞大绹再函胡适,拜托胡适为其写推荐函,到美国的一个大学修文学。又谈及母亲生病,希望胡适可以派俞大绹来南京议事顺道省亲。(《胡适遗稿及秘藏书信》第31册,12页)

6月9日 上午,胡适在赵一清撰《水经注释》中有题记:"残存钞

《四库》本赵氏《水经注释》八册，共存卷二，河水二；卷三，河水三；卷四，河水四；卷七至卷八，济水一二；卷十七至十九，渭水上中下。王重民先生用法币五千六百元买了来送给我。此本原是照《四库》本钞的，卷二三四，七八是原样。余卷的首页都被书估换了半页。胡适，卅六，六，九日上午。"（《胡适研究通讯》2016年第2期，4页）

同日　胡适复函过养默：弟是贫士，无家产可垫可赔，兄所素知。中公债务，请兄详告潘公展兄，请其一面向法院设法，一面请陈于右任院长，早谋解决。（《胡适研究丛刊》第三辑，372页）

同日　王重民致函胡适，赠送花费5600元买来的钞库本《水经注释》，并述及此本特征。又告5月31日已领北大全薪。（《胡适遗稿及秘藏书信》第24册，91页）

6月10日　寿景伟致函胡适，介绍 Encyclopædia Britianica Film, Inc. 协理史伟志博士 Theodore M. Switz 拜谒胡适。（《胡适遗稿及秘藏书信》第38册，521～522页）

6月12日　胡适作有《跋〈李木斋旧藏抱经楼书目〉》。（《胡适遗稿及秘藏书信》第12册，371～375页）

6月13日　胡适复电朱家骅：接收平大工学院事，已告金通尹校长，若教育部及北洋认为北大可以帮助解决问题，而北大理工同人无异议时，愿考虑此事。因现尚未与北大同人商谈，而北洋平部教职员已因此起纠纷。故10日函告金校长暂时不谈，以免增加彼方纠纷。（中国社科院近代史所藏"胡适档案"，卷号575，分号4）

按，6月12日朱家骅致电胡适，请胡主持早日接收平大工学院。6月14日，朱又电胡适，告得北洋平部学生自治会电，谓全体同学及大部教授对北大接办绝对赞同等语。务请胡适"与北大同人成全，以解弟之困难为感"。（《胡适来往书信选》下册，209～210页）

同日　北京大学为《国立北京大学周刊》备案事，以校长胡适名义致函北平社会局。（《北京大学史料　第四卷　1946—1948》，814页）

1947年　丁亥　民国三十六年　56岁

6月15日　罗尔纲致函胡适，详告自身患疟疾情形。(《胡适遗稿及秘藏书信》第41册，447～451页)

6月16日　下午5时，胡适主持召开北京大学第四十三次行政会议，胡适报告：农学院半工费学生请求增加公费款额。决议，事关全国通案，非本校所能变更，请熊大仕先生转告。会议决定：推胡适、师觉月、朱孟实、季羡林、王岷源5人为印度来华研究生辅导委员会委员，由胡适召集。胡适报告北洋大学工学院北平部学生请求并入本校之经过，已聘请马大猷任工学院院长。又通过1947年度校历等事项。(《北京大学史料　第四卷　1946—1948》，45页)

6月17日　王毓铨致函胡适，谈及将再留美一年事，又谈及应美国古钱学会的邀约，到该会从事中国古钱币研究事，以及对此问题的一些具体看法。(《胡适遗稿及秘藏书信》第24册，494～497页)

同日　王重民致函胡适，告自己在北大领全薪事，已得袁同礼同意。又告："前接六月九日手谕，知先生颇重视那部谭校谭刻本《水经注》，又先生考得那是谭献二十八岁时校本，正与重民所疑相合。"又告从伦明藏书中查得蒋师爌材料。又谈及《柚堂笔谈》一书谈到全祖望《七校水经注》等。又谈及胡适的五篇稿子已经清录，预备在《国学季刊》8卷1期发表。(《胡适遗稿及秘藏书信》第24册，92～94页)

同日　陈器伯复函胡适，告5月29日胡适寄来之手书、著作、碑文影片均已收到并致谢。又告将于下周一在南京参加高考阅卷工作。又拜托胡适向张伯苓推荐其入考试院。(《胡适遗稿及秘藏书信》第35册，546～549页)

6月19日　胡适致函金通尹、陈荩民，略叙关于北大接收北洋平部工学院的前后经过，又告：北大工学院委员会两次商讨此事结果，认为北大现有的人力与财力都不够担负接办洋平部的重大责任。(《胡适遗稿及秘藏书信》第20册，354～358页)

6月20日前　傅斯年致函胡适，谈到最近一月来生病、事忙等情，又谈到赴美船期，又谈到对北大的情形，"至一为念"，又谈到自己的病实在

晚治了至少3年，又谈到通过胡适介绍所购傅增湘藏宋本《史记》事。(《胡适遗稿及秘藏书信》第37册，518～521页)

6月20日 胡适复电朱家骅：接收平大工学院事，曾极力向北大同人陈说应不避二三年困难以谋百年发展。但该校内部情形复杂不易收拾。故经慎重考虑，已答复陈荩民院长云北大不堪负荷接办重任。但学生代表昨夜今晨仍分访胡及理工同人请求再考虑。(《胡适遗稿及秘藏书信》第19册，58页)

按，6月22日，朱家骅复电胡适，仍请胡能毅然接收，"彻底整顿"。(《胡适来往书信选》下册，210页)

同日 胡适致电司徒雷登：北平中文报纸今日消息称，威廉·皮尔逊强奸案，业经海军检察官答复其家属，此消息系约翰生引用范德格里甫将军的信件。这一看来可靠的消息使我震惊，因为它足以激起一场反美的大动乱，我强烈呼吁你认真考虑。(王国华、耿来金选编：《胡适档案中有关沈崇事件来往函电选》，载《北京档案史料》1994年第2期)

同日 傅斯年致函胡适，谈院士选举候选人问题，认为："人文与社会科学平等数目，殊不公，因前者在中国比后者发达也……中国文学四、史学六、考古及美术史四、语三、哲三……"(《胡适遗稿及秘藏书信》第37册，524～526页)

6月21日 胡适有《青年人的苦闷》一文，指出：

……我们将来的恢复与兴盛决没有捷径，只有努力工作一条窄路，一点一滴的努力，一寸一尺的改善。

悲观是不能救国的，呐喊是不能救国的，口号标语是不能救国的，责人而自己不努力是不能救国的。

……社会国家需要你们作最大的努力，所以你们必须先把自己这块材料铸造成个有用的东西，方才有资格为社会国家努力。

…………

……"工作是把苦闷变成快乐的炼丹仙人。"(《独立时论集》第一集,52页)

同日　胡适致电司徒雷登:据美联社消息,军事法官之报告,业经海军部长批准,我再次强烈呼吁,你务必使美国政府认识到,美国法官对皮尔逊案件之判决,是中国全国注视之焦点。我断然驳斥美联社所谓皮尔逊定罪是由于国内学生游行示威的结果。请回想12月30日的学生游行示威,军事法庭1月17日的开庭和1月23日的宣判。(王国华、耿来金选编:《胡适档案中有关沈崇事件来往函电选》,《北京档案史料》1994年第2期)

同日　旌德汪榘(仲方)赠胡适《陶渊明集十卷》一部(清光绪二年刻本)。(《胡适藏书目录》第3册,1570页)

6月22日　胡适读 Simon Florence and James Thomas Flexner 的 *William Henry Welch*,很受感动。(据《日记》)

同日　*The China Press* 报道:"Hu Shih Says Rape Verdict Tests Justice"(第一版):

PEIPING, June 21,——Dr. Hu Shih, president of the National Peking University, commenting on the release of Corp. William G. Pierson, convicted of raping a Chinese student here, said the new development was "being watched anxiously by the whole country as a test of American justice."

The former ambassador to the United States said to reporters:

"I have confidence in this sense of justice. So I hope the Secretary of the Navy will not approve the recommendation of the judge advocate general to set aside the court-martial sentence."

Hu Shih, who sat through the case, said:

"As a recognized authority? Historic evidence I am convinced the evidence presented warranted the rape charges against the accused."

The trial took place following the students' anti-American demonstrations and widespread demands in the Chinese press for conviction.

The reversal of the verdict coincided with the withdrawal of the Marine First Division, of which Pierson was a part, from China.

同日　罗常培函谢胡适和北大给其假期。又谈到 6 月 15 日与赵元任等到普林斯顿大学参加该校 200 周年庆典以及和赵元任一家一同休假事。(《胡适遗稿及秘藏书信》第 41 册，308 页）

同日　包赟致函胡适，谈及得邓广铭函，知胡适已略翻其《先秦史讲话》，因胡适忙，故列出书中的 16 个问题向胡适请教。(《胡适遗稿及秘藏书信》第 24 册，746～749 页）

按，是年请求胡适指正著作和请教学问的还有杨仲和、傅笑禅、朱裔榘、曾今可、高景成、吴继云、李钟汉、陈抑甫、蒋炎午、周希曾、顾润兴、黄宗法、沈雯辉、景学钤。(据中国社科院近代史所藏"胡适档案"不完全统计）

6 月 23 日　是夜，胡适心脏发生"警报"。(据《日记》）

6 月 24 日　胡适复函傅斯年，云："你的两文，都很好，《后汉书》一文最精采……你能用刻工姓名证明原刻在北宋，这是最重要的方法。"详谈法学院院长周炳琳为聘刘志敫与北大诸负责人士冲突事，因此问题一提出，就不转傅为此事专门致周之函了。又谈及汤用彤之出国："我很舍不得，但为他计，不能不让出去一趟。"又谈及马文昭辞职，已请沈碟淇继任。又谈及："北平大学旧工学院，我本不愿考虑。……但最近的演变，颇使我们同情于八百多青年，故曾一度考虑此事，意在拯救这些青年学生。……我一定十分慎重考虑此事；若不能有整顿此校的把握，决不轻易接收。"又谈及："此时北平正在围城之中，铁路时时断绝，粮食天天飞涨。故我决定不走开，或可稍安定一部分同人之心。"又建议傅抵美后，最好在西岸养病等。(王汎森：《史语所藏胡适与傅斯年来往函札》,《大陆杂志》第 93 卷第 3 期，3～4 页）

按，傅斯年原函见《胡适遗稿及秘藏书信》第 37 册，518～521 页。

同日　王世杰复电胡适：美军士兵皮尔逊强奸案，外交部已向美使馆交涉，要求必维持原判，予以执行。美使馆已转电华盛顿当局，以后发展容再电告。(《胡适遗稿及秘藏书信》第 23 册，608 页)

6月 25 日　朱家骅复电胡适，请继续接管北洋大学平部。(《胡适遗稿及秘藏书信》第 25 册，468 页)

6月 26 日　下午，马万森大夫来诊察。(据《日记》)

6月 27 日　陈器伯复函胡适，认为胡适 19 日函中评诸邓词集至为精当。又函寄邓嘉缉的诗文集。(《胡适遗稿及秘藏书信》第 35 册，550 页)

6月 28 日　Rudolf Rahmann 致函胡适，云：

Once more I wish to express my thanks to you that you gave permission to me yesterday to inform Dr. Eickert that he may write to you about himself. I do not know Dr. Eickert very well but I think I should not refuse the help he requests from me.

Dr. Carl Heinz Eickert was born in Cologne, Germany, in 1913. He studied at the University of Cologne and for one term at the Sorbonne, Paris. His fields are: Romance Literature, especially French; Modern German Literature; Philosophy. He is now teaching English in a Middle School in Changchun.

With kindest regards I beg to remain. (中国社科院近代史所藏"胡适档案"，卷号 E-323，分号 1)

6月 29 日　蒋介石复电胡适：尊函稿件铭感无已，极望近期内能与先生相晤，面聆教益也。(《胡适来往书信选》下册，211 页)

6月 30 日　下午 5 时，胡适主持召开北京大学第四十四次行政会议，决议通过暑期后校舍分配等事项。(《北京大学史料　第四卷　1946—1948》，46 页)

同日　北京大学聘胡适为文学院教授，任期自 1947 年 8 月至次年 7 月。(中国社科院近代史所藏"胡适档案"，卷号 2321，分号 5)

同日　胡适致函汪孟邹，问亚东何以不印卖他的书，如亚东不能印卖，可否将纸版借或卖与别家（如商务）印行。（据《日记》）

按，7月5日，汪孟邹复函云："兄的书，北平之北新书局、自强书局均曾去过，为数甚少，只北平书店去数稍多，因书价太高，购买力太弱，外埠同业均以学生买不起，不能多办为言，实在无办法。不久前《文选》印过二千，现定价一万八千。《自述》印过一千五百，现定价七千五百。此两书稍好，《文存》等大的书，则甚少销路，因定价三万七千五百之故，其实照目前纸张印订各费，又已不够本也。"又谈及汪鉴初之病情等。（《胡适遗稿及秘藏书信》第27册，449～451页）

同日　胡传揆向胡适函辞北大医院院长。（《胡适遗稿及秘藏书信》第30册，539～540页）

6月　胡适致函教育部长朱家骅，告：北大工学院在原设机械、电机二学系基础上，拟于下学年添设土木、化工两学系，申述理由3条。并云，除已由北大具呈教育部申述增设二系意见请求核准外，"特再函达"。（《胡适研究丛刊》第三辑，373页）

按，北京大学为增设工学院土木、化工两学系给教育部的呈文，可参考《北京大学史料 第四卷 1946—1948》，644页。

同月　傅斯年致电胡适，认为北大不宜接收北洋大学平部（北平工学院），理由是："此事恐有多害而无一利。最难之处在如接收，须不承认其旧有教员，因与北大标准不合。然此事不易办到，将横生枝节。新教员亦不易请……"（《傅斯年遗札》第三卷，1758页）

大约上半年　胡适为北大建立原子能研究中心事，致函白崇禧、陈诚，并转蒋介石。胡函云：

……我要提议在北京大学集中全国研究原子能的第一流物理学者，专心研究最新的物理学理论与实验，并训练青年学者，以为国家将来

1947年　丁亥　民国三十六年　56岁

国防工业之用。

　　现在中国专治这种最新学问的人才，尚多在国外，其总数不过七八人，切不可使其分散各地，必须集中研究，始可收最大的成效。……

胡函列述这些一流物理学家的名字：钱三强、何泽慧、胡宁、吴健雄、张文裕、张宗燧、吴大猷、马仕俊、袁家骝。并云以上9人皆已允来北大。他们所以愿意来北大之主要原因有三：一是他们都不愿分散各地；二是因为北大物理学系已有点基础；三是因为他们颇喜欢北大的学术空气。胡函又云：

　　我们仔细考虑，决定把北大献给国家作为原子物理的研究中心。人才的罗致，由北大负全责。但此项研究与实验，须有充分最新式设备，不能不请国家特别补助，使我们可以给这些第一流专家建造起一个适宜的工作场所。

　　我们想请两位先生于国防科学研究经费项下指拨美金五十万元，分两年支付，作为北大物理研究所之设备费。第一年之二十五万元美金，由北大指定吴大猷、吴健雄在美国负责购备，并指定钱三强、何泽慧在欧洲与英国负责购备。其第二年之二十五万元，则于明年度另指定专人负责购备。其购置细账，均由北大负全责随时详细报告国防部审核。

　　我知道此数目甚巨，责任甚大，故甚盼两位先生于便中报告主席，请其指示裁夺。

　　我写此信，绝对不为一个学校设想，只因这些国外已有成绩、又负盛名的学者都表示愿来北大作集中研究，故为国家科学前途计，不敢不负起责任来，担负这个责任。科学研究的第一条件是工作人才，第二条件才是设备。现在人才已可集中，故敢请国家替他们增强设备。此意倘能得两位先生的赞助，我可以断言，我们在四五年内一定可以有满意的成绩出来。（《胡适遗稿及秘藏书信》第19册，34～38页）

7月

7月2日　胡适复函 Daniel H. Lew 云：无法辨识出 6 月 18 日尊电提到的"Wachiypan"是谁。建议两位人选，陈达和伍启元，并未听说吴景超将去。基于责任，自己须留在北平以给北大教职员和学生信心，因此无法前往伦敦参加会议。期望陈光甫可以担任中国代表团团长，蒋廷黻与陶孟和、Qhu Shih-ming 与您一同前往参加。陶孟和来函述及您与他协商以徐大春继任为太平洋国际学会的执行秘书，若能让徐大春跟随您到伦敦去，将对徐是一次很好的历练。期望行政委员会能尽速做出最后的决定。（中国社科院近代史所藏"胡适档案"，卷号 E-100，分号 11）

7月4日　储安平致函胡适，向胡适邀稿。（《胡适遗稿及秘藏书信》第 41 册，7 页）

同日　罗常培致函胡适，谈及自己每周上课 16 小时，讨论 3 次，得与此邦语言学名宿聚谈切磋；选课中以实验语音学与语言地理学最感兴趣等。（《胡适遗稿及秘藏书信》第 41 册，309 页）

7月5日　胡适在 Peace and War: United States Foreign Policy, 1931—1941（by Department of State, United States of America）扉页背面题记："此书所收材料，初看似甚完全，但实有故意隐讳的地方。如 1941 年 11 月 21 日 Secretary Hull 向 A、B、C、D 四国使节提议的缓和日本办法，此书全不提及，但有 November 26 日的方案而已。又如中国方面的文件，此书中一字不载。'信史'谈何容易！胡适，June 5，1947。"（《胡适藏书目录》第 4 册，2505 页）

同日　胡适致函教育部长朱家骅，详陈北大下学年添设土木工程及化学工程两学系之理由：（一）查土木工程，在此建设时期极为重要。化学工业为轻工业之基本，对民生影响颇巨，今此项人才，至感缺乏，不足以供国家需要。（二）工学院现设各系中，均有关于土木课程（例如测量水力学、工程材料等课）。纵不增设土木工程系，亦须添聘教员，扩充设备。惟若设土木工程专系，聘教员较易，课程推动，亦较良好。（三）化学工程学系，与原有理学院化学系课程在前两学年大致相同，且增设之系，仅拟先招一年级生，主要课程均可由数学、物理、化学三系负担。是增加设备，所需甚微，而可造就多数人才。以上各点，均系根据事实陈述。是否有当，理合电请鉴核示遵。（《北京大学史料 第四卷 1946—1948》，644页）

7月6日　胡适致电中研院总干事萨本栋：10日会议请傅斯年或李济代表。（《胡适中文书信集》第3册，606页）

7月8日　陈之藩致长函与胡适，请教"形而上学"、科学、哲学诸问题。（《胡适遗稿及秘藏书信》第35册，207～209页）

同日　傅斯年致函胡适，谈到在船上健康状况颇好，一路上与张紫常闲谈。抵美后拟先住在旧金山，并看望顾孟馀、陈受颐等老朋友，然后再去美国西部。（《胡适遗稿及秘藏书信》第37册，522～523页）

7月9日　胡适作有《赵一清所见宋刻〈春秋分记〉》。（《胡适手稿》第3集卷5，587页）

同日　胡适复函萨本栋，告北大提名院士的事，现正举行，原则是不限于北大，是以全国为范围。大概7月15日可以寄上。又指出萨寄来的附件名单，似有些错误等。（《胡适中文书信集》第3册，607页）

按，7月14日萨本栋复函胡适，钦佩北大的提名范围不限于一机关，是"大学校"的风度。前此所奉上之参考名单，其中医学一科，系林可胜先生以英文写出，感谢指出其中的人名错误。7月20日截止提名一节，事实上恐须展期。俟与翁文灏商洽后再做决定。（《胡适遗稿及秘藏书信》第41册，121页）

同日　胡适致函陈士林，谈对陈之《王事靡盛》一文的看法：

……说"靡髓"是周代的通语，这是对的。但你说"靡盛"即是《淮南》的"磨坚"，我看似乎不易成立。《文子》之"靡坚"当然即是《淮南》之"磨坚"。但《淮南》原文"攻大磨坚"是两件对举的事，"攻"与

"礳"是两个同等的动字。攻大物，礳坚物，以柔弱为最有效，莫能与之争。这是《老子》下来的柔道哲学。《老子》七十八章说："天下莫柔弱于水，而攻坚强者莫之能胜，以其无以易之。弱之胜强，柔之胜刚，天下莫不知，莫能行。"《淮南·原道训》此节本是说雌节柔道的，"攻大礳坚"即是《老子》所谓"攻坚强"。高诱注虽不足据，但高注实懂得"攻大礳坚"两事是并列的，都是"喻难"。你但取其二事之一，以为"礳坚"之本义为难，那就是断章取义，也不是高诱的原意了。"喻难"并不是说"本义"为难。

《淮南·修务训》"砥砺礳坚，莫见其损，有时而薄"。此更可与《原道训》相比较，而知"礳"是动词，"坚"是动词的止词。此处"礳坚"岂可训"难"吗？磨刀石都是柔细石，柔石磨坚刀，粗看不见刀损，而久磨的刀刃自会变薄了。此是柔之胜刚之一例。

总之，礳坚只是磨坚，是动词带止词，与古代通语"靡盛"似无关。（《胡适遗稿及秘藏书信》第20册，341～343页）

7月10日 北洋大学北平部学生自治会代表贾蔚文等3人致函胡适，要求北大接收平部工学院。（《胡适遗稿及秘藏书信》第37册，659～665页）

7月11日 胡适有《赵书剜改的一例》一文。（《胡适手稿》第3集卷5，418～419页）

7月13日 中央社电讯：平津文化界及其他各界人士张伯苓、胡适、梅贻琦等，鉴于实行民主政治，都市地位，异常重要，为研究地方自治问题，唤起市民注意政治，并鼓励市民充分行使公民权利起见，特发起"市民自治促进会"，现已开始筹备，不日即将在平成立。（次日之天津《益世报》）

7月14日 下午5时，胡适主持召开北京大学第四十五次行政会议，决议体育委员会设常务委员等事项。（《北京大学史料 第四卷 1946—1948》，46～47页）

7月15日 胡适将史语所嘱托代填之院士提名单5份函寄该所。（台北胡适纪念馆藏档，档号：HS-NK05-105-004）

7月18日　冯沅君将其所著《古剧说汇》一册送与胡适。(《胡适藏书目录》第1册,103页)

7月19日　下午4时,平津教育界、实业界名流组织之市民自治促进会在欧美同学会举行成立大会。出席会员共60余人。大会由胡适、梅贻琦、张伯苓任主席团。胡适首致开会辞,略称:"我们认定民主政治的学习与训练,必须从我们自己最关切的社会做起。我们平津两市的公民,希望从两市的自治工作内开始我们民主生活的学习与训练。都市的人应该认清都市的重要性,利用都市的优越条件,征服都市的特殊困难,共同为都市作一点事。"胡适继续解释该会任务为:①调查市政与市民生活;②研究市民自治法或市宪章草案,供全国上下参考;③讨论有关市政与市民权利问题;④学习训练民主生活,参加各种公益事业,俾促政治、经济改善。胡适一再声明:"此组织非全国性政党,亦非地方性政党,只是一般有职业的公民的业余集会。我们想不时聚在一起,谈谈地方公益事业,研究改革方案。我们大家对市民自治发生兴趣,训练我们自己作一点促进地方民治的工作。"继张伯苓致辞。李烛尘、胡先骕亦先后致辞,末讨论简章、宣言及提案,并进行选举。胡适等15人当选为理事,张伯苓等五人当选为监事。(次日之《申报》、重庆《大公报》、天津《益世报》)

同日　齐赫文致函胡适,请教康有为《大同书》里面的"傅氏"是否为傅兰雅。(《胡适遗稿及秘藏书信》第42册,787页)

7月20日　各报登出胡适的《两种根本不同的政党》一文,将英、美、西欧式的政党叫甲式政党,将苏俄、意、德诸国后起的政党叫做乙式政党。认为国民党将从一党专政转变为英美式的议会政党。甲式政党的特点:党员没有确定人数,没有党籍可以查考;党员投票是无记名的、秘密的;在两个或多个政党之中争取多数党的地位;选举结果确定后,在法定日期,胜利的党从失败的党手里依法接收政权。乙式政党的特点:是一种严密的组织,有确定的人数,有详细精密的党籍;党员必须服从党的纪律……希望国民党能从乙式政党转变为甲式政党。(《胡适全集》第22卷,682～686页)

同日　胡适、李书华、李宗仁、李烛尘等公祭范旭东。(次日之重庆《大

公报》）

同日　燕树棠致函胡适，辩驳周炳琳"攻击"自己的两条，请胡"下一个判决"。（《胡适遗稿及秘藏书信》第 40 册，515～520 页）

7 月 24 日　王世杰致电胡适：魏德迈将军预定本月 30 日赴平，甚盼届时胡适能就远东及中国大局与之详谈。（《胡适遗稿及秘藏书信》第 23 册，609 页）

同日　外交部复电胡适：顷据顾大使电称，据法界告，关于美军士兵皮尔逊强奸案，美海军部对该案尚未有所决定。（《胡适来往书信选》下册，219 页）

7 月 25 日　胡适致函金通尹、陈荩民：

> 六月二十七日通尹先生来平，极思一晤，惜二十八日通尹先生因急事赶回天津，仅于电话中略道数语，未及详谈。当晚闻有北洋平部学生二十余人，于通尹先生赴津登车时，至前门车站，坚请留平，与北大再谈归并事，弟闻之甚感不安，亦感不快。当于三十日致电朱部长称"此事最好仍由北洋当局解决，甚盼大部力予支援，增其经费，使其可以负责改革发展，北大工学院人力单薄，不欲增加困难，此竟相蒙谅解"，此后遂未与部中再谈此事。七月十六日，荩民先生见访，值弟外出未及晤谈。日前晤田伯苍次长，谈及北洋平部事，知茅校长与通尹先生最近曾与教部商谈，结论似仍欲令北大接办平部工学院，本日北大接到教育部训令一件，内称："兹决定将国立北洋大学北平部份，拨交该校接收办理，所有该部份之校舍设备经费员工名额及学生，均应于八月一日移交该校接收。"并附寄北洋训令一件，内容相同。窃意部既以北洋令文交由北大转交，似有令两校先生商洽之意，除北洋公文由北大另寄天津外，尚希两先生约期会谈至为感盼……（7 月 27 日之北平《益世报》）

同日　陈布雷日记有记：昨日乐儿来函，寄下适之《论两种根本不同的政党》一文，叹为言简意赅之作。（《陈布雷从政日记（1947）》，118 页）

1947年　丁亥　民国三十六年　56岁

同日　汪振儒致函胡适，要求预支8月份的薪水100万元。述及个人生活困顿情形，以为借支制度应该打破。（中国社科院近代史所藏"胡适档案"，卷号1117，分号9）

7月28日　胡适主持召开北京大学第四十六次行政会议。胡适报告：本校工学院学生反对接收北洋工学院干部，已面加开导。又通过补充聘任教授等事项。（《北京大学史料　第四卷　1946—1948》，47～48页）

7月29日　北京大学陈友松等51名教授联名致函胡适，陈述生活困苦情形，建议："第一，依照京沪之例，配售米面实物，或按月依照平津粮价增发津贴。第二，顾及平津特殊需要，配发冬季用煤。其实京沪配售实物办法原要推及其他各地，京沪平津不应差别待遇，何况平津粮价远在京沪之上。"并要求胡适将此建议转达政府当局。（《北京大学史料　第四卷　1946—1948》，153页）

7月31日　胡适写次日之广播词到次日5点半，"我看重广播，故花这许多时间去准备"。（据《日记》）

同日　胡适复函周诒春：兄等如此关怀北平贫苦学生，实可感佩！7月29日已从中国植物油料厂北平办事处将500万元拨到本校，至于分配办法，决定后当再寄信说明。（《北京大学史料　第四卷　1946—1948》，760页）

8月

8月1日　北大接收北平工学院。（据《日记》）

同日　胡适作生平第一次国内广播，题目为"眼前世界文化的趋向"，大要是：

"眼前世界文化的趋向"，有他的自然的趋向，也有他理想的方向，依着自然趋向，世界文化，在我们看起来，渐渐朝混合统一的方向，但是这统一混合自然的趋向当中，也可以看出共同理想的目标……
　　　　………

……几个改造世界的大方向,经过了几百年的努力,几百年的宣传,现在差不多成了文明国家共同努力的目标了。到现在是有那些世界文化共同的理想目标呢,总括起来共有三个:

第一,用科学的成绩解除人类的痛苦,增进人生的幸福。

第二,用社会化的经济制度来提高人类的生活,提高人类生活的程度。

第三,用民主的政治制度来解放人类的思想,发展人类的才能,造成自由的独立的人格。

…………

因为科学可以减除人类的痛苦,提高人生的幸福,所以现代世界文化的第一个理想目标是充分发展科学,充分利用科学,充分利用科学的成果来改善人们的生活。近世科学虽然是欧洲产生的,但在最近三十年中,科学的领导地位,已经渐渐地从欧洲转到美国了。科学是没有国界的,科学是世界公有的,只要有人努力,总可以有成绩……

我特别用"社会化的经济制度"一个名词,因为我要避掉"社会主义"一类的名词。"社会化的经济制度"就是要顾到社会大多数人民的利益的经济制度。最近几十年的世界历史有一个很明显的方向,就是无论在社会主义的国家,或在资本主义的国家,财产权已经不是私人的一种神圣不可侵犯的人权了,社会大多数人的利益是一切经济制度的基本条件。……

…………

……从历史上来看世界文化的趋向,那民主自由的趋向是三四百年来的一个最大目标,一个最明白的方向。最近三十年的反自由、反民主的集体专制的潮流,在我个人看来,不过是一个小小的波折,一个小小的逆流。我们可以不必因为中间起了这一个三十年的逆流,就抹煞那三百年的民主自由大潮流,大方向。

俄国的大革命,在经济方面要争取劳农大众的利益,那是我们同情的。……三十年的苦斗,人民所得到的经济利益,还远不如民主国家从自由企业与社会立法得来的经济利益那末多。这是很可惋惜的。

我们纵观这三十年的世界历史，只看见那些模仿这种反自由、不容忍的专制制度一个一个的都被打倒了，都毁灭了。今日的世界，无论是在老文明的欧洲，或是在新起的亚洲，都还是朝着争民主、争自由的大方向走。印度的独立，中国的结束一党训政，都是明显的例子。

所以我毫不迟疑的说：世界文化的第三个理想目标是争取民主，争取更多更合理的民主。(《胡适全集》第22卷，687～694页)

同日　萨本栋复函胡适云：院士提名单三大包已经照收。报载博士学位授予法由立法院审议一节，恐系传闻失实。行政院对此事一时恐无暇顾及，中研院所复行政院之议决案，至今尚未见下文，大约政府忙于他事，早将此法置诸脑后。(《胡适遗稿及秘藏书信》第41册，122～123页)

8月2日　魏德迈将军特使团到北平，胡适应约前往谈话。先后与政治顾问Philip Sprons、魏德迈谈。(据《日记》)

同日　晚，胡适先参加沈兼士宴请杭立武的饭局(沈暴卒于此宴席上)，又参加美国驻北平领事馆的晚会。(据《日记》)

8月3日　胡适复函傅斯年，劝傅在美多休息。又谈及沈兼士之死及治丧等情形。(王汎森：《史语所藏胡适与傅斯年来往函札》，《大陆杂志》第93卷第3期，4～5页)

8月4日　胡适致电朱家骅，并请其将内容转呈蒋主席和张院长，致电内容：近来物价上涨不已，教育界人士生活益臻艰困，三口之家，已难温饱。虽早蒙政府洞鉴，时加调整，惟调整数额，难追物价，以致同人典借俱穷，朝不能谋夕，人心不安定，甚非国家之福，务恳于公款人员薪津调整外，先解救平津教育界当前之急。(一)平津配售米面实物办法，政府已在计划，尚请催促即日实施。(二)冬季用煤为北方各校同人特殊需要，请准向银行贷款预购，并请政府酌加补贴，庶慰众望而安人心。不胜切盼之至！(《胡适与北京大学》，203页)

8月6日　胡适致周一良两函，对周之《翻译佛典中的两个"虚字"》

一文表示很感兴趣，赞成周之方法。特写短信，表示敬意，并且贡献一点新材料。(8月13日之《经世日报》)

同日　胡适致电行政院长张群：北京大学自复员后，校舍设备均不敷用，本年学生院系增加，尤须急谋充实。3月间曾开具数字恳请教育部筹拨，但两月以来物价高涨，且知库帑支绌，经将原定计划项目切实缩减，计本年刻不容缓之修建费，需法币156亿，设备费36亿，共192亿。外汇美金10万，已专案恳部呈院请拨，务祈俯念此间情形……准予一次拨付，俾能早见实施……(《胡适遗稿及秘藏书信》第19册，444～445页)

按，8月7日，张群复函胡适云：关于北大之修建设备费，仍维持原配款额（国币25亿元，外汇15000美金），不另追加。(《胡适遗稿及秘藏书信》第34册，20～22页)

8月7日　竹垚生致函胡适，已为胡适购得商务股票10股，每股价142万加佣。(《胡适遗稿及秘藏书信》第26册，94页)

按，8月11日，竹垚生又致函胡适，云商务印书馆股票已交来，并询应过入何人名户。(《胡适遗稿及秘藏书信》第26册，95页)

8月8日　辅仁大学文学院院长沈兼士开吊，胡适前往致祭。(次日之天津、上海两地《益世报》)

同日　徐大春致函胡适，云陈光甫有可能派他到旅行社工作，或者到新大陆走一趟，希望能听到胡适对此二事的意见。(中国社科院近代史所藏"胡适档案"，卷号1712，分号8)

8月11日　下午5时，胡适主持召开北京大学第四十七次行政会议。胡适报告：本校前请政府拨发建设费国币192亿，美金10万，顷得行政院张群院长复函，未能核准。胡适又报告：中美教育文化基金董事会总干事任叔永谈，可在基金董事会代管部分内，借予本校本金约10万元。又通过补充聘任教授等事项。(《北京大学史料　第四卷　1946—1948》，48～49页)

8月12日　储安平致函胡适，请胡答允为《观察》所作文章至迟在8

月18日掷下，又向胡适求字。(《胡适遗稿及秘藏书信》第41册，8页)

同日 《中央日报》报道，胡适于8日晚宴马连良，请马为静生生物调查所及北平妇婴保健所义演，马答应并请胡适听戏。

8月13日 重庆《大公报》本日电讯，美军士兵皮尔逊被判无罪后，胡适接待记者，仅允记者公开其一句话："此乃一件极不幸之事件。"(重庆《大公报》，1947年8月16日)

同日 胡适校对拜托刘之堉所抄俞正燮《四养斋诗稿》。(中国社科院近代史所藏"胡适档案"，卷号342，分号4)

8月14日 午间，胡适到机场迎接来此视察的教育部长朱家骅。来迎的还有何思源、张伯谨、梅贻琦、李书华、吴铸人、李蒸、张子奇等。朱氏发表一书面谈话后，即与何思源、胡适三人同车入城，应何思源之欢宴。胡适、梅贻琦、萧一山、吴铸人、李蒸等作陪。(次日之《申报》、天津《大公报》)

同日 国民政府外交部致电胡适云：关于美军士兵皮尔逊强奸女生沈崇案，美海长已批准美海军检查长判决，该犯无罪释放，经询准美大使馆后称，尚无报告。并经另电驻美顾大使迅查详情电部……(《胡适来往书信选》下册，225～226页)

8月15日 《新闻报》电讯，胡适接待记者，谈美军士兵皮尔逊强奸罪撤销问题：此诚一不幸，惟经海军部判决，恐无法挽回，外交政治均不能影响司法程序，同时亦无上诉之规定，我外部如有足够之证据，自可向美方提出抗议，惟恐亦无法挽回。……(次日之《新闻报》)

8月16日 胡适致电萨本栋：南京院士选筹会若改在月底，自己或能赶来，陶孟和25日飞英。(《胡适中文书信集》第3册，616页)

8月17日 上午9时，沈兼士追悼会在辅仁大学举行，胡适主席。首由朱家骅简单致辞，次由胡适报告沈氏2小时内逝世经过。谓应为此各方面均有成就的好朋友，留下一部好传记。目前书稿一部正印行中，其传记初亦在整，除幼年一部须沈兄远等供给外，其余为北大、研究所、辅大、地下考古工作及语言、文字、学术等五方而均各有其老友从事搜集整理。

次由马衡、张怀等报告。（次日之《申报》、天津《大公报》）

同日　下午4时，北平市长何思源邀请北平市各大学校长、教授及文化界名流50余人，讨论参议员选举事。胡适谈话称：

> 国民党执政三十余年，现已还政于民，实行宪政。去年本人参加"国民代表大会"时，已经看出政府的诚意。前昨两天见到何市长的谈话，也十分真诚。最近几个朋友发起市民治促进会，与平津市政法治专家　崔□□诸君讨论了一个《市治通则草案》，已寄至□府参考。关于两位市长□日邀集的意思，我十分同情，关于我对选举□意见，日前与几位专家研究，以□选名额较少为宜，最好是五十人，七十人也还好，日前见报载北平参议员名额就为一百零七人，嫌太多，不易召集，如果可能最好是将"国民代表"人数加入七□□人之内。其次关于目前大学校长教授多未加入教育会的组织，将影响到选举。梅贻琦校长及教授们相继发言，对投票写票技术及利害均有详细研究。最后有人□调在场被邀者全部登记为候选人，经多数通过。胡适之校长并建议推聘市政法律专家组织选举技术的顾问□或咨询团，何思源市长当即公布市府已准备聘专家为顾问，与胡氏意见不谋而合，并当时推定顾问十一人。至七时二十分散会聚餐。（次日之天津《大公报》）

同日　《中央日报》刊登消息：北大、清华、南开及中大四大学北平区招考泄露试题，胡适谓纯系谣言。

8月18日　私立中国大学校董事会聘胡适为该校董事。（中国社科院近代史所藏"胡适档案"，卷号2386，分号2）

同日　茅以升致函胡适，介绍奥籍青年施华滋给胡适，希望胡适能为施华滋安排从事翻译的工作。（《胡适遗稿及秘藏书信》第30册，236～237页）

8月20日　谢冰心致函胡适，拜托胡将一位日本友人之信转装文中，又提到吴文藻近况，拜托胡问候杨振声、陈雪屏、郑天挺等友人。（《胡适遗稿及秘藏书信》第40册，539～540页）

同日 孙连仲复函胡适,将遵嘱下令驻军腾让校尉营房舍,请与二十一师郭师长接洽。(《胡适研究丛刊》第三辑,374页)

8月23日 胡适致电杭立武、田伯苍:工院校舍残破不敷用,急待修建。昨面商骝先部长,承允先拨紧急修缮费10亿,前工院同人解职金2.7亿,余俟续筹。切望两兄立即赐拨,以济眉急为感。(《胡适与北京大学》,199页)

8月24日 胡适有《我们必须选择我们的方向》一文。胡适说:思想信仰的自由与言论出版的自由是社会改革与文化进步的基本条件;这几百年中逐渐发展的民主政治制度最有包含性,可以进行到社会的一切阶层,最可以代表全民利益;深信这几百年(特别是这100年)演变出来的民主政治,虽然还不能说是完美无缺陷,确曾养成一种爱自由容忍异己的文明社会。又说:"我们中国人在今日必须认清世界文化的大趋势,我们必须选定我们自己应该走的方向。只有自由可以解放我们民族的精神,只有民主政治可以团结全民族的力量来解决全民族的困难,只有自由民主可以给我们培养成一个有人味的文明社会。"(《独立时论集》第一集,107~108页)

8月25日 翁文灏致函胡适,介绍孙文曜之履历、学问,认为其完全具教授资格,希望北大工学院以教授资格续聘之(早前因渠之教授资格问题尚未发出聘书)。(《胡适研究丛刊》第三辑,374页)

同日 United Nations Educational Scientific & Cultural Organisation 的 Bureau of Personnel 的主任 L. Moravia 致函胡适,云:

> When applying for a position in Natural Sciences Section, Mr. Ginghsi Wang, of Academia Sinica, Shanghai, gave me your name as reference.
>
> I should be grateful if you would let me know, in confidence, your opinion of Mr. Wang's professional qualifications for a post which would involve being responsible for matters relating to the pure sciences, for relations with the International Council of Scientific Unions and the unions which it federates, at the same time giving such information regarding his personal character as you consider relevant. (中国社科院近代史所藏"胡适档案",

卷号 E-303，分号 5）

8月26日　胡适自北平飞沪，参加教育部在南京召开之联合国教科文组织中国委员会会议。同行者有梅贻琦、李书华、潘光旦、钱端升等。胡适行前对记者云，除参加此次会议外，将对北大、清华教育经费及教授待遇问题向政府提出具体建议。（次日之《益世报》《申报》、天津《大公报》；8月28日之天津《大公报》）

同日　饶毓泰致函胡适，附吴大猷著作目录请转交中研院士审查委员会数理组；接吴大猷、孙承谔信，期望胡适能筹一笔款项，使其做些起码工作。复钱三强信不日即寄出。（《胡适遗稿及秘藏书信》第42册，525～527页）

同日　彭学沛致电胡适，介绍美国广播评论家高温拜访胡适。（《胡适遗稿及秘藏书信》第36册，677页）

同日　台湾青年陈呈岚致函胡适，述台省青年的苦闷以及二二八事件给台湾带来的灾难性后果。又谈到"台湾大学更不行"，台籍学生不喜参加学潮。又谈及大学里青年军舞弊等情事。欢迎胡适来台主持台湾大学。希望在胡适主持之下，为了革新、进步、和平、安定，协力奋斗，打破党化政策于学校，建设无私的爱国政策于台湾，救济台湾省会及早脱离军阀的殖民地政策。（中国社科院近代史所藏"胡适档案"，卷号1288，分号8）

8月28日　晨，胡适抵南京，住史语所。（胡适是日《日记》；当日《申报》）接受记者采访。

夏鼐是日日记：

胡适之先生今日由沪来京，出席联合国教科文中国委员会，下车后即来史语所。谈及沈兼士先生逝世情形……南京新闻记者来访胡氏，余遂先告退。（《夏鼐日记》卷四，140页）

同日　上午9时，联合国教科文组织中国委员会第一次大会在考试院明志楼举行。到戴季陶、朱家骅、白崇禧、陈立夫与委员胡适、于斌、吴有训、张道藩、顾毓琇、梅贻琦等90余人。朱家骅致开会辞，次戴季陶与立法院代表赵迺抟致辞，委员代表胡适、翁文灏、李书华分别致辞。吴贻芳代表筹委会报告筹备经过，瞿菊农介绍联教组织及各国国内委会工作情形。旋推选正副主席，朱家骅当选正主席，吴贻芳、胡适当选副主席。讨论规程时，未有多大修正即迅速通过。最后决定教育、科学、文化三组人选及召集人，摄影后已1时半，即散会。朱家骅欢宴全体委员，下午3时至6时，继续开会，分组讨论。文化组由胡适任主席，讨论结果：第一，建议组织刊物及图书之交换及出版翻译委员会；第二，调查文学、哲学名著以决定翻译之书目；第三，与各国文化团体切实觅取联系；第四，组织文艺专门委员会，以宣扬中国固有艺术。（次日之《申报》、天津《大公报》）

同日　晚8时，胡适参加中央研究院第一届院士选举第四次筹备会议。朱家骅任主席。（台北"国史馆"藏档，档号：003-020100-0670-0096x；次日之《中央日报》）

8月29日　联合国教科文组织中国委员会假考试院开大会，上午会议由胡适主席，出席委员有朱家骅、白崇禧等50余人。大会首先听取蒋复璁报告国立中央书馆出版品国际交换处历年交换图书情形及上海之文物清理处工作情形，嗣教育、科学、文化三小组将分组讨论结果提向大会报告，最后大会将各组提出之问题合并讨论，结果议决：一，联教组织中国委员会，内部组织比照联教组织设立6个专门委员会；二，推李书华、瞿菊农、梅贻琦、朱经农、张道藩、程其保6委员组织起草委员会，由朱经农召集，草拟本会第二届委员推选办法。中午休息后，下午2时半续开大会，推选该会执行委员，结果胡适、朱家骅、杭立武、梅贻琦、竺可桢、萨本栋、张道藩、瞿菊农、朱经农、吴贻芳10人当选，其余5人由教育部自委员中遴选。下午4时半，举行闭幕式。朱家骅主持并致闭幕词，吴贻芳代表致答辞。闭幕后蒋介石于励志社举行茶会招待联教组织中国委员会全体委员。茶会时胡适坐于蒋介石右边，"两人频谈文林琐事，状至愉洽"，胡适再次呼吁借孔子2500年诞辰之机邀请联教组织在中国举行第五次大会，蒋介石立即表示赞同。（次日之《申报》、《中央日报》、天津《大公报》；周美华编辑：

"蒋中正'总统'档案：事略稿本"第 70 册，710 页）

同日　晚，夏鼐、芮逸夫、石璋如来谒，胡适谈及最近从傅沅叔处新得之《全校〈水经注〉》较南京国学图书馆所藏者颇有异同。(《夏鼐日记》卷四，140～141 页）

8 月 30 日　下午 1 时，蒋介石在官邸宴请胡适等联教组织中国委员 10 余人，胡适陈述魏德迈前在北平与彼谈话，"曾有中国最好先由美国整顿完成后，再交还中国之语"，蒋闻之骇异。出席邀宴的有胡适、梅贻琦、熊庆来、吴有训、朱家骅、萨本栋、蒋复璁、朱经农、李济、瞿菊农、谢家荣、李书华、钱端升、燕树棠、陈裕光等。（周美华编辑："蒋中正'总统'档案：事略稿本"第 70 册，第 711～712 页；次日之《申报》《中央日报》）

同日　樊际昌致函胡适，告在北大四院发现有清华、北大、师院等 5 校的学生所发起的"营救被迫害同学委员会"的布告事。建议请训导处派人查明其他各单位是否有同样的布告。如果有，则请胡适与郑天挺等人一商，是否可以学校名义出一布告，说明今后凡有自治会的布告，除开福利等例行事项外，其有与校外有关或涉及全校问题者，必须先送请训导处核准，方可贴布，并由学校通知各单位主管人。凡未经核准者，即可由各单位不予张贴。又建议以往所有各学生团体，在本年度开始时重行登记，严格指定负责人等。(《胡适遗稿及秘藏书信》第 39 册，533～536 页）

8 月　胡适致函朱家骅，大意为：上次曾为东北学生事致函朱，蒙朱回信说"全部接受"，很是感激。但后来又得朱 8 月 18 日信（附有油印"东北临大临中办法"一纸），今天仔细点读大札与油印件，又与东北人士谈论，始觉此中尚有危险，尚有困难，为老兄所未知。而派来之臧、刘诸君，都负不起责任。故不能不再加一信。(《胡适遗稿及秘藏书信》第 19 册，76～77 页）

同月　胡适以平津市民治促进会理事长名义致函立法委员：北平、天津市民治促进会在本月 3 日的年会上，全体通过了一件议案："请立法院从速制定市或直辖市'自治通则'。"因为我们觉得，市（尤其是直辖市）是我国现代文化的中心，是人口最稠密、工商业极发达、人民知识水平较高的地区，所以民主政治先由市做起，似乎比较容易。"宪法"第二十八条规定"直辖市之自治，以法律定之"，并未指明直辖市不得依据"自治通则"自制自治法。直辖市的地位应该堪比省的地位，"宪法"第六十四条和第九十一条亦把省与直辖市相提并论。有些省份，人口比直辖市少，文化也比直辖市低，所以我们主张，直辖市的自治权至少应该与省的自治权平等。因此，本会站在促进市民治的立场，就关于市自治法的制定，向贵院建议採以下的程序：立法院依据"宪法"第二十八条及一百二十八条制定市或直辖市"自治通则"。市或直辖市得召集市民代表大会，依据市或直辖市"自治通则"，制定"市自治法"。市或直辖市"自治法"制定后，即呈送司法院，司法院如认为无"违宪"处，该"自治法"即为有效。（中国社科院近代史所藏"胡适档案"，卷号2370，分号4）

9月

9月1日　胡适自南京致电北大本部：平津实物差额，政府改为50万元，此数是符实际需要，乞急电复教育部杭次长。（《北京大学史料 第四卷 1946—1948》，152页）

按，北大秘书长郑天挺接胡适此电后，即致电教育部次长杭立武，同时复电胡适：教授30余人提议开教授会，商谈生活问题，何日回校？乞示。本日物价已电杭次长。（《北京大学史料 第四卷 1946—1948》，152页）

同日　北大教授联名致函胡适，希望胡适为改善教授生活情形仗义执言：

我们一个月的收入不能维持半个月的生活，谈不到子女的教育费用，更谈不到应付即将到来的严冬，这是一种什么生活？最近调整待遇，简直是开玩笑，简直是使得斯文扫地。先生是我们的校长，也是

我们的同情者，或者可以说是同病者，希望能为我们的生活，教育的前途及中国将来的命运再切实的仗义执言，力争改善……（次日之天津《大公报》）

同日　北大教授还联名致函胡适，请求召开紧急教授会议。（次日之天津《大公报》）

同日　瑞士驻华公使陶伦德致函胡适云：昨日承答应调解委员会委员，深感荣幸，请交下履历一份以便报告本国政府。又承答应为瑞士汉学杂志撰文，亦请早日赐交。（《胡适遗稿及秘藏书信》第42册，801页）

按，10月16日，陶伦德再为瑞士汉学杂志向胡适催稿。（《胡适遗稿及秘藏书信》第42册，802页）

9月2日　胡适复电郑天挺：30日有说帖面陈主席及张院长，均附8月25平市物价表。主席临行前，敦嘱速办平津实物配给，政府恐粮运困难，故议加差额。骝兄昨面告，研究费拟改为50万。弟拟多住二三日以便接洽，教授会不必待我归。（《北京大学史料 第四卷 1946—1948》，152页）

同日　收藏戴震手札的章劲宇来访，并出示戴震及其他清代学者手迹。因章索价甚奢，胡适只好"打消收买的妄想"。（据《日记》）

同日　安徽同乡曹超致函胡适，要求胡适将安徽灾情转达当局援苏北之例迅予绥靖与救济。（中国社科院近代史所藏"胡适档案"，卷号1753，分号6）

9月3日　胡适自南京致电北大本部：昨与王云五先生详谈，政府已决计9月起平津发实物，必要时借拨军粮应用。增研究费亦在考虑。乞告同人及清华。（《北京大学史料 第四卷 1946—1948》，152页）

同日　梅贻琦、蒋复璁、夏鼐等来访。（《夏鼐日记》卷四，141页）

9月4日　胡适离开南京，夏鼐等来送行。（《夏鼐日记》卷四，141页）

9月5日　胡适到上海。由徐森玉陪同到瞿旭初家看铁琴铜剑楼的明抄宋本《水经注》。（据《日记》）

1947年　丁亥　民国三十六年　56岁

同日　胡适对记者发表谈话，谈他在南京时曾向蒋介石建议改善今后大学教育应有十年计划。

次日之《新闻报》：

本人在京时，曾于某次茶会中会晤蒋主席，提供改善今后大学教育应有十年计划之意见。国家经济力量不足，势难做到普遍提高教育经费。本人提议在前五年采取偏私态度，预先选择五所大学，予以充分经费，使其发展，成为全国全世界有名大学。再过五年，再选择五所优秀国立大学，再予以充分发展之机会。目的必须做到学术独立。查本年共录取自费留学生一千二百余名，公费留学生二百余名，连同未考取公费而政府允以私费留学结购外汇者，共两千余人，每人以两千美金计算，共耗四百万美金。如以此四百万美金用来充作五所大学之经费，必可使此五大学完善而成名。目前可以预先充实之五所大学，不客气的说，只有北大、清华、浙大、武大、中大。此五所大学战前已有基础，如集中经济力量，预先充实，必可成为世界有名学府。至第二个五年计划，须俟以后各大学自身发展如何而定。如此五年至十年，中国可望有五所至十所设备完善、学术独立之真正大学。日本维新时代，曾全力办两所大学，三十年后，始做到普遍发展地步。如今国家倒霉，大学教育办不好，不应悲观。假使与日本签订合约后，我们如有成千上万学生去日本留学，那才是最可耻。大学教育应做到学术独立。

次日之《申报》：

他告诉记者，这次在南京向蒋主席提供了一个十年教育的建议：在今后十年中，先五年，政府集中精力，以大批款项发展已经有了基础的五个大学，后五年再发展其他五个大学，使之成为国际上第一流的大学。先五年的五个大学，是北大、清华、浙大、中央、武大；后五年的五个大学，他说，现在还看不出来，就看各校的努力程度了，

假如国立大学不努力,在学术上没有成就,很可能是几个教会大学取而代之。博士认为与其每年花费大宗外汇,送学生出国留学,不如把这些钱,来发展国内的大学。日本维新后,集中精力,充实"东京""京都"两个大学的成绩,是个绝好的先例。

现在学校多,力量分散,绝办不出成绩来。至此,博士作了一个预言,应该是一个警告:不久以后,中国将有成千万的学生到日本去留学,那是极可耻呵!

蒋主席可接受您的建议?博士笑了笑,我就告辞了。

9月7日　胡适返北平。(次日平、津各大报)

9月8日　胡适急电教育部长朱家骅:平津配发实物办法最后决定乞急电示。(《北京大学史料 第四卷 1946—1948》,152页)

> 按,次日朱家骅复电胡适云:九月起先发食粮,已无问题,余尚在催议中,想亦可办到。研究补助费增加一倍,张院长已允准。(《北京大学史料 第四卷 1946—1948》,152页)

同日　胡适致函教育部常务次长杭立武,嘱杭万勿给胡思杜支付旅费,若已经支付,亦请追回:

> ……承见面告小儿思杜护照满期,之迈兄有电问我应否叫他回国。当时我匆匆未及索阅原电文,即说应令他回国。……昨回校后始见尊函附来去两电,始知之迈原电说小儿请求回国旅费,我很诧异。当我1942年下任时,政府已付我与两儿旅费,共三份,每人两千余元,我即将两儿的旅费购买美国战时公债,各用两儿本身名义。思杜的一份,已于我回国前托人转交给他了。他已领过旅费,不应再请求回国旅费……此事使我甚不安……乞兄告之迈勿付款。如已付款,乞告他托妥人将款取回。我已函告纽约友人将此儿遣送回国,绝不敢冒领公家第二次旅费。(林建刚先生提供)

1947年　丁亥　民国三十六年　56岁

同日　胡适致函费孝通，指出其在《观察》上《负了气出的门》一文里有关丘吉尔、怀特海的两个大错。（据《关于〈美国人的性格〉》，《观察》第4卷第3期，1947年9月20日）

按，9月10日费孝通复函胡适，承认并解释胡适所提的两处错误，并告已将胡函转《观察》发表，又赠胡《初访美国》一书。（《胡适遗稿及秘藏书信》第37册，642～643页）

9月10日　12时，平津唐国立院校长谈话会在北大孑民堂举行本学年第一次会议，出席者有北大胡适、清华叶企孙、中法李麟玉、艺专叶正昌、天津北洋钟世铭、大辞典编纂处牛文青、唐山工学院金涛、铁院申新柏、师院袁敦礼、北平图书馆馆长袁同礼、北平研究院杨光弼。首由胡适报告此次赴南京向中枢接洽配发各院校实物以安定教职员生活之经过，并宣读朱家骅9日来电：九月起先发食粮，已无问题，余尚在催议中，想亦可办到。研究补助费增加一倍，张院长已允准。各院校教职员本月份起，每人每月可先发面粉2袋。粮食部俞部长表示，如当地粮食拨付困难，可先从军粮内拨给。旋即聚餐，继续讨论：第一，教授底薪问题，议决在城内学校每小时底薪50元，城外外加20元车马费，共计70元。第二，向政府请冬季煤火问题，胡校长已向政府说明北方冬季需要煤火之重要性，当时议决由郑天挺秘书长草拟电报，向政府请求速发给大量取暖用煤，先由四联拨款购煤。第三，要求教育部将唐山工学院划归平津区，以便该校教职员亦享得配发实物之权。第四，推定北平研究院秘书杨光弼为该会秘书，负责谈话会之记录，及对外发布新闻。第五，关于每月例会，各院校轮值召集办法，循上学年之次序，下次谈话会定10月8日在师范学院举行。3时散会。（次日之天津《大公报》）

同日　下午5时，胡适主持召开北京大学第四十九次行政会议，并报告在南京接洽同人待遇经过等，又通过补充聘任教授等事项。（《北京大学史料 第四卷 1946—1948》，50～51页）

同日　胡不适致函胡适，云：胡适建议在5年内集中财力发展北大、

清华、中大、浙大及武大五校，似非正论。设备方面，上海的交通大学之校舍不让于五校，而其体育馆、图书馆及工程馆，且非此五校所能及。其余如复旦大学、重庆大学、广州中山大学、北洋大学，亦未必较五校简陋。又指出北大、清华、中大、浙大及武大五校的不足之处。又云："先生在北大多年，自然要替北大吹吹牛，明明希望教育部将所有教育经费以供养北大，格于舆情，勉强提出四校作陪客，偏私之心，路人皆知。坐井观天，创不公之议，徒自绝于国人。先生无行政才能，不必再干教育行政，不如仍一面高度提倡白话，降低同胞之国文程度，一面自己钻入古董店，致力考据之学，将祖宗遗产之皮毛，贩售于国外，犹可窃名于当世，先生其勉之。"（《胡适遗稿及秘藏书信》第30册，268～270页）

同日　北平《华北日报》发表题名《关于学术独立》的社论，赞胡适的"学术独立计划"："……不但富有意义，而且对于我国高等教育发展将有重大贡献，值得注意……今天与其花费大量的外汇，把大批学生送到外国去留学，不如用最高的代价，多多聘请各国第一流的专家学者来我国大学讲学，这样受益的人，要比留学生多得多。"

同日　沈阳《中苏日报》发表题为《促进中国学术的独立》的社论，也认为中国当时的留学政策确实值得检讨。

同日　广州《中山日报》发表题为《学术独立与教育普及——论胡适之先生的教育计划》的社论，认为胡适否定当时的留学政策"独具卓见，足以发人深省"，但并不以建立10所优良的大学即足以争取学术独立的观点为然，"若以为办好几家大学便能争得学术独立，那就不免有点避重就轻舍本逐末了"。

同日　崔书琴向胡适函催独立时论社本月的稿子，希望胡适能在16日前交来。关于题目，崔建议："①考试院的业务不妨授权各行政机关及省市政府自己分别经办。②实行宪政□需要（两大）反对党的。您曾说过最好由国民党自行分做两个政党，而党团中人往往也主张以党团为两个不同的政党。现在党与团竟合并了，反对党更无着落了。这种情形对实行宪政有没有不良的影响呢？③现在全国各地正在举行选举，如果您根据几次在美参观大选的经验,提出国人应该注意的地方,我相信读者一定是很欢迎的。"(《胡适遗稿及秘藏书信》第33册,542～543页)

9月11日　胡适复电朱家骅:"佳电敬悉。已转告各院校。下列补充三项,请提交岳军云五两公,备并案讨论:一、日前云五兄面告,平津发实物可包括粮食、布匹与冬煤,惟京沪所发煤炭,限于炊□用之煤球,与北方家庭所需冬煤绝不相同,务请于实物配发案内,明定平津冬煤每年只发一次,每人以两吨为限。二、工役配发实物办法亦请明文规定。三、平津各校配发实物,唐山工学院请并入天津案内办理。"(《北京大学史料 第四卷 1946—1948》,152页)

同日　陈雪屏致函胡适,云:胡适关于优先发展五所大学的谈话很引起一部分校长们的不高兴。陈在国民党的大会上指出学潮的症结,自信态度是很公平的,亦得蒋介石首肯。关于北大追加修建费一事,陈已备好说帖,须要等待单独召见时方能交呈。又向胡适请辞训导长一职。又告为校中经费事可能多在南京留几天。又谈到马夷初《我在六十岁以前》中牵涉到胡适的地方,"他的态度实在丑陋得可怜"。(《胡适遗稿及秘藏书信》第35册,435～439页)

同日　邹鲁有致胡适公开信:"顷阅报载,先生发表我国教育十年计划意见,完成自己学术独立,远瞩高瞻,心长语重,无任钦佩,惟主张由政府规定第一个五年计划,全力协助五个大学发表[展],即北大、清华、浙大、武大、中大五校,限制[期]成为国内最好的及在世界有地位之大学,不知所言中大是指南京中央大学,抑指广州之中山大学。如指南京之中央大学,则我北部有清华、北大二大学,中部有中央、浙大、武大三大学,而南部付之阙如,似不应偏颇若此。如指广州之中山大学,则首都无一良好大学,亦非所宜……"(9月13日之《华北日报》)

9月12日　胡适致电教育部长朱家骅:一、配发实物是否确定每人面粉两袋,每袋按26400元计价?乞电示。二、此间正向行辕商借面粉,以便配发。(《北京大学史料 第四卷 1946—1948》,153页)

按，次日朱家骅复电：9月份起配给实物，已确定每人面粉两袋，每袋配给价格亦与京区同，每袋26720元。先向行辕商借甚佳。此事弟当负责办妥。至真电所示3时，已转请张王二公速办。并请释注。(《北京大学史料 第四卷 1946—1948》，153页）

同日　叶恭绰致函胡适，谈及：闻北大经济方甚困难，忆及前清大学堂时代曾于北平城外瓦窑地方购有地2000余亩，如以之出售，似亦可得一宗款项。北大创始之张冶秋惨淡经营，并于开通风气、倡导教育厥功甚巨，似宜于校内留一纪念。(《胡适遗稿及秘藏书信》第37册，191～192页）

同日　甘介侯复函胡适，云胡之"小考据"使甘恍然大悟，同时也令其啼笑皆非。李宗仁见到胡函后也大笑不止，并对甘说："你办外交，以男子为对象，尚可应付。若以女子为对象，先要拜胡先生为老师，学会了考据，才可不出毛病。"(《胡适遗稿及秘藏书信》第24册，659～660页）

9月13日　胡适对记者发表谈话，回应邹鲁："邹先生所询之中大，当系南京中央大学。第一个五年计划中提到国内第一流之五所大学，为本人私人意见，政府如何规定，另作别论。"关于计划中之大学分别区域问题，胡适认为无此必要，如按区域指定大学，西北西南之广大地区内，岂非也须指定。胡适认为如交通便利，则区域方面并无问题。胡适继称：本人同意陈序经先生论文中"外汇尚有其他方面之滥费"一节。胡适举例称："如政府高级官吏出国考察，有随员一行达二十人者，动辄花费国家数十万美金。又资源委员会如今共有四百高级职员在美国，所需外汇必不在少。……至留学生赴美入第一流大学深造，原无非议之处，然其入二三流大学者，岂非滥费外汇，如是我国学术何有独立之可言。"（次日之《华北日报》）

按，14日邹鲁回应胡适："……据此，则适之先生显然偏颇南方，并言区域无此必要，交通并非问题。殊不知某一地区有良好学校，则某一地区学术日益发达。况南北交通远隔，学生求学，显然发生难易问题。既然要政府全力协助五个大学发展，为什么北部中部可帮助，而南部独不可以帮助呢？况南部人力物力及现有文化都够得上帮助的资格，因此，我想胡先生虽然没有区域的问题，恐怕有成见问题……平心而论，中国学术，向来由北而南，当时南方学术水准或许不及中北两部，自海禁开后，所有新学术及新思想，均由南而北，不仅革命思想由南方发动，即保皇思想亦由南方发动，所以我很想胡先生把向来对卑视南方学术思想的成见，改变一改变，于政府全力帮助五个大学发展的意见，应该把整个中国思想低昂问题一切打消，将整个中国区域，就其学术条件，予以全力帮助，使无偏祐，才是办法……"（次日之《华北日报》）

又按，胡适15日又回应邹："吾人之教育十年计划，是从整个问题着眼，而不着重于某个小问题上。至于昨日邹鲁在公开信上所提诸问题，我不再作任何答辩。如果辩论下去，实与事无益。俟有暇之时，将个人主张撰专论公诸于报纸，作一总说明，以使社会人士，真正明了。"（次日之《世界日报》）

同日　胡适有《记铁琴铜剑楼瞿氏藏明钞本水经注》。（《胡适手稿》第4集卷1，57～84页）

同日　北京大学以校长胡适名义电呈教育部长朱家骅：奉部令领取配拨北大医学院牙科器材事，谨备具领据，电请赐予拨付。（《北京大学史料 第四卷 1946—1948》，790～791页）

9月14日　胡适出席北平市立高工成立40周年纪念会，并有演讲，胡适说，"受教育都要学一种手艺，一种专门技术，能人人有饭吃"。（次日之《世界日报》）

同日　金鹏向胡适致函，索取《嘉戎语稿》原稿3册，胡适于本年10月2日将书挂号寄去。（中国社科院近代史所藏"胡适档案"，卷号1445，分号6）

9月15日　联合国教科文组织中国委员会举行首次执行委会，决议：一、推朱家骅为主任委员，吴贻芳、胡适为副主委，二、推张道藩、瞿菊农、程其保为秘书处组织规程草案起草委员，三、推定各专门委员会委员。各

专门委员会人选业已决定，计分6组。（次日之天津《大公报》）

同日　陈安仁致函胡适，认为中山大学应该列为全国重点发展的五大学之一。（《胡适来往书信选》下册，238～239页）

9月17日　李伯嘉致函竹垚生，交下《藏晖室札记》稿费1000万元。（《胡适遗稿及秘藏书信》第28册，190页）

9月19日　胡适写定《争取学术独立的十年计划》。此文大要是：

我很深切的感觉中国的高等教育应该有一个自觉的十年计划。其目的是要在十年之中建立起中国学术独立的基础。

……………

我所谓"学术独立"必须具有四个条件：

（一）世界现代学术的基本训练，中国自己应该有大学可以充分担负，不必向国外去寻求。（二）受了基本训练的人才，在国内应该有设备够用与师资良好的地方，可以继续做专门的科学研究。（三）本国需要解决的科学问题、工业问题、医药与公共卫生问题、国防工业问题等等，在国内都应该有适宜的专门人才与研究机构可以帮助社会国家寻求得解决。（四）对于现代世界的学术，本国的学人与研究机关应该能和世界各国的学人与研究机关分工合作，共同担负人类学术进展的责任。

要做到这样的学术独立，我们必须及早准备一个良好的、坚实的基础……中国此时应该有一个大学教育的十年计划，在十年之内，集中国家的最大力量，培植五个到十个成绩最好的大学，使他们尽力发展他们的研究工作，使他们成为第一流的学术中心，使他们成为国家学术独立的根据地。

这个十年计划也可以分做两个阶段。第一个五年，先培植起五个大学。五年之后，再加上五个大学。这个分两期的方法有几种好处：第一，国家的人才与财力恐怕不够同时发展十个第一流的大学；第二，先用国家力量培植五所大学，可以鼓励其他大学努力向上，争取第二期五个大学的地位。

　　我提议十年计划，当然不是只顾到那五个、十个大学，而不要那其余的大学和学院了。说的详细一点，我提议：

　　（一）政府应该下大决心，在十年之内，不再添设大学或独立学院。

　　（二）本年"宪法"生效之后，政府必须严格实行"宪法"第一百六十四条的规定："教育文化科学之经费，在中央不得少于其预算总额百分之十五，在省不得少于其预算总额百分之二十五，在市县不得少于其预算总额百分之三十五。"全国人民与人民团体应该随时监督各级政府严格执行。

　　（三）政府应该有一个高等教育的十年计划，分两期施行。

　　（四）在第一个五年里，挑选五个大学，用最大的力量培植他们，特别发展他们的研究所，使他们能在已有的基础之上，在短期间内，发展成为现代学术的重要中心。

　　（五）在第二个五年里，继续培植前期五个大学之外，再挑选五个大学，用同样的大力量培植他们，特别发展他们的研究所，使他们在短期内发展成为现代学术的重要中心。

　　（六）在这十年里，对于其余的四十多个国立大学和独立学院，政府应该充分增加他们的经费，扩充他们的设备，使他们有继续整顿发展的机会，使他们成为各地最好的大学；对于有成绩的私立大学和独立学院，政府也应该继续民国二十二年以来补助私立学校的政策，给他们适当的补助费，使他们能继续发展。

　　（七）在选择每一期的五个大学之中，私立的学校与国立的学校应该有同样被挑选的机会，选择的标准应该注重人才、设备、研究成绩。

　　（八）这个十年计划应该包括整个大学教育制度的革新，也应该包括"大学"的观念的根本改换……今后中国的大学教育应该朝着研究院的方向去发展。凡能训练研究工作的人才的，凡有教授与研究生做独立的科学研究的，才是真正的大学。凡只能完成四年本科教育的，尽管有十院七八十系，都不算是将来的最高学府。从这个新的"大学"

观念出发，现行的大学制度应该及早澈底修正，多多减除行政衙门的干涉，多多增加学术机关的自由与责任……

这是我的建议大概。这里面我认为最重要又最简单易行而收效最大最速的，是用国家最大力量培植五个到十个大学的计划。眼前的人才实在不够分配到一百多个大学与学院去……试问中国第一流的物理学者，国内外合计，有多少人？中国专治西洋历史有成绩的，国内外合计，有多少人？这都是大学必不可少的学科，而人才稀少如此。学术的发达，人才是第一要件。我们必须集中第一流的人才，替他们造成最适宜的工作条件，使他们可以自己做研究，使他们可以替全国训练将来的师资与工作人员。有了这五个、十个最高学府做学术研究的大本营，十年之后，我想［相］信中国必可以在现代学术上得着独立的地位。

…………

……我深信，用国家的大力来造成五个十个第一流大学，一定可以在短期间内做到学术独立的地位。我深信，只有这样集中人才，集中设备，只有这一个方法可以使我们这个国家走上学术独立的路。（此文作为独立时论社稿件于9月28日刊发在《中央日报》等国内各报纸）

同日　胡传揆致函胡适，当本市报纸指责北大医院处理救济总属配发病人物资不当时，应请辞院长一职。后校长指派郑天挺秘书长等来调查，想必已经得到报告。此事已经告一段落，恳请胡适另选院长。（《胡适遗稿及秘藏书信》第30册，541～542页）

同日　刘阶平致函胡适，告，150期《宇宙风》有短文称：《醒世姻缘》出于明人，乃山东人吕文兆撰，一名《恶姻缘》。吕氏另有《石头魂》(即《女仙外史》)。（《胡适遗稿及秘藏书信》第40册，118～119页）

9月20日　袁翰青等33位教授联名致函胡适，询问医学院院长宣布所有教员一律加薪300元之说法是否确实。并希望采纳同人提议，召开教授会议，研讨妥善方法。（《北京大学史料　第四卷　1946—1948》，155～156页）

1947年　丁亥　民国三十六年　56岁

9月21日　胡适参加选举市参议员投票，此是胡适第一次参加选举。胡适与崔书琴、张佛泉等友人参观三个区域的选举投票所，"此次实地观察，胜于十年读书"。12点半偕崔书琴、张佛泉搭车赴天津，应公能学会之邀，前往南开女中演讲，讲题为"我们能做些什么？"。抵天津时，张伯苓、杜建时等均来接。"我们能做些什么？"大要是：

> 第一是消极的研究、讨论，来影响政治，个人、团体都能够做。第二是要不怕臭，努力扒粪，调查，揭发，总会使政治日渐清明。第三是要以团体的力量做大规模的调查和教育的工作，直接推动了选举，积极促进了政治。（次日之天津《大公报》）

同日　黄钟歌咏团在天津举行首次演唱会，演唱曲目包括胡适作词的《上山》。（次日之天津《大公报》）

9月22日　胡适在天津三五俱乐部主持召开市民自治促进会平津两地理、监事联系会议。崔书琴、严仁颖分别报告两地会务，继通过新会员44人入会，并讨论提案多项。杜建时、胡梦华等分别报告天津选举筹办经过。会毕，胡适即搭车返平。（次日之天津《大公报》）

同日　下午5时，郑天挺主持召开北京大学第五十次行政会议，并报告：校长因参加欢迎澳洲公使茶会，本日不克出席。（《北京大学史料 第四卷 1946—1948》，51页）

同日　储安平致函胡适，谈到《观察》一年盈余23300万。又谈及教育界为了胡适第一个五年先扶助北大、清华、中大、武大、浙大一句话引出了许多意见，希望能读到胡适的原文，或者能就此事重写一篇文章。（《胡适遗稿及秘藏书信》第41册，9～10页）

同日　李伯嘉致函胡适，告：《四明丛书》已寄上。已与亚东图书馆谈妥《藏晖室札记》版权出让事，11月可出书，请胡适写一短序。《胡适文存》事尚未与亚东图书馆谈妥。（《胡适遗稿及秘藏书信》第28册，187～188页）

9月23日　胡适主持召开北大的"教授会"，会后的感想是："这样的校长真不值得做！大家谈的，想的，都是吃饭！向达先生说的更使我生气。

他说：我们今天愁的是明天的生活。那有工夫去想十年二十年的计画？十年二十年后，我们这些人都死完了！"（据《日记》）

9月24日　胡适出席文科研究所的会议，感觉北大办文史研究所人才还太缺少。（据《日记》）

9月25日　下午4时，澳洲公使高伯兰氏在北大理学院大礼堂作首次学术演讲，题目为"不列颠联合国自治领之一切制度"。讲演前，胡适介绍高氏略历谓：高氏乃澳洲经济学权威，两次大战中，对澳洲经济有极大贡献，甚盼高氏使华在京余暇，能研究我国目前经济困状，提供解决途径。高氏讲毕，胡适复作注释谓：最可注意者即第一次大战时不列颠各自治领均依从母国意旨参战，至第二次大战，爱尔兰并未参战，而英国亦未予强迫。不列颠联合国之发展确为历史上之里程碑云。（次日之天津《大公报》）

同日　下午5时，行政院长张群在怀仁堂举行茶会，招待教育界代表，军政要人作陪，共到160余人。张群致辞后，胡适讲话，次日天津《大公报》报道如下：

……继由胡适校长说明日前北大教授会决议案二点：①不降低今年一月调整后薪水的实质购买力，不必巧立名目，中秋在即，每个教育行政人员每日所接触的尽是同事诉苦，生活问题已使他们没有精神余力和兴趣谈国家大事或学术，只知今天借钱买明天的杂粮，同人们曾说个人可以忍耐饥饿，但是忍耐看儿女挨饿的限度是有限度的，这种话令人流泪。一月份薪水购买力按北大马大猷院长之科学计算，使照物价指数五万五千倍的十分之一计算，六百底薪之教授以六百乘五千五百再加八十余万生活补助费，共得四百一十万，三百底薪者应得二百四十八万。四百多万合黑市美金八十元，实不算多，燕京、协和待遇皆较国立院校为好，中央须知北方教授多不兼职，至多兼原课程四小时，非到不得已实不愿打破这种优良例范，听说南方有国立医学院长改任挂牌医生后，月入一亿的。②鼓励专任教职员，以底薪百分之五乘生活指数十分之一，即五千五百倍，故六百底薪的应得研究费一百六十五万,二百底薪的应得五十五万。煤尤其是北方必需品,去年十五万元一吨,今年夏季方过,已到七十二万一吨,愿中央只集中粮、煤、布三种实物配给就行了。

同日　竹垚生致函胡适,胡适存款除买商务10股及美钞600元外,尚余16622100元,又谈及上海物价飞涨情形。(《胡适遗稿及秘藏书信》第26册,96页)

9月27日　田中耕太郎赠其所著《法家の法实证主义》一部与胡适。(《胡适藏书目录》第3册,2094页)

9月29日　胡适致函潘公展,感谢潘调解上海正大银行与冯嘉祥之中国公学债款诉讼案,使此案得以了结。但冯嘉祥之子冯懋熊实无力筹还款,"伏思中国公学在清末为革命工作的一个重要中心……此次欠款,在理应由中公董事会呈请政府代为清偿……鄙意拟恳求吾兄垂念中公过去为国家牺牲的历史,并怜念冯懋熊、过养默两君无辜受累的情形,再仗大力,发起为中国公学募捐还债的球赛一次或二次,以其收入净余作为清偿中公欠债三亿元之用。此意倘可行,弟欲写字若干幅,赠与参加球赛的队员与执事人,以酬其盛意。此意是否可行……伏乞吾兄加以最同情的考虑……"(《胡适遗稿及秘藏书信》第20册,188～189页)

按,10月18日,潘公展复函胡适云,已向球界友人接洽,但因东华、青白两足球队目前均在国外旅行,只得俟该二球队返沪后,"相机图之"。(《胡适遗稿及秘藏书信》第20册,190页)

10月

10月1日　上午,李宗仁、吴铸人、马汉三等访胡适,"有所商谈"。燕京大学代理教务长龚理康亦在上午访胡适。(次日之天津《大公报》)

同日　胡适向国民政府主席北平行辕主任李宗仁发出代电:北大学生

力易周、邢福津、吴谟三人，于日前失踪，至今未回，特请饬属查明，如系因嫌被捕，即请准予由校保释为祷。(《北京大学史料 第四卷 1946—1948》，999 页）

同日　胡适致电教育部长朱家骅：本校因实际需要，拟自三十六年度起，在文学院西方语文学系内，添设德文组，理合检同设组办法一件，电陈敬祈鉴察，赐予备案。(《北京大学史料 第四卷 1946—1948》，615 页）

同日　胡适有《跋北京大学藏的〈戴东原文〉一册》。(《胡适手稿》第 1 集卷 1，123～136 页）

同日　张东荪将其《思想与社会》寄赠胡适。(《胡适遗稿及秘藏书信》第 34 册，228～229 页）

10 月 2 日　夜半后，胡适作成《记金圣叹刻本〈水浒传〉里避讳的谨严》一文。指出：这部崇祯十四年刻的《水浒传》处处严避明朝皇帝的名讳，可以说是明末刻书避讳的一种样本或范本。明朝避讳最宽，本是最可称赞的一件事。崇祯三年，礼部奉旨避太祖、成祖二祖及后来七宗庙讳。最有趣味的是避讳最严格的模范刻本偏偏是那位提倡白话文学，公然宣言《水浒》胜似《史记》，公然承认"天下文章无出《水浒》右者"的金圣叹雕刻的《水浒传》！后来，胡适在此文手抄稿上又有批注。（天津《大公报·文史周刊》第 40 期，1947 年 11 月 14 日；台北胡适纪念馆藏档，档号：HS-NK05-189-009）

10 月 3 日　一位名叫沈雯辉的初中学生致函胡适，请胡回信教其作文。（中国社科院近代史所藏"胡适档案"，卷号 1101，分号 3）

10 月 4 日　胡适致函中央社，就前次谈外汇时涉及冯玉祥，有所答复：

我在九月五日，在上海对新闻记者谈话，九月七日在北平对新闻记者谈话，都谈到争取学术独立的十年计划，都提及各大学本年分到外汇太少的问题，因举本年留学经费所用外汇数量之大，作一个对照。后来因为有几个朋友指出，政府外汇的花费何止留学一项，所以在九月中旬，有几位新闻记者来问我，我当时曾把在南方听得朋友说的几

1947年　丁亥　民国三十六年　56岁

件关于外汇的消息举出几项，其中一项是说冯玉祥先生和其同行诸位在一年半中共领美金六十万元，另一项是说资源委会飞到美国考察的专门技术人员有四百人之多。

后来我收到水利部次长薛笃弼先生来信说："冯先生奉派赴美，考察水利，奉准随带秘书三人，及水利专家三人，一行共计六人，先后共奉行政院核发考察费三次，计：①三十五年六月发国币三十八万元，美金五万零二百元，②三十六年四月发美金六万元，③三十六年三月发美金二万三千八百元。以上共计国币三十八万元，暨美金十三万四千元，均系由财政部直接拨给，并奉行政院分令本部知照，有案可稽。"

我又收到资源委员会委员长翁文灏先生来信说："资委会在战时战后，先后赴美国实习人员总数确有四百人左右……目前仍留美者计不及百人，实习期满后，亦即返国。"

我现在正式请中央社替我发表这两封信，更正我上月的错误，我借这个机会正式向冯玉祥先生和资委会道歉。至于冯玉祥先生公开信里说的关于他在巢县买屋买田的话，我完全不曾说过，当然我不用答复他。（次日之《申报》、天津《大公报》）

按，冯玉祥看了胡适9月5日谈话后，有公开信质问胡适，说道：

……别的人随便乱说，可不必回答。你在美国住得很久，当然知道言论自由，是有分寸，随便说话，应当负责。……你说，我出国领了六十万美元，不知道你以什么为根据？我出国的时候，若不是有几个朋友帮忙，连旅馆都住不起。你听见说我在美国买的有汽车，美国的工人是不是坐汽车？我在国内，是不是坐汽车？你听见说我在美国买的有洋房，你知道美国工人是不是住洋房？我在南京、上海、重庆是不是住洋房？若说到房的大小，我的儿子到现在，还住在街上旅馆里，你可知道我的房子大小。你一定听见说我在巢县买了三座洋楼、三千亩好田。你可不可约几个朋友到巢县去旅行一次？……

……我出国是国民政府特派考察水利的,每月的生活费是六百元美金,同我在一起的水利专家秘书的生活费,每月是三百元美金。你知道在美国赁个小旅馆,一天要多少钱?一个月要多少钱?你想一想,可以明白我们的生活费,是不是少到无法再少。实在没有办法,才买了一个小房。无论怎么样,比住旅馆省的多。并且回国的时候卖出去,还可以当川资。这些话,你可以查考查考就明白了。我以为你是被人把你的眼蒙住了,你看不明白,把你的耳朵堵住了,你听不清楚。确确实实的说,若是你看的明白听的清楚的话,你决不会拿六万元当六十万元。好在没有关系,反正你是姓胡,那就任意胡说。不然的话,就是糊糊涂涂,再不然,你也需要做胡图克图吧。不论怎么说,你是受过教育的,是学过科学的。科学是什么呢?就是实在,不能指白为黑,饰无为有。你这个毛病,假如不澈底的改革,那么我真的替北大那些先生学生担心极了。你虽然不能误尽苍生,一定也要误尽了青年。……

(冯玉祥:《致胡适的一封公开信》,《自由》,1947年,新3)

同日 朱家骅复函胡适,告胡:其所以辞职,因实在是干不下去。高等教育、中等教育、国民教育均极困难,等等。(《胡适遗稿及秘藏书信》第25册,474~477页)

同日 罗常培致函胡适,谈及陈序经与李书田的笔墨官司颇无聊,近年来中国学生经济不裕,程度不齐,而纷纷出国,实在是大危险。普林斯顿大学给北大的纪念章已托人带回。自己本学期开了"古文字学"和"中国戏剧"两门课。一个研究生从罗念"孟子",一个研究生要罗指导论文"宋元时代的白话"。自己在学梵文。傅斯年入院后情况良好,俞大缜在哈佛旁听小说史的课程。(《胡适遗稿及秘藏书信》第41册,310~311页)

10月5日 储安平函谢胡适为其题字。(《胡适遗稿及秘藏书信》第41册,11页)

10月6日 下午5时,胡适主持召开北京大学第五十一次行政会议,通过补充聘任教授等事项。(《北京大学史料 第四卷 1946—1948》,52页)

1947年　丁亥　民国三十六年　56岁

同日　竹垚生复函胡适,赞佩胡拿出2000万元来做助学金,又谈及胡之存款情形,等等。(《胡适遗稿及秘藏书信》第26册,97页)

同日　蒋廷黻致函胡适,请胡践行春天之允诺,写信与唐女士劝其与自己离婚。(《胡适遗稿及秘藏书信》第39册,378页)

同日　顾颉刚日记有记:

> 适之先生《中国哲学史大纲》上卷,予尚系三十年前所读。比来因病得闲……居然在六日内读讫。觉其激骨聪明,依然追攀不上。想不到古代哲学材料,二千年来未能建一系统者,乃贯穿于一二十七八岁之青年,非天才乎!(《顾颉刚日记》第六卷,138页)

10月7日　晚9时半,蒋介石在行馆召见胡适、梅贻琦,"谈话约半小时,并留共进晚餐,迄十时半,二氏始辞出"。(次日之《申报》)

同日　朱家骅致函胡适云:关于平津各校院配发实物一事,王云五先函复:适之先生所提补充意见三项,除第二项平津配发实物,依照京沪成例办理,工役包括在内,无须另行规定外,第一项请配发平津冬煤及布匹一节,查京沪系配售炊煤,平津教职员是否愿以炊煤改冬煤,或需两者同时配售?如同时配售冬煤,数量及价格如何核定?煤源有无问题?布匹能否供应?均待研究,业已交经济部核第三项唐山工学院请配发实物并入天津办理一切,已由院准议照办,并已分行饬知。(《胡适研究丛刊》第三辑,375～376页)

同日　巴城《天声日报》社长吴慎机向胡适邀稿。(中国社科院近代史所藏"胡适档案",卷号1352,分号1)

10月9日　上午10时半,北平研究院在中南海该院礼堂举行成立18周年纪念典礼。李宗仁、何思源等出席。首由李书华报告,次由胡适致辞。胡适除强调其十年学术独立计划外,并称赞研究机关在困苦中之努力。胡适对政府每年以2000美金供养一留学生,而对北平研究院如此重要研究机关,一年所给之外汇仅2000余美金,颇表愤慨。胡适最后希望该院接受其一建议,即该院各研究所,应招收学生,俾予各有地位有经验之研究学者

以授徒机会，并希望中央研究院亦如此。胡适并希望教部将"荒谬之学位授予法"从速改正，而应用于各研究机关及有研究所之大学。（次日之《申报》、天津《大公报》）

10月10日　上午10时，数学、物理、化学、动物、植物、地质6科学团体假协和医院礼堂举行联合年会。梅贻琦主席并致辞。次胡适讲演"大学教育与科学研究"。胡适主要强调：科学研究以大学为中心，科学所以最早发达于欧洲，是因为欧洲有中古以来留下的好几十个大学。又举霍普金斯大学创办人吉尔曼的办学经验，阐说大学要朝着研究院的方向去办。（次日之天津《大公报》、北平《世界日报》）

同日　孙子纪念亭筹建委员会致函胡适，向胡适募捐，并请胡适担任该委员会的发起人之一。（中国社科院近代史所藏"胡适档案"，卷号1633，分号5）

10月11日　胡适致电朱家骅：北大被捕学生尚有两人嫌疑稍重未保释，少数学生发动签名罢课两天，于今日起实行，但仍有上课者，已布告申诫，不上课者以旷课论。又告自己将于12日飞沪，晚车转南京。（《北京大学史料　第四卷 1946—1948》，993页）

同日　晚7时，北京大学学生为声援被捕之孟宪功、李恭贻，包围胡适住宅两小时，阻止胡适南下。胡适痛斥此是要挟行为，拒见任何学生。后经郑天挺出见并代胡适表明态度，聚集学生乃散去，而留7位代表，胡适始接见。（次日之《中央日报》《时事新报晚刊》《大众夜报》）

10月12日　为参加中央研究院评议会第二届四次会议，胡适飞抵上海。与竹垚生、徐大春、胡祖望一同吃饭。（据《日记》）。

同日　胡适日记又记：胡思杜明日可自美国到上海。

10月13日　上午，胡适抵南京。（据《日记》）在宁期间，住史语所。晨间，夏鼐来谒，胡与之谈话：

> 胡适之先生由北平来京出席中研院评议会，即下榻所中……胡先生谓清人笔记小说《豆栅闲话》中有西调一则（即陕西调），乃明末流

1947年　丁亥　民国三十六年　56岁

寇所歌唱（按此书十二卷，国学图书馆有清初刊本）。"老天爷，您老了，耳又聋，眼又花，不见也不闻，杀人放火的坐享荣华，念经吃素的活活饿煞。老天爷，不会做天，你垮了吧！老天爷，不会做天，你垮了吧！"末尾重复，尤见力量。胡先生找出后，曾由赵元任先生作谱，但不敢发表，否则当较现在流行之"你这坏东西"一类歌曲，更为风行。明末之流寇亦有其思想为背景。

…………

更论及北大学生被捕事，前天包围校长住宅2小时，阻止其南下。校中壁报谓奸人鬼计，令胡校长南下后，更大规模逮捕学生，实则决无此事。此次未能保释之学生二人，其共产入党证，一为100余号，一为300余号，皆为加入有年，在党中占重要地位，陈布雷之女儿及女婿亦以党事在平被捕。闻军队中少将、中将皆有加入共党为秘密工作者。接着又谈《水经注》，谓最初系由王重民作北平图书馆藏赵一清家藏本（后归别下斋）水经注校抄本跋寄与胡先生，王氏引及静安先生《水经注释跋》(《观堂别集补遗》)，"为东潜作此书序"翻刻本误作"为东潜作此序时"，胡氏指出其误，因而对《水经注》一问题发生兴趣。原拟以六个月做毕工作，结果至今四年，尚未做完，云云。(《夏鼐日记》卷四，147～148页)

同日　下午4时，胡适出席中研院第一次院士选举筹备委员会第六次全体委员会议。朱家骅主席。(台北"国史馆"藏档，档号：003-020100-0670-0092x)

同日　陈钟凡致函胡适，拜托胡为整理陈独秀遗稿的何之瑜于商务书馆或其他公私立大学谋一兼职，俾得安心纂集，早竟全功。(《胡适遗稿及秘藏书信》第36册，261页)

10月14日　晨，胡适接见记者，劈头即说："学生决定今天复课，这消息够好了吧！"又云，尚未释放之两学生，乃属经济系者，成绩均不差。又云北方甚苦，教职员学生与一般老百姓均以棒子面、高粱面过日子。关

95

于美国明年大选，胡适说：不论结果如何，均不致影响美国外交政策。（次日之《申报》）

同日　下午3时，史语所举行茶会，欢迎陈垣、胡适。陈、胡均有讲演，胡适用"勤、谨、和、缓"四字为题讲治学方法，又盛赞史语所很有人才，傅斯年是个好导师。（据《日记》）

夏鼐是日日记：

上午邀约陈、胡二先生，下午茶会讲演，并出布告通知同人。……下午3时开始……胡先生谓史学方法，如宋人李若谷参政所提出做官四字诀："勤（手到眼到），谨（不苟且），和（不从事意气之争〔心平气和，不武断，不盛气凌人〕），缓（不急于发表〔从容研究，莫匆遽下结论，所谓悬而不断〕）"，见《宋元学集》卷二十引，并列举《吕氏杂录》实例以证之。以为陈援庵多能办到，以68岁之高龄，每日5时即起，工作不懈。……

散会后韩儒林、贺昌群二先生陪陈、胡二先生谈话，胡先生提及公教待遇之低，谓其子（胡祖望）在上海企业公司服务，薪入抵得乃父北大校长之三倍……（《夏鼐日记》卷四，148～149页）

10月15日　上午9时，胡适于中研院大礼堂出席中央研究院评议会第二届四次年会。首由朱家骅致辞，次吴达诠代表蒋介石，李石曾代表中央党部，以及居正、王云五（王氏演说时对胡适关于学术独立的主张甚表赞同）先后致辞。旋胡适代表评议员答辞，报告院士选举委员会经四次会议，已就各大学院校、研究学会及公务机关提出之510人中完成初审程序，俟此次审查会决定候选人名单，并由政府公告4月请全国人士提供意见后，即于明春五次会时予以选定，届时学术体系得以完成，意义殊为重大。胡适并论及留学生可分两类，一类为可鄙之镀金者，一类则为真正之学术研究者，渠近所提倡之学术独立，着重于使大学为研究机关，使国内大学学位较洋博士更为荣誉而可贵。渠并指出现在政府太不信任学府，要求把学

1947年　丁亥　民国三十六年　56岁

位的授予权完全交予大学校，以免公文周折有辱学术尊严……（次日之《申报》）

同日　陈剑修致函胡适，将评论胡适学术教育独立的文章寄送，又"希望你能永久领导未来中国向学术研究和政治进步方向去"；又抱怨朱家骅拨付广西大学的经费甚少，等等。（中国社科院近代史所藏"胡适档案"，卷号1299，分号3）

10月16日　上午，中研院评议会召开分组审查会，人文组由胡适召集。中午，蒋介石邀吃饭，略谈。下午，评议会续开大会，决定候选人名单的数理与生物两部分。晚，胡适拟"人文组"诸人的"合格之根据"，到次日凌晨4时。（据胡适《日记》；次日之《申报》）

同日　陈布雷日记有记：12时到官邸，应约午餐，中研院评议员诸君均到，与适之、润章二人谈北平事。（《陈布雷从政日记（1947）》，160页）

同日　晚，陶希圣来访。（陶晋生编：《陶希圣日记》上册，联经出版公司，2014年，80页）

同日　《中央日报》安徽增刊办事处的胡定安致函胡适，函寄叶元龙在该报发表之《我所知道的胡适之》一文，并请胡适为《安徽人》小册子题词、赐序。（《胡适遗稿及秘藏书信》第30册，282～283页）

同日　周凤翔致函胡适，告国防部特种勤务处副处长杨之敬驾军车碾死其妻钱彝馨及行人之冤情，希望胡适出来主持正义。（《胡适来往书信选》下册，245～246页）

> 按，10月21日，方靖四又为同样的事情再致函胡适。据方函，知胡适于18日接待其与周凤翔的来访。（《胡适来往书信选》下册，247～249页）

10月17日　胡适出席中研院评议会，审查院士提名名单，力主通过郭沫若的院士资格提名。最后共有150人获得提名（数理组49人、生物组46人、人文组55人）。（次日南京、上海各大报）

胡适是日日记：

评议会续开大会。决定候选人名单，并推人整理各组所拟"考语"。连日讨论甚热烈，最后尚有增减。（据《日记》）

夏鼐是日日记：

上午评议会继续审查名单。关于郭沫若之提名事，胡适之氏询问主席以离开主席立场，对此有何意见。朱家骅氏谓其参加内乱……似不宜列入；萨总干事谓恐刺激政府，对于将来经费有影响；吴正之先生谓恐其将来以院士地位，在外面乱发言论。巫宝三起立反对，不应以政党关系，影响及其学术之贡献；陶孟和先生谓若以政府意志为标准，不如请政府指派；胡适之先生亦谓应以学术立场为主。两方各表示意见，最后无记名投票……表决结果，以14票对7票通过仍列入名单中。（《夏鼐日记》卷四，150页）

10月18日 赴学术审议会，又称UNESCO中国委员会。在政治大学讲演。晚，张群邀宴来南京之各大学校长，席上又有蒋梦麟等，胡适就北方各大学今冬煤火问题提出呼吁，张群允在21日之政务会议上提出讨论；关于北方教授发给实物问题，张群亦表示将尽量统筹。饭后胡适与陈雪屏同去蒋梦麟寓中谈，胡适要把北大校长还给蒋，但蒋仍不肯。（据《日记》；10月20日之天津《大公报》）

次日《申报》报道：

联教组织中国委会执委会，十八日上午，在教部开会，到任鸿隽等十人，胡适主席，决议：①联教组织派施茂知来华，筹设"科学合作馆"事，推萨本栋委员代表本会，与之接洽连系。②通过本会秘书处组织规程及专门委会组织通则。③本会会址，推请朱主委家骅与萨委员本栋酌定。④一九四八年联教组织工作计划，应如何研究，及出席联教组织第二次大会之建议案，作下列之决议：（甲）工作计划，推请

1947年　丁亥　民国三十六年　56岁

杭立武、李书华、吴有训、瞿菊农、程其保五委员研究，并将研究结果制成建议案，由代表团向联教组织第二次大会提出。（乙）在华设立海洋学及渔业研究所，推请萨本栋与王家楫草拟计划。（丙）在华设立"营养中心"，推请杭立武、戴天佑接洽进行。（丁）在华设立"数学中心"，推请杭立武、萨本栋接洽进行。⑤请各专门委会召集人，从速分别召集成立完成组织。⑥卅七年度本会预算，请教部核办。⑦三十七年度联教组织会费，请代表团出席大会时，请大会核减。

同日陈布雷日记有记：

夜岳军院长宴适之、润章、有训、贻芳诸君。（《陈布雷从政日记（1947）》，161页）

同日　晚，夏鼐来闲谈。（《夏鼐日记》卷四，151页）

10月19日　曾昭燏邀胡适等在中央博物院吃蟹，饭后与俞大维谈。到金陵大学，与陈裕光、吴贻芳、马博广诸人谈选举的技术。在罗家伦家吃饭。（据《日记》）

同日　胡适为张默君的诗册题辞：

四十多年前，我在上海务本女学看运动会。台上有个女学生挥大笔写"我武维扬"四个大字。那个女学生就是后来在首都典试锁闱衡文赋诗的默君女士。当日在几千小学生队里拍手赞叹的我，今天在默君这本诗册上题字时，也是白发满头的了。很想做首小诗写这段故事。不幸写不出来，只好写几句白话。恐怕典试委员还要认作交白卷，罚入四等罢！（台北胡适纪念馆藏档，档号：HS-NK05-180-009）

10月20日　陈布雷日记有记：9时50分往中央研究院访胡适之君，谈政治、文化、教育及北平近事，兼及琏女情形，详谈约2小时许。（《陈布雷从政日记（1947）》，161～162页）

同日　晚，夏鼐来闲谈，"胡先生主张整理古书，作标准定本"。（《夏

萧日记》卷四，151 页）

同日　钱秉雄、钱三强、钱德充 3 人联名致函胡适，感谢胡适出席公葬其父钱玄同纪念会，告钱玄同灵榇定于 10 月 26 日上午 10 时自法源寺移往阜成门外福田公墓安葬。(《胡适遗稿及秘藏书信》第 40 册，251 页）

10 月 21 日　胡适致函胡锺吾：本县"国大代表"选举，先生肯出来候选，我很高兴，并祝先生竞选成功！（台北胡适纪念馆藏档，档号：HS-NK-052-013）

同日　司徒雷登请胡适吃午饭，胡适日记有记："司徒先生说，中国政府一两个月后就得崩塌。此老今年七十一，见解甚平凡，尤无政治眼光。他信用一个庸妄人傅泾波，最不可解。"（据《日记》）

10 月 22 日　北京大学以校长胡适名义致函善后救济总署冀热平津分署北平临时工作队：本校教职员总数为 1204 人，40% 应为 482 人，学生总数为 3559 人，40% 应为 1424 人，以上均系受赈人数，兹将本校教职员总名册及学生总名册赶造一份送请核发，一面组织赈品领发委员会办理领发手续，所有领发受惠人名册，容后补送，相应亟请查照惠允为荷。(《北京大学史料　第四卷　1946—1948》，854～855 页）

10 月 23 日　上午 11 时，胡适在考试院讲演"考试与教育"。大意谓：自从民国二十年举行第一次考试以来，16 年间考试制度的基础已相当巩固。中国考试制度已有两千年的历史。考试制度的渐趋严密和阶级制度逐渐打破，所以无论如何寒微的人，都有应考和出任官吏的机会。这种坚持客观的标准和公开竞争的考试制度，打破了社会阶级的存在，同时也是保持中国两千多年来的统一安定的力量。自汉朝以来，学校差不多都是为考试制度而设的。中国文化对世界有一很大的贡献，就是这种文官考试制度。这种考试制度，也影响了别的国家。（据《日记》；次日之《中央日报》）

同日　晚，胡适搭车赴沪。（次日之《申报》、天津《大公报》）

10 月 24 日　上午 9 时，胡适应邀回母校澄衷中学演讲。胡适讲到他在该校读书情形，以及澄衷"不忘辛酸"的传统；谈到应注重学生的个性才能；谈到教育救国和学术救国，并以巴斯德的例子加以说明。胡适演讲毕，一位陈姓校友说，1941年11月26日，罗斯福已经答应和日本通商，时任驻美大使的胡适即见罗斯福，力陈利弊，罗斯福才改变方针。胡适当即更正：这是个假历史，绝对没有这样的事。（10月26日之上海《大公报》、《前线日报》）

同日　王力致函胡适，告：不想继续待在中山大学。想出国留学或接受基金会津贴从事字典编纂，希望胡适帮忙。又希望胡适介绍香港大学。也想回到清华，但时局不安定的话，就有些踌躇。佩服胡适主张学术独立，认为抗战时政府设立大学重量不重质。（《胡适遗稿及秘藏书信》第23册，466～471页）

同日　北京大学为领取从美国购买之电机等教学用品事，以校长胡适名义分别行文天津海关、津沧绥靖区指挥部主要物资管制处、输入临时管理委员会输入限额分配处三机构。（《北京大学史料　第四卷　1946—1948》，792～793页）

10月25日　北京大学研究生会致函胡适，为支持教授罢教，停止工作3天，并恳请校长迅为筹谋解决，俾生等得安于岗位。（《胡适来往书信选》下册，251页）

同日　前北平大学工学院毕业生刘文腾等18人联名致函胡适，要求恢复纺织学系。（中国社科院近代史所藏"胡适档案"，卷号930，分号3）

10月26日　胡适在下榻的国际饭店接待记者，谈及留学问题时，胡适说，学生如果需要出国深造，必须入外国第一流大学；谈及"沈崇案"之复判情形，胡适说，在该案没有新证据前，不能再控告皮尔逊。关于学生思想，过问政治不过问政治，是学生个人的自由。但只有埋头研究学术才对国家有裨益。（次日之上海《大公报》）次日之《铁报》报道说，胡适还就"大选"与他自己是否担任要职回答提问。胡适说，他自己决不想做官，这是个人兴趣关系，今后准备尽力谋中国学术的改进。

同日　胡适致函曾世英、徐公肃，要求退还华夏股票500美元。希望彻查公司半价卖纸之事，等等。（《胡适遗稿及秘藏书信》第20册，117～118页）

按，胡适此函是接到竹垚生函之后写的，竹函云：徐公肃照市价之半，售纸 200 余令，无私即有弊，提醒胡适"应该说话了"。（《胡适遗稿及秘藏书信》第 26 册，98 页）

10 月 27 日　上午，胡适赴龙华机场，迎接访日归来的王世杰；王与胡适握手时，向在场人员称："这是中国最为人爱戴的大使。"（次日之《申报》、天津《大公报》）

10 月 28 日　胡适自上海飞返北平。（据次日国内各大报纸）

同日　下午 5 时，胡适主持召开北京大学第五十三次行政会议。胡适报告在南京接洽经费及同人待遇各事，并听取校内各部分报告。无议案，无决议。（《北京大学史料　第四卷　1946—1948》，53 页）

同日　北京大学以校长胡适名义呈文教育部长朱家骅：北大从美国购买之电机等教学用品已经抵达天津海关，谨将购运教育用品请领护照表分别各填具 6 份，电请鉴核，准予迅咨财政部，填发免税护照 3 张，以便提取。（《北京大学史料　第四卷　1946—1948》，793 页）

同日　傅作义复函胡适，告北大工学院学生刘杰若确系学生，嗣后不再有其他行动，当可从宽办理。胡适复函表示感谢，并详述刘杰求学之履历，证明刘确系学生，并以北大校长资格为其作保，请将其开释，使其即能回校上课。（《北京大学史料　第四卷　1946—1948》，1002 页）

按，12 月 9 日，刘杰被释放。（《胡适研究丛刊》第三辑，378~379 页）

10 月 29 日　下午 3 时，北大工学院 44 周年纪念会在工学院礼堂举行。胡适出席并讲演，他强调了校友会在世界大学历史上的重要性，强调新科学之所以起源于欧洲，乃因欧洲自中古即有数个继续不断的好大学所致。胡适说："科学不是一个人的力量可以完成的，科学要继续不断的研究，从理论变成实验，从实验变成发现，这样继长增高，非以大学为中心不可。并且知识、学风、设备等一天天积累起来，才能成为科学研究中心。"又说:"欧洲大学不是政治制度的一部分,中国太学却是文官考试制度的一部门……欧洲大学的能以继续有两个因素:一个是主持财产的董事会,一个是终身任教职的教授会。"胡适最后宣布:将恢复北平大学工学院的纺织系。又号召"同心协力来做成一个工业的最高研究中心"。(次日之北平《世界日报》、天津《大公报》)

同日 王重民致函胡适,赞佩胡适三次晋京,"叫公教人员们有吃有烧,暂得温饱",又表示格外认同胡适大声疾呼的"争取学术独立的十年计划",以及如何实行,等等。(中国社科院近代史所藏"胡适档案",档号1873,分号7)

11月

11月1日 10时,平津铁路局在霞公府该局大礼堂举行演讲会,请胡适演讲白话文学运动之历史。胡适说,每个人除了职业以外,应有玩意儿,有时玩意儿可以发展成为重要的东西。又说:"天下的历史,不管是唯物、唯心、唯神的历史观,历史往往出于偶然。"又以留美时期围绕白话文学的讨论、辩难为例说明之。胡适说:"上层文学是古文的,下层文学是老百姓的,多半是白话的。"汉以后,无论哪一个时代文学均分上下两层,上层是无价值的,是死的,下层是活的,有生命,有力量。凡是一国国语必须具备两个条件:国语多起于方言,所以,(一)必须流通最远,范围最广,说的人最多;(二)必须曾产生大量的文学。白话已相当普遍,希望机关往来的公文,也要用白话。(次日之《世界日报》、天津《大公报》)

同日 胡适致函王重民,云:

> 我校录天津借来的全谢山五校本《水经注》,几个月来,只钞校完了五卷半。昨夜重理此工作,居然又校了半卷。电灯灭了,还在油灯下校钞,但今天一早出门,避了市参议会的开幕礼,还得去三处讲演,两处吃饭。回想起纽约闭户读书的乐趣,真如同天上了!(李顿:《胡

适和水经注》，天津《大公报》，1947年11月27日）

11月2日 胡适在《中央周刊》第2卷第2期发表《援助与自助》一文，指出：

蒲立德认为中国是应该帮助的，也是值得帮助的，他这种态度是极严正的……

…………

现在中国当然很需要美国的贷款，但是中国还能自力更生，还没有到"得之则生，弗得则死"的境地。

英美人也有一句谚语，叫做"Manners before morals"。这意思就是说态度比道义还重要。我希望美国人能了解此点，在贷款时不要提出些有伤别的国家民族尊严的条件，使对方不便接受她援助的盛意。

从中国方面来讲，我们既要借债也应该懂得贷款人的心理。人家希望有不贪污、不浪费的保证，这也是人情之常。我们应该谅解，不能既要借钱，又要完全单独支配用途。同时我们还要知道，人家之所以不完全放心我们，也要怪自己的信用不够。

若果对贷款的管理和支配需要保证的话，我想最好的保证办法就是由我们自己提出对方一定可以相信得过的财政专家，像现任国府委员陈光甫先生这样的人，由他们来主持其事。这样既可以获得彼此的信任，同时也不使我们有因借债而丧失了国家体面的想法。

同日 梅焕藻致函胡适，代李缄三向胡适邀稿。（中国社科院近代史所藏"胡适档案"，卷号1798，分号6）

11月3日 胡适就浙江大学于子三事件发表书面谈话，主张：一、对此事直接责任者应从严惩处。二、避免并防止类似事件再度发生，绝不可采用罢课游行等行动。并云已致电竺可桢校长催询详情。并希望北大学生务必镇静。（11月5日之天津《大公报》）

同日 下午5时，胡适主持召开北京大学第五十四次行政会议，中

途因有事退席，改由周炳琳主席，通过决议多项。(《北京大学史料 第四卷 1946—1948》，53～54页)

11月5日　何之瑜致函胡适，非常赞佩胡适的《独立时论集》，希望胡适能对"五四"运动的史实详细交代，详谈整理陈独秀文稿以及有关陈之生平的新发现。(《胡适遗稿及秘藏书信》第29册，23～26页)

> 按，为陈独秀著作出版事，次日何之瑜又致函胡适说，希望将陈著摄影，因自己无力抄写；为促成商务早日出版陈著，希望胡适能写信给伯嘉；等等。(《胡适遗稿及秘藏书信》第29册，3～4页)

11月6日　行政院善后救急总署冀热平津分署、华北水利工程总局等三家单位聘胡适为永定河官厅水库工程审议委员。(中国社科院近代史所藏"胡适档案"，卷号833，分号1)

同日　胡适致北大全体学生一封公开信，云：

> 我知道本校同学们对于被捕的孟宪功、李恭贻两同学很挂念。所以昨天上午我曾送一些食物由警备司令部转交他们，并说明要他们给我一封亲笔信，使我好放心。他们昨天上午都写有亲笔收条给我。下午，他们又各写亲笔短信道谢。信里都说他们的生活很好，要我们放心。我现在把这两封信全文印出来给同学们看看。原信两封存在校长室。(次日之《华北日报》)

11月7日　胡适发表谈话称：北平学生同情于子三同学，其情可佩，6日在北大举行追悼会安静而未生事故，表现甚好。惟据悉浙大已经休止罢课，故认为北平各校亦应早日复课。(次日之天津《大公报》)李恭贻、孟宪功安全已无问题。(次日之《新闻报》)

同日　为庆祝苏俄成立30周年，苏驻平代理领事齐赫文夫妇中午在领事馆举行酒会，出席来宾有陈继承、何思源、胡适及中外嘉宾300余人。胡适与齐领事举杯共祝中苏两国万岁。(次日之天津《大公报》)

同日　王世杰致函胡适，谈道："在美之时，许多美国人均以不识兄之近状为念,并谓中国政府竟令兄赋闲,亦即中国政府遭受美国社会不信任之一因!蒋先生之受冤,类此者亦多矣。"又云中国一般社会确有充分了解日本情形与美国做法之必要,甚希望胡适能赴日本作二三星期之考察,等等。(中国社科院近代史所藏"胡适档案",卷号773,分号5)

同日　陈雪屏致函胡适云,胡适为北平学潮已煞费苦心,而终于横生枝节,不能阻止学业的牺牲。又询:北平各校的罢课是否能在短时期内平息下来?地方和学校的配合如何?部中决定派张兴周来平,等等。(《胡适遗稿及秘藏书信》第35册,440～445页)

11月8日　胡适主持召开永定河官厅水库工程审议委员会会议。

次日之《申报》:

永定河官厅水库工程审议委员会,今上午九时在平善救分署举行成立会,当场推举胡适为主任委员,该会委员七人,系由联总、行总、华北水利工程局三单位推定,除胡外其余六委员为经涛(工程专家)、刘瑶覃(冀临参会议长)、张砺生(察建设厅长)、童冠贤(平津冀热善救分署署长)、王华棠(华北水利工程局长)、雷深琼(燕大劳工福利教授),该会为联总等三团体协议产生之一超然组织,将负责监督物资之使用与保管,定每月开会一次。

次日之天津《大公报》:

永定河官厅水库工程审议委会昨晨十时在行总办公室举行成立会,胡适、童冠贤、刘璋章、雷洁琼、金涛、王华棠、张砺生等七委全体到会。推定胡适主席,童冠贤为副主席,每月开一次,在第三个星期的星期六日下午三时审议一切。童署长报告水库等筹画经过,王华棠、张任两局长分别报□□工经过。特自察省赶来参加之张砺生厅长报告迁村调查经过。通过该会章程后,即赴六国饭店午餐,餐后散会。工程专款水利部应拨之三千亿已到二十亿,正催请中。行总之百亿已汇到七十五亿,迁村面粉二千吨定于十五日封仓,将全数拨储。

1947年　丁亥　民国三十六年　56岁

同日　胡适为其《留学日记》的重印作一《自序》。(《胡适留学日记》，商务版，1947年)

同日　竹垚生致函胡适："尊帐十月份共支用一千贰百万元，内兄支三百万元，祖望支九百万元（思杜用）。结至十月底，计存贰千捌百捌拾陆万元（九月底3591万）……"(《胡适遗稿及秘藏书信》第26册，100页)

同日　萨本栋复函胡适云，明年1月11日蔡元培之纪念会中学术讲演，仍请胡适拨冗南下担任。除此之外，尚拟在该时前或后召开第三届评议会第一次会议。院士提名筹备工作大约于12月底可以办妥，1月中评议会即须审查最后名单才来得及在明年开院士会议时投票选举。附上在沪江大学之讲词一篇。(《胡适遗稿及秘藏书信》第41册，124～125页)

11月9日　胡适在日记中简要回顾了4年来研究《水经注》的缘起、过程等，又云自己"做了不少的侦查工作，收集了全部证件，写了几十篇大小题目的文字。案情已大致明白了，判决书还没有写成"。(据《日记》)

同日　久大盐业股份有限公司举行复员后第一次股东会，李烛尘主席，除报告公司在沦陷期间及复员以来之经过情形，与目前营业状况外，还改选董事及监察，胡适是新当选的13位董事之一。(次日之天津《大公报》)

同日　天津《益世报》报道：前天，西北科学考察团理事会开会，选举产生李四光、任鸿隽、傅斯年、杭立武、李书华等14人为理事，以胡适、马衡、徐炳昶、袁复礼、徐鸿宝5人任常务理事。

11月10日　胡适致函《经世日报》副刊，指出《胡适外传》的诸多错误，又云："青年人学做文字，千万不可以养成潦草、懒惰、不正确的习惯。文字的好坏还不算重要，但年青人养成了这种不正确的恶习惯，就终身不配做学问了。"(次日之《经世日报》副刊)

同日　朱家骅复函胡适云：此次奉准之追加经费共为1350亿，其中指定被助各省市教育复员费100亿，中等教育如国立中学、师范与职业学校等100亿，边疆教育如边疆学校、边疆中学、师范等20亿，留为高等教育研究机关者虽占大部分，却只有1003亿。而其中，除外国运到之图书仪器与联总所购之各种设备等运需费88亿外，所可分配者900亿耳。加以数月

来各校透支借款已有几百亿之多，以此数分配80单位，到各校所得，亦复无几。北大方面当然特别设法，已照最高数分配40亿，不久即可拨发。(《胡适研究丛刊》第三辑，377～378页)

11月11日　北京大学以校长胡适名义，将北大医学院附设高级护士职业学校组织规模呈报教育部长朱家骅。(《北京大学史料　第四卷　1946—1948》，81～82页)

同日　朱文长复函胡适，认同胡适关于学术独立的十年计划，又谈对留学的看法。(《胡适遗稿及秘藏书信》第25册，275～278页)

同日　杨联陞致函胡适，谈及自己在哈佛大学的教学等事，又谈及洪煨莲、费正清、魏楷(Ware)、李方桂、罗常培等人的教学、研究情形，又谈及傅斯年养病情形，等等。(《胡适遗稿及秘藏书信》第38册，315～317页)

同日　天津《大公报》报道，国民党提出教育团体"国代"候选人共63名，胡适大名在列(北区候选人)。

11月12日　下午2时，久大盐业在该公司3楼会议厅举行董事监事联席会议，胡适亦自北平来津参加。计到董监事11人，由李烛尘主席。当场选定胡适、范鸿、任致远等3人为常务董事，并选定胡适为董事长，李烛尘为总经理。胡适称："本人一介书生，对于盐业素无经验，不敢当此重任。本公司董事长一席，请改推李烛尘先生担任，俾本人从事学习，再为公司效劳何如？"全体到会董事坚请胡适勉为其难。(据中国社科院近代史所藏"胡适档案"，卷号858，分号6；胡适是日日记；次日之《新闻报》、天津《大公报》)

同日　胡适致函马理，告：会妥善保管马幼渔的玉照与墨盒于北京大学博物馆。(中国社科院近代史所藏"胡适档案"，卷号555，分号6)

同日　杨西孟致函胡适，报告芝加哥留学情况。(《胡适遗稿及秘藏书信》第38册，16页)

11月13日　下午4时，胡适应邀在燕京大学演讲"谈谈做梦"，鼓励青年人要有理想，做一个"不寒伧的梦"。当有人问及被捕的孟宪功、李恭贻、刘杰交涉情况时，胡适表示：中央青年部长陈雪屏已有电报告他，3人可移送法院，大概两三天内可实现。（11月17日之《燕京新闻》）

同日　朱家骅致电胡适：中美教育基金协定中规定，我国可遴选顾问5人。朱请胡适主持其事，并推荐其余4人。（《胡适遗稿及秘藏书信》第25册，479页）

> 按，次日，朱家骅又致函胡适再谈此事，又云："……此项基金总数二千万美金，分二十年拨付，每年有一百万美金，如能运用得宜，对于国内教育事业亦有裨益，因思唯有以兄之德望，则美国对我国之意见更为尊重，工作开展亦较便利，只有请兄偏劳。"（《胡适遗稿及秘藏书信》第25册，481～482页）

同日　景学钤致函胡适，云：久大自民三创办迄今，经过30余年，与引制开战，毕生心血，寄托于是。年已古稀，惟恐一旦朝露，如张南通之人亡政息。今得先生继起而发扬光大之，中心愉快，莫可言喻。又寄赠《盐迷》等书。（中国社科院近代史所藏"胡适档案"，卷号1850，分号1）

11月14日　胡适设午宴，庆贺经济系教授蒋硕杰获1946年度英国赫契生银质奖章。（11月12日之天津《大公报》；次日之《申报》）

同日　王重民致函胡适，谈及华夏图书公司股本事，又谈到《文史周刊》停刊了，希望胡能另设法，给大家另辟一个发表的园地，等等。（《胡适遗稿及秘藏书信》第24册，100页）

11月16日　胡适复函俞平伯，谈"绝句"：

> 绝句最难作。但这个"小诗"体裁颇适于写一个小题目，故我想这个方式在将来必定还有人继续试用。但绝句本出于南方民歌，到了文人手里，就往往陈腐化了，今后绝句若能保存，必须多多与民歌接近，一扫陈言套语，用最干净的话语表现一个新鲜的意思或印象——这样才可以有新的生命。
>
> …………

文人从民歌里得了绝句体裁，加上新的见解，加上比较深刻的观察，加上比较丰富的内容，所以诗人的绝句往往有新的境界，有民间歌唱不容易达到或不能达到的境界。老杜的漫兴是最好的例子。

……………

这种境界是民歌里稀有或没有的。但这里的语言都还是最朴素、最干净的白话，不靠典故，不靠词藻，意境超出了民歌，而语言还是民歌的语言。

绝句的最上乘，前有老杜，后有杨诚斋，其次则王荆公、刘梦得、杜牧之。二十八个字的小诗，一千年来的作家寥寥如此！

十多年前，我曾想集一本《每天一首绝句》。想挑出三百六十五首绝句，此事至今搁置，只写了一百多首，以七绝为绝大多数。（《申报·文史》第1期，1947年12月6日）

同日　晚，北平市长何思源宴请来此游历的《芝加哥论坛报》发行人及总主笔麦考米克夫妇，胡适、梅贻琦应邀作陪。（次日之《申报》、天津《大公报》）

11月18日　下午5时，胡适主持召开北京大学第五十五次行政会议。胡适报告教育部允拨北大临时费40亿。又通过补充聘任教授等事项。（《北京大学史料 第四卷 1946—1948》，54～55页）

11月19日　晚，北大国际关系研究会举办之"联合国周"在理学院大礼堂举行"联合国晚会"，请各联合国旅平名流出席演讲，到会者数百人。胡适致开会辞，略谓：1944年曾出席顿巴敦橡树会议，1945年出席旧金山会议，遇见许多年逾70之热心世界和平人士，均表示想不到能看见联合国这理想之实现，可见老的一代对于联合国所怀希望之大。到现在固然若干老年人或中年人对联合国组织已感失望或悲观，但今日有如此许多青年人参加此会，可见年轻的一代对联合国还是怀有很大的期望和关怀。实际上，如再发生战争，受害最大者非老年人或中年人，而是年轻的一代及其子孙。次由美驻平总领事克拉伯氏等讲演。（次日之天津《大公报》）

1947年　丁亥　民国三十六年　56岁

同日　胡适致函郑天挺，因农学院副教授马育华出国进修机会难得，而旅费无着，故由本校特准支其全薪一年。(《北京大学史料　第四卷　1946—1948》，235页)

同日　胡适致函王重民，回顾《水经注》考证的缘起与经过，感念与王合作、讨论的乐趣：

> 今天翻检旧稿，看见你三十二年十一月十日给我的信，提到我"八日夜半所写长信"。那是我讨论《水经注》案的第一信，到今天整整四年零十天了！
>
> 此事是你发难的，是你坚持要我重审此案的，中间四年的工作也是无时不承你帮助鼓舞促成的。我这四年的研究有点成绩，生活有点特别乐趣，都是你的一篇文章引出来的，都是你们两人的耐心信心和助力促成的。
>
> 所以，我今天要写这封短信给你们俩，一来是纪念我们开始覆审这个《水经注》案的第四个周年，二来是表示我自己对于这四五年在学问上合作的乐趣的感谢。(李顿：《胡适和水经注》，天津《大公报》，1947年11月27日)

按，11月24日王重民复函胡适云：四年来追随胡适做学问，"受益最多的是得了先生的一点方法，因而稳定了自己的一点识见"。又告收到胡适21日论"十二时"的信，感谢指教"一日分为十二时"那一段(胡适于21日复本日下条之王重民函，认为宝志的《十二时歌》，与其他两篇，都是好白话，说理很明白。若真是唐以前的文字，两部《弘明集》似乎没有不收之理，此等歌不收在两部《弘明集》里，即可以推知其为晚出之作。载《申报·文史》第12期，1948年2月28日)。又送上《说十二月》，请胡适指教。又询拜托胡适给朱经农写信是否写过，等等。(《胡适遗稿及秘藏书信》第24册，102～103页)

同日　王重民致函胡适，送呈《说十二时》，请胡适指教。又云他和周

一良都不信宝志的《十二时颂》是真的。又附呈《景德传灯录》。(《胡适遗稿及秘藏书信》第 24 册，101 页）

同日　罗尔纲写长信与胡适，谈最近自己的太平天国研究，又诚挚感念师恩。(《胡适遗稿及秘藏书信》第 41 册，453～462 页）

11 月 20 日　沈兼士遗骸将于次日安葬福田公墓，是日在嘉兴寺家祭，胡适、梅贻琦等皆往祭。（次日之《申报》、天津《大公报》）

11 月 21 日　George L. Harris 致函胡适，云：

A short note by way of saying goodbye and thanking you for your helpfulness in the matter of the Fulbright Bill. Actually, your recommendations have done a good part of my work in Nanking for me, but that is as should be in a program of this kind.

I want to assure you that I shall do my best to see that your views and recommendations get the fullest consideration. I shall be keeping you informed of new developments, and I count on seeing you again in Nanking of here if, as I hope, my duties permit an occasional visit.

Please let me know if at any time there is any way in which I can be of assistance. My address will be: Cultural Relations Office, United States Information Service, American Embassy, Nanking.（中国社科院近代史所藏"胡适档案"，卷号 E-221，分号 1）

11 月 22 日　中午，胡适到"国代"选举的北大教育团体投票所投票。下午 3 时，胡适偕崔书琴、张佛泉到 7 处选所参观。胡氏对记者表示：大体说来还不错，可称满意；认为教育会投票所成绩最好，妇女热烈参选，政治兴趣浓厚。（次日之《申报》、天津《大公报》）

同日　蒋介石致电胡适，北京大学前呈请加拨建筑设备费，已由教育部呈报行政院，行政院令教育部：不便另予特别补助。现"已令行政院与教育部在三十七年度预算内体察该校实际需要，从宽核列。至目前该校修建设备所需差额法币壹百亿元，如属急需，可暂由四联总处提先向国行借用，

1947年　丁亥　民国三十六年　56岁

特准在明年预算内拨还"。(《胡适遗稿及秘藏书信》第39册,358页)

同日　叶公超致函胡适,谈及向华夏图书公司退股等事。(《胡适遗稿及秘藏书信》第37册,180～181页)

11月25日　潘公展致函胡适,请胡适为《申报》的"文史"版题写报头,并请胡适担任主编。(《胡适遗稿及秘藏书信》第39册,47页)

同日　陈光甫复函胡适谈美国援华问题:

> 西方人的传统主权观念在中国至今还是个新玩意儿;经过几十年的革命,八年的抗战,好容易才达到目的,岂肯轻易放弃?美国的钱我们是需要借的,但是非到万不得已决不肯接受美国的干涉。既然在中国缺少这一种美政府心目中的 effective basis for help,大量的美国援助就谈不到了。所以我认为借款的前途未可乐观。
>
> 老兄所提出的最好的保证办法固然可以替两国解除不少的困难,但是用中国人主持其事,假使蒋先生要钱用,又有谁能说没有钱给他用?我恐怕只有美国人或许可以说这句话,但是这岂不等于有损国家尊严?
>
> ……像老兄所说的那种机构,也是必要的。可是它最大的功用不在支配金钱而在做联系工作(liaison work)。使得中美两方互相了解,才能真真合作,而后美国援华计划才能真真有效,同时双方的感情可以不致发生裂痕。要担任这样的工作,我认为非有一位东西文化交流的中国人不可,既懂得中国也认得美国。要我这种有名无实的"专家"来充任,就远不如请老兄这样的"外行"了!(《胡适遗稿及秘藏书信》第35册,340～345页)

11月26日　过养默致函胡适:近因著名球队均已纷纷返沪,当此气候尚如初春,盼胡适能再致函潘公展,早日举办足球义赛。(《胡适遗稿及秘藏书信》第38册,373～374页)

11月27日　下午5时,蒋介石邀北大、清华、燕大、辅大、师院、中法等各院校负责人茶会,胡适出席。至6时一刻始散。(次日之天津《大

公报》）

  同日　下午5时半，蒋介石在后圆恩寺行辕宴北平文教界胡适、梅贻琦、梅贻宝、陈垣、袁敦礼、朱光润、贺麟、杨光弼、萧一山9人，并一一询问各校情况及教职员生活。胡适代表致辞，感谢蒋关心教育界生活，特允配发实物。胡氏继说明石家庄失陷后河北、平津人心惶惶，物价猛涨情形。蒋介石表示，长期战争下，一般人心理特别脆弱，易受刺激，而发生不必要之惊扰，此乃心理问题，军事方面绝无顾虑。（次日之《申报》）

  同日　胡适致函钟凤年，谈道：自己从事《水经注》考证，不是要打官司，只是要平心静气地用笨工作来审查这个150年的官司，要使全、赵、戴三公都得着一个公平的估价。前人因不能像今日这样收集几十种《水经注》版本，故往往不能举出正确来源。并以钟文所举"渭水"一条为例说明"考证之难"。又说，文人往往捏造来源，全祖望尤多犯此病。（《胡适手稿》第4集卷3，381～387页）

  同日　顾颉刚致函胡适，谈及与汪孟邹见面后，希望由大中国图书局与亚东图书馆合作承印《胡适文存》三集，同时希望胡适能编辑《文存》四、五集，亦由大中国图书局承印：

> ……汪先生说起先生之意，要把《文存》三集交商务出版，他觉得《文存》和亚东的历史关系太深，一朝改归商务，心有不忍，但以现在纸张印刷价值之高，亚东确难再版，大中国尚有此力量，故拟以"亚东出版，大中国发行"名义，由大中国投资再版，售入之款除付先生版税外，再付亚东租赁纸版费。这意思，我们听得当然愿意，因为我们这一家新铺子可附骥尾而声价一振，而我呢，更有为先生服务的机会了。上次先生到沪，虽经约集伯嘉与汪先生商谈此事，好在这是口头的话，不负法律的责任，而且商务要印的书太多，出版之期必然耽延，不如我们这家铺子之可以说做即做。如果先生能答应我们的话，在两个月内必能出版。（《胡适遗稿及秘藏书信》第42册，458～462页）

  11月28日　汪孟邹致函胡适，谈《胡适文存》的版权出让与大中国书局事：

> ……亚东印行二十余年之《文存》，一旦改归商务出版并发行，面子实有点过不去，于亚东候时势稍转，或有改组中兴之希望，不无损伤……如该局［大中国书局］有意印行，我可将纸版改售为租，名义上仍归亚东出版，实际归大中国发行，并另订契约，可以收回。大中国虽属新创之局……办事之信用与精神均极好，营业亦极其发达，《文存》改归他们发行，其销数成绩必不亚于出版物太多之商务，或且可以过之，为我为兄及为大中国计，似属各面都好。即为商务计，他们书太多，多半还不能续印，加以兄之著作在他家出版已经不少，想可不加计较也。……（《胡适遗稿及秘藏书信》第27册，453～454页）

11月30日 胡适复函张元济，详告王岷源的简历、家世等。（《张元济全集》第2卷，556～557页）

> 按，11月21日，张元济致函胡适，告：胡适介绍的王岷源已经向张祥保露求婚之意，希望了解王岷源的家世、性情、体魄和学术等情况。（《胡适遗稿及秘藏书信》第34册，127～128页）

12月

12月1日 上海百新书店顾绮仲致函胡适，告拟出一种日记本，邀名家写指导青年的文字，特向胡适约稿。（中国社科院近代史所藏"胡适档案"，卷号1668，分号6）

同日 American Library Association 的亚洲与西南太平洋委员会主席 Charles H. Brown 致函胡适，云：

> I cannot let this official letter go through without a personal word from me.
>
> I am leaving Wednesday, December 4th for Tokyo, Japan. Gener-

al MacArthur has requested that a mission of two American Librarians be sent to Tokyo to advise in regard to the organization of a national library, to be known as the "Diet Library". I am hoping to proceed from Tokyo to China about January 10th. However, I shall have to limit my visit to Shanghai, Peiping, and Nanking, but I want to talk with the presidents concerned and with officials of the Embassy in regard to the enclosed Proposal.

I have been having some interesting correspondence with Dean Yu of your College of Agriculture. I certainly should like to see him.

It is needless to say that I miss greatly the pleasant conversations we had in past years. With you and Dr. Greene no longer here, I feel somewhat lost.
（中国社科院近代史所藏"胡适档案"，卷号 E-138，分号 2）

12月2日　刘炳藜致函胡适：数月前关于出售王船山墨迹事，曾辱赐书，至今铭感。因国内文教机关太穷，而外人则不甚认识船山，且亦不欲以此让与外人，而至永无回国之望，以是这个墨迹仍存箧篋间，而个人穷困，也就到不堪言状的境地了。恳请胡适函介此间任何一学术机关或个人，以给以适当短期工作或 fellowship 一类的帮助。（《胡适来往书信选》下册，288页）

按，是年请胡适帮忙谋职的还有龚祖亮、唐尧臣、胡洪开（代胡恩强）、李喆、常乃慰、贾炳焜、李金声、徐嘉瑞、汪正注、陈淑贞等。（据中国社科院近代史所藏"胡适档案"不完全统计）

12月3日　中央社电讯：胡适对记者谈话称，自己将于明春赴日考察。（次日之《中央日报》、天津《益世报》）

同日　胡适在他选注的《词选》（商务印书馆，1927年）上注记：此是初版，应谊女士为装软皮面见赠。到今年近20年了，还是很完好的。（《胡适藏书目录》第1册，603页）

同日　朱家骅复函胡适：前函告金毓黻已将清代档案重要部分运至北

平，由此两地之整理工作需费更多，已遵嘱交待主管各司特别注意。(《胡适遗稿及秘藏书信》第25册，478页)

12月4日　中央社东京电讯：日本首相片山哲表示欢迎胡适访日。(1947年12月6日之《中央日报》、《和平日报》、重庆《大公报》、《益世报》等国内各报)

同日　吴学义致函胡适，云：据日文报纸，胡适将于明春访日，不知是否确实。若来，需早做准备（如一切日用物品均须自己带来等）。又谈及狩野直喜、仓石武四郎、吉川幸次郎等日本学者近状。(《胡适遗稿及秘藏书信》第28册，566～567页)

12月5日　北京大学以校长胡适名义致电教育部：本校现在实有工警751名（接收工学院以前651名），而核定额为642名（接收工学院以前542名），实超额109名。经呈奉钧部总字第五八五四八号代电内开"……业已呈请行政院予以增加，俟奉准后并行转知"等因在案，唯此次北平市配发实物面粉，均系按照核定名额配发，此次超额工警无从领取实物，虽由本校量予筹借，但长此以往，本校不堪负荷。拟请钧部再予转请行政院早予核准，并请准将该项超额工警109名实物面粉自9月份起补发。12月22日，教育部复电未允。(《北京大学史料 第四卷 1946—1948》，110～111页)

同日　胡适复函王超北，说道：

我很反对"在根本问题未解决之前，是没有办法的"这句话，我相信，社会进步全靠多方面的问题的各个解决，而各个问题的解决往往是一点一滴的解决，一寸一尺的进步。解决得一寸的困难，就是得到了一寸的进步。最明白的例子是近代医学上的进步，古人梦想求得长生不死的仙术，那是根本解决，但这种梦想是无益的。医学的进步全靠无数科学家解决了无数小问题，解剖学的无数问题，生理学的无数问题，微菌学的无数问题，化学与生物化学与药学的无数问题，病理学的无数问题，这无数问题的一点一滴的研究，一步一步的解答，

才造成了今日的新医学。新医学至今没有解决那长生不死的根本问题，但人类的病痛减除多多了，人类的平均寿命也延长到五十八九岁了。

我做小孩子的时候，在祠堂里看祭礼，最爱听那赞礼的人高唱"执事者各司其事"一句话。社会的进步，国家的兴盛，世界的进化，都不靠那些梦想"根本解决"的人，而都靠人人"执事者各司其事"各各在他的岗位上尽他所应该做的责任，做他所能够做的工作。

至于你说的救济问题，人人当然应该依自己的能力救济他可能救济的人。个人的能力诚然有限，但力量的薄弱只应该鼓励我们去扩大提高我们的力量，决不可因为力量薄弱就养成见死不救的冷血态度。古人说："尽心焉耳矣"，这是最好的教训。（贺家宝：《北大红楼忆旧》，大众文艺出版社，2007年，242页）

12月6日 胡适分别致函上海海关关务署和张福运，拜托将北大物理系在美国所购电机6箱，请予免税免租，尽快提交北大接收人阴法鲁。（《北京大学史料 第四卷 1946—1948》，794页；中国社科院近代史所藏"胡适档案"，卷号585，分号2）

同日 胡适作有《读〈水经注·浊漳水〉篇》。（《胡适手稿》第4集卷1，74～80页）

同日 Lucius C. Porter 致函胡适，云：

It gives me pleasure to report that, at the meeting of the Phi Beta Kappa Association of North China, you were elected president of the Association for the ensuing year. Frederica Giang Li（Mrs. J. C.）was elected vice-president, and L. C. Porter, secretary-treasurer.

A company of 28 gathered for the tea and meeting, of whom 14 are new arrivals in China. It was disappointing to have only one of our Chinese fellow-members present. An interesting address by Prof. Arthur P. Scott, of Chicago University presented the theme, "What has become of progress?"

As we try to restore the Phi Beta Kappa Association we need to bring our membership list up-to-date. Can you give me any information about Phi Beta Kappa members on your faculty or in other educational or other work in this region?（中国社科院近代史所藏"胡适档案",卷号 E-319,分号 3）

12月7日　胡适复函李由义等同学：

　　顾润兴君的事,是法学院的一位先生告诉我的。当初我确听说他没有考毕业考试,所以我们觉得这件事是可以注意的一个社会心理问题。

　　现在我知道他曾考毕业考试,考完了才去就事,那是当时的错误报告,我很愿意更正。并且请你们便中向顾君道歉。

　　我引这件事来说明考试制度在今日没有社会心理的拥护。这里面毫没有"污蔑"的意思,也没有"故意歪曲事实,捏造例子"。你们千万不要误会。

　　法学院的那位先生同我说起此事,他只知道顾君不曾考试,所以感觉奇怪；我也以为他没有考试,所以用此事做例子。如果那位先生没有误会顾君不曾考试,他也不会谈到此事了,我也不会用此事做例了。

　　说话的那位先生也只是无心的错了,我也只是无心的错了,都没有人"故意""捏造"什么。(《胡适遗稿及秘藏书信》第19册,152～153页)

同日　胡适致函周汝昌,肯定其发现《懋斋诗钞》的贡献,但又不愿改动曹雪芹的年岁：

　　在《民国日报·图书》副刊里得读大作"曹雪芹生卒年",我很高兴。《懋斋诗钞》的发见,是先生的大贡献。先生推定《东皋集》的编年次序,我很赞同。《红楼梦》的史料添了六首诗,最可庆幸。先生推测雪芹大概死在癸未除夕,我很同意。敦诚的甲申挽诗,得敦敏吊诗互证,大概没有大疑问了。

关于雪芹的年岁，我现在还不愿改动。第一，请先生不要忘了敦诚、敦敏是宗室，而曹家是八旗包衣，是奴才，故他们称"芹圃"，称"曹君"，已是很客气了。第二，最要紧的是雪芹若生的太晚，就赶不上亲见曹家繁华的时代了。先生说是吗？（周汝昌著，周丽苓、周伦苓编：《我与胡适先生》，漓江出版社，2005年，书前照片）

按，次年3月18日，周汝昌复函云：

第一，先生提醒我说曹雪芹是"包衣"，敦敏是宗室，极卑极高，身份悬殊，宗室称一包衣人为"君"，又呼其字，已极客气了。是极，此点我未想到。先生当日也有这话，"敦诚的诗的口气，很不像是对一位老前辈的口气"，我们的想法，差不多一样了。但这一点只能消极的证明"雪芹并不见得不比敦敏等年长"，而不能积极的证明"雪芹定比敦敏大"。所以此点于考订年龄实无大用，我当时本不该单举此点，依之立说。

第二，先生说：最要紧的是如果雪芹生的太晚了，就赶不上曹家的繁华了。这一点就很有趣味。乍看似极有理，细想起来，颇值得研讨一下。所谓曹家繁华若指曹寅为织造接驾等事。那一个时期是从一六九〇到一七一三，康熙二十九至五十二年，这是曹家全盛时代，这才是真正的繁华。但雪芹实未赶上。若指曹颙、曹頫等继任织造，彼时虽过全盛，亦未至败落。然而仍有可能，曹頫卸职，是在雍正六年，一七二八。依先生说法，雪芹生于康熙五十六年，一七一七，但那是根据"雪芹死于壬午除夕"而推定的；今先生已接受我的说法雪芹实死于癸未除夕，晚一年，则应重推其生年为康熙五十七年，一七一八。这样，雪芹至其父去职时已经十一岁了，可算是走上了繁华。……

…………

至于曹家的繁华，我以为雪芹确实未曾赶上。只看他一开头便写贾府在北京，便写荣宁二府的"萧索""衰败"和"内囊"的据掯，也便不难消息。书中所叙，一半是冷子兴所谓的"百足之虫，死而不僵"，

1947年　丁亥　民国三十六年　56岁

一半是雪芹笔下的烘染，所以我们看起来便误认是曹家的真繁华热闹了。曹家在江南的往事，雪芹能从老人口中不时听到提念讲说，自然有所憧憬，然而他实是未见过。所以八十回书，一些江南的真事写不出。所谓江南、扬州、金陵、秦淮，对于他始终只是个模糊的"残梦"而已。先生在考证《红楼梦》的新材料里说："我因此疑心雪芹，本意要写金陵，但他北归已久，虽然'秦淮残梦忆繁华'，却已模糊记不清了，故不能不用北京作背景，故贾家在北京，而甄家始终在江南。"又说："贾妃本无其人，省亲本无其事，大观园也不过是雪芹的'秦淮残梦'的一境而已。"这实在是极高明正确的见解。先生既一面承认雪芹记不清江南，为何又一面坚持非使雪芹赶上他家的繁华不可呢？我在上次文里所说"《红楼梦》所写乃是当日雪芹家在金陵时盛况无疑"等语，则因旧有的笼统错误观念一时难除，又未能细考而即妄说，实是大错，现在亟应声明撤销！依我的年表，曹𫖯卸职，雪芹五岁，就无怪他记不得江南是个什么样子了。

结论是，依敦诚的"四十年华"推雪芹生于一七二四，有根据，配入年谱，合的多，抵牾的少。先生假定雪芹活到四十五岁，生年当一七一八，缺少根据，配入年表，有龃龉。如果只因怕雪芹生之过晚不及见曹家繁华，便多说五岁，而不愿改动他的岁数，恐怕也未必便与事实恰合。希望先生再加推断，庶几可以共同寻得一个比较可靠的定议出来。（1948年5月21日之天津《民国日报》）

又按，1948年6月11日，俞平伯在《民国日报·图书》发表《关于"曹雪芹的生年"致本刊编者书》，略谓：

> 周汝昌先生在《答胡适之先生》一文中……提起我《红楼梦辨》里的附表，那是毫无价值的东西……把曹雪芹的事实和书中人贾宝玉相对照，恐怕没有什么意思，不知你以为如何？
>
> ……[周汝昌]据敦敏的《懋斋诗钞》，推定雪芹卒于乾隆癸未，而非壬申，甚为的确，虽较胡先生之前说只差了一年，进出不算大，在考证的方面看还是很有价值的。

……《红楼梦》直到今天，还不失为中国顶好的一本小说，任何新著怕无法超过，其价值始终未经估定。这和"索隐"和"考证"俱无关，而属于批评欣赏的范围，王静安先生早年曾有论述，却还不够，更有何人发此弘愿乎？

同日 王重民致函胡适，赞成胡适明春访日，理由是：中国学界最好少喊向日本索赔、搬取古书古物，而日本也不必害怕；日本的学术界跟着军阀们走错了路，希望日本学界继续向学术努力，来和我们合作。自己愿意随胡适访日等。（《胡适遗稿及秘藏书信》第 24 册，104 页）

12 月 8 日 下午 5 时，胡适主持召开北京大学第五十六次行政会议。会议推胡适、饶毓泰、朱光潜、周炳琳、沈寓淇、俞大绂、马大猷、毛准、郑天挺 9 先生为北京大学 50 周年纪念筹备委员会委员，胡适兼主任，郑天挺兼秘书。另设分委员会，委员人选另定。各大城市分设区域委员会，暂请狄膺、余又荪、傅汝霖、蒋复璁、段锡朋、高廷梓、卢逮曾（以上南京），徐士浩、李孤帆（以上上海），何思源、萧一山、吴铸人、袁守和、刘瑶章、刘秉麟（以上北平），孙冰如（天津）、李锡恩（东北）、吴康（广州）、姚从吾（河南）、赵畸（青岛）诸人为委员，余俟接洽后补充。又通过补充聘任教授等事项。（《北京大学史料 第四卷 1946—1948》，55 页）

12 月 9 日 下午 5 时，胡适主持召开北京大学 1947 年度校务会议第一次会议，推举郑天挺为本会议书记，通过本年度北大常设委员会委员等决议多项。（《北京大学史料 第四卷 1946—1948》，74～75 页）

12 月 11 日 午后，胡适飞沪转宁，参加中基会的年会。（据《日记》及国内各大报纸）

同日 杨树达致函胡适，请胡适指正关于《诗经》的文字论文两篇。（《胡适遗稿及秘藏书信》第 38 册，185 页）

12 月 12 日 下午，开中基会预备会。晚，与王世杰久谈："他要我再去美国走一趟，这是出我意外的提议。他说，国家需要我去。我说，我老了，十年的差别，如今不比从前了。我说，如对日本和会在华盛顿开，我可以

1947年　丁亥　民国三十六年　56岁

充一团员。但大使是不敢做的了。"(据《日记》)

同日　胡适以北大校长名义致函朱家骅：请赐予转行财政部免税护照，以提取从美国购买到的显微镜等仪器。(《北京大学史料　第四卷　1946—1948》，794～795页)

同日　朱家骅致函胡适，请胡担任新成立的中美教育基金董事会顾问，并"主持其事"。(《胡适遗稿及秘藏书信》第25册，480页)

12月13日　胡适在中研院出席中基会第二十次年会。出席的其他董事还有蒋梦麟、翁文灏、司徒雷登、周诒春、赫契生、胡适、蒋廷黻、任鸿隽。另有教育部代表周鸿经，外交部代表于彭，美国驻华大使馆代表Raymond P. Ludden。会议由董事长蒋梦麟主席，报告事项：①主席对赫契生副校长由美远道来华出席会议，表示欢迎，并致谢意；②接受该会执委会各项关于会务之报告。讨论事项：①通过三十七年度事业计划及预算。②改选董事及职员：(甲)周诒春、布拉第两董事满任，经改选连任；顾临董事逝世，经改选霍金斯递补；施肇基董事迭请辞职，慰留不获，经改选霍宝树继任。(乙)董事会职员改选结果：董事长蒋梦麟；副董事长翁文灏、司徒雷登；名誉秘书胡适；名誉会计霍金斯(美)、霍宝树；执委会委员翁文灏、周诒春、霍宝树；财政委会委员汤姆士、李铭、周诒春；副会计汤姆士、叶良才。③顾临董事长期为本会及中国服务，盛情可感，不幸逝世，特通过议案，表示悼惜。④施肇基董事迭辞，挽留不获，特通过议案，表示敬意及谢忱。⑤孟禄董事逝世，由董事会电其家属致唁。继讨论三十七年度应予补助之各学术团体经费事，均经支配完竣，计补助者，为中国科学社、国立北平图书馆、中华图书馆学专科学校、中国营造学社等单位。(据中国社科院近代史所藏"胡适档案"，档号2351，分号4；胡适是日《日记》；次日之《申报》、天津《大公报》)

同日　晚，司徒雷登大使邀宴胡适。(据《日记》)

12月14日　陈立夫约吃饭。王世杰约吃晚饭。晚饭后与陈光甫闲谈(吴忠信也来)，知再请胡适去美国之议，陈光甫也是一个建议的人。(据《日记》)

12月15日　中午到久大盐业公司吃午饭。下午会客甚多，晚在卢吉忱家吃饭，与李惟果、陶希圣等闲谈。"他们问我对美国人作宣传，应如何办？我说，把这次立法院选举好好的办，把总统选举好好的办，都是最好的宣传。"（据《日记》）

12月16日　10时，朱家骅在教育部邀集中美教育基金董事会顾问胡适、萨本栋、吴贻芳、韩庆濂4人举行会议，准备提供关于中美教育基金事之意见。12时，朱家骅宴请中美教育基金董事会美方司徒雷登、哈立斯、葛尔恩、华生、曼培5人，及胡适等4人。席间对中美文化协议基金问题，交换意见。下午3时，中美教育基金董事会，在美大使馆召开首次会议，胡适等4顾问均列席，对三十六年度之25万美元用途之分配，及三十七年度预算之罗列，均有所决定。决定运用基金之原则三项：①聘请美国教授学者来华，在各大学开设讲座讲学；②资送美国学生来华留学；③补助与美国有关各大学经费设备。此项原则，将在送经华盛顿国务院批准后，即可依据具体计划，付诸实施。会后，司徒雷登在美大使馆邀宴与会之董事顾问等。（次日之《申报》、天津《大公报》）

胡适是日日记：

……这就是 Senator Fulbright 提案用剩余物资售价中提出美金二千万元（分二十年用）设立的。中国顾问是我与萨本栋、吴贻芳、韩庆濂。美国委员会是 Dr. Stuart（Chairman）、Melby、Harris、Dr. Watson、Mr. George Greene。我初坚不肯就，因教部与外部逼迫，不得已就此职。（据《日记》）

同日　晚，蒋介石邀胡适吃饭，力劝胡再去美国做大使，"他的意思很诚恳，但我不敢答应，只允考虑"。饭后，胡适即往访王世杰，细谈，告以不能去的理由。（据《日记》）

同日　何其巩将安徽旅平同乡声请改组等文件函寄胡适，表示待胡适返平后即请胡适接管，所有资产负债由何负责算清，从此退避观成。（《胡

1947年　丁亥　民国三十六年　56岁

适遗稿及秘藏书信》第29册，30～38页）

12月17日　南京北大同学会庆祝北大校庆，并给胡适作寿。胡适出席并演讲，到会校友有蒋梦麟、王世杰、田培林、陶希圣、陈剑修等200余人，狄膺主席。胡适讲演，谓：此次南来，承各方赞助，最近或可得10万美金之援助，以扩充学校设备。胡适继论欧洲大学发达之原因约有三端：一为大学成立时均有财产团体保管其经费，二为有以教书及研究为职业之教授，三为校友组织健全。北大虽有50年历史，且为我国最老之国立大学，然欧洲大学有500年至千余年历史者，殊觉相形见绌。（次日之《中央日报》）

同日　晚，胡适由宁赴沪，行前与夏鼐等闲谈，谈到自传之难写，"以顾忌过多也，日记易偏重小事，反易漏去长期努力之要事"。又谈到美国大使一段时期中，"颇可写一回忆录，但其中有些事实，尚不能公开，当时未记日记，但周鲠生先生即住大使馆，每日晤谈，周先生逐日记下，可供参考，重要文件亦皆保存，有工夫可写一回忆录。又谓自传之书，童年一段，最易写得出色，由此中可以看出幼年环境及教育；但中年以后，即不易写，以顾忌过多，接触之人物，多仍生存，且多仍为每日见面者，不便毫无忌惮写下。批评马叙伦《我在六十岁以前》一书，前20多页颇佳，其后半则见解多误"。又谈及拟延聘西洋史教授，欲接沈刚伯、全汉昇来北大，皆未成功。又自谓少年时，"规定每星期读毕一史，除《宋史》《明史》过多外，其余居然能办到，然《十三经注疏》及《说文解字》之类，则均系留美时课余补读完，惟当时国文根柢已打好，颇占便宜，今日年轻人多有未打好国文根柢者。又谓现下有已二十余岁而未曾发表过一篇文章者，常劝之练习写文章……"（《夏鼐日记》卷四，161～162页）

同日　胡适复函王世杰，说明不愿担任驻美大使的三个理由，并请王代向蒋介石陈说：

第一，我受命办一个学校，不满一年半，未有成绩，就半途改辙，实在有点对不住自己，对不住国家。在道义上，此举实有不良的影响。

第二，我今年五十七了，余生有限，此时改业，便是永远抛弃

125

三十多年的学术工作了。……我的永远改业，不能不说是国家社会的一大损失，故有所不忍，亦有所不敢。

第三，我自从1942年9月以来，决心埋头治学，日夜不懈，总想恢复我中断五年的做学问的能力。此时完全抛下，而另担负我整整五年中没有留意的政治外交事业，是用其所短而弃其所长，为己为国，都无好处。（台北胡适纪念馆藏档，档号：HS-NK04-005-020）

按，当晚9时，王世杰致函胡适，请胡返平后细细考虑"昨晚所谈之事"再做决定，"惟盼数日内能酌示耳"（《胡适遗稿及秘藏书信》第23册，599页）。12月16日蒋介石又让王世杰给胡适写信劝说。12月25日，王世杰致函胡适云："闻兄离京后颇感不适，未知已全愈否？殊念。临行时手书所示各则，弟亦均认为重要。尤要者，依弟观察，兄如接受，则必为责任心所压迫，不肯节制种种酬应。此为弟所最担心之事。昨已将尊意及鄙见向介公详陈，已邀谅解，乞释念。日本之行亦听兄斟酌，在兄无决定前，自不作任何接洽。"（《胡适遗稿及秘藏书信》第23册，600页）

同日 关其侗致函胡适，叙述长春的气候与生活，希望到北大研究院工作。（《胡适遗稿及秘藏书信》第41册，506～510页）

同日 Rena Glazier致函胡适，送上生日祝福并贺年。（台北胡适纪念馆藏档，档号：HS-NK02-005-001）

12月18日 胡适以北大校长名义致函朱家骅：北大医学院及医院因亟须添置制药设备，乃向河北平津区敌伪产业处理局妥购敌产东亚护膜药厂设备全部，价款已核定，理合电请转送行政院核准，并由教育部办理转账手续。（《北京大学史料 第四卷 1946—1948》，789页）

同日 胡适以北大校长名义致函朱家骅：北大西方语文系德文组因教学需要，请准增加员额4人。（《北京大学史料 第四卷 1946—1948》，615页）

同日 顾颉刚日记有记：

1947年　丁亥　民国三十六年　56岁

今晚晤适之先生，知《文存》三集在亚东出版，始终未付过版税。常日为友谊关系可不论，抗战期中，在美不能寄钱回家，累函孟邹划付，卒未付一文，因此胡师母亦对亚东大不满意。此次适之先生必欲与亚东拆伙，并告我辈，亦不必与亚东发生关系，致多牵缠也。(《顾颉刚日记》第六卷，173页)

12月19日　胡适自沪飞返北平。心脏发生"警报"。胡适在上海对记者言：在南京四五日，适张溥泉先生去世，甚忙，故连张院长亦未得见。学术十年独立计划尚谈不到。李恭贻前闻押解至南京，亦无暇问及。(据是日及次日日记；次日之《大公报》及国内各大报纸)

同日　劳榦致函胡适，谈及向《文史周刊》投稿之文，又盼北大早日建成孑民堂等。(《胡适遗稿及秘藏书信》第36册，520页)

12月20日　胡适因心脏不适，自是日始在家休息。(据《日记》)

12月22日　Robert Redfield致函胡适，云：

Recently a copy of a draft of a federal world constitution was sent you from the office of a group to which I belong, "The Committee to Frame a World Constitution". We made this draft to help along the thinking about problems of world organization. The draft will be made public in the spring. Before it is published, the members of the Committee hope first to have the benefit of your comment or advice. If you have any to give, we should be very grateful for it. (中国社科院近代史所藏"胡适档案"，卷号E-324，分号7)

同日　任可毅致函胡适，谈及久大盐业股份有限公司将讨论董事长办公费问题（胡适不久前当选为该公司董事长），胡适批注道：大学法绝对不许，千万请勿提。即通过，我亦不能受。(《胡适遗稿及秘藏书信》第26册，124～125页)

12月26日　福庭致函胡适，请胡适代写"上海鸿福织物厂"招牌。(中

国社科院近代史所藏"胡适档案",卷号1997,分号5)

12月27日　竺可桢致函胡适云,在梅光迪去世两周年之际,在杭梅氏友人将为其出一纪念刊,特请胡适撰文。(《胡适遗稿及秘藏书信》第29册,411页)

12月28日　胡适作有《追念熊秉三先生》一文,赞佩熊氏之热心慈善事业及爱国。(1948年1月3日之天津《大公报》)

12月29日　下午5时,胡适主持召开北京大学第五十七次行政会议。胡适报告在南京与教育部接洽增加北大教职员工友名额及经费情形。又报告,此次中基会开会,决定以美金借予二三大学,作为指定部门之经费,利息不得少于三厘半,计:北京大学物理系10万元,中央大学5万元,武汉大学5万元,浙江大学5万元,共25万元,凡4个大学。又报告:此次"美国在华教育基金会"在南京开会,另设顾问委员会,胡适与萨本栋、吴贻芳及外交教育两部代表组织之。美国在华教育基金计2000万美金,每年以100万美金兑成法币使用。其主要工作及用途为:(1)希望美国学生来中国留学;(2)美国人来中国学校任教,由教会担负旅费生活费;(3)中国学生在教会学校读书者,可予以奖学金;(4)中国人在美国任教者,设法补助;(5)中国人至美国进修者之旅费。顾问委员会在南京开会一次,外交部代表未到,决议接受其条文,研究如何使用。又通过补充聘任教授等事项。(《北京大学史料　第四卷　1946—1948》,56页)

12月30日　是日为胡适结婚30年纪念日,有一些朋友前来祝贺。(据《日记》)

12月31日　北大讲师助教推派代表5人拜谒胡适,为待遇问题请求自元月起一两次增加底薪30元,以解决生活困难,胡适答允考虑,并与各院处长商讨后再作决定。(次日之北平《益世报》)

同日　北京大学以校长胡适名义致公函与教育部驻沪图书仪器接运清理处,特派本校讲师阴法鲁到该处洽领联合国教科文组织所赠工厂及实验室设备。(《北京大学史料　第四卷　1946—1948》,795页)

1948年　戊子　民国三十七年　57岁

是年，胡适仍任北京大学校长。
是年，胡适的学术工作仍然是《水经注》考证。
3月，胡适赴南京，出席中央研究院评议会年会，续出席"国民大会"。
9月，胡适赴南京出席中基会年会和中研院院士会议。
10月，胡适先后在武汉大学、浙江大学演讲"自由主义"。
12月15日，蒋介石派专机将胡适接出北平。

1月

1月1日　胡适读刘师培遗书（南佩兰翻印）。（据《日记》）

按，本谱引用胡适1948年日记，除非特别注明，均据《胡适的日记》手稿本第16册，以下不再特别注明。

同日　北大学生自治会代表30人来拜年。陈雪屏、郑天挺、陈垣等来拜年。近日胡适常对人谈：日记必须详细，否则没有多大用处。过略的日记，往往别人不能看懂，有时候自己也看不懂。（据《日记》）

1月2日　胡适阅黄生《字诂》与《义府》二书。（据《日记》）

同日　天津《大公报》刊登胡适的"宪法"感言：国家愈困难，"行宪"则愈可保障人民之基本权利。渠强调此"宪法"，实较过去宪草、宪法、约法更为健全，但认为"宪法"中若干条之实行时，有种种困难，政府各级人员必须详细研讨，并立即做实行之一切准备工作，方能克服困难。继谓："宪法"

中有若干绝对性之规定，实属"进步之基本大法"，盛赞"宪法"第二章对人民的权利义务规定之进步。认为第八条之规定：①法院不得拒绝人民要求提审；②不得先由拘捕机关要求解释答复之类；③拘捕机关对于提审不得拒绝或迟延；④违反以上三点，即为犯法。以及第一七二条规定"命令与'宪法'或法律抵触者无效"，均为重要特点。渠称：政府与人民应详细研究了解各条文，政府对其中在实行上有困难之点，应向"国民大会"申请作有限期之保留，而人民必详知"宪法"内容，方能取得其应有权利，并善尽其义务。胡适一再强调："宪法"之实行，政府须有一百分忍耐。并畅论其他诸问题，如总统权利、行政院与立法院权限、基本国策一章之理想、学龄儿童义务教育及占预算 15% 教育经费等。其结论称：若干条文虽因物质时间之限制，有待于政府之准备，不克即行实现，然均可做到，值此"行宪"之始，新年更新之时，甚望举国一致，彻底予以实行。（又可参见 1 月 5 日之《申报》）

1 月 3 日　胡适校《全校〈水经注〉》半卷。《现代知识》编辑人萧正谊来谈，胡适告萧：300 年来的大争执，没有一次是能和平解决的；司徒雷登不懂得"和比战难"4 个字。（据《日记》）

1 月 4 日　胡适将 1943 年写就的《〈易林〉断归崔篆的判决书——考证学方法论举例》一文又修改几处。大要是，《易林》本来只是一部卜卦的繇辞，等于后世的神庙签诗，它本身没有思想史料的价值。但这部书有两点容易引起读者的注意：这些繇辞往往句子很美，读起来颇像民间的歌谣，朴素里流露着自然的俏丽；这是一部很古的韵文。基于此，《易林》的作者问题、年代问题、内容问题，都曾引起近三四百年来学者的讨论，可惜他们的结论往往有很重大的不同，让初学的人不知道如何选择判断。关于《易林》的作者问题，有四种说法：焦延寿、崔篆、许峻、"东汉以后人"。本案是一部著作的著作权争执案。胡适的审判方法是：第一步，要先证明现在流传的《易林》确实是东汉初期已经存在并且已经被人用来占卦的《周易卦林》；第二步，要证明焦延寿决不能著作这部《易林》；第三步，要证明王莽时做建新大尹的崔篆最具备《易林》著作人的资格，所以《焦氏易林》应该归还原主，改题为《崔氏周易林》。胡适的结论是：今本《易林》确是 1900 多年前的古书；其著作人可以确定为曾做王莽新朝的建新大尹的崔篆；其著作年代，是在东汉建武初期；但据本书内容推断，此书的著作大概经过了颇长的时期，成书年代大概在平帝元始二年之后，王莽建国初期匈奴大举入塞寇掠之前，书中有歌颂王莽德政的话，不会是东汉初期写定的书。一千多年来这书被人加上《焦氏易林》的题名，认前汉焦延寿为作者，现在审判明白，《易林》断归原著作人崔篆，应该改题《崔氏周易林》，或题《崔氏周易卦林》。又前人或认《易林》为东汉许峻所作，或认为"东汉以后人"所作，这些争执，都无充分证据，一概驳斥不理。(《"中央研究院"历史语言研究所集刊》第20本上，25～48页)

  同日 胡适致函胡祖望，告可帮其解决结婚的事。徐大春到胡家住几天。(据《日记》)

1月5日 胡适接待Library of Congress的Miss Bonchard，邀与之相识的王重民夫妇及韩寿萱、袁守和来作陪。(据《日记》)

  同日 毛子水、王重民致函胡适、袁同礼，谈美国图书馆协会远东委员会主席Brown欲假北京大学举办"西文编目学习班"，谈如何借这次活动完成北大的中、西文编目工作等。(《胡适王重民先生往来书信集》，492～494页)

1月6日 叶式钦致函胡适，为《助产学报》向胡适邀稿。(中国社科院近代史所藏"胡适档案"，卷号877，分号1)

  按，是年向胡适邀稿、求序、求贺寿诗文及祭文的，还有袁洪铭、黄华、Whit Burnett、张隆之、贺学恒、顾伯常、理昂、奚玉书、奚仲玉、王镇坤等。(据中国社科院近代史所、台北胡适纪念馆藏"胡适档案"不完全统计)

1月7日 胡适校《水经注》全氏五校本的卷十三。(据《日记》)

  同日 何之瑜致函胡适，谈《独秀丛著》编目(胡适之意，将《独秀丛著》总目改"册"为"卷"，或者将第一册前四项改为"卷首")、音韵文字学遗著、音韵学遗稿及文稿散佚严重等事。谈及陈独秀的《中国拼音文

字草案》时，说到此稿卖给商务，不能出版，后来胡适和赵元任等人送陈千元稿费，帮助陈维持了好久的生活。何又请胡适为即将出版的《古音阴阳入互用例表及其他》一书作序。(《胡适遗稿及秘藏书信》第 29 册，5～13 页)

1 月 8 日　胡适校《全校〈水经注〉》卷十三。(据《日记》)

同日　王季高致函胡适，为增加北平市教育经费事，请胡适分别致电蒋介石和蒋梦麟"准照所请"。(《胡适遗稿及秘藏书信》第 23 册，656～660 页)

同日　王重民致函胡适，建议胡适筹措 650 万元，买下顾子刚的万历《绩溪县志》。(《胡适遗稿及秘藏书信》第 24 册，105 页)

1 月 9 日　胡适作有《六十年前洞庭山里的一个故事——〈林屋山民送米图卷子序〉》。(中国社科院近代史所藏"胡适档案"，卷号 228，分号 4)

1 月 9—10 日　北平水上运动会在北海举行，参加比赛者 128 人，大会聘李宗仁等 5 人为名誉会长，何思源为会长，胡适等 20 人为顾问。(1 月 9 日之天津《大公报》)

1 月 10 日　胡适校完《全校〈水经注〉》卷十三。(据《日记》)

同日　冯家昇致函胡适，谈近年来病中情况，希望约定时间拜会胡适，有所请教。(《胡适遗稿及秘藏书信》第 36 册，648～650 页)

1 月 11 日　胡适校完《全校〈水经注〉》卷十四。(据《日记》)

同日　胡适致函李宗仁，对李愿作副总统候选人表示佩服、赞成之意。1 月 14 日，李宗仁复函胡适致谢，并鼓励胡适出来竞选总统。(1 月 15 日之天津、重庆两地《大公报》《中央日报》)

1 月 12 日　任可毅致函胡适，报告 12 月 25 日董事会议上发生冲突等情形及最后之决议。(《胡适遗稿及秘藏书信》第 26 册，126～127 页)

1 月 13 日　胡适用孔继涵《水经释地》稿本校刻本。当日日记又记：

> 徐大春此次住我家中，是受了陈光甫的嘱托，要参考我的外交时代的文件，写光甫借款事的背景。

我因此稍稍整理我的文件，颇觉得有早日整理的必要，我这段故事虽不必出版，似可以写出来作一种史料。

同日　胡适在剪报粘贴册子上作一题记：

归国以来，我一年半没有剪报了。前天同成之弟商定了一种剪报黏贴册子格式，他想到利用日本帐簿的法子，今天就把这册子送来了！

我回想多年的剪报工作，确有很值得留恋的愉快。所以我要题几句话，记念这工作的中兴。（中国社科院近代史所藏"胡适档案"，卷号283，分号1）

同日　教育部致电胡适、梅贻琦：关于九龙之案件，中央在严正交涉中。盼各方面镇静……学校方面尤盼注意，勿使别有作用之人借词鼓动学潮，随时严密防止为要。（《胡适来往书信选》下册，309～310页）

同日　王重民致函胡适：遵胡适之嘱为孙楷第之子安排书记事，孙极为感激。希望北大能救济孙之病以渡难关等。（《胡适遗稿及秘藏书信》第24册，106页）

按，1月15日，孙楷第写长函与胡适，表达感激之意。（《胡适遗稿及秘藏书信》第32册，641～650页）

1月14日　胡适校读《〈易林〉作者考》。写成《全谢山戴东原改定水经各水次第的对照表》（此表自1947年12月初试作，同年7月23日夜补戴氏第二稿）。（据《日记》；《胡适手稿》第1集卷1，137～154页）

1月15日　胡适对记者说："我从没有作竞选总统的打算和考虑"；"总统应由政党的代表产生出来"。（次日之《新闻报》、《申报》、重庆《益世报》）

同日　吴相湘致函胡适：感谢胡适赠与墨宝，报告河南地区国共情势，请胡将讲演稿《中国抗战与美国独立》寄下。（《胡适遗稿及秘藏书信》第28册，489页）

同日　黄令通致函胡适，请胡适参选总统"拯救中国"。（中国社科院

近代史所藏"胡适档案",卷号1783,分号10)

按,此后又致函胡适请胡适竞选总统的还有丘玉昆、罗震。

1月16日　Dr. Charles H. Brown 和 Mr. Verner W. Clapp 来访。校《水经注》全校本。(据《日记》)

1月17日　胡适宴请 Brown 和 Clapp 二君。(据《日记》)

同日　教育部致电胡适:九龙案应候外交部门交涉……希注意勿使别有用心之人,在校鼓动学潮,并随时严密防止为盼。(《胡适来往书信选》下册,314～315页)

同日　教育部致电胡适、梅贻琦:广州游行群众有小部奸徒乘机纵火,焚毁英领事馆之不幸消息,致碍谈判,特电达胡、梅两校长切实劝导学生力持镇静,不得有逾轨行动,静候合法解决为要。(《胡适来往书信选》下册,315页)

1月19日　胡适参加英国领事馆的酒会。(据《日记》)

同日　郭蕴石致函胡适,请胡适为其谋求教职。(中国社科院近代史所藏"胡适档案",卷号1596,分号4)

按,是年请胡适帮忙谋职的还有吕翼舒、李丕让、袁振英、王恩川、胡敏之、李宜瀚、杨东泽、谢汝昌。(据中国社科院近代史所藏"胡适档案"不完全统计)

1月20日　卢逮曾致函胡适,告自己被中央提名为山东籍立法委员候选人第一名,但竞选时中央命令未能贯彻地方,且地方上不能秉公办理,只看关系。请胡适致电山东省政府主席王耀武给予协助。此函上有胡适批注:"1948年2月12日覆。"(《胡适遗稿及秘藏书信》第40册,240页)

同日　赵炳汉致函胡适云:欲留学美国,请胡适帮忙写推荐函。(中国社科院近代史所藏"胡适档案",卷号1502,分号1)

同日　李扶聪致函胡适,请胡适题签箴言。(中国社科院近代史所藏"胡适档案",卷号1161,分号7)

1948年　戊子　民国三十七年　57岁

按，此人3月10日又函请胡适题词。

又按，是年请胡适题字、题写墓碑的还有王一仁、丘玉昆、卢则文、张为骐、孟汉钟、姚庆元、李育成、陈器伯等。（据中国社科院近代史所藏"胡适档案"不完全统计）

1月21日　胡适写完给周鲠生的信（先后用了近一个星期），不同意周在《历史要重演吗？》一文中对国际局势的观察。胡适不同意周关于西方民主国家对德日和约政策的根本改变的观点，他认为：西方民主国家并没有放弃"防止德日侵略势力复活"的根本政策；因为根本不许德日两国重行武装，所以西方国家决不要扶持德日两国来抵制苏联；所谓"防止德日复兴"，应该解释作尽力防止这两国的武装与侵略势力的复活。这里并没有不许德日民族在世间过和平生活的意思。胡适不同意周"我们相信在联合国列强中间尚没有真正像战前德意志、日本那样好战的侵略势力"的说法，而认为"战后的苏联可能是一个很可怕的侵略势力"。他的这一观点，基于"雅尔达秘密协定的消息，中苏条约的逼订，整个东三省的被拆洗"等事实。又云："我抛弃了二十多年对苏俄的梦想，我自己很感觉可惜……苏俄今日被人看作一个可怕的侵略势力，真是苏俄自己的绝大不幸，自己的绝大损失了。"

前几天我读了老兄《历史要重演吗？》那篇文章，我颇惊讶我们两个老朋友对国际局势的观察竟相隔离如此之远！所以我今天写出两点不同的意见来……

第一，老兄此文的主要论点是谴责"西方民主国家"对德国日本的和约政策的根本改变。老兄所谓根本改变，是说西方国家眼前"有些人士"看这对德日和约问题的根本，"已不在如何防制德日两国的复兴，而在如何扶持而利用战时这两个强敌以抵制其他一个战胜的盟国"。

老兄也承认这种倾向"现在尚没有表现于具体的方案或公表的文件"，只不过是言论自由的社会里的几个私人意见而已。我觉得老兄似

乎不应该太看重这种个人议论而忽视那些已经正式公表的方案与文件。我试举美国提出而英法热心赞成的四强共同制止德国武装的四十年协约草案，这是一九四六年二月美国政府正式提交苏英法的，一九四七年四月马歇尔先生在莫斯科又重行提出，两次都被苏联打消了的。这个协约的主要目标正是要［以］一种维持集体安全的武力来长期制止德国的侵略势力的复活。当初美国政府曾表示，同样的四十年协约可以适用到日本。这是美国外交史上破天荒的政策，在贝尔纳斯先生提出之前，曾经美国参议院的两党领袖仔细研究讨论过，将来当然可以得参议院的批准。如果我们要判断西方民主国家对德日和约的根本政策，这一类的文件似乎更值得我们的研究罢？

我观察西方民主国家的负责言论与行动，可以作三个判断：（一）西方民主国家并没有放弃"防止德日侵略势力复活"的根本政策。在这一点上，不但波茨坦会议曾有严重的决定，西方国家的朝野主张也是绝对一致的。（二）因为根本不许德日两国重行武装，所以西方国家决不要扶持德日两国来抵制苏联。老兄试想想，那有不武装德日而可以利用他们来抵制苏联的道理？我可以武断的说：武装德日是英美法与澳洲加拿大诸国的人民绝对不肯允许的。（三）所谓"防止德日复兴"，应该解释作尽力防止这两国的武装与侵略势力的复活。这里并没有不许德日民族在世间过和平生活的意思。德国民族有七千多万人，日本民族也有七千多万人。谁也不能毁灭这一万五六千万人。可是谁也不能长期掏腰包来养活他们。所以西方民主国家不能不考虑如何替他们保留一部分的工业生产力，使他们可以靠生产来养活他们自己。这不是过分的宽大。为了根本消灭将来循环报复，为了根本维持比较久远的和平，这种政策是不能避免的。

这三个观察，老兄认为有点根据吗？如果我的看法不算大错，那么，我们似乎没有充分理由可以谴责西方民主国家对德日和约政策的改变。至少我们应该承认这些国家在他们管辖的地域之内没有武装德国人或日本人的嫌疑。

第二，老兄在此文里说："我们相信在联合国列强中间尚没有真正像战前德意志、日本那样好战的侵略势力。"老兄这句话一定要引起不少人的怀疑……

就拿我自己做个例子。老兄知道我向来对苏俄是怀着很大的热望的。我是一个多年深信和平主义的人，平常又颇忧虑中国北边那条世界第一长的边界，所以我总希望革命后的新俄国继续维持他早年宣布的反对帝国主义、反对侵略主义的立场。这种希望曾使我梦想的俄国是一个爱好和平的国家，爱好和平到不恤任何代价的程度（peace at any price）。老兄总还记得，我曾用这"爱好和平到不恤任何和平代价"一个观念来解释苏俄最初二十多年的外交政策，说他从布雷斯特李托乌斯克和约（Brest-Litovsk Treaty）起，一直到一九三九年的对德不侵犯条约，都可以说是"爱好和平到不恤任何代价"的表示。……我总还不愿意从坏的方面去想，因为我的思想里总不愿意有一个侵略国家做中国的北邻。老兄还记得我在一九四一年年底在美国政治学会年会的演说，我还表示我的一个梦想：我梦想中苏两国的边界，能仿照美国与加拿大之间的边界的好榜样，不用一个士兵防守！……

老兄，我提起这一大段自述的故事，为的是要表明我对苏联确曾怀抱无限希望，不愿意想像这个国家会变成一个可怕的侵略势力！（《胡适来往书信选》下册，316～319页）

同日　沈东白致函胡适，云：胡适致李宗仁函中引"此中只一人第一，要个个争先"，出于《新约·保罗遗札》。这引起沈无限感慨："从前我以为先生对于教会的事是很少知道的，想不到对于《新约》是那么的烂熟……"希望胡适学保罗那样的精神，把同胞们的道德程度提高一下等。（《胡适来往书信选》下册，315～316页）

同日　夏鼐复函胡适：

一月十五日来信及尊稿，都已收到了。稿已交集刊编辑委员会，决定采用。如能修改一篇水经注文字赐下更佳。因为有了两篇便可以

作一比较，择尤登载在二十周年纪念号中，剩下一篇可以放在廿一本集刊内。我们已决定暑假中即将廿一本集刊稿子付印一部份。但是知道先生很忙，如果没有工夫，也就算了罢，免得累坏了身子。

兹附上拙作《汉武征和年号考》，请赐指正。如可用并请转交《申报·文史》周刊上发表。前次史语所开茶会欢迎先生及陈援庵先生时曾谈到这问题，散会后并将初稿请陈先生看过一遍。后来听说傅振伦先生在沈阳，便转托友人阎文儒君转交与傅先生一阅。据阎君来信谓傅振伦先生亦颇赞同。阎君当时正拟编沈阳博物馆刊物，因之便留住这稿子。最近来信谓沈阳局面紧张，恐一时无法刊行。所以改投文史周刊，如认为不可用，请掷还。(《胡适遗稿及秘藏书信》第31册，669页)

1月22日 胡适在日记中记道：因徐大春受陈光甫之命参考胡适做大使时的文件，故胡适将文件匆匆翻了一遍，很感觉有整理的必要。徐大春写了3篇报告，胡适看了很觉得好玩。打算将来费点时间整理这些记录与文件，写成五六篇"自叙"。(据《日记》)

1月23日 晚9时，胡适在住所附近遇一寻求保障的神经错乱者（系北大旁听生，胡景明，河南人），为避事端，胡适乃报警。该生致胡适函："胡校长：我好比一个十八岁的大姑娘，要想找一个明白事理的丈夫来保障我，满足我的欲望，我觉得我太孤独了，太无保障，所以我写这封信向你求保障，求满足，倘若你不喜欢，就请你用切菜刀将我杀掉，免得再来麻烦，忠实的信徒胡景明谨启。"(次日之《申报》)

1月24日 吴景超来谈。王聿修、张佛泉来谈，他们对北方形势很悲观。胡适劝他们多从积极方面去想，去做。校《水经注》全校本。(据《日记》)

同日 胡适有《冯梦龙之生年》札记一则，为五石"冯梦龙生于万历二年"之说（五石著：《冯梦龙之生年》，载《华北日报》，1948年1月23日），提供钱谦益《初学集》中的一条新佐证。(《胡适遗稿及秘藏书信》第5册，169〜170页)

1948年　戊子　民国三十七年　57岁

1月26日　北京大学以校长胡适名义行文教育部：关于北大向河北平津区"敌伪产业管理局"妥购东亚护膜药厂机器全部案，系洽购，而非接收；故不在教育部关于接收敌伪产业必须在1947年底办妥转账手续电令范围之内，请教育部转知河北平津区"敌伪产业管理局"。(《北京大学史料　第四卷　1946—1948》，826页)

1月27日　胡适有《天津的全校本似另有一首册》一篇读书笔记。(《胡适手稿》第2集卷1，157～158页)

同日　教育部长朱家骅签署聘书，聘胡适为在平收购图书委员会主任委员。(中国社科院近代史所藏"胡适档案"，卷号2356，分号4)

同日　王世杰日记有记：今日复胡适之函，请其对中国主张以否决权给予四强，使苏联参加对日和约之议，勿遽反对。(《王世杰日记》上册，889页)

1月28日　袁敦礼复函胡适，云：胡嘱支援蒋梦麟竞选立法委员事，当即遵照办理，寄来印单200份并自己特印的通知一纸，均已分发同人及好友，等等。(《胡适遗稿及秘藏书信》第31册，661页)

1月29日　朱家骅复函胡适，为胡适戒烟感到欣喜。承嘱夏坚白之事，已恳函劝驾，俟得复后再奉告，又谈及视察台湾教育观感，又云台省人士盼胡适能前往一行，等等。(《胡适遗稿及秘藏书信》第25册，486～487页)

1月30日　北京大学以校长胡适名义致函北平行辕主任李宗仁：总字第四一四一号代电，嘱代化验半成品之硫化氢等由，兹经本校化学系研究助教赵绵先生化验为一种未完成之硫化氢染料，含有较重要之杂质，检出者有苦味酸硫酸盐，及硫化物等。兹将该报告书电覆查照为荷。(《北京大学史料　第四卷　1946—1948》，796～797页)

1月　胡适为清代同治三年刻的《新约全书》三卷作题记："我三年前在美国从Robert Lilley的家里收买来的。胡适。一九四八年一月追记。"(《胡适藏书目录》第3册，1641～1642页)

2月

2月1日 胡适在家会客3小时，用9小时校《水经注》全校本：将天津图书馆藏全祖望"五校"本过录在薛刻本上，又逐条加上自己的意见。（据《日记》）

同日 天津《大公报》报道胡适就甘地逝世发表谈话，并云胡适唁电说：甘地之死，实为不可补偿之损失。胡适谈话如下：

一月三十日晚即已得到此惊人消息，实为一大损失。为印度奋斗四五十年之圣雄得此下场，很是可哀，甘□一套办法只有在印度对英国有效力。他深知英国的长处及短处，知道在守法范围以内去作，对方无可如何。盎格鲁撒克逊民族受守法训练最深，如对日本对德国用这办法是要失败的。这种宗教领袖的感召力，简直是一种魔力，只能在一地一时代得之，别的国家没法学。他的死，或者不致使印度问题的解决增加困难。印回两教人想想，圣雄之死是为了什么，也可能促进团结，一向吵闹得实无道理。

按，当日《申报》对此事的报道与此大同小异。

同日 石志仁致函胡适，高度赞佩胡适写给周鲤生的信，认为该信明白指出此后中苏关系之大路，关系中国今后百年。又希望胡适多写关于指导外交国策、指导青年、指导思想的文字等。（《胡适遗稿及秘藏书信》第24册，670～673页）

同日 杨人楩将其译注的 Albert Mathiez 著《法国革命史》（商务印书馆，1947年，2册）赠与胡适。（《胡适藏书目录》第1册，80页）

2月2日 天津《大公报》报道，教育部拨巨资委托胡适组织委员会（胡适和袁同礼、毛子水组成），在北平收购图书，其办法有六项：①凡成套具有价值之书籍，均在收购之列；②为防止重要书刊流入造纸厂所，并顾及避免刺激书价上涨，购时评价宜较废纸为高；③收购之书籍经登记后，暂存北大；④购书专款之收支，由北大会计室负责设置专账办理；⑤购有成数时，即造册报部备核，由部分配之；⑥分配对象：一、国立中等学校，二、国立专科以上学校，三、国立社会教育机关。

按，次日及 2 月 8 日《申报》对此有相同报道。

又按，教育部致函胡适转教育部收藏图书委员会，拨付 100 亿元作为收购经费。（《胡适遗稿及秘藏书信》第 25 册，488 页）

再按，朱家骅 3 月 2 日致胡适公函云：收购北平市珍贵图书预算先拨 50 亿元。（《胡适遗稿及秘藏书信》第 25 册，489 页）

同日　北京大学以校长胡适名义行文河北平津区"敌伪产业处理局"：查本校之前向贵局洽购护膜药厂的机器一案，贵局核定价款 25074 万元在案，兹开具河北分库支票一纸……派员前往缴纳，即希查收赐据为荷。（《北京大学史料　第四卷　1946—1948》，789 页）

同日　陈垣将其新刊《清初僧诤记》三卷赠送胡适，并请胡指正。（《胡适遗稿及秘藏书信》第 35 册，41 页；《胡适藏书目录》第 2 册，1452 页）

同日　王重民复函胡适，云：

尤侗的确和曹家很有关系，我粗粗把《艮斋集》翻了一遍，得了四篇有关系的文字，也许另外还有。

《曹太夫人六十寿序》（卷四页二十六上）

《楝亭赋》（卷五页一上）

《司农曹公虎丘生祠记》（卷十页二下）

《松茨诗稿序》（卷十三页八）

说曹家是丰润人的话，就见于《松茨诗稿序》内。

今天只借出了尤侗的文集，他还有诗集，容再借看有无曹家史料？

北平图书馆有孔继涵的诗集、词集及文集，俟先生把孔家的斋、馆、亭、舍等名记出后，重民再去查。（《胡适遗稿及秘藏书信》第 24 册，

107 页）

  按，2 月 7 日王重民又致函胡适云：昨检《艮斋诗集》，还有关于曹家的掌故。诗集是编年，极便检查。尤西堂八十的时候曹寅方四十，为以前所意想不到。(《胡适遗稿及秘藏书信》第 24 册，108 页）

  2 月 3 日 翁文灏函告胡适：中研院第二届第三次年会关于纪念蔡元培追认设置"蔡子民先生学术奖章"一案，决议推举朱家骅、翁文灏、萨本栋、胡适、傅斯年、李书华、汪敬熙等 7 人组织委员会商讨。请胡适惠示意见。(《胡适遗稿及秘藏书信》第 32 册，405～407 页）

  2 月 5 日 俞大绂来访，谈到正与林传光教授研究一种名叫"狼毒"（又叫"兰独"）的药，甚有杀菌功用，可能影响于医学。（据《日记》）

  2 月 6 日 胡适函谢史树青赠送名人照片 28 张，当交北大博物馆保管。(《胡适中文书信集》第 3 册，670 页）

  同日 北京大学以校长胡适名义致函朱家骅，将北大 1947 年度临时费冬季煤炭费预算书报备教育部。(《北京大学史料 第四卷 1946—1948》，752 页）

  同日 北京大学以校长胡适名义行文教育部，将北大附属实习医院 1947 年度岁出追加经常补助费分配预算书报部备案。(《北京大学史料 第四卷 1946—1948》，751 页）

  同日 北京大学以校长胡适名义行文教育部，将北大 1947 年 11 月、12 月两月岁出追加经常费分配预算书报部备案。(《北京大学史料 第四卷 1946—1948》，753 页）

  同日 周鲠生致函胡适，回应胡适的公开信，要点如下：

  一、由于五六十年来历史的教训，深感德日已是本性难移的好战的侵略民族，对于他们，尤其日本的卷土重来，我们不能不十分严密的防止。

  二、深信人类不可以再遭一次世界大战的浩劫，因之我们务须避

1948年　戊子　民国三十七年　57岁

免第三次世界大战，而决不可增加战争的空气。

三、万一世界大战终不可免，也要避免中国首先作战场，至少也要避免战争从中苏关系上爆发。因之，对于苏联我们以能忍总是忍为宜，不可以在国内造成紧张的反苏空气。

四、苏联很显然的是今日世界上最可怕的势力，但它却不是像德日那样好战者；苏联尽管积极的图向外发展，但它似乎不准备一味蛮干，它像是能发能收的。只要世界民主阵线坚强，或者不必撕破脸皮，它会知道悬崖勒马。

五、苏联的向外发展或侵略，主用政治的方法，而不靠战争，事实也是利于避免战争。民主国家应付苏联的威胁或侵略，也可以用政治方法。为美国打算，最好是以种种援助，扶持世界民主国家，尤其西欧各国与远东之中国乃至印度，求其社会经济及政治的安定，则苏联和平的政治的侵入自然失其效用。所以马歇尔援欧计画以及蒲立特流之援华方案，是救时良药，而美国犹迟迟不推行，我很以为是失策，很觉得美国人中旧派的孤立主义尚在作祟。

六、在任何局势之下再不可以把德日势力那个因素牵进国际政治里面。然而美国方面复兴德日的倾向确实令我担忧……

七、共产主义和资本主义的对立或冲突，不是再一次世界大战所能解决的。其实苏联的共产主义固属过激，美国的资本主义也到了顶点。为人类前途着想，希望世界上能有机会培养出来第三个势力，一种中和的势力……

八、整个世界在不安的状态，如果国际局势再恶化下去，甚至发生战祸，可能其他潜在的危险势力还要抬头，则世界问题更加复杂了。
(《胡适遗稿及秘藏书信》第30册，131～135页）

2月7日　下午，华北学生声援同济血案抗议非法逮捕示威控诉大会在北京大学举行，包括北大、清华、燕京、师院、中法、朝阳等校学生，秩序良好。胡适表示：我始终不赞成你们这样的做法。（次日之《申报》、天津

《大公报》)

> 按，关于参加此次集会之人数，天津《大公报》说"三千人"，《申报》说"千余人"，《北京大学纪事》本日条说是"六千多"，以上数字悬殊颇大，有待进一步考索。

2月8日　上午11时，市民治促进会举行北平理监事联席会议，出席该会议的有理事长胡适，理事梅贻琦、崔书琴、张佛泉、吴景超、王聿修及监事李书华等，讨论北平3次选举之调查报告，至下午3时散会。对今后会务进行方针作重要之决议如下：本会自去夏成立，不久便有北平市参议会的选举，再后更有"国大代表"、立法委员以及冀省流亡各县在平的"行宪选举"。对于这几次的选举，我们曾加以观察及调查，不容讳言，这几次选举都有它们的缺点与弊端。很多人对这样的选举都极失望，我们却认为民主政治必须大家都尽自己的责任，方能有好的结果。我们觉得我们这个业余公民团体便有好些事是可以做的，这次理监事联席会议便决定下列各事：①继续征求会员，使大家互相勉励，履行公民义务；②推广正确的民主观念，提高国人的公民意识；③研究改善选举的方法；④研究对"宪法"及选举法令的修正意见。决定在理监事会之下设北平会务委员会，广征会员。（次日之《申报》、天津《大公报》）

2月9日　刘修业函寄诗一首（除夕作），给胡适拜年。（《胡适遗稿及秘藏书信》第40册，94～95页）

2月11日　柳诒徵致函胡适、袁同礼，报载胡适等受命收集公家散佚之书事，请其代为留意钵山旧籍。（《胡适遗稿及秘藏书信》第30册，640～641页）

2月13日　胡适致函任鸿隽，谈去年12月19日后自己心脏"警报"及自己休息、戒纸烟等事，重点是询问中基会财务委员会是否已讨论过向北大借款10万元事，又谈自己对还利、还本的想法：

……还利与还本应该分开办理。（一）还利：若已规定利率，北大即可陈请教育部当局，由政府担保每年还息，并且似宜声明此项息金所用美金不得影响北大每年应领得政府分配之外汇数目……（二）还本：还本分年之法，我去年三月尚以为不难。但到了十二月，我就不认为容易了。关键当然在于外汇的骤然缩减……认为此时只能作有限斯［期］的规定。例如说：

（一）"此项借款之本金，由北大承诺于借款成立后之第六年度开始分年拨还，其详细办法由中基会与北大协商定之。"

此种规定不是存心拖赖，实在是现在形势之下只能如此。或者还可以加一句："在借款清还之前，北大应继续每年的还息金。"

如此作有限期的规定，则可以留一点退步：一则中国币制也许改革了，外汇形势也许因外波而变松了。二则中基会也许决定修改章程，可以动用基金了。

若不作有限期的规定，则势必要说一些不诚实的话。即令政府可以担保，也不是我们应该请求它担保的。（《胡适全集》第25卷，321～322页）

2月15日　北京大学政治学系系会等致函胡适，请求保释邓特。（《胡适来往书信选》下册，328～329页）

2月16日　下午3时，胡适主持召开北京大学校务会议本年度第二次会议，又报告学生被捕保释经过。又通过教室使用管理的决议等。（《北京大学史料　第四卷　1946—1948》，76页）

同日　任鸿隽致函胡适，告：中基会鉴于抗战后国内各大学科学教学及研究设备急待补充，而政府对外汇管理甚严，乃决议从该会在美投资之基金中酌拨一部分借给少数学校，以用于购买设备（附办法）。特询问胡适，北京大学是否需要借款。（《胡适遗稿及秘藏书信》第26册，654～660页）

2月17日　胡适在邓之诚著《南冠纪事》（北平：现代知识半月刊社，1947年）题记：萧正谊君赠。（《胡适藏书目录》第1册，269页）

2月18日　胡适作有《〈水经注〉的校订史可以说明校勘学方法》，用

明清两代学者订正《水经注》的历史来说明善本对校乃校勘学之灵魂。（2月28日之《申报》）

同日　晚，北京大学学生自治会与人权保障委员会等代表函请胡适向警备部严正交涉：邓特无罪，应立即无条件释放；邓特遭受严刑拷打，受伤甚重，警备部应赔偿医药费用，并负全部责任；请向市立医院交涉，宣布邓特检验后之详细结果；请向警备部交涉立即将邓特转送北大医院治疗。（《胡适来往书信选》下册，330页）

2月19日　北京大学政治学系系会等8社团联名致函胡适，指责胡以"宪法"二十三条为借口，把基本人权一笔勾销，是为政府的非法行为寻找法律根据，等等。又要求胡适负起责任来，立即向当局交涉，保释邓特。（中国社科院近代史所藏"胡适档案"，卷号1161，分号6）

2月21日　下午3时，胡适作为审议委员会主任委员，在永定河官厅水库工程局（北平报子街83号）主持召开审议委员会第四次会议。（中国社科院近代史所藏"胡适档案"，卷号834，分号3）

次日之天津《大公报》报道：

委员七人均出席，由胡适主席，讨论推进本年度工程方案及水库迁村等问题。已兴修之运料汽车路及怀来仓库，因天寒暂停，决定于三月一日复工，跨越永定河之钢筋混凝土大桥将于下月内动工。行总应拨交之物资约三千余吨及补助工款一百亿元，大部已由该局接到。至行政院之工款，三十六年度工款二百亿元已由水利部拨到一部分，余款亦将短期拨到。

同日　胡适在日记中记下陈器伯来信中对《胡适留学日记》的看法："真有发掘不尽宝贵的资材，无论新旧学者都可得著大量的裨益。"

按，陈器伯来函写于2月16日，现存中国社会科学院近代史所藏"胡适档案"中。

1948 年　戊子　民国三十七年　57 岁

同日　常书鸿致函胡适，拟在敦煌研究所成立 5 周年之际，在国内外举办敦煌艺术展，呈请教育部拨给展览经费。门票收入一半用于补修敦煌石室之用，一半充作研究设备之用。恳请胡适鼎力向有关当局进言襄助。(《胡适研究丛刊》第三辑，379～380 页)

2 月 22 日　北京大学学生自治会代表为邓特事求见胡适，胡适因该会公布与校长谈话经过后，"各系会上书校长，立意虽出于至诚，措词确有失检之处"，拒见。(《胡适来往书信选》下册，343 页)

同日　姚从吾致函胡适，赞佩胡适的《我们必须选择我们的方向》《国际形势里的两个问题》两篇文章，又请求胡适写《什么是不自由》或《什么是不民主》。(《胡适遗稿及秘藏书信》第 31 册，76～77 页)

2 月 24 日　丹心致函胡适，谈国共局势。请求胡适"设法吁请美国速以军事援华"；直接建议中枢或纠合名流及教授作"兴革"(共有具体建议九条)。(中国社科院近代史所藏"胡适档案"，卷号 1970，分号 11)

2 月 25 日　胡适复函陈器伯：

器伯先生：

　　谢谢先生的信和诗。这些日记都是少年时随笔写的，竟承先生过分夸奖，并题诗见寄，真使我十分感谢。先生的信使我得着不少鼓励。我当初很不愿把这些日记印出给大家看，故经过二十年的劝导，我才允印行。但我至今还有点感觉不安，总觉得这种不成熟的草稿不应该捧出来浪费别人的精力！先生竟肯"穷一日夜之力，一口气读完了"，我想这四册《日记》怕不会找得第二位这样同情赏识的读者了。所以我很诚恳的写这封信道谢。我盼望将来我到南京时能见着先生谈谈旧诗平仄的问题。敬祝

　　康健！

胡适(《中央日报》，1948 年 3 月 11 日)

按，陈器伯 2 月 28 日复函亦见是日之《中央日报》。

2月26日　胡适与平津各国立大学校长联名致电朱家骅：迩来平津两地金融波动，物价急剧上涨，各校院经常费不敷甚巨，兹按最低估计，亦须比照三十六年度12月底调整数增加5倍，方得维持，拟请钧部准增5倍，并赐速拨以应急需，理合电请核示。(《北京大学史料　第四卷　1946—1948》，733～734页)

同日　叶云峰致函胡适，说道："国事岌岌可危，其严重性已超越了对日抗战阶段。"认为胡适若仍旧抱着"一心一意把北大先办好"的成见，"局面再拖一两年，能不能让你一心一意的办北大，十分可疑"。劝胡适千万不必存"秀才造反"的心理，请胡适先把和比战还要难百千万倍的心理收起来。"无论如何难和，也得和。从近处小处看，同胞太苦了。从远处大处看，人类太苦了。中国如果混乱下去，世界是不会安定的。"(中国社科院近代史所藏"胡适档案"，卷号872，分号6)

同日　王重民致函胡适，希望能让孙楷第的次子到教育部购书委员会担任临时雇员；希望胡适能为刘瑶章捧捧场；赠送胡适冲霄汉阁主点阅《百回水浒》(北平流通图书馆，1934年)和初版《章实斋年谱》各一部。同日，胡适在《百回水浒》上题记："此似是翻印李玄伯的《水浒》百回本。序本题作'读水浒记'，亦不署名。"3月8日，又在该书第2页题记："今天我用李玄伯的百回《水浒》来比勘这本子，始知这本子是用玄伯原本的纸版来翻印的。《读水浒记》也没有改一个字，只删去玄伯的名字。只有序文是改了的。试看《读水浒记》第三行'美家术'三字，原本也如此。但此二页却是重排的。三页以下，全是用旧纸版印的了。试比较两本就可以看出个个字，个个标点符号，都是证据。"(《胡适遗稿及秘藏书信》第24册，109页；《胡适藏书目录》第1册，11、491页)

2月28日　陈器伯致函胡适，指出：现在青年的治学路径，应该以胡适治学的态度和方法为唯一的模范。又讨论旧诗的平仄问题。(《胡适遗稿及秘藏书信》第35册，537～540页)

1948年　戊子　民国三十七年　57岁

3月

3月1日　胡适为《赫尔回忆录》作序，简叙赫尔担任美国国务卿以前的"政治事业的小史"，赞佩其担任国务卿时不参与传统社交应酬以及他的勤劳、谨慎，又表彰其在二战中为废除"中立法"做出的种种努力。（赫尔著，徐钟佩等译：《赫尔回忆录》，中央日报社印行，1948年5月）

3月3日　胡适复函陈之藩：

> 我那篇《我们必须选择我们应走的方向》，是答你的信……
>
> ……我很佩服你能保存一颗虚而能受的心，那是一切知识思想进步的源头。
>
> …………
>
> ……别说缓不济事，缓不应急。这是"任重而道远"的事，不可小看了自己。
>
> 我曾引戊戌维新人物王照先生说："天下事那有捷径？"
>
> …………
>
> ……"善未易明，理未易察"，就是承认问题原来不是那么简单容易。宋人受了中古宗教的影响，把"明善""察理""穷理"看的太容易了，故容易走上武断的路。吕祖谦能承认"善未易明，理未易察"，真是医治武断病与幼稚病的一剂圣药。
>
> ……关于"孔家店"，我向来不主张轻视或武断的抹煞。你看见了我的《说儒》篇吗？那是很重视孔子的历史地位的。（《胡适遗稿及秘藏书信》第20册，31～34页）

3月4日　汪原放致函胡适，谈及去年胡适曾好意劝自己卖出一部分标点本，做一点别的生意，但自己"暂时还是不卖的好"。自己又想做别的生意，但苦于无本。汪列述自己译的书，希望胡适能帮忙介绍给商务印书馆朱经农。又谈及自己的子女受教育的情况。（《胡适遗稿及秘藏书信》第27册，

610～611页）

3月5日　胡适函送北大校医学院关于邓特之报告与贺麟，并云：照此报告，邓特并无重大病症，不应继续住院，亦不应托病不受法庭传讯。希望贺转告学生自治会与人权保障委员会，我们学校保释学生，总得声明"随传随到"，如果保释的学生没有正当理由而不受法院合法的传讯，那么此后学校不能再向军警机关请求保释学生了，这个责任应归谁担负呢？（3月7日之《华北日报》）

同日　胡适在天津《民国日报》发表《跋天津图书馆藏的明钞水经注残本》一文。

3月6日　周鲠生致函胡适，知道以美金向中基会借款方案系胡适提出。武汉大学向中基会借款16万元之计划书分为煤气厂、研究室及基本设备数门，尤以煤气厂的计划最为重要。希望得到胡适协助。（《胡适遗稿及秘藏书信》第30册，141～142页）

3月8日　下午5时，胡适主持召开北京大学第五十九次行政会议，胡适报告"美国在华教育基金会"决定援助来华员生数目：教授20人，学生20人，专门学者10人。又通过补充聘任教授等事项。（《北京大学史料 第四卷 1946—1948》，57～58页）

3月9日　傅斯年致函朱家骅、翁文灏、胡适、萨本栋、李济，谈院士选举事。第一，委托胡适代为投票，若胡不在，则请翁文灏代投。第二，认为通信投票方法，似大有问题，理由是：隔行投票，实难正确，故须先讨论而后投票；应注意学术界之批评，等等。第三，对于候选人名单之意见：1.刘文典应从候选人中删除；2.关于在伪校教书或任伪职者，上次开会时决议不列入，傅对此不贡献意见，"但须一致"；3.关于医学最有问题，建议候选人中加入戚寿南、沈克非；4.农学一项提议加入谢家声。第四，关于原则：1.宁不足额勿失于滥；2.小组名额似应规定；3.关于年少学者；4.选举似不应集中于一方一校。第五，附说：潘光旦不应列入，如求其次，则孙本文君似应列入；每组名额之细分，似应以此一学术领域在中国发展之阶段而论，非抽象地论其范围之大小，故第一组中之地质人数应多，以此学在中国发达较久也；第三组中，文史等科学人数亦应较多，以此学在中国有长久之传统也……（《傅斯年遗札》第三卷，1773～1778页）

3月10日　天津《益世报》报道，为庆祝北大50岁，胡适写信请各地校友捐款，盖一所大礼堂纪念蔡元培。

3月13日　《前线日报》、上海《益世报》均报道：教育部北平购书委员会主任委员胡适，委员袁同礼、毛子水前日在北大孑民纪念堂，欢宴北平市国立院校图书馆负责人，及对古书有研究的教授，该会审查委员会会员潘光旦、徐炳昶、周祖谟、宿白、张政烺、郑天挺、邓广铭、王重民、唐兰、赵万里、刘盼遂等均出席。席间胡适曾征求各专家意见。胡适称：教育部拨款10亿元，其中7亿元专作收购旧书铺古书之用，3亿元作自由支配，就各种珍贵而有价值之书籍予以收购。教育部方面顷又电示：如此间购书情形良好，并允再筹款继续办理收购书籍事宜。

3月14日　下午3时，欧美同学会在会所举行年会，出席者50余人，胡适主席。首对总干事梁致和致敬意。凌其峻报告会务后，胡适对于三年及二年理事及一二三年监事改选提出讨论，并修改会章。（次日之天津《大公报》）

同日　上午9时，联合国同志会假中研院召开本年度会员大会，到会会员有邵力子等300余人，由该会理事长朱家骅主席并致开会辞，继由王世杰致辞，继由于斌、邵力子演说。会中并讨论修正会章，及改选理监事，结果选出孙科、王宠惠、王世杰、颜惠庆、胡适、王正廷、顾维钧7人为名誉理事，张君劢、于斌、陈立夫、朱家骅、傅斯年等31人为理事，张伯苓、邵力子、陈布雷、郭泰祺等9人为监事。（次日之《申报》）

同日　天津《大公报》报道，教育部复胡适电：据请将平津区各院校经常费增加3倍核发一节，本部已汇请追加5倍在案，奉准之前，应仍暂以旧预算支配。次日之《申报》亦有相同之报道。

3月15日　张印堂赠其 Changes of the Strand Lines of the Daikha Nor and Their Climatic Indications 与胡适。（《胡适藏书目录》第3册，2191页）

3月16日　王崇武致函胡适，请胡适指正作品，又告史语所的师友们

在方法上都直接或间接受胡适的影响和启示。(《胡适遗稿及秘藏书信》第24册，275～277页）

按，是年致函胡适请教学问或请求指正作品的还有：何铀、胡浩川、刘志魁、庄为诚、张正坤、王德霈、常通直、汪自得、沈立钧、宋曰勋、许又新。（据中国社科院近代史所藏"胡适档案"不完全统计）

3月17日　胡适作有《题霜灯画荻图》。(《胡适遗稿及秘藏书信》第12册，376页）

同日　俞大绂致函胡适，北大农学院为购置英国书籍杂志，拟向财政部申请外汇700英镑，请教育部发给公文一件，以证明所请款项确系北大农学院购置英国书籍之用。请胡适就近与教育部长朱家骅接洽此事。(《胡适遗稿及秘藏书信》第31册，7页）

3月19日　《申报》、天津《大公报》均刊登胡适辟谣消息：绝无参加副总统竞选之意。

3月20日　张资平致胡适两函，详述自己"遭人诬陷"及与伪政府来往等情况，拜托胡适"设法赐以援助"。(《胡适遗稿及秘藏书信》第34册，347～363页）

3月21日　下午6时一刻，胡适自北平飞抵上海，同行者有李书华、李宗恩。（据《日记》；次日之《申报》、天津《大公报》；《胡适中文书信集》第3册，674页）

同日　胡适对记者否认竞选副总统。他表示，一个独立无党派人士，有认识，有见解，均可自由发表意见，"不一定做官，才算帮助政府"。（次日之《申报》）次日《新闻报》的报道标题为："我是读书人，不会做官；连我的书桌也料理不好。效忠国家不限于做官！"

同日　北大、清华研究生会致电胡适、梅贻琦：亟恳代向教部要求改善待遇。(《胡适来往书信选》下册，368页）

3月22日　《申报》报道：联教组织将改选秘书长，盼胡适、晏阳初参加竞选。

1948年　戊子　民国三十七年　57岁

同日　下午5时，郑天挺主持召开北京大学第六十次行政会议，并报告：校长于昨日飞沪转南京，除出席会议以外，并为本校接洽经常费增加、技工名额、工役名额、医院名额、学生配面、教职员配面、学生特别公费、教职员冬煤贷款诸问题。(《北京大学史料　第四卷　1946—1948》，59～60页)

3月23日　《申报》、上海《益世报》、重庆《大公报》、《新闻报》均报道胡适对时局看法："和比战要困难。"胡适说：和需要种种决心，要智仁勇兼备，尤其需要各方面相互容忍和牺牲，所以和很困难，而战却容易，一不小心，就可打了起来，历史上大大小小的战争，都可证明"和比战难"，绝少例外。

同日　张元济致函胡适云，闻胡适莅沪，本拟走访，但李孤帆言胡适忙极，故未打扰，希望胡适在南京之事完成再返沪时有机会碰面畅谈。(《胡适遗稿及秘藏书信》第34册，135页)

3月24日　上午10时，胡适在上海国际饭店主持召开北平协和医学院董事会议，出席董事有刘瑞恒、周诒春、Dr. Dunlap、威尔逊、李度、陈志潜、李宗恩、李铭等10余人。会议决定：年度预算为684177美元，其中60万元由洛氏基金拨付，余为协和医院营业收入及中华救济团捐赠。前任董事施肇基、Dr. Bissett、Dr. Ballou 3人辞职，决由诸福棠、Dr. Sellett、Dr. C. F. Thames 3人继任；胡适、朱继圣、刘瑞恒3人期满，经议决连任，董事长仍由胡适连任，威尔逊博士为副董事长，福开森女士为秘书，Bowen为会计长。会毕，胡适对记者称：

> 协和医学院自去年恢复后，已招收新生二十一人，今年招生名额，可予增加，附属协和医院，定于五月一日正式恢复，暂设一百六十个病床，拟在本年七月底前，将医院各部门均予开设，希望于年内增设至四百个病床，以便恢复旧观。渠称：由于行总及联总赠助各项重要医药器材设备，及中国救济团之捐款，美国新闻处及陆军医院捐赠大批图书，学校及医院，得以迅速恢复，吾人表示衷心感谢。(《申报》，

1948年3月25日；胡适当日《日记》）

同日　北京大学全体教职工致电胡适：奉政院代电，面粉仍配33斤，同人恐惧万分，谨电请校长力争。(《胡适来往书信选》下册，368页）

3月25日　早7时，胡适抵南京。10时，胡适出席中央研究院评议会第二届第五次年会开幕礼，出席者还有戴季陶、张群、于右任、甘乃光、王世杰、朱家骅等40多人。朱家骅主席，首先宣布本届年会中心议题是选举院士，继由戴季陶、张群、甘乃光、李书华先后致辞。下午3时举行第一次大会，出席评议员24人，朱家骅议长主席，翁文灏报告评议会工作，萨本栋报告院务概况，各研究所负责人也提出工作报告；通过院士会议规程。(据胡适是日《日记》；台北"国史馆"藏档，档号：003-020100-0670-0012x、003-020100-0670-0013x；次日之《申报》、天津《大公报》)

同日　天津《大公报》发表《纪念北大五十周年胡适发起校友募款千亿筹备建筑蔡孑民纪念堂》，中云：

> 北京大学原称"大学堂"，是历代太学的继承者。太学之制起于汉武帝元朔五年（民国纪元前二〇三五年，西历前一二四年），我们很可以说北大已有两千零七十二年历史，是世界最老的大学。这算法总不免有点"卖老"，故我们向来只算光绪戊戌年（民国纪元前十四年）开办的。大学堂是本校新生命的开始，到今年整整五十年，在校师生和各地校友都想给北大做寿，所以有北大五十周年纪念的筹备。纪念方法大致分两方面：一是用学术研究的成绩做祝寿礼物，一是立一种五十周年纪念的公共建筑。在学术成绩方面，各学院已着手征集各学院的研究成绩，且已计画各种学术刊物与讲演；在纪念建筑方面，我们曾征求各地校友意见，大家都主张集中力量，募款捐款建筑一大礼堂。我们感觉一个可容一千几百人的大礼堂是北大今日最迫切需要，所以京、沪、平、津各地校友都赞成集合全国校友力量，募集捐款，在沙滩区建造大礼堂……我们曾请几位建筑工程专家设计，大致计算，建筑与内部设备需要国币七百五十亿到一千亿，非有绝大力量不能担负。

1948年　戊子　民国三十七年　57岁

3月26日　中央研究院评议会续开年会。上午9时，分"数理""生物""人文"3组开审查会，分别由李书华、秉志、胡适等召集。下午3时，开第二次会，到评议员胡适等25人，朱家骅主席。由各组审委会报告审查情形。萨本栋报告。讨论事项：本院院士候选人业经依法分组审查完竣，请决定讨论方式及票决办法方案。决议：用院士候选人名单，依法定各组名额，及出席人数五分之四投同意票者为当选，无记名投票，超过规定名额者无效，又推定开票、监票人。（次日之《申报》；台北"国史馆"藏档，档号：003-020100-0670-0016x）

同日　胡适、袁同礼、马衡、谷钟秀、梁思成等为保存北平文物，联名上书李宗仁，指出古代建筑最近被破坏情形，触目惊心，并举瀛台、春藕斋、中南海第八所、大高殿南习礼亭、天安门、端门内西朝房等数例加以说明。希望李宗仁分别转令凡本市重要古建筑概不准作为机关学校宿舍，如不得已用为办公室时，须有适当防火设备，并须经常检查电线火炉烟囱，以策安全，尤不许随意拆改。对于富有艺术价值之装修，尤须加倍爱护，并须加强管理。（次日之天津《大公报》；3月30日之《新闻报》）

3月27日　上午9时，胡适等25位评议员出席中央研究院评议会年会第三次大会，朱家骅主席，讨论了第二次大会选举结果，决定补选。会议又核定三十七年度各项奖学金受奖人案，决议：推定周鲠生、王世杰、胡适3位评议员为杨铨奖学金审查人，由胡适召集。下午3时，胡适等25位评议员出席中央研究院评议会年会第四次大会，朱家骅主席。萨本栋报告第二次补选与第三次选举院士结果。朱家骅报告第三次选举结果，报告各组所缺人数。又经补选，终选出首届院士81名，胡适当选。又通过出席太平洋学会第七次年会等多项决议。（台北"国史馆"藏档，档号：003-020100-0670-0020x；次日《申报》；胡适当日《日记》）

同日　胡适到"国民大会"报到。（次日之《申报》）

3月28日　晨，胡适接受《中央日报》记者访问。胡适说：外传自己竞选副总统，完全是瞎说。关于"宪法"修改，胡适表示，"宪法"是国家的根本大法，自然不好去轻易修改。必须在实际运用的过程中，方能体验

出它的好处。因之，修改"宪法"，要在施行一个长时期后才能谈到。关于国内局势，胡适表示，今天的局势，大家都普遍的感觉到苦闷。苦闷、悲观无济于事，要紧的是在这时候，我们每个人，特别是专家们都要能够竭尽心智献身国家，本匹夫有责之义服务人群，以改进现状。"我是很乐观的！"胡适说。做大国的，消极的要无害于人，积极的要有益于人。他给周鲠生的信，主旨是劝诫苏联改变作风，为世界和平努力。胡适主张对日本宽大。（次日之《中央日报》）

同日　上午9时，历届参政员联谊会假南京公余联欢社举行成立大会，胡适、莫德惠、范予遂、张潜华等百余人出席，莫德惠主席。莫德惠、罗衡先后致辞。与会者讨论、通过了《历届参政员联谊会章程》。联谊会设理事31人，监事17人，推定江庸、孔庚等17人为监事，莫德惠、胡适、傅斯年、黄炎培、陈耀东等31人为理事。（次日之天津《大公报》）

同日　上午10时，胡适在中研院招待台湾教育参观团，胡适讲述了他幼年在台经历，并回答了团员的提问。（次日之《中央日报》）

同日　国民参政会宣告结束。下午3时，该会主席团邀在南京的参政员与政府各院、部、会长官在"国民大会堂"二楼举行茶会。出席的参政员有胡适等200余人，蒋介石莅会。（当日之《申报》；次日之天津《大公报》）

同日　陈器伯致函胡适，对今日能见到胡适"非常快慰"。又告《泽存书库存目》有记：《水经注》四十卷，《补遗》一卷，《附录》二卷。清全祖望校，无锡薛福成校勘本，十六册，叶德辉手校。（中国社科院近代史所藏"胡适档案"，卷号1322，分号3）

3月29日　胡适出席"国民大会"开幕礼。（据《日记》）

3月30日　上午，胡适出席"国民大会"举行的第一次预备会议。洪兰友宣布开会后，第一件事是推定本日会议临时主席。于右任提出临时主席由胡适担任，洪兰友担任临时秘书长，胡适则提请由于右任担任，最后一致通过本日大会临时主席由胡适担任。胡适于10时50分莅主席台，首先提出临时秘书长人选问题，表决结果：由洪兰友担任。接着，胡适宣布讨论事项开始，首先讨论大会主席团选举办法草案，代表发言热烈。最后决定：

停止讨论，由秘书处归纳整理各代表的意见，提付下次预备会议中表决，但各代表如有不同意见，仍可提出补充。（次日之《申报》、天津《大公报》）

同日　下午，王世杰向胡适传蒋介石的话：蒋意欲宣布自己不竞选总统，而提胡适为总统候选人，他自己愿意做行政院长。胡适"承认这是一个很聪明、很伟大的见解，可以一新国内外的耳目。我也承认蒋公是很诚恳的……但我实无此勇气！"（据《日记》）

当日蒋介石日记有记：

与雪艇谈总统问题，属其转询胡适之君出任，余极愿退让并仍负责辅佐也。

当日王世杰日记有记：

今晨蒋先生与予言，彼不愿当选为总统而愿任行政院院长；意以为在现行"宪法"之下，彼如任总统，将受到过大之束缚，不能发挥其能力，"戡乱"之工作将受到影响。彼欲请胡适之为总统候选人，嘱予往与适之商洽。午后予与胡适之细商。适之以为蒋先生此意甚可钦佩，惟自觉身体不甚健康且恐其性格不能充分与蒋先生性格协调，颇形犹豫。但允再行考虑，然后答复。（《王世杰日记》上册，893页）

3月31日　上午，"国民大会"举行第二次预备会议，胡适仍任临时主席（原应由于右任担任主席，以于氏坚辞改推于斌，于斌又未到会，遂由胡适代理主席）。秘书处宣读第一次会议纪录后，马上有人临时动议派遣代表去慰问绝食的签署代表颜泽滋等10人。胡适随即宣布30日晚他本人同陈立夫、于斌、莫德惠、洪兰友等曾前往慰问并劝解，会中决定先讨论完议事日程中的事项后，再讨论其他事项。综合秘书处归纳整理各代表的意见，主要是下列几点："国大"组织法第五条条文修改与否；主席团人数增加与否；主席团选举的方式；妇女、华侨和边疆代表的名额问题。胡适报告毕，又有数位代表发言。胡适宣布将"'国大'组织法第五条条文修改与否"

提付表决，表决两次，胡适宣布通过修改案。王宠惠提议：①将本会对于本案的一切意见和附件送交国府，转立法院，完成修改的立法程序；②同时进行主席团的提名和选举手续。大家对于王氏意见无异议。最后又推举于斌为第三次预备会议的主席，并通过王宠惠等23人的临时动议："推举代表慰问连日绝食的颜泽滋等十人"，结果决定推举代表5～10人前往慰问。（次日之《申报》、天津《大公报》）

  同日　陈布雷在日记中有记：9时3刻出席"国民大会"第二次预备会议，为增加主席团名额问题，争辩甚久，场内之叫嚣凌杂，使临时主席胡适之顿感窘蹙。(《陈布雷从政日记（1948）》，49页）

  同日　下午，周鲠生、王世杰应胡适之约来商蒋介石请胡适竞选总统事，谈3个多小时，胡适表示："我不敢接受，因为我真没有自信心。"晚又向王世杰表示接受竞选总统事，但又表示："此是一个很伟大的意思，只可惜我没有多大自信力。故我说：第一，请他考虑更适当的人选。第二，如有困难，如有阻力，请他立即取消……"（据《日记》）

当日王世杰日记有记：

> 今晨予以适之所言告蒋先生，并谓将于今日午后再促适之决定。蒋先生亦嘱予促适之鼓其勇气。午后三时，续与适之详谈，鲠生在座。适之仍不决；鲠生亦颇劝其接受……惟谓蒋先生如有困难，尽可另觅他人，或取消原议，彼必不介意。予以此意告蒋先生。蒋先生谓甚好，并谓当先召集中央执监会议，由彼提出。(《王世杰日记》上册，893页）

  同日　蒋介石日记有记：晚课后约见于斌、胡适等，商讨对绝食代表等转圜办法。嘱其一面劝慰代表，一面以第三者立场，对民青两党协商各退让5名，使绝食者有安顿。

  同日　蒋介石日记又记：研究推胡适任总统之得失与国家之利害、革命之成败，皆作彻底之考虑，乃下决心。

  同日　北京大学学生自治会致电胡适：今日邓特出庭受讯，结果后告。

政府蹂躏人权，滥施酷刑，请向中枢提出抗议，并请其保证不再重犯。以往全国有关人权案件，请政府速依法办理，受害人和全国人民都感谢您。（《胡适来往书信选》下册，368页）

同日 《前线日报》报道，中国教育学会计划推动本年度之教育研究工作，决定设置各种研究委员会，并指定专人负责。大学教育委员会，指定胡适、吴贻芳等17人为负责人。

3月 《独立时论集》第一集由北京大学出版部出版，书前有胡适所作序言。是书收入胡适的文章六篇：《"五四"的第二十八周年》《眼前两个世界的明朗化》《青年人的苦闷》《两种根本不同的政党》《我们必须选择我们的方向》《争取学术独立的十年计划》。第一集的作者共45人，他们都是北京大学、清华大学、北平师范学院、南开大学、燕京大学、铁道学院、美国芝加哥大学等高校的教授，以及中央研究院、静生生物调查所、重庆工业试验所等研究单位的所长、研究员。胡适的《序》说：

> 在民国三十六年的春天，我们一些在北平教学的朋友们，觉得应该利用余暇，写写文章，对重要的时事问题，以独立的与公正的立场，发表一点意见。我们认为在目前我国情形之下，这是我们在教学以外应尽的一种社会职责。我们很希望我们的意见能够有助于国家政治、经济、社会、教育、文化及科学的进步。但是单独出版刊物是我们的财力所不许的；专给一地的刊物撰文，读者究竟是有限的，同时给各地许多刊物分别撰稿，我们的时间是不够的。因此我们决定仿照欧美专栏作家的办法，将文稿寄发国内外各地报馆同时发表，而文责仍由作者自负。实行以来，快一年了。有许多地方的读者和本社同人都以未能读到本社的全部文章为憾，所以我们这次先将去年五月至十月间所发表的文章印成一集。

4月

4月1日　吴稚晖、于右任、张伯苓、胡适、梅贻琦、钮永建等200余人联署推荐蒋介石为总统候选人："兹依据国民政府三十六年三月三十一日公布总统、副总统选举罢免法第四条规定，连署提出现任国民政府主席蒋中正先生为本届总统候选人。此上第一届'国民大会'主席团。"(次日之《申报》、天津《大公报》)

同日　胡适访王世杰，告以经过仔细考虑，最后还是决定不干。"昨天是责任心逼我接受。今天还是责任心逼我取消昨天的接受。"(据《日记》)

当日王世杰日记有记：

适之今日来谈，谓彼昨日之决定未免匆卒，事后仍觉身体健康与能力不能胜任，欲予再向蒋先生郑重申述其"最好能另觅他人"之附带意见。(《王世杰日记》上册，894页)

次日王世杰日记有记：

今日予沉思多时，不拟即告蒋先生以适之昨晚之表示。(《王世杰日记》上册，894页)

同日　蒋介石日记有记：胡适博士接受推选总统之意，此心为之大慰。乃即召布雷详述余之旨意与决心，嘱其先告季陶与稚老勿加反对。此乃党国最大事件，余之决定必多人反对，但自信其非贯彻此一主张，无法建国……与岳军商谈决推适之出任总统事，研究得失，彼颇赞成，惟应知其性格时常有武断之缺点也……

4月2日　晚间，胡适邀夏鼐来谈天：

晚间胡适之先生早归，坐着无聊，叫老裴来喊余谈天……胡先生自云：拟于最近半年内将《水经注》作一结束，此本为思想史中之一

1948年 戊子 民国三十七年 57岁

小注，竟费了四年多功夫，实为意料之外；此后拟续写《中国哲学史大纲》，即卷上亦拟重写，可将殷墟材料加入，此约需一两年的功夫；然后再写《中国白话文学史》，下卷也许改成为"活的文学"史，不一定是白话文学，如此可以收入《书》《诗》二经，但此书也许不写，让别人写；另外，想写整个中国文化史。史学的工作，一部分是绣花针的校勘考据，一部分是大刀阔斧的通史。虽然现今的史学成绩尚不够作一成熟的中国通史，但是可以有一种看法仍可成立。虽然有许多史料尚须审查，但是至少知道某一些史料一定不能放进去。关于史料的辨伪及选择，自信可以胜利。胡先生说到这里，又摇头说，可是我老了，还有这三大部书要写，颇有"日暮途远"之感。又说到他教了三十年来的书，没有教出一个可以传衣钵的徒弟出来，实在大部分上课听讲的学生，不能算是徒弟，真正可算徒弟的，只有罗尔纲君。当私人秘书，住在家中，因为他自己的研究工作多在晚间，可以真正领教的只有住在他家中才可以做得到。王重民君在美国时，受影响亦不少，时常连着几天不断通信，连邮差都笑着说 Love Letter（情书）。早期的北大学生，如傅、顾之流，当时即比老师读过古书为多，自然思想方面受影响，但是不能算是学生。当时以留学生回到北大，看到学生的程度已是如此，逼得自己努力用功。至于思想史方面的传人，似无其人，勉强或可算容肇祖君。文学史方面孙楷第君亦仅受影响，不能算是徒弟。胡先生说他自己成了社会中人物（Popular figure），不能脱离一切，从事研究，最好是像陈独秀先生一般，被关禁几年，如又可得阅书之自由，或可专心著作。否则像副总统这样职任，消闲无事，亦属不错，且地位较高，有些小事像写字之类（指着书架上一大堆人家敬求墨宝的纸），人家也不好意思来麻烦了。但是万一总统出缺，这又更加麻烦了。最好能有一职位，每天以二三小时挣钱吃饭，其余时间可专心研究工作，北大校长仍嫌过忙，希望傅孟真先生或蒋梦麟先生能够来代理一两年，自己可以脱离行政事务，专心研究工作。又谈到傅孟真先生及赵元任先生，以为皆是天分极高之人，很希望赵先生能早点回来，

教出几个徒弟，否则要成绝学了；很可惜赵先生这几年浪费心力，尤为是替赵太太写自传及中国烹饪术之书，白费精神。(《夏鼐日记》卷四，180～181页)

同日　讲助会为争两袋面粉，拟罢教，已劝止。惟清华、北大全体教职员工警为生活将有联合表示，请两校长在南京争取，并以罢工为支援。又学生为解散学联，酝酿罢课3天，今晚大会可能通过。(《胡适来往书信选》下册，371页)

同日　北京大学学生自治会与人权保障委员会致函胡适，重述被捕的北大学生李恭贻、孟宪功、邓特等人的案情，又举宪警包围三院西斋，特务殴打卢一鹏等事，要求胡适：向当局交涉尽速合理解决孟、李两同学的案件，立即释放并判决邓特同学无罪；向政府抗议卢一鹏同学的无辜受害；并向最高当局提出：(一)抗议当局非法逮捕，(二)抗议当局校内捕人。(《胡适来往书信选》下册，368～370页)

同日　傅汝霖复函胡适，告已收到募捐修建北大大礼堂之签名函，现已积极进行。希望拜会胡适请示进行步骤。(《胡适遗稿及秘藏书信》第37册，317～318页)

4月3日　胡适当选为"国大"主席团候选人之一。(次日之《申报》)

同日　王世杰日记有记：今晚予复与蒋先生谈推选胡适之为总统候选人事。予谓胡先生于前晚应允后，又不免迟疑。蒋先生始终未作任何新的表示，或因感觉此事在本党必有重大阻力之故。(《王世杰日记》上册，894页)

4月4日　蒋介石在国民党临时中央全会上声明他不候选，并且提议国民党提一个无党派的人出来候选，此人须具备5种条件：守法；有民主精神；对中国文化有了解；有民族思想，爱护国家，反对判乱；对世界局势，国际关系，有明白的了解。众人皆知指胡适，但遭到反对。(据《日记》)

同日　何之瑜致函胡适，希望胡适与张元济接洽，以使陈独秀的遗著早日在商务印书馆出版；希望胡适尽快写好《独秀丛著》的总序；希望胡适

1948年　戊子　民国三十七年　57岁

与转交陈独秀文字学遗书的余秘书接洽，请余函复何。(《胡适遗稿及秘藏书信》第29册，14～15页)

4月5日　"国民大会"第一次会议主席团选举开票结果，于右任、胡适等85人当选。(次日各大报)

同日　蒋介石派王世杰向胡适表示歉意（提名胡为总统候选人事在国民党内未获通过），但胡适谓，这算"得救了"。(据《日记》)

《蒋中正先生年谱》有记：

先生闻中常会仍推为第一届总统候选人，知已无可挽回，乃约见外交部长王世杰，嘱以实情转告胡适。记曰："此心歉惶，不知所止。此为余一生中对人最抱歉之一事也。好在除雪艇（王世杰）以外，并无其他一人知其已接受余之要求其为总统候选人之经过也，故于其并无所损耳。"（《蒋中正先生年谱》第九册，62页）

王世杰是日日记：

今午蒋先生与五院院长等商谈后，约予往谈。意谓彼之计划将无法实现，一因党中同志不赞同，二因彼如本人拒绝为总统候选人，则李宗仁必竞选总统，其结果必甚坏。予谓既然如此，只好放弃原来计划，盖大多数"国大代表"事实上亦必不肯选举党外人士为总统……予退出后，往晤胡适之先生告以实情，彼甚愉快，如释重负；盖外间记者已喧传蒋先生将推荐彼为总统候选人，彼方十分感觉应付为难也。（《王世杰日记》上册，895页）

同日　《大公报》载：昨日国民党中常会，蒋介石谦让大总统，有希望胡适之出任之意。昨夜胡先生未返所过宿，恐在友人处躲避，抑觅一处闭门慎重考虑乎。

同日　卢则文致函胡适，感谢胡适题字。又道："如情势逼至非先生担任不可时，文以为为国牺牲亦甚值得，要亦造新因之一法也，至少比长北

大影响大些。"（中国社科院近代史所藏"胡适档案"，卷号868，分号6）

同日　郑天挺致电胡适：因抗议通货膨胀，"明日起讲助罢教三天，清华北大职员将响应，惟对内仍负责，学生亦有罢课声援说，盼早还"。（《胡适遗稿及秘藏书信》第39册，106页）

4月6日　"国大"主席团分成10组（轮流主持大会），胡适被分在第六组。（次日国内各大报纸）

同日　胡适致电郑天挺："连日外间有关于我的许多流言，北平想亦有闻。此种风波幸已平静，乞告舍间及同人。"（据《日记》）

同日　郑天挺致电胡适：本日讲助职工为争取两袋面粉并按实际指数调整待遇，罢工罢教，学生罢课支援，秩序良好，请来电，以慰群情。（《胡适遗稿及秘藏书信》第39册，106页）

同日　郑天挺急电胡适，告北平警备司令部"明日开单来校逮捕首要"，"请转陈来电劝止"。（《胡适遗稿及秘藏书信》第39册，108页）

同日　周林根致函胡适，高度赞佩胡致周鲠生函及最近言论，愿受胡适指导，积极推动援华工作（时周在美国）等。（《胡适来往书信选》下册，375～376页）

同日　高宗武致函胡适，告国民政府在美国的地位日跌：

> 祖国的现状不但不能和一九三一年九月比，恐怕也远不及一九三七年七月的时候了。中国在此地位，真的如法币一样，每天在那边跌，回想你在此地时，大有天渊之别。援华方案虽已通过，但马氏个人认我国现政府是没有希望的，杜鲁门最近对一中国人说："中国政府是一自私自利者的集团，所以美国无法帮忙。"美国人的评语未见得都对，然亦可知此间的空气。（《胡适遗稿及秘藏书信》第31册，261页）

4月7日　胡适致电郑天挺，转钱思亮：前托推荐范旭东奖金候选人一事，未知是否已推定办出，请电复。因中研院方面拟与北大、清华、资委会等联合推荐萨本铁为候选人。如未决定，"弟可在此签署同意也"。（《胡

适遗稿及秘藏书信》第 20 册，193 页）

  同日 北京大学全体同学致电胡适，告北平警备司令部来函："限学校于今午十二时将本校柯在铄等十二同学送该部，不则即派军警来校逮捕。现在学校情势空前危急，全体同学正集合民主广场应付一切事变，群情激忿，兹议急电校长立刻返平，共同维护学校同学生命安全。"（《胡适来往书信选》下册，377 页）

  同日 郑天挺致函胡适，报告警备司令部将来北大逮捕学生以及学校方面的应对之策。（《胡适遗稿及秘藏书信》第 39 册，79～86 页）

  4 月 8 日 晚，蒋介石邀胡适晚饭，胡适日记有记：

>   蒋公向我致歉意。他说，他的建议是他在牯岭考虑的结果。不幸党内没有纪律，他的政策行不通。
>   我对他说，党的最高干部敢反对总裁的主张，这是好现状，不是坏现状。
>   他再三表示要我组织政党，我对他说，我不配组党。
>   我向他建议，国民党最好分化作两三个政党。

  同日 郑天挺致电胡适，告：警部尊重学校意见，允将学生移送法院，听其传讯，已函详。讲助职工明日复工，学生仍罢课，请告雪屏兄。（《胡适来往书信选》下册，378 页）

  4 月 9 日 平津唐各院校学生自治会联名致函胡适、梅贻琦、张伯苓、李石曾、袁敦礼，要求他们向政府请求，饬令北平警备司令部撤销逮捕柯在铄等 12 位北大学生的案子，并保证不再有类似事件发生。（《胡适来往书信选》下册，379～380 页）

  同日 郑天挺致函胡适，报告因师范学院学生被逮捕、殴打事件引发罢课、请愿，以及北大及各校的应对之策。（《胡适遗稿及秘藏书信》第 39 册，87～93 页）

  4 月 11 日 午间，蒋介石宴请大学校长张伯苓、胡适、姚从吾等 20 余人，"垂询各校近况甚详。对大学教授在刻苦生活中之热心教育青年、研究

学术、忠于职守，甚表嘉慰，并谓：教育经费应当增加"。（次日之《申报》、天津《大公报》）

同日　郑天挺致电胡适，告："下午二时许有游行大队自弓弦胡同向西，经沙滩达红楼门前，肆口谩骂，携带石块向红楼玻窗投击，并闯入东斋捣毁及教授住宅一处，损失綦重，学生李运魔、张翼、何达天及女生一人被掳上汽车，随大队行至南长街释放，此外有无逮捕，正详查中。"（《胡适遗稿及秘藏书信》第39册，110页）

4月12日　胡适将昨日所谓"游行群众"冲击北京大学事电告教育部：……2时许有大队游行群众，来至沙滩本校门前停留，当时校门关闭，群众隔墙诟骂，投掷砖石，将红楼各处玻璃打碎多块，群众一部分闯入东斋教授职员眷属宿舍，将临近大门吴恩裕教授住宅及号房捣毁，损失家具物品甚多。又当时游行群众，在学校附近曾胁迫本校学生戴乾寰、何达天、李应鸿、张翼、王铸鼎、狄源沧等6人参加行列因而殴打受伤，已分别送医院检查治疗。除由本校函北平市政府及北平警备司令严重抗议外，理合检同损失清单一张，电请鉴核。（《北京大学史料　第四卷　1946—1948》，1019页）

同日　何思源致电朱家骅、胡适，报告昨日有游行队伍与北大冲突事，请"有以见教"，"并建议中央迅定有效办法"。（《胡适遗稿及秘藏书信》第29册，60～63页）

同日　郑天挺致电胡适，告：北平问题屡出，有非地方当局所能解决者，各校拟请各校长转请政府派大员来平主持。（《胡适遗稿及秘藏书信》第39册，109页）

同日　北大学生萧韶致函胡适，告胡适南下后，北大学生为反对查禁华北学联等事实行罢课，讲师助教联合工友因争取合理待遇而罢教罢工，"整个学校陷于停顿状态"。又告昨午有暴徒捣毁吴恩裕的宿舍和红楼的门窗，于是经教授会议决定罢教罢课一星期，以示抗议。"假如校长不克即时返校，盼望在京和李主任商量一个妥善的处理办法，指示市当局遵行，一面函各院长教授劝导复教复课，以免大家浪费宝贵的时光和学业！"（中国

社科院近代史所藏"胡适档案",卷号1774,分号2)

同日　罗尔纲致函胡适,告:去医院检查吐血的原因,结果与肺脏无关。(《胡适遗稿及秘藏书信》第41册,463～464页)

4月13日　胡适致电国民政府主席北平行辕主任李宗仁:本月11日2时许有大队游行群众,来至沙滩本校门前停留,当时校门紧闭,群众隔墙诟骂,投掷砖石,将本校红楼各处玻璃打碎多块,又有一部分闯入本校东斋教职员眷属宿舍,将临近大门之吴恩裕教授住宅及号房捣毁,损失家具物品甚多。群众并胁迫本校学生参加游行,施以毒打。本校师生,深感愤慨。特此电达,即请严予查究责任,追赔损失,并保障本校师生全体及校舍校具今后之安全。(《北京大学史料　第四卷　1946—1948》,1020页)

同日　北京大学教授会致电胡适,告11日下午有所谓民众团体袭击北大事,要求:转请政府惩罚凶手,严令地方当局保证今后不再有类似事件发生,以安人心。(《胡适来往书信选》下册,384～385页)

同日　郑天挺致电胡适,告教授罢教,职员罢工事:"教授有宣言,甚平和,并请师在京交涉。昨今安谧……"(《胡适来往书信选》下册,385页)

同日　郑天挺致长函与胡适,告11日有游行群众向北大请愿及袭击北大之详情,又告北大教授会及行政当局的应对办法等。(《胡适遗稿及秘藏书信》第39册,94～98页)

4月14日　胡适读完 H. R. Trevor-Roper's *The Last Days of Hitler*(Macmillan,1947)。(据《日记》)

4月16日　胡适复函高宗武、沈惟瑜,感谢4月6日来信与剪报。那几天的风波起于蒋介石的"庐山梦"。蒋用意甚诚恳,且甚认真,他自信必行得通,故消息传到外国记者的手里颇早。此事幸已成过去,自己可以保全自由和独立了。对高寄来的两文很感兴趣,特别是《华盛顿邮报》的社论。自己去年12月19日和20日有心脏"警报",于是在家睡了几天,又戒了纸烟。读来信,知道二人心境不安宁的情形。来信说,"讵意长闲意气销","留固无聊,归亦乏味"。胡适为此替高氏夫妇感到忧虑。自己在1942年离开华盛顿后就拼命工作,在工作里感到无限乐趣。劝高氏夫妇必须避开"闲"

字，必须努力做一两件真正可以"废寝忘餐"的工作。关于国事，常用"苦撑待变"四字来劝朋友。（台北胡适纪念馆藏档，档号：HS-NK05-057-023）

同日　李品仙致函胡适，谈自己遭受皖籍学生攻击、污蔑事，请胡适不要听信流言。（《胡适遗稿及秘藏书信》第 28 册，234～241 页）

同日　陈之藩致函胡适，赞佩胡适的入世精神和乐观态度。指出这次学潮的原因有三：教授的帮闲，学生的操纵，当局的胡来。（《胡适遗稿及秘藏书信》第 35 册，175 页）

4 月 17 日　胡适前往吊唁昨日自缢身亡之松江籍"国大代表"孔宪荣。（次日之《申报》、天津《大公报》）

同日　陈布雷日记有记：赴"国民大会堂"，出席十一次大会，至主席团恳切说明辞去第一组召集人之苦衷……经适之、雪艇代表主席团慰留，至 10 时 30 分经商洽后，推定罗文谟为主席，接开审查会。（《陈布雷从政日记（1948）》，64 页）

4 月 18 日　胡适函慰因病未出席"国大"会议的陈诚，希望陈安心养病，若陈到美国治病，可代为介绍。又云，返平过沪时，若陈能见客，当前往看望等。（《胡适中文书信集》第 3 册，676～677 页）

4 月 19 日　陈布雷日记有记：到休息室啜茶，与岳军、适之、骝先谈话。（《陈布雷从政日记（1948）》，66 页）

4 月 20—21 日　教育部学术审议委员会第三届第一次大会举行，出席委员有胡适、戚寿南、竺可桢、王星拱、罗宗洛、张道藩、陈大标、袁敦礼、艾伟、朱家骅、杭立武、周鸿经等人及专门委员李德毅等。朱家骅主席。选定获奖者名单。（天津《大公报》，1948 年 4 月 23 日；《申报》，1948 年 4 月 21 日）

4 月 20 日　苏醒之致函胡适，告"中华三育研究社"曾就总统选举事在大学生及中西教授 500 余位中做过一次选举测验，结果胡适得 370 票，蒋介石得 130 票。又就未来政策提出 12 条建议。（《胡适来往书信选》下册，391～392 页）

4 月 23 日　陈布雷日记有记：致惟果、少谷、适之、昌焕各一函，对

总统就职宣言之起草，征询其意见。(《陈布雷从政日记（1948）》，71页）

4月25日　晚，"国大"主席团举行第36次会议，讨论程潜、李宗仁、孙科表示放弃副总统竞选问题，胡适主席。经过两个多小时的讨论，咸认为主席团无权接受，决议仍劝程潜、李宗仁、孙科3人继续竞选，当推定胡适、于斌、曾宝荪、陈启天、孙亚夫等5人进行劝解工作，定26日上午往访李宗仁、孙科、程潜，劝他们撤回放弃竞选之声明，并决定26日休会一日，以便进行会外协商，俾副总统可以早日顺利选出，而利大会之进行。主席团定于26日下午4时再举行会议，研讨胡、于等5人劝慰程、李、孙之结果，再决定27日大会之议程。（次日之《申报》、天津《大公报》）

同日　曾昭燏宴请胡适、俞大维、曾宝荪诸人，夏鼐等作陪。(《夏鼐日记》卷四，184页）

同日　郑天挺致函胡适，云：

> 知"国大"通过建议政府加强"剿总"职权，凡中央各部会所属之学校均应配合"剿总"法令执行职务……北大有自由批评之传统，外间颇多误解，今后处境将益困难。不满现状而有所批评，其人或即最爱国最忠于党者，一概以奸究视之，不惟不足以服其心，抑且为奸人张目。大学有其使命，学术研究应有自由，如无实际行动，在校内似宜宽其尺度。若事事以配合为责，奉行不善，其弊害不可胜言。(《胡适遗稿及秘藏书信》第39册，99页）

4月26日　上午，胡适分别拜访李宗仁、孙科、程潜，代表"国大"主席团劝慰他们继续竞选副总统。胡适对记者表示："三氏态度均甚良好，且均已表示愿听候大会之决定，如大会不授受三氏放弃竞选之声明，则三氏仍将继续竞选。"下午4时，"国大"主席团举行第37次会议，王晓籁主席，胡适、于斌等报告上午代表主席团劝促李、孙、程三氏撤销放弃副总统竞选经过，据谓：三氏均已表示愿听从大会之决定，会中就继续进行选举事讨论甚久；决定27日休会一天，28日上午9时再开大会。（次日之《申报》）

同日　陈布雷日记有记：推主席团胡适、于斌、曾宝荪、启天、亚夫

等分访 3 位候选人，劝放弃辞意，待选举结果，尚不知 3 人者能互谅否耳。（《陈布雷从政日记（1948）》，74 页）

　　同日　马文昭致函胡适，就北大医学院民国三十七年度经费、建筑以及师资三方面的现状、计划及设想等提出自己的意见。（《胡适遗稿及秘藏书信》第 31 册，568～570 页）

　　同日　朱光潜函请胡适推荐其参与联合国文教组织的工作。（《胡适遗稿及秘藏书信》第 25 册，289～290 页）

　　4 月 28 日　上午，"国民大会"举行第三次选举副总统大会，到会代表 2605 人，胡适主席。结果，李宗仁得 1156 票，孙科得 1040 票，程潜得 515 票。因无一人得票过半数，副总统不能产生，应进行第四次投票，由本日投票结果获票较多之前两名为候选人，就其中圈选一名。第四次投票，决定于 29 日晨 9 时举行，胡适报告毕，即宣布散会。（次日国内各大报纸）

　　同日　陈布雷日记有记：9 时到"国民大会堂"参加副总统选举第三次会。9 时 40 分开会，胡适之君主席。（《陈布雷从政日记（1948）》，76 页）

　　同日　陈达材、陈友琴、区声白联名致函胡适，对惩治汉奸条例及在伪政府中任职人员处置办法提出异议。最后云："值兹'国大代表'开会，裁断万机之日，为向最高当局进一言，务请政府速颁大赦令，俾坐所谓汉奸之罪者，得以蒙恩开释，而相率流亡，托迹海外之辈，更盼得蠲除前嫌，不咎既往，予以更新……"（《胡适遗稿及秘藏书信》第 35 册，484～493 页）

5月

　　5 月 1 日　晚，蒋介石约胡适来谈，聚餐。（蒋介石是日日记）

　　5 月 2 日　陈布雷日记有记：9 时胡适之君来谈一小时余。（《陈布雷从政日记（1948）》，80 页）

　　5 月 4 日　早晨，胡适接受《申报》记者访问，次日该报记胡适谈话如下：

1948年　戊子　民国三十七年　57岁

　　胡先生开头就和记者肯定的说："'五四'运动是一个新思潮新文化运动，当时并不是政治运动。"接着胡先生追述当时的情形说："那时我们觉得要想提倡新文化，新思潮，就必须在非政治的基础上建立一种新的基础，所以我们那时的主张是廿年不干政治，甚至有人主张不谈政治。不谈政治是不可能的，但我们很多人确实做到二十年不干政治，我个人就是在'五四'运动的廿一年后才做外交官的。我们当时极力的避开政治，但是政治却不能但［避］开我们，反之却来逼我们，以致'五四'运动慢慢成了带有政治性的运动，各党派的领导人，都认为这是一种伟大的力量，当时中山先生在给海外同志书中，就曾说到学生力量的伟大，其他共产党和别的党派，也都开始认识了青年学生的力量。"

　　"后来政治性就格外的加强了，这也许是好的，也许是坏的，我不愿意评论，但文化的意义，就慢慢的削弱了。我个人觉得这个政治化的运动未免太早，因为力量实在不锋，二十九年以来，我个人始终觉得政治的基础应该建筑在文化及思潮的基础上，从文化方面去努力，现在还要从各方面去努力。"胡先生似乎有些慨叹的说。

　　谈到当时所提倡的白话文运动，胡先生对于当前文字的复古，不禁慨叹更深了。他对记者说，现在的国民政府是革命政府，但革命政府的文告还是用文言，甚至比文言还要古老，就拿报纸来说，数年来已经有很显著的进步，也有慢慢用白话文写稿的，但大多的报纸还是用文言，所以以"白话文"为例，这已经有点对不起我们那时的时代了，那时我们提倡白话文是在民国五年六年，可是不到几年的功夫，各小学校的教科书就都改为了国语，民国十年的时候，白话文白话诗已经是很普遍了。

　　最后胡先生指出青年的路说："从白话文时代出来的人，要朝白话走；从新思潮时代出来的人，要朝新思潮走，受过新文化教育的人，我们要向前走！'五四'时代一方面是破坏旧的，一方面是建设新的，当时的口号是重新估定一切价值，现在这两方面都还要努力，我们要用努力来纪念五四，不是单单开个会就算是纪念五四的。"

同日 胡适有《中央图书馆藏戴东原与段若膺手札跋》《戴子高手札跋》。(《胡适手稿》第1集卷2，363～369页)

同日 胡适为《三百年来朴学家手翰》作一跋。

> 余杭章君劲宇（名松龄）费了多年的工夫，搜集三百年来学者的手迹。他崇敬这些人，搜罗甚勤，往往有奇遇，故积得两巨册，从潘耒、毛奇龄到他家太炎先生，七十多人，共八十三件。民国卅六年，由我的介绍，章君把这两集让给中央图书馆。我今年南来，始得细看此结集，甚感兴趣。例如阮元一札，使我们知道他在他老师家坐馆，大受学生的侮辱，学生打骂小厮，说："打你就是打师爷，打你就是打师爷脸。"这是传记材料之例。如赵一清和厉鹗《菽乳诗笺》，即《樊榭山房续集二》所云，"谷林和予菽乳诗，令子诚夫亦继作"，诚夫是一清字，我久想寻求他的手迹来比勘他校订的《水经注》两种，故这一纸诗笺是墨迹可作考证工具之一例。 民国卅七年五月四夜，胡适。（肖伊绯：《新见胡适题词九种》，《胡适研究通讯》2018年第4期，2018年12月25日，23页）

同日 北京大学在民主广场举行纪念会，胡适因未返北平而没有出席。（次日之天津《大公报》）

5月6日 胡适致函汪少伦，请汪不要再推动推举傅斯年选立法院副院长：

> 今午承先生告我立法委员中有些人想推傅孟真（斯年）出来竞选立法院副院长，当时我曾把鄙见奉告，下午我把此事告知中研院代理史语所所长夏作铭先生，他的意见大致与我相同，他曾看见傅孟真先生寄给前立法委员芮逸夫先生的信，说他不愿当选为立法委员，我后来看见孟真本年三月十一日的原信，他说"我那一区在共产党手，他们无法选，即选我，也决不干，此事去年早对山东当局说明矣"。孟真

既有此明白表示，我盼望先生把这话转告其他各位朋友，决定取消先生今午对我说的计划，承先生见告此意，故我也不敢不把真实情形报告先生……（5月17日之《申报》）

同日 晚，胡适由南京赴沪，夏鼐至其寓所送行。胡适谈及《史语所集刊》目录之英译，颇不满意。（《夏鼐日记》卷四，185页）

5月9日 胡适自上海飞返北平。（据《日记》；次日国内各大报纸）

5月10日 下午3时，胡适主持召开北京大学校务会议本年度第三次会议，报告事项多项：

（一）在京各专科以上学校校长公宴政府主管当局，曾请求：

A. 请政府命回联总处准许各学校按照每月生补费（全数）学生公费（半数）数额透支一个月，以为不时之需。

B. 各校经常会请照现支数加拨五倍。

C. 增拨各校修建费及七八九月过渡费一万六千亿。

现在：A. 已照办，B. 已决定加一倍，C. 甚难。

（二）关于公教人员配粮问题，政府已决定在北方三斗米折发一袋面粉。

（三）关于去年学校代垫同人冬煤费问题，政府已决定补还学校。

（四）关于学生生活问题，现在美国救济委员会拨款一千亿作学生奖学金，希望学生作学术性之工读，并在各医院设救济病床，详细办法正在草拟中。

（五）国防科学委员会设有国防科学研究补助费，各大学可以提出计划前往申请，计划内须注意下列七点：

1. 研究之科目须与国防有密切关系。

2. 须注明所企望的研究结果。

3. 研究的论据。

4. 研究的步骤。

5. 研究期限。

6. 希望补助之款额（法币）。

7. 研究人员之履历。

此项计划须在五月半以前送出，款数须在二百亿以内（以工代赈）。

（六）关于五十周年纪念募捐事，在京校友以时局不靖，捐募为难，建议本年专以学术纪念，俟六十周年时再作纪念建筑，此意上海校友亦以为然。上海校友并认捐五十亿，作为学术刊物用费。束云章先生担任二十亿，傅沐波先生、徐士浩先生各十亿，李伯嘉、李孤帆先生及各同学共任十亿。此后捐款并决定在不勉强、不麻烦、不敲竹杠情形下继续进行。（《北京大学史料 第四卷 1946—1948》，76～78页）

5月11日 北京大学以校长胡适名义，就北平大学商学院东总布校址归北大事呈文教育部。（《北京大学史料 第四卷 1946—1948》，835页）

5月12日 胡适日记有记：

我从南京带回赵一清手写和厉鹗《菽乳诗》的照片，昨天我拿来比较天津本全祖望五校《水经注》的底本。我忽然大悟，这个《小山堂钞本》乃是赵一清自己抄的。全书卅四万字，他一笔不苟的抄写成第一定本。

昨天我请张政烺、王重民、赵万里、袁同礼四先生覆审。今天我请毛子水先生覆审。他们都认为无可疑。

5月15日 教育部次长杭立武向记者介绍水杉的发现及近由中美日联合组织中国水杉保存委员会等情。杭氏说，中国水杉保存委员会敦聘司徒雷登、胡适为名誉会长，翁文灏为会长，杭氏本人为副会长，庞德、琴纳、郑万钧、裴鉴、李德毅、韩安、姚筱珊、胡先骕等为委员，积极推进研究工作。（次日之《申报》）

同日 王重民致函胡适，告孙楷第对胡适允其到燕京大学讲课感激莫名。又云：

先生对于《五校本题辞》，因为得了新材料，又翻回案来，非常钦

1948年　戊子　民国三十七年　57岁

佩。(《胡适遗稿及秘藏书信》第24册，110页）

5月16日　胡适日记有记：

去年五月初，我从天津图书馆借得全谢山五校《水经注》。五月底我开始把这里面的全氏校记完全过录在薛刻本之上，用红笔（后用紫笔）抄全校，用绿笔记我的说明或判断。我用赵东潜书的刻本作参校，又比勘戴东原校本，看时须比校沈绎旃校本。这工作很费时间，有时一天只能过录十多页。

今天全部过录完毕，费时近一年，中间往往有间断的时期，如最近南行，停了五十天。

5月17日　下午5时，胡适主持召开北京大学第六十一次行政会议，通过在本校医学院诊疗疾病应携带学生证等决议。(《北京大学史料　第四卷　1946—1948》，60～61页）

同日　立法院选举副院长。汪少伦在投票现场声明，他并未收到胡适劝大家不必选傅斯年的信，他又说："报上说我接到胡适先生的信，说傅斯年放弃竞选，这事很奇怪，胡先生在京时，我们曾见过一面，胡先生回北平后，我并没有接到他的信，报上说我收到他的信，我不能不追查了，假使真有此信而我并没有收到，那么一定是被别人偷去，我要追查偷信之人。"汪氏同时还在会场张贴纸本声明："报载胡适之先生给本人函，谓傅斯年先生无意竞选立法院副院长等情，本人迄未得此函，且从未与胡先生谈及此事，前项消息全非事实，严此申明。"（当日之天津《大公报》）

按，5月19日之天津《大公报》又刊登胡适就汪少伦声明的谈话：汪少伦说没有看到信，有几件事可以提一提，①记得那一天是6日上午12时30分至1时之间，在中央研究院汪先生的确对我谈起他们要推傅斯年作立法院副院长。②那天下午我叫中央研究院派定专人送信到北极阁后面汪先生寓所的，我想中研院信差可以作证。③别的报上说北大请他作教授，我绝对没说过请汪先生作北大教授的话。

同日　段麟致函胡适，云：今日立法院选举正副院长……南京各报发表校长致汪少伦的信，说是傅斯年先生不愿当立委……汪少伦声明并未接到校长的这封信……就这件事情来说，如果有这样的信，而汪少伦否认，那就是想利用否认来争取选票；如果没有，而中央社伪造这封信，用意何在，不言而知。无论有无，都是少数人想利用校长的姓名做"政治足球"来打击对方，无怪南京某大学有人恶意加上校长"政治掮客"的头衔，真是可惜。（中国社科院近代史所藏"胡适档案"，卷号1581，分号1）

5月19日　王重民致胡适函，告别下斋藏校本《水经注》的影片没有赵一清的亲笔。（《胡适遗稿及秘藏书信》第24册，111～112页）

5月20日　胡适电贺蒋介石当选"总统"，李宗仁当选"副总统"："盼望国家在你们领导之下，得到统一、安全、繁荣、进步。"（《胡适中文书信集》第3册，678页）

5月21日　胡适在《〈谢山五校水经注本〉里面保存的剪剩碎片都是吴琯刻本》有注记。10月16日，又有一条注记。（《胡适手稿》第3集卷1，17～19页）

同日　杭立武为张伯苓提议请哥伦比亚Counts教授等数人来中国考察教育函商于胡适。当时，因经费无着，复曰：由政府出面或有不便。现孟君平提出由美国出资，乃拟复函由中华协会出面，并以研究中美文化关系为名。盼胡适复示。（《胡适遗稿及秘藏书信》第29册，241～242页）

按，5月31日胡适曾为此事复函杭立武。（《胡适遗稿及秘藏书信》第29册，243～244页）

同日　罗尔纲致函胡适，认为胡思杜天资不差，可返国做大学外语系助教，如此可以教学相长。请胡适带胡传文集来给其编辑。告知胡适其生活状况并请胡适代为寻觅教职。（《胡适遗稿及秘藏书信》第41册，465～468页）

5月22日　下午3时永定河官厅水库工程审议委员会在工程局举行第五次例会，主任委员胡适主席。先由张局长作报告：官运汽车路第一期工程由怀来车站至永定河一段长18公里，业于本月15日完成，怀来城内仓库工程最近亦可完工。至永定河大桥工程，俟桥址附近治安恢复后，即可兴修。并讨论现存物资之处理办法，以使物资在任何时间均得，等等。（次日之天津《大公报》）

5月24日　胡适致函夏勤，谈北大学生孟宪功案：

  北京大学学生孟宪功因共产党嫌疑案，经河北高等法院判决不受理，现上诉于最高法院，请为撤销原判，发回原法院更为审理。此案关系一个青年人的权益，为了管辖问题，拖延至七八个月，引起了许多青年人的同情，故成了一个最惹全国注目的案子。我很怕因为道路远隔，先生和贵院同人也许不明白案情的真相，所以我想陈述几句话。

  孟宪功是去年九月被捕的，因系内乱罪嫌，于本年一月十五日由河北高等检察处以内乱罪起诉。河北高等法院一再迁延，直到本年五月北平特种刑事法庭成立，方始判决谕知不受理，准备移送特种刑事法庭。因此，在一般人——尤其是在青年学生的心目中，法院不免有当判而不判，当结而不结的嫌疑，这是大有损于司法尊严的。因为在我们常识的看法，孟生案既已在法院侦审，则实体法固然应该适用刑法，而程序法也应该依旧法所规定的诉讼程序结案，而不应该适用后来颁布的新条例。新法对于被告，显然不利，例如被告若被判处五年以下之有期徒刑，即一审终结，不得上诉或抗告。故此案之移送特种刑事法庭，就等于无故剥夺被告在旧法时期所应得的上诉于第三审法院的权益。

  总之，孟宪功一案，一般人的心理都感觉应该由普通法院审理，而不应向特种刑事法庭移送。此种心理的依据只是因为被告犯罪系在新条例颁布之前，而新条例实于被告不利。此皆是常识的判断，未可轻易抹煞。所以我大胆的把这种情形向先生陈说。去年孟宪功被捕时，其时北平正因某另案捕人甚多，故北平青年学生曾感不安。我同各校行政当局曾劝告军警当局早日将孟生等移送法院处理。后来河

北高院不受理的判决实不免动摇人民信赖法院的心理。所以我私心甚盼贵院能对于此案有所挽救。若蒙早日准予撤销原判，发回原法院更为审理，那就是我们最盼望的了。（《胡适遗稿及秘藏书信》第19册，340～342页）

按，5月31日夏勤复函胡适，云：孟宪功案卷宗尚未到最高法院，应以本人向最高法院声请（并附《河北高等法院承办孟宪功内乱案件经过》）。（《胡适遗稿及秘藏书信》第31册，667～668页）

又按，6月6日，胡适复函夏勤，云：孟生本人在知悉河北高院判决不受理后即声明上诉。此项上诉状曾录出3份，分别递送高院、贵院北平分院暨贵院，递送时间在5月上旬，卷宗闻已由贵院北平分院向河北高院调出。（《胡适遗稿及秘藏书信》第19册，343页）

同日 胡适致函赵元任夫妇，感谢赠送200美元。又谈及平津教授的待遇和自己的经济状况：

……我们在平津，待遇比京沪高一级。但北大的教授本月可得二千万元，约等于黑市上十二块美元！（燕京大学的教授，五月份最高可得八千万多，约等于北大、清华的四倍，但也只是生活费，够不上薪俸。）但敝校长住房子，坐汽车，都是北大供给，故觉得比一般同事们"阔"多了。我还有点"外快"可以贴补。此次去南方开会，除去开支，还余三千多万元。我这一期的商务版税就有六千万元……我这回真把纸烟戒掉了……也省了不少的钱！（《近代学人手迹》三集，13页）

5月26日 王重民致函胡适，告胡适嘱查的朱谋㙔校笺之《水经注笺》四条都不是赵一清的笔迹，倒是接近全祖望的笔迹，等等。（《胡适遗稿及秘藏书信》第24册，113页）

5月28日 北大校友李松伍致函胡适，告5月11日长春北京大学同学会成立，"望母校指示一切，常颁箴言，以便有所遵循"。胡适批示道："本校是否应有一个专管'校友通讯'的机关？在美国大学，此事占一个重要地位，其职务为终身职。往往学校大受其益。"（北京大学档案，全宗号七，目录号一，案卷号981）

5月29日　朱家骅致胡适密电，述自己不愿加入翁文灏内阁之意。（《胡适遗稿及秘藏书信》第25册，504页）

5月30日　罗尔纲致函胡适，告陈受顾邀其去岭南大学任教，详谈自己的著作计划与著作情况，并请胡适推荐出版。（《胡适遗稿及秘藏书信》第41册，469～471页）

5月31日　下午5时，胡适主持召开北京大学第六十二次行政会议，通过补充聘任教授等事项。（《北京大学史料　第四卷　1946—1948》，61～62页）

同日　胡适、师觉月、徐悲鸿、朱光潜、季羡林联名发出请柬，请有关人士出席印度画家苏可拉（Y. K. Shukla）、周立德（N. R. Chowdhuri）二人画展的预展。画展于6月5—6日于北大孑民堂举行，叶浅予、徐悲鸿留印时的作品也都参加展览。4日下午4时至6时将举行预展。（《胡适之先生年谱长编初稿》第六册，2030页）

同日　胡适复函姚敬存，感谢其指出《章实斋年谱》一书中的错误。（6月12日之《申报》）

同日　孙楷第致函胡适：因神经衰弱，向胡适请假一年。（《胡适遗稿及秘藏书信》第32册，671～672页）

6月

6月1日　午间，北平市长何思源宴请联合国教科文组织代表阿布洛耶一行，胡适、陈垣等作陪。（次日之天津《大公报》）

同日　陈器伯复函胡适，感谢寄赠照片，又抄示《适之先生赐寄玉照题此呈谢》。（《胡适遗稿及秘藏书信》第35册，543～545页）

6月2日　顾颉刚日记有记：与拱宸、恭三书，谓适之先生后年60，拟

为发起纪念论文集，明年集稿，后年出版。予拟作《禹贡著作时代考》，将30年研究作一结论。(《顾颉刚日记》第六卷，292页)

6月3日　周鲠生致函胡适，拜托胡适向翁文灏、王世杰建议：令彭学沛驻法，并加入联合国代表团。又谈借款等事。(《胡适遗稿及秘藏书信》第30册，136～138页)

6月4日　周汝昌致函胡适，告以自己搜集曹家身世文献情事，并请求胡适在材料方面予以帮助：

……起意要草一本小册子，主旨在更清楚的明了了雪芹的家世，才能更明了《红楼梦》……

材料的来源，不外清初诗文集、史乘笔记、曹氏自己著作三者……先生如有藏书友好，亦乞介绍……

……先生旧曾借到［曹寅］诗文词并别钞全集……先生还能从天津或北平替我代借一下吗？

…………

……先生所藏脂批本上的批语，我要全看一下，《四松堂集》稿本我更须要检索一番……

……先生作考证事隔多年……材料难保不陆续□发现；或交游之中有所闻获而举以示先生者，亦未必无有。先生如自己无作续考之意，可否将以后续得材料及线索一举而畀余！？(《胡适遗稿及秘藏书信》第29册，486～487页)

6月5日　胡适为考取第二届自费留学的北大教育系助教兼研究生曾性初办理护照事，致函胡颂平："可否请兄与主管机关商酌通融办理，以便曾君早日申请护照及外汇……"(《胡适之先生年谱长编初稿》第六册，2030页)

同日　胡适对《申报》记者谈美国对日政策，次日该报报道如下：

胡适对司使的声明，表示大体同意。他看过声明全文后说：里面许多话都是我从前说过的。我和他的意见差不多。胡氏今午接见记者时，

1948年　戊子　民国三十七年　57岁

一手从写字台角落里提出字纸篓，一手指着说：这里面有许多是各地给我的信。为着美国对日问题，我已经挨了不少骂了。但他终于仍说明了如下的意见：第一，美国或任何盟国，都不会允许日本重整军备，恢复侵略的能力。社会上很多话，都是谣传。事实上，日本的海军、空军，甚至民用航空、陆军、殖民地，都没有了。在这样情形下，日本已不可能再度成为侵略国家。同时同盟国对于剥除日本的侵略力量，意见也是一致的。第二，所谓美国扶植德、日，实际是以其工业生产力，恢复和平工业的生产，养活他们自己。使一亿五千万的人口，能和和平平的过最低限度的生活。有些人看了不免眼红，战后二年，自己还未走到和平安全的生活，更未恢复繁荣，看见人家恢复的比我们还快，感觉不平。一般正当的批评和恐惧，大都由此而来。也不一定完全有作用。也有办工业的人，感到威胁。如英印和中国纺织业，都感恐惧。不过超过了正当的忧虑，谈美国给战时的敌国保留工业，就是有作用的把它扶植起来，那是不对的。我们就是被人扶植的国家。如果把扶植就当作扶植侵略力量，岂不大错？胡氏说明日本恢复工作较快，由于在麦克阿瑟的统一管理下，而不是像柏林四国分管朝鲜的南北分治。由于日本恢复的快，中国恢复的慢，我们只能忧虑自己。说句公道话，不能由于自己倒霉不长进不繁荣，也希望别人同自己一样倒霉，所以虽是正当的忧虑也有点不很正当。

同日　罗尔纲复函胡适，感谢胡适向陈受颐推荐罗到岭南大学任教。遵从胡适所言将《师门辱教记》改为《胡适先生的教学方法》，并请胡适写序。(《胡适遗稿及秘藏书信》第41册，473～476页)

6月8日　王重民赠送胡适一套新购之《水经注》。(《胡适遗稿及秘藏书信》第24册，250页)

6月9日　胡适在其著《中国章回小说考证》(实业印书馆)题记"唐兰先生赠"。又有不署年份之题记："这是敌伪时代翻印的书。这部书收集了我考证九种小说的文章，查检很方便。没有收入的是《儒林外史》与《老

残游记》与《醒世姻缘》。"(《胡适藏书目录》第 1 册，542 页）

6 月 12 日 胡适致函胡颂平，谈及：北大医学院外科副教授陈景云被英国皇家骨科研究所附属医院聘为外科住院医师，请其于 8 月 5 日以前赶到服务。因时间紧迫，故代他写此信："请老兄代为向部中主管司陈请发给护照，使他可以早日办理出国事宜。如能由大部代为陈请，准他以牌价结汇外汇以为旅费（约需二百镑），那就更好了。"(《胡适之先生年谱长编初稿》第六册，2030～2031 页）

6 月 14 日 习之在北平《新民报日刊》发表《红学之派别》一文，文中论述了"考据派"：

> 以胡适为首，俞平伯、鲁迅均有贡献。此派专门考究作者家世、历史背景以及从《红楼梦》钞刻年月版本源流，嗣获得《红楼梦》最古钞本《脂砚斋再评石头记》一书，遂使《红楼梦》为曹雪芹自叙传一说，成为定论（此点为胡适一大成就）。因而断定后四十回出于高鹗续作，使红学考证焕一异彩，为异说纷纭的清代红学家所梦想不到，诚为现代文坛一大进步也。(《红楼梦研究稀见资料汇编》〔下〕，1362 页）

6 月 15 日 何之瑜致函胡适，请胡适在一周内写好《独秀丛著》的总序；请胡适督促魏建功尽快抄录陈独秀遗著《小学识字教本》；寄赠《俄国革命史》，并推荐译者郑、王二君；请胡适和张元济沟通，让陈独秀遗著早日付梓。(《胡适遗稿及秘藏书信》第 29 册，16～19 页）

6 月 16 日 罗常培致函胡适云，已决定 7 月 15 日搭轮回国，又谈及李方桂、赵元任、傅斯年等近情。(《胡适遗稿及秘藏书信》第 41 册，312～313 页）

6 月 18 日 陈布雷日记有记：发寄张伯苓、胡适之两君各一电。(《陈布雷从政日记（1948）》，125 页）

6 月 19 日 徐大春致函胡适，告哈德门夫人关心胡适健康，希望胡适到美国体检等。(中国社科院近代史所藏"胡适档案"，卷号 1712，分号 3

1948年　戊子　民国三十七年　57岁

6月21日　下午5时，胡适主持召开北京大学第六十三次行政会议。胡适报告：得美国孟治先生函，本校在美存款仅余8000余元，交货未付之款约1万元，各教授在美自行订购应付之款约2000余元，请设法补筹拨款。决议：通知各院系停止订购。又决议修正通过教员升级办法等，又通过补充聘任教授等事项。(《北京大学史料　第四卷　1946—1948》，62～63页)

6月22日　胡适在赵一清撰《水经注释》四十卷(卷首一卷、附录二卷、勘误十二卷，清光绪六年蛟川张氏花雨楼刻本)题记："庚辰是光绪六年(1880)。张氏此刻参酌初刻未改本与修改本，说见他的儿子鸿桷后记。例如卷一叶一注文第一句'山三成'是用初刻未改本，修改本皆无'山'字。但《刊误》此条(卷一，第一条)说'增山字非也'则是用修改本了，初刻本是主张增'山'字的。胡适，卅七，六，廿二。"(《胡适藏书目录》第2册，1523～1524页)

同日　郑英有致函胡适，盛赞胡适在"国民大会"力主无记名投票，让李宗仁顺利当选"副总统"。请胡适为其介绍美国文化部门的工作。前年托胡适向王世杰说项而得以留住中国的罗斯已过世，现正禀报叶公超。(《胡适遗稿及秘藏书信》第39册，180～182页)

同日　邓嗣禹复函胡适，谈及"在北大执教，深感校长及一切前辈先生对于嗣禹之仁厚及作育本国青年之愉快。以政局动荡，讲授近代及民国史微感不便，故重返美国，履行三年合约义务。近以严君辞世，圣请奔丧返国，芝加哥大学盛情挽留，谓嗣禹在此服务已多年，总希圆满结束合约时期，然后归国。因此之故，不知可否惠恕"。(彭靖：《1940年代邓嗣禹与胡适的交往》，《胡适研究通讯》2013年第1期，2013年2月25日)

6月23日　胡适致函钟凤年，谈及：

> 做大规模校勘工作，其目的总是要写定一部最可读又最可信赖的标准"本子"。但写定方式可以有几种：
>
> (甲)单写定一部校者认为标准的"本子"，而不列校记。……
>
> (乙)写定一部校者认为标准的"本子"，而注明校者校改之处，

以明责任，有时亦注明其校改的根据……

（丙）目的在于笺注，而不限于校勘，但结果也往往可以写定一部著者认为标准的"本子"……

…………

校勘学者的第一责任是在写定他认为可读又最可靠的"本子"。第二责任是指出他改动之处的原文，以便后人对勘。第三责任是表示他校订的根据。

上述三类校勘学的方式，校者限于时力财力，各自规定其表示责任之方式。（甲）式不作校记，只是校者自负责任，要我们信任他写定的"本子"。此法未可厚非，凡有文献之国家通用之古书"本子"皆只是白文，没有校勘记，因为一般用古书的读者往往不要看校勘记。

（丙）式比较受欢迎，因为一般读者不要看校勘记，但常常欢迎疑义与僻典的注释。

（乙）式（戴官本与赵《注释》及《刊误》）只有详略之殊，实无根本差别……

胡适又说，张穆"夫近刻讹云者，对原本不讹而言也"这句话是刀笔杀人，绝不可信。指出：文字的校订，指通行之刻本某处有误甚易，而逐一指实校改之根据则甚难。又指出钟氏仍不免为张穆的刀笔所误。（《胡适手稿》第4集卷3，388～396页）

6月24日　胡适复函北大各教授，决定今日筹发薪金半个月，以后当继续努力设法，并将全校员工之生活困苦实情详告政府当局，促使从速改善。（《北京大学史料 第四卷 1946—1948》，163～164页）

6月25日　蒋经国将胡适致蒋介石函转交蒋介石。胡函云：

近日东北有人来，均言形势甚可忧虑。军纪散漫，兵无斗志。此次公主岭不战而失，知之者多扼腕慨叹。此间朋友多甚焦虑，诚恐以五十万"国军"力量而坐失东北，其影响所及，可以使全国解体。至盼主席亟图挽救，速简有气度而能负责之大员坐镇东北，并盼选任东北忠贞老辈,授以实权,使其协助收拾乱局。平津河北形势亦甚可忧。平津铁路时被毁断,北平四周,皆有"匪患",开滦矿区万一有失,则东南工业皆将停顿,岂但平津受害而已。此间军政机关重叠,事权不统一,行辕地位虽高,实无权可作事。此种局面,实非国家之福。(《胡适中文书信集》第 3 册,690 页)

6月28日　罗尔纲致函胡适,告自己无心追究岭南大学不聘之事。希望胡适尽快将《胡适先生的教学方法》的序文写好寄来。(《胡适遗稿及秘藏书信》第 41 册,480～484 页)

6月30日　北京大学聘胡适为文学院教授(胡适本人签发),任期自该年8月至次年7月。(中国社科院近代史所藏"胡适档案",档号2321,分号7)

同日　胡适签发聘书,聘翁心植为北大医学院内科助教(附待遇)。(《胡适全集》第 26 卷,832 页)

上半年　胡适为崔书琴的立法委员选举结果事,有致朱家骅、陈立夫函:

> 北大政治系教授崔书琴先生,此次经国民党提名,竞选河北省第□区立法委员,结果得×××票,该区应产生立法委员六人,崔君名列第五,本应中选。惟闻中央有劝中选者退让友党候选人之意,崔君应否在退让之列,尚为问题。查此次选举,为"行宪"之第一次试验,教育界人士竞选与投票似均不甚踊跃。崔君学有素养,识见纯正,任事热心认真,为党国中不可多得之人才。此次毅然竞选,其有心尽力襄助宪政之实施,于此可见。弟以为今日立法机关中,如能多有专门学者参加,不惟可以孚众望,亦可多收集思广益之效。崔君既已中选,政府即宜成全其美,此与一般退让友党之原则似不宜相提并论。尚望先生于中央核定各地立委中选名额时,特加注意。此并非为私人说项,欲睹宪政之成功,立法者必得其人,此意想蒙赞许也。(《胡适遗稿及秘藏书信》第 19 册,73～74 页)

7月

7月2日 胡适复函王重民，送还《群书集事渊海》首册。又拜托王将《四库》底本中有戳记、有年月的十多种之书名及收到年月开列一表见示。胡适又举事实说明：王来函中"卢文弨有意的攻击戴震"之说不算忠厚。胡函又说：

> 今天魏建功先生给我看一封我在廿六年一月十九日写给他的信，是论《水经注》案的第一信……
>
> 此信可见我在1937年1月的态度也颇同于你在1943年11月的态度——"觉得此案似是已定之罪案，东原作伪似无可疑。"
>
> 信末反对"诛心之论"，乃是第一点反动。后来我稍稍细看静安、心史诸公文字，始觉得他们"漏洞"甚多而"火气"太大……倘非老兄重提此案，倘非你力劝我担任此案的覆审，我绝不会费五年工夫作此事。（肖伊绯：《胡适致王重民"佚信"发现记》，《胡适研究通讯》2019年第1期，2019年3月25日）

按，7月1日，王重民复函胡适，呈奉《群书集事渊海》。又告自己目见的《四库》底本中送呈时有戳记、有年月的十多种。又认为卢文弨有意的攻击戴震。又告收到北大的聘书，非常快乐。又希望把胡适的来信抄录存档等。（《胡适王重民先生往来书信集》，508～509页）

又按，7月2日王重民复函胡适，用表列出17种有确切进呈年月的善本书，并谈了自己的看法。（《胡适王重民先生往来书信集》，511～512页）

同日 萨本栋致函胡适，谈中央研究院下届评议员选举办法：先请提名委员会委员提名（人数可不拘），汇总后再请全体院士照章提名，以便在第一次院士会议之前召集提名委员会商讨各组应提出之人数及候选人名单。

(《胡适遗稿及秘藏书信》第 41 册，126～132 页）

7月3日　下午5时，李宗仁夫妇在怀仁堂举行千人鸡尾酒会，到傅作义、楚溪春、王叔铭、刘瑶草、陈继承、许惠东、胡适、陆志韦、梅贻琦、陈垣、各国领事、朝野及各界闻人数百人。（次日之《申报》、天津《大公报》）

同日　胡适函谢张钰哲寄来 7 月 7—8 日的日出、日落时间表及阴历下两次合朔时间表及月出方向，并告已把这些文件转与伊斯兰教领袖马松亭。（《胡适中文书信集》第 3 册，692 页）

同日　张治中致函胡适，云：这两年对胡适关于国内外局势的言论，有同意的地方，也有不同意的地方，希望可以见面晤谈。（《胡适遗稿及秘藏书信》第 34 册，211 页）

同日　中央研究院代理院长朱家骅函聘胡适为第三届评议会提名委员会委员。（中国社科院近代史所藏"胡适档案"，卷号 2343，分号 5）

7月5日　胡适改定《再跋戴震自定水经的〈附考〉——戴氏未见全、赵两家〈水经注〉的证据》。（《胡适手稿》第 1 集卷 1，49～70 页）

同日　任鸿隽致函胡适，告中基会第二十次董事会决议补助西北科学考察团 1000 美元（合国币 7200 万元），发款时会随比价变动。现拟发款，特函询胡适（胡系该团常务理事）：目前之基准价甚高，该团收到此款是否有适当处置？该团理事会中管理财政之负责人是谁？（《胡适遗稿及秘藏书信》第 26 册，664～665 页）

7月6日　下午4时，胡适应邀在北平福德图书馆讲演"中国的国语"。略谓：

> 国语是一个国家，一个民族共同的语言。
>
> 国语的来源是"方言"，许许多多的方言竞争下特别占优势的一种方言，这种占优势的方言，成了最高的东西，成了大家所了解的话。于是变成了国语。这方言是很光荣的。中国北方的方言，就是国内许多方言中占优势的一种，所以成为中国的国语。
>
> 为什么北方的方言，会变成国语，且大家公然承认而不反对？这

并不是简简单单的，方言之能变成国语，必须有它成为国语的资格。

第一：这种方言，必须说的多，懂得多，区域广，人口众，流行得广，传播得广……

光有第一个资格还不够，还得有第二个条件。这方言的文学作品，必须比其它的方言多。中国的官话区域里，五百年当中，产生不少的文学作品，如《西游记》《三国演义》《水浒传》《红楼梦》《儿女英雄传》等好多好多的东西。尤以《红楼梦》和《儿女英雄传》是纯北京话的作品，自然写这作品的"官话"，就成了大众所了解的东西，成了大家公认的语言了。

中国字在最初我们那些造字的老祖宗们，就没有造"字母"，所以非常难学。但我们要从那些匹夫匹妇、痴男悲女的口中，记下的歌词，记下他们的语言，就很困难了，就发现我们的文字太不够用了。我们那些长袍先生们的"之乎者也"等字，一个也用不着，这怎么办呢？我们只有造字了，比如从前说我们的"们"字，这样简单的字，古时就没法写，遇到这种字，只有头痛，不知怎样写才好。于是有写"懑"字，写"每"字的，"我懑，我每"，麻烦极了。遇到一个"呢"字，则更没有办法了，把"呢"字写成"乐"字，"这"字用"遮"字来代替，这简直苦死了。极其简单的字，反弄得非常麻烦。自白话小说一流行，才确定了"们"字、"呢"字、"这"字，许许多多这一类字的写法，这一类字的语言，就变成大家共同的语言了。

"文学"是把老百姓活的文字，用一个标准形式记载下来，使大家都了解，够得上这个标准的文字或语言，才配做"国语"……一种言语，用到文学上去，便会这样流行，以致在六七世纪产生了英国的莎士比亚，莎翁用最标准的英语，写出了他的许许多多的戏剧小说，把那些最标准的话，变为文学上的语言，自然这语言就成了国语，成了大众的话了。

……中国的国语并不是简简单单就成国语的，而是包括了上述两大条件，充分的具备了其成为国语的两种资格。

我国的文字固属难学,但我国的语言,却一点没有疑义的是世界上最容易学习的语言。这是我们祖先们,那些道地的老百姓们,经过了长时期的不流血革命,在语言上淘汰了许多的复杂问题,使我们的语言在文法上极其简化,留下这份好的遗产,他们这不流血革命的成果,是值得宝贵的。我希望大家要承受这份遗产,去创造"国语的文学"。(7月11日之《北平小报》)

同日　朱家骅致函胡适,请胡推荐中研院下届评议员。(《胡适遗稿及秘藏书信》第25册,496~501页)

同日　潘公展致函胡适、过养默,谈中国公学债务问题。(《胡适遗稿及秘藏书信》第39册,48~49页)

7月7日　下午5时,胡适主持召开北京大学第六十四次行政会议,通过补充聘任教授等事项。(《北京大学史料　第四卷　1946—1948》,63~64页)

同日　胡适致函钟凤年,以自己的意见未被钟采纳,颇自咎匆匆作书定不能达意,故钟仍有"张穆之说似非苛论"之说。胡适说,钟的"成见"牢不可破,故自己去年4月的长书等于废纸,故钟至今犹自梦想王念孙出来作个新证见。今后不愿意再同钟讨论此事了,因为辩论是不能消除成见的。(《胡适遗稿及秘藏书信》第20册,282~283页)

7月8日　胡适有《北宋时的〈水经注〉已不完全了》一文。(《胡适手稿》第4集卷1,11~19页)

同日　胡适将北京大学已支最高俸额教授名册(72人)暨拟于年功加俸教授名册(43人)函呈教育部长朱家骅。(《北京大学史料　第四卷　1946—1948》,172~173页)

同日　安徽旅平同乡会致函何其巩:由何保管之助学贷金基金,由胡适前往接收,请何即日将此基金点交胡适保管。(《胡适遗稿及秘藏书信》第29册,39页)

7月11日　胡适复函钟凤年,云:

我决不要任何人"颂扬附和",我也决不梦想"将来无人能作异辞"。(此是决不可能的。)不过我确感觉语言文字均不够改变朋友的成见,辩论徒伤感情,往往不能收效果,故欲避免继续辩论耳。无他意也。

细看先生最近一信,我特别感觉辩论之无结果。此函所论,我在去年四月信内已大致说过。我说,东原入四库馆时,已自有"其生平所校《水经注》本",其时官本校勘大概已近完成,东原的贡献不过是经注的厘定,与一部分的重要校订,工作较轻,故皇帝在卅九年二月十五日已作《水经注》题诗了。我这个看法是我的发明,而有同时人的证实……我现在对于先生比勘的百千条同异,都毫不感觉兴趣,因为这些比勘我在海外都想过了。因此,我也奉劝先生莫要枉抛心力……

……此问题的根本性质属于校勘学,故我去年四月书末节曾向先生指出两三人校勘同一部书,成绩当然有千分之九百九十九相同。若不相同,就不成校勘学了。

先生上次曾想到王念孙,我试举王引之所作《光禄公(念孙)寿辰征文启事》中一段云:

戴东原先生,当代经师,家父所师事也。东原先生官于京师,校杨子《方言》。家君旋里,亦校是书。后至京师,携所校与戴校本对勘,则所见多同,其小异者,一二事耳。(《胡适遗稿及秘藏书信》第20册,284～288页)

7月12日 北大校长胡适为即将退休之梁引年等教授退休金事呈文教育部长朱家骅。(《北京大学史料 第四卷 1946—1948》,145页)

7月13日 胡适在《进士题名录》里发现戚蓼生是乾隆三十四年三甲二十三名进士,因而想到:戚与曹雪芹是同时代的人,则"戚本"就"更可贵了"。(据《日记》)

同日 熊十力有感于"民生已尽,此局不了",函寄一篇时论与胡适,如可发表,即请发表。(《胡适来往书信选》下册,408页)

1948年　戊子　民国三十七年　57岁

7月17日　北平图书馆陈济川等3人致函胡适云，上年呈请拨款收购旧书，蒙教育部拨款100亿元已经用尽，兹值教育部田次长莅平之际，敬请胡适转商田次长再筹款1000亿元继续收购。(《胡适遗稿及秘藏书信》第36册，234页）

7月19日　胡适复函逯钦立，回答逯氏对《易林判决书》王乔、崔篆与年代的三种质疑：

> ……"王乔无病……"繇辞，似乎太空泛，不可认作双凫故事的王乔。此种神话不是史事，其本身年代无从确定，故不可用来考定别的事物的年代。你说，王乔用履飞行，"这件事发生在东汉明帝时候"！你太老实了！至多只能说《风俗通》有此说而已。况且王乔之名，原与王子晋、王子乔相混……
>
> ……对于崔篆的传略，你也太老实了。大尹是很大的官，他家又有封侯的开国功臣，他是新莽一党，似无可疑。不过当时法律与人情都不很严刻，故崔篆没有得处分。他家有的是作碑版的文人，范史依据家传，故有讳饰之辞，不足奇怪。
>
> 况且，依我的说法，《易林》作于西汉末年，约在西历纪元八九年之间（叶44）。那时的王莽确是值得歌颂——至少远比刘家末代帝王更值得歌颂。如果我的结论不大错，则崔篆在王莽建国以前歌颂王莽，并不能说是"极无耻的阿谀文字"。你看了我两次大歌颂王莽的文字（均见《文存》），可以明白我在此文毫无谴责崔篆附莽之意。你用后世忠于一朝一姓的伦理来读史，故感觉歌颂王莽是错的，是"无耻"的，因此你感觉有替崔篆辩护的必要了。你必须明白，在 A. D. 1—8 歌颂王莽的功德是用不着后世人代为辩护的。
>
> 最后，你说："据《后汉书》，《易林》作于东汉建武以后，这记载也不容易推翻。"其实这是你自己误读崔传。范书并没有说《易林》作于"建武以后"！建武之后即是永平。若《易林》作于"建武以后"，

而永平五年已被皇帝用作占雨之书，那才是奇怪呢！你说是吗？（《胡适遗稿及秘藏书信》第20册，139～143页）

  按，逯钦立原函现存中国社科院近代史所藏"胡适档案"中，卷号1801，分号1。

同日 周鲠生致函胡适，谈及"北方因东北学生来平，发生惨案，学潮情形又转严重，兄处境当更苦，时为系念"等等。（《胡适遗稿及秘藏书信》第30册，143～145页）

同日 季羡林将其《浮屠与佛》一文的抽印本（《"中央研究院"历史语言研究所集刊》第20本，93～105页）题赠胡适。（中国社科院近代史所藏"胡适档案"，卷号303，分号3）

同日 陈器伯致函胡适，谈已辞去明德教职（及理由3条）等。（《胡适遗稿及秘藏书信》第35册，551～552页）

7月20日 胡适复函周汝昌，赞成其"集本校勘"工作，并列述现存《石头记》重要抄本情形：

  我对于你最近的提议——"集本校勘"——认为是最重要而应该做的。但这是笨重的工作，故二十多年来无人敢做。你若肯做此事，我可以给你一切可能的便利与援助。

  有正书局本有两种：一是民国前的大字本，一是民国后重写付石印的小字本。你若没有见到大字本，我可以借给你。……

  可惜徐星署的八十回本，现已不知下落了。……

  我的"程甲""程乙"两本，其中"程甲"最近于原本，故须参校。

  我的"脂砚"本，诚如你所说，只是一个粗粗开采过的宝藏，还有许多没有提出讨论过的材料。你的继续研究，我当然欢迎。

  《四松堂集》现已寻出，也等候你来看。

  最后，我劝你暂时把你的"年表"搁起。专力去做一件事，固然要紧；撇开一切成见，以"虚心"做出发点，也很重要。你说是吗？（《我

与胡适先生》，书前照片）

按，7月11日，周汝昌致函胡适，感谢胡将甲戌本《石头记》借阅，"准备要写一篇专文，叙论脂本的价值"；又谈及准备做版本校勘工作，又拜托胡适帮忙借阅庚辰本《石头记》等。据此函，可知此前不久周汝昌曾到胡府拜谒，即周云"平生一面旧城东"也。（《胡适遗稿及秘藏书信》第29册，488～491页）

又按，7月25日周汝昌复函胡适，感谢胡之厚意，决心力任集本校勘之事，高度评价戚蓼生及"戚本"，对庚辰本的迷失下落感到可惜，希胡适一求此本之下落，亦暑假后当取来《四松堂集》，又寄呈《跋脂本》一文请胡适指正。又谈及自己拟写之书暂称之为《红楼家世》。（《胡适遗稿及秘藏书信》第29册，492～493页）

同日　朱家骅致密电给胡适，云："年来承兄偏劳，公私感激，累兄实多，心时不安，乃北大不可无兄，北方尤赖兄坐镇。即弟可放兄，而"总统"与翁兄亦必不能听兄高蹈。北大同人闻之，将更惶恐。故此实不可能之事，只有万恳顾念大局，勉为其难。倘兄有言辞消息，则华北教育界必将动摇不可收拾。"（《胡适遗稿及秘藏书信》第25册，505页）

同日　罗尔纲致函胡适，告：收到樊际昌带来的自传稿；遵胡适训谕，未接受答应南昌中正大学的聘书而继续在中央研究院工作，已答应中央大学到该校兼课等。（《胡适遗稿及秘藏书信》第41册，485～487页）

7月22日　王重民复函胡适，云：

陈仁锡本《水经》，"鄭"字果然作"郑"！

《奇赏斋古文汇编》是汇辑他的四部《古文奇赏》而成的，可是四部《古文奇赏》里没有《水经》全文，知道这部《水经》是刻《汇编》时才加入的。

陈仁锡的《汇编》自序题崇祯七年，比谭友夏本晚五年，在封面上很可能是翻谭本的，借先生看看内容如何罢？（《胡适遗稿及秘藏书

信》第 24 册，117 页）

7 月 23 日　胡适有《戴震自定〈水经〉一卷的现存两本》一文。（《胡适手稿》第 1 集卷 1，71～120 页）

同日　李干致函胡适，谈自己正在美国协助美援交涉："上星期由美返京，离美时见 Mr. Paul Hoffman，嘱代致意，彼并言公久未去信，戏谓如公再不去信，美援又将减两万万。此事非同小可，亟为转陈，想公以国事为重，必将申纸捉笔也。"又谈及美国选情等。（《胡适遗稿及秘藏书信》第 28 册，99 页）

同日　曾世英致函胡适，谈华夏问题的维权事，请胡适主持公道，予以援助。又请胡适将附函所述进行办法逐条填注尊见寄回，以凭依据。又为便利陈述经过情形计，未先征请胡适同意，擅将胡函附录，为大众利益计，尚希不加深责为幸。（《胡适来往书信选》下册，414 页）

7 月 24 日　王世杰致电胡适：魏德迈将军预定本月 30 日赴北平，甚盼胡适能就远东及中国大局与之详谈。（《胡适来往书信选》下册，414～415 页）

同日　李书华致函胡适，澄清谣言，申明北平研究院并未从事原子能研究。（《胡适遗稿及秘藏书信》第 28 册，243～244 页）

7 月 25 日　胡适致函钟凤年，云：

> 我曾作长文论校勘学的方法……大致说校勘学的唯一大路是用善本比勘。故我不热心于先生所谓"趋重独抒己见"的校勘……
>
> …………
>
> 若无古本，则是非如何能定？……
>
> 能从搜集版本入手，则知百五十年的《水经注》纷争都由于一班学者不懂得这是一个校勘学问题，只有比勘本子可以解答。我前年得见北大藏本戴震自定《水经》钞本，仔细比勘，断定东原绝对没有看见赵、全两家的《水经注》，毫无可疑。后来周一良先生拿出他家藏的东原自定《水经》，于是北大孤本又得了一本印证，更无可疑了……此

薄薄卅三页的自定《水经》，所以能发生如许重大之证据作用者，都因为我先已费了几年笨功夫作比勘版本的工作，明白了四百年中一切本子的同异差别，故能认识某种本子的某卷某叶有某种证据作用。王静安、孟心史都不曾做这笨功夫，又都不幸先动了正谊的火气，火气蒙蔽了聪明，故都陷入东原所谓"以理杀人"的大过失！

  静安跋聚珍本《水经注》长文，皆是以猜度之词冒充证据，二千五百字之中实无一个证据，可怪也……（《胡适手稿》第4集卷3，404～408页）

同日　胡适作有《跋孔继涵〈水经释地〉稿本》。（《胡适手稿》第1集卷1，121～122页）

7月26日　下午5时，胡适主持召开北京大学第六十五次行政会议，通过补充聘任教授等事项。（《北京大学史料　第四卷　1946—1948》，64～65页）

7月28日　是日来北平之莱普汉拜访胡适。午间，北平市长刘瑶章设宴款待莱普汉与格利芬、格兰德等，陪客有美领事涂德及胡适、郑道儒、许惠东、石志仁、鲍国宝、聂传儒等20余人。（次日之天津《大公报》）

7月30日　杭立武承故宫博物院理事长王世杰之命，致函胡适，为原隶属于中央博物院筹备处的北平历史博物馆之归属问题（故宫博物院院长马衡主张将该馆纳入故宫博物院，傅斯年则主张将其纳入北平市）征询胡适意见。（《胡适遗稿及秘藏书信》第29册，245～248页）

7月　胡适用法币400万元（合市价银元1元有零）购藏巴陵方功惠藏《浙江采进遗书总录》10册（清人沈初等纂，乾隆三十九年刻本）。（《胡适藏书目录》第3册，1736页）

8月

8月1日　胡适作有《自由主义是什么？》，大意谓：

自由主义的最浅显的意思是强调的尊重自由。现在有些人否认自由价值，同时又自称是自由主义者。自由主义里没有自由，那就好像"长坂坡"里没有赵子龙，"空城计"里没有诸葛亮……自由主义就是人类历史上那个提倡自由，崇拜自由，争取自由，充实并推广自由的大运动……

…………

人类历史上那个自由主义大运动实在是一大串"解缚"的努力……

但东方的自由主义运动始终没有抓住政治自由的特殊重要性，所以始终没有走上建设民主政治的路子……

……自由主义的政治的意义是强调的拥护民主：一个国家的统治权必须操在多数人民的手里……

…………

……现代的自由主义正应该有"和平改革"的含义……（《胡适全集》第22卷，725～728页）

同日　王重民复函胡适，云：

从北平图书馆借到董恂的《文汇》，是后印本，比以前见本多三之一。关于《水经》，赵、戴两跋以外，还多一篇跋谭元春本。请先生看看他讲的谭氏分别经注，有没有道理？赵一清听人说的冯开之朱墨本，大概就是这一类的校法。

先生七月十五日的信，论到《四库全书》收入三部《水经注》，"决非馆臣的原意"，我很赞同；又论赵一清书是乾隆四十六年十月校上的，因为史部抽毁太多，填空不易，所以收入。我恐怕还有别的原因，但两个礼拜以来，也没有找到什么理由和证据。我怀疑的地方，是四十六年刚把《总目》排好，第一份书也还没有完全办好，装书盒子也似乎没有排定，在那时候抽换，比较的自由。在可以自由抽毁的时候，接二连三的装入三部《水经》。而后两部的著者都是杭州人，我因此怀疑此事或与某一纂修官有关系，但也想不出是谁来！

1948年　戊子　民国三十七年　57岁

尊撰《提要》，极好，感谢之正……（《胡适遗稿及秘藏书信》第24册，121页）

同日　张元济致函胡适，请胡替张祥保证婚。又自述病情。又以朱经农在商务"不能得门而入"，加之大局危险，乃"不得不插身干与"等。(《胡适遗稿及秘藏书信》第34册，136～137页）

8月3日　胡适为罗尔纲的《师门五年记》作一序言，高度赞佩其狷介和不苟且。又云：

……我深信凡在行为上能够"一介不苟取、一介不苟与"的人，在学问上也必定可以养成一丝一毫不草率，不苟且的工作习惯……

…………

……尔纲做学问的成绩是由于他早年养成的不苟且的美德，如果我有什么帮助他的地方，我不过随时唤醒他特别注意：这种不苟且的习惯是需要自觉的监督的……所谓科学方法，不过是不苟且的工作习惯，加上自觉的批评与督责。良师益友的用处也不过是随时指点出这种松懈的地方，帮助我们自己做点批评督责的工作。

…………

……我是提倡传记文学的，常常劝朋友写自传。尔纲这本《自传》，据我所知，好像是自传里没有见过的创体。从来没有人这样坦白详细的描写他做学问经验，从来也没有人留下这样亲切的一幅师友切磋乐趣的图画。（罗尔纲：《师门五年记》，胡适1958年自印本）

同日　胡适复函王重民：

董恂三文已读了。其跋赵书一文指出赵、戴异同的数目字，实甚正确。向来很少（怕没有）人这样正确比较过。

其跋谭本一文，全无价值。你看错此文了。此文中所记用朱蓝圈标记经注，乃是董恂自己用来标记戴本与旧刻谭本之经注不同之方法。谭友夏本是翻刻朱笺而稍有删节，当时尚没有发生经注厘定的问题。

董恂所读戴本乃是自刊本。他不知道戴、赵之不相袭，而以为戴本"何尝不有功于赵哉？"又以戴是"继事者之易为功"。此不足怪。（吴元康先生提供）

8月4日　陈之藩致函胡适，告自己将到台湾任职，又谈及当时的社会与人心，又谈道："群众响往着先生，街谈巷议，很少不提到先生的。他们不但景仰着先生的人格，而且期望着先生的思想。人到饥饿时有一种反常的情感，我期望□且说恳求先生的，也许受了这种情感的捉弄。"（《胡适遗稿及秘藏书信》第35册，220～222页）

8月5日　胡适致函朱家骅，报告与东北国立四校院长商谈四校问题事，并建议：

> 我与毅生、华炽细想，也觉得东北院校问题急须解决，而问题太大，最好是把一个大问题分析成几个小问题，才可逐个解决……国立四校（东北、长大、长白师范、沈医）既各有负责人在平，应责成他们积极负责筹备各校的校舍等事。所谓四校独立，只是事实已如此，不可强为制止。其中有问题的是：①长春大学学生大部分在沈，在平为少数，似可暂令在东北大学借读。②沈阳医学院学生在沈在平，闻约各占半数，如何决定，应由该院新院长早日商定。医学院的设备如何划分，如何搬来？也应早为筹备。该院现有内科主任魏如恕在此。
>
> 所以我们很盼望吾兄与伯苍、立武两兄从长考虑此问题，注意时间之不容再拖延，侧重问题之不可不逐个解决，决定责令国立四校在平各自解决其问题，而专令临大收容杂牌各学院学生。如此则四校经费亦可移平，其中可以省出一笔大款来，①作临大经费，②作各院校购买或租赁校舍之用，③作各校开办经费，④贴补临中。
>
> ……临大主任似宜与以全权便宜行事。因私立各校无人在此负责，问题较复杂，主任与筹备处宜有可以伸缩的大权较易办事。（《胡适遗稿及秘藏书信》第19册，69～72页）

1948 年　戊子　民国三十七年　57 岁

8月6日　胡适致函朱家骅,感谢教育部赠送北大《大英百科全书》24册。(《北京大学史料　第四卷　1946—1948》,63～64页)

8月7日　胡适收到李宗侗寄来的《赵东潜诗稿》4册(分14集),检阅后,知其足迹到过地方不少。(据《日记》)

同日　胡适摘录赵一清《东潜诗稿》的目录并有注记。(《胡适遗稿及秘藏书信》第3册,91～97页)

同日　胡适复函周一良,感谢其父周叔弢赠送戴震校《水经注》,又谈及近写成《戴震自定〈水经〉一卷的现存两本》的大要。又谈及对周论《牟子理惑论》的时代问题很感兴趣,但不赞同周结论,其理由有二:

①我常感觉我们对于佛教初入中国的一大段历史,史料实在太缺乏,而成见又实在太深,故人们往往以后期史料为标准,反而不信最可信的前期史迹……

…………

……第二理由可以简单说明如下:依尊说所假定,《理惑论》原是为五千文鼓吹之书,后来被佛教徒大加改窜,改成宣扬佛学之书——那么,改书的佛教徒何不爽性全删颂扬老子之说,他何爱于老子而必欲留此黄巾气味甚重的原文呢?(《胡适遗稿及秘藏书信》第19册,203～217页)

同日　胡适复函周汝昌,谈对周汝昌文章的意见:

……你的见解,我大致赞同。但我不劝你发表这样随便写的长文。材料是大部分可用的,但作文必须多用一番剪裁之功。今日纸贵,排工贵,无地可印这样长的文字。你的古文工夫太浅,切不可写文言文。你应当努力写白话文,力求洁净,力避拖沓,文章才可以有进步。(此文中如驳俞平伯一段可全删,俞文并未发表,不必驳他。)

此文且存我家,等你回来再面谈。我的评语,你不必生气,更不可失望。(《我与胡适先生》,书前照片)

8月8日　胡适有《沈括说填词起于中唐》一文。(《胡适遗稿及秘藏书信》第13册，132～136页)

8月9日　向达致函胡适，谈及：

至于经济困难，自是一般现象，无论学校个人，莫不如此。而最近情形，似乎更为严重，学校停止一切购置及借款，同人以前之赖学校贷款以苏喘息者，今以典贷俱穷，大都皇皇不可终日。

先生于此种情形，当知之甚悉。欲图根本解决，目前自不可能，唯如：第一，学校对于同人旧欠，暂停扣还，或多分数期扣还，则每人每月经济情形可不致影响太大。第二，学校发放薪水，以后改为每月发三次，或至少每半月发一次。如此在学校方面或不至于动摇"国本"，而在同人方面能稍获喘息，可以有余力挣扎，亦未始非双方之福也……（中国社科院近代史所藏"胡适档案"，卷号1089，分号2）

8月10日　胡适在日记中抄录郭嵩焘作胡林翼《行状》中所记胡氏语录："尝言国之需才，犹鱼之需水，鸟之需林，人之需气，草木之需土，得之则生，不得则死。才者无求于天下，天下当自求之。"（据《日记》）

同日　罗尔纲复函胡适，告已收到胡适为《胡适先生的教学方法》所写序言。谈自身疟疾病情，若治疗无效，即持胡适介函请中央医院院长诊治。(《胡适遗稿及秘藏书信》第41册，488～491页)

8月11日　胡适写成《试判断〈直隶河渠书〉与〈畿辅安澜志〉的案子》一文。(《胡适遗稿及秘藏书信》第2册，1～75页)

同日　丁声树致函胡适，告自己将于8月27日自旧金山乘船返国。又谈及赵元任在联合国文教科学会暑期班演讲和傅斯年将于8月17日抵沪等情。(《胡适遗稿及秘藏书信》第23册，350页)

8月12日　上午，胡适应邀在空军第二军区司令部讲演"人生问题"，大要是：

人生意义就在我们怎样看人生。意义的大小深浅，全在我们怎样去用两手和脑部……有人说，人生是梦，是很短的梦……就算他是做梦吧，也要做一个热闹的，轰轰烈烈的好梦，不要做悲观的梦……人生不是单独的，人是社会的动物，他能看见和想象他所看不到的东西，他有能看到上至数百万年下至子孙百代的能力。无论是过去，现在，或将来，人都逃不了人与人的关系……我们的一举一动，也都有社会的意义……不但好的东西不朽，坏的东西也不朽，善不朽，恶亦不朽。一句好话可以影响无数人，一句坏话可以害死无数人。这就给我们一个人生标准，消极的我们不要害人，要懂得自己行为。积极的要使这社会增加一点好处，总要叫人家得我一点好处。再回来说，人生就算是做梦，也要做一个像样子的梦。（次日之北平《世界日报》）

同日　胡适在周叔弢所赠戴震撰《水经考次》清钞本目录末题记："民国卅五年八月我才看见北京大学图书馆藏的李木斋旧藏的戴东原自定《水经》一卷。我在八月里写了两篇文字，指出这稿本的重要。卅六年一月十夜周一良先生来看我，把他家叔弢先生收藏的一本东原自定《水经》一卷带来给我研究。我今年才得空写成两篇文字，其中一篇是比较这两个本子的。简单说来，周本是从东原在乾隆三十年写定本抄出的精抄本。李本的底子也是三十年本抄出的，后来又用朱笔加上了东原乾隆三十七年的修改本。例如周本河水第三行'河水冒以西南流'七字，李本全删了；又'南出葱岭山'，李本改'出'为'入'，山字下增'又从葱岭出而东北流'九字。周本表示东原在乾隆三十年的见解，李本则是他在金华书院欲刻《水经注》时全部修改本，故与他后来自刻《水经注》最接近。其时他还没有见到《永乐大典》的《水经注》，故附考中渭水中篇的脱叶还只补得一百多字，颍水篇的错简也还有大错的改订。周本抄写最精致可爱。今年一良奉叔弢先生命，把这本子赠送给我，我写此跋，敬记谢意。胡适，卅七、八、十二。"另页33下有胡适的校记："这个周叔弢先生藏本也有特别胜处，李本所不及。如《水经》上栏的附录有两种，一为郦注考订经文者，一为东原自己的考订，李本不加区别，周本于后者每条各有朱笔小圈。又自记上栏有注文二条，

又增文二十一字，李本皆无。胡适又记。"(《胡适藏书目录》第4册，3003页)

8月13日　胡适、梅贻琦联名致电朱家骅并呈翁文灏，反对军警入校：

……适、琦以为此事万不得已或可由正规法院执行，若用军警入校，则适、琦极以为不可行，行之必致学校陷入长期混乱，无法收拾，政府威信扫地，国内则平日支持政府者必转而反对政府，国外舆论亦必一致攻击政府。论者或以为美国亦有"清共法案"，必能谅解。殊不知美国"清共"全用法律手续，决不能谅解军警入校捕人等现状。试设想最近云南大学的怪象，若重演于北大清华等校，国家所蒙有形无形损失固不可胜计，而全校学生骚然，教员解体，适、琦等亦决无法维持善后。故敢以去就谏阻此事，深盼政府郑重考虑。并乞务转呈"总统"为感。(《北京大学史料　第四卷　1946—1948》，1032页)

按，次日朱家骅复电胡适、梅贻琦：13日电报已转翁文灏与蒋介石核示。(《胡适遗稿及秘藏书信》第25册，506页)

同日　朱自清遗体入殓并火化，郑天挺代表胡适向朱氏家属致意，说胡适因临时有事不能前来。(次日之天津《大公报》)

8月14日　胡适有《跋杨守敬论〈水经注〉案的手札两封》。(台北胡适纪念馆藏档，档号：HS-MS01-014-007)

8月15日　吴稚晖致函胡适，介绍奇才许思园。(《胡适遗稿及秘藏书信》第28册，533～534页)

8月17日　北京大学图书馆函谢胡适赠送吴敬梓《文木山房集》一函一册。(中国社科院近代史所藏"胡适档案"，卷号2334，分号5)

8月18日　下午5时，胡适主持召开北京大学第六十六次行政会议。胡适报告：最近政府决定肃清全国学校职业学生，已开列名单，即将派军警分赴各校按名逮捕，本月12日派国民党中央青年部部长陈雪屏来北平指导。12日和13日两日会同清华大学梅月涵校长、本校郑天挺秘书长与陈部长商谈两次，并于13日晚与梅校长晤北平治安当局傅宜生、陈继承、刘瑶章诸先生，竭力劝止。13日与梅校长联名致电教育部朱部长请转呈行政院翁院长暨蒋"总统"，以去劝阻此事，连日复与陈部长谈，请其转陈利害，均未生效。交换意见结果：希望政府不令军警进入学校；希望对逮捕事采取合法手续，根据普通法律；希望同学镇定。（《北京大学史料 第四卷 1946—1948》，65页）

8月21日　李石曾签署聘书，聘请胡适为国立北平研究院学术会议会员。（中国社科院近代史所藏"胡适档案"，卷号2347，分号7）

8月22日　下午3时，胡适主持召开北京大学第六十七次行政会议。胡适报告：本月19日特种刑事法庭拘提本校学生43人（均系本校已开除学生），传讯学生28人，20日复传讯22人。其中两人查无其人，46人已于7月21日开除学籍，7人已离校南下，4人已毕业在外实习，2人已毕业，6人已由训导处派人偕同赴法庭报到，1人即将报到，25人不在宿舍。本校校舍门前及周围自19日起由警察宪兵（徒手）包围，出入均须检查，包围情形，逐日加严。连日与陈雪屏部长不时接洽，请其将本校不能允许军警入校搜查之态度传达治安当局。据闻截至今日，北平公私立专科以上学校仅余本校一校军警尚未进入搜查。（清华大学已允许今日下午军警入校）决议：布告尚未到案之学生，务必认清当前环境与自己及全校同学之前途，于明日下午3时以前至训导处报到，由本校派员陪往刑庭，否则停止学籍，明晚（23日）再将结果函知治安当局，总期军警不入学校。（《北京大学史料 第四卷 1946—1948》，65～66页；又可参考8月24日之《申报》）

同日　陈之藩致函胡适，赞佩翁文灏，希望胡适做启发青年的工作。（《胡适遗稿及秘藏书信》第35册，223～227页）

8月23日　胡适致函陈继承，云：

此次特种刑事法庭传讯的北大学生五十人，除何庆祥、胡继德并无其人外，共四十八人，此四十八人已经本校负责高级人员详细调查，结果如下：

①已赴法庭报到者六人。

②即赴法庭报到者一人。

③已经本校于七月廿一日榜示开除学籍者三人。

④确知已经离平南下者七人。

⑤已经离校二人。

⑥已经毕业在外就业或实习者四人。

⑦不在宿舍者廿五人。

已上调查之结果，均由平校训导长等以书面向我负责报告……

上项报告，我认为绝对真实，故敢转抄给先生。

我们现在正在查明凡确在北平而避不到案之本校学生，均一律停止其学籍，决不许其注册，亦决不许其潜居学校内活动。（8月25日之《申报》）

8月24日　陈继承复函胡适云：

收到先生廿三日的信，关于特种刑庭传拘学生的事，治安机关有协助执行的责任。先生负责保证贵校被拘传的除到案的以外，已无一人，我们当然相信。并据宪警负责人报告，他们已进校看过调查的结果，与先生调查的一样。我们希望凡确知不在北平的学生，请学校方面转知他们，从速到当地法庭投案，否则也一样开除学籍。如果他们或他们的同党再在学校活动，负有司法警察任务的宪警，将根据职权随时到学校逮捕，这是该先向先生声明的。（8月25日之《申报》）

同日　王重民复函胡适，谈读胡适三文的感想：

论杨《札》最痛快，重民前读其自撰《年谱》，认为应该打折扣，但还想不到他说谎话，造假材料！若再去看他校刻的书，也许就更容易看出他的捣鬼！

尊论《直隶河渠书》引用赵一清的《卢奴水考》一事，乃赵用方观承的口气编入的，最见学力，重民最为钦佩！

金文淳的事迹，我查了《杭郡诗辑》及《两浙輶轩录》等，亦无所得，只有《鹤征后录》载的最多，《人名大辞典》大概就是根据《鹤征后录》的。

金熉的诗附在《江声草堂诗集》后面，而不附文淳诗者，《杭郡诗辑》说是因为犯了罪的原故。《鹤征后录》说文淳"曾拟大辟"，是在顺德知府任内。据先生所考，他从顺德一直调往天津，好像没有周折，中间没有犯罪的事，《后录》是错了！可是文淳的调任，也就结束了赵一清的编纂工作。……（《胡适遗稿及秘藏书信》第24册，123页）

8月25日　王崇武复函胡适，谈及："离京时，曾见到吾师的信，这是一个很重要的发现，由此发现，可以解决很多的纠纷。过几天，劳贞一先生打算到国学图书馆去仔细查查看。当我们过录所谓全校本时，记得我曾向吾师说过，校文的笔迹很像国学图书馆景印本的金石录续跋中赵一清的批文，不过，那时我还不认得全谢山的笔迹，总以为全赵两人，私交既笃，在书法方面难免彼此受影响，现在经吾师揭破，才恍然大悟。"又认为全祖望对《水经注》的贡献实在很小。（《胡适手稿》第6集卷4，486～487页）

8月27日　教师节，北大全体学生向师长献锦旗。致校长胡适者文曰"播种者"。（次日之《申报》）

同日　余上沅致胡适函，谈自己受英国文化委员会之邀访欧的行程。（《胡适遗稿及秘藏书信》第29册，145页）

8月28日　胡适致函傅斯年，告傅返国时，北平正抓捕学生，故没有打电报欢迎傅夫妇。又告自己实在不想再做北大校长了，已经向朱家骅辞职，但未准。希望傅在此事上帮点忙。（王汎森：《史语所藏胡适与傅斯年来往函札》，《大陆杂志》第93卷第3期，5页）

同日　张元济致函胡适，感谢胡适照顾张祥保，并为其证婚。又认为币制改革乃是抱薪救火等。（《胡适遗稿及秘藏书信》第34册，134页）

8月30日　自是日始，胡思杜到北平图书馆做工。（据《日记》）

同日　顾颉刚致函胡适，介绍辛树帜长子转学北大。（《胡适遗稿及秘藏书信》第42册，463～466页）

8月31日　胡适有《记赵一清的〈水经注〉的第一次写定本》。(《胡适手稿》第3集卷5，425～463页)

同日　罗常培致函胡适云：今晚已约好和汤公与同学吃饭，故不能到胡适家吃饭。希望在下午4到6时拜会胡适。(《胡适遗稿及秘藏书信》第41册，314页)

9月

9月1日　为庆祝九一记者节，北平记者公会于下午2时在中山公园中山堂举行纪念会，邀请胡适讲演，并聘胡适为名誉会员。(次日之《申报》)

同日　下午5时，胡适主持召开北京大学第六十八次行政会议，并报告保释被传学生情形，现时尚未保释者8人，其中5人在原开名单内并未列名。又通过补充聘任教授等事项。(《北京大学史料　第四卷　1946—1948》，66～67页)

同日　胡适抄录《东潜诗稿·五茸集》的《菽乳次樊榭韵》并注记。(中国社科院近代史所藏"胡适档案"，卷号130，分号1)

同日　王世杰将国民政府答复魏德迈询问的书面声明函寄胡适，并请胡指教。(中国社科院近代史所藏"胡适档案"，卷号773，分号4)

同日　汪振儒致函胡适，从仪器设备与科学研究的关系谈起，希望能扩充北大农学院的仪器设备。(中国社科院近代史所藏"胡适档案"，卷号1117，分号10)

同日　胡敏之致函胡适，托胡适协助其担任小学校长。(中国社科院近代史所藏"胡适档案"，卷号1546，分号2)

同日　陶孟和致函胡适云，因健康因素请辞太平洋国际学会研究秘书，并推荐吴景超继任。(《胡适遗稿及秘藏书信》第36册，343页)

9月3日　田庚善致函胡适，请求胡适保释其出狱。(《胡适遗稿及秘藏书信》第24册，685～686页)

9月4日　胡适在北平电台演讲"自由主义"，其中说道：

1948年　戊子　民国三十七年　57岁

....

和平改革有两个意义，第一就是和平的转移政权，第二就是用立法的方法，一步一步的做具体改革，一点一滴的求进步……（《胡适全集》第22卷，733～740页）

按，此讲演前部分与8月1日条重合。

同日　胡适开始写《记全祖望的〈五校水经本〉（天津图书馆藏的赵一清全祖望水经注稿本第二跋）》。（《胡适手稿》第3集卷1，21～70页）

9月5日　北大医学院自治分会致函胡适，要求胡适保释被特种刑庭所拘传的本院学生田庚善、刘惠东，并对特刑庭非法传讯同学提出严重抗议，要求政府保证以后不再有类似事件发生。还希望北大能保留被特刑庭拘传同学的学籍。（《胡适来往书信选》下册，426页）

9月6日　胡适复函张伯苓，云：敬悉朱汉生先后接管河北、山东考铨处，甚表欢迎。今后如有垂询，即请朱先生随时来洽，自应竭诚协助。（《胡适研究丛刊》第三辑，380页）

同日　吴晓铃复函胡适，云："昨天早上收到您上月廿九日的信，极兴奋，极感谢，极惭愧！我失眠了一整夜，辗转反侧地在反省，从今以后我可以百分之百地自认是您的学生了，因为您真挚地以老师的身份来教训我了。"又表示完全接受胡适的教训，下决心改悔，做一个好学生。（《胡适遗稿及秘藏书信》第28册，565页）

9月9日　北平研究院学术会议开幕，李石曾、李书华致辞毕，胡适致辞。胡适说，应该多设研究院，学术研究应该有延续性，应推动大学和研究院授予博士学位。（次日之《申报》、天津《大公报》）

9月10日　胡适有《范晔怎么成了范奕？》一文。（台北胡适纪念馆藏档，档号：HS-US01-051-008）

同日　王重民感念胡适为其子取名字，赋诗一首以致谢忱：

数载追随钻研，稍识读书滋味；

这番喜得平生,却误了为学机会。

应似初剃度的小僧,又到红尘一回;

待到债了缘清,却误了修行年岁。(《胡适遗稿及秘藏书信》第24册,128页)

9月12日　胡适致函周汝昌,云:

我今天花了几个钟头,想替你改削这篇长文,但颇感觉不容易。我想,此文若删去四分之三,或五分之四,当可成一篇可读的小品考据文字。

全篇之中,只有"异文之可贵"一章可存,余章皆不必存。故我主张你此文主题可以改为"脂砚斋乾隆甲戌重评石头记的特别胜处",即以"异文之可贵"一章为主文,而将其余各章中可用的例子(如"赤瑕")都挑出搬入此章。(《我与胡适先生》,书前照片)

9月13日　胡适复函周汝昌,云:

我读你信上说的你们弟兄费了整整两个月的工夫,钞完了这个脂砚甲戌本,使这个天地间仅存的残本有个第二本,我真觉得十分高兴!这是一件大功劳!将来你把这副本给我看时,我一定要写一篇题记。这个副本当然是你们兄弟的藏书。我自己的那一部原本,将来也是要归公家收藏的。

《论学近著》,给你们兄弟们翻旧了,我听了也感觉高兴。

我日内走了,请你等我回来再来取《四松堂集》。

故宫内有曹寅父子上康熙帝的密折甚多;十多年前,曾在故宫出版的《文献丛编》里陆续发表此项密折几十通。你要写曹家"家世",当翻读这些重要史料。《故宫周刊》上好像曾有文字论这些密折与《红楼梦》内容的关系,似是李玄伯先生写的。我记不清了。燕大当有《文献丛编》与《故宫周刊》吧?

曹寅家有一女嫁与一位蒙古王,亦见于密折中。所谓"元妃",大

1948年　戊子　民国三十七年　57岁

概指此。

你说的北静王或是永瑢，我看不确。我猜想北静王至多不过是影射敦诚、敦敏二公而已。

尤侗集子里有关于曹寅的文字。(《我与胡适先生》，书前照片)

按，9月11日周汝昌致函胡适云：在未先征求同意的情况下，就将甲戌本《石头记》抄副，将两本同时呈上，听候裁夺；最近两月专心写《红楼家世》；疑《石头记》里的北静王是乾隆帝第六子质庄亲王；希近日到胡府取来《四松堂集》与大字"戚本"；若胡适到南京，希望胡能到雨花岗上访"曹公祠"，等等。(《胡适遗稿及秘藏书信》第29册，494～497页)

又按，9月19日周汝昌复函胡适，感谢胡慨诺将甲戌本副本为周所有；又拜托胡帮助搜借《楝亭全集》、允禧之《紫琼》、《花间堂》各诗集、永瑢之《九思堂》诗、永忠之《延芬室诗》(戊子初稿)等书。(《胡适遗稿及秘藏书信》第29册，499～500页)

同日　顾颉刚致函胡适，告已接到师觉月、泰无量等3位印度学者的介绍函，并陪他们参观兰州唐画壁，又告将遵嘱撰北大纪念册文等。(《胡适遗稿及秘藏书信》第42册，467～469页)

9月14日　为提高工警人员薪饷事，胡适致函教育部，要求比照公教人员薪金提高工警人员之薪水，以示体恤。(《北京大学史料 第四卷 1946—1948》，146页)

9月15日　北京大学学生自治会致函胡适，要求胡适离平南下之前能向地方当局交涉，"务使我们受难的同学，早日恢复自由，回到学校里来"。鉴于特刑庭入校抓人，希望胡适挺身而出，维护法律尊严，主持正义，坚决制止恶势力进入学校，以保障师长和同学的安全，维持学府尊严，维护我们北大自由独立的光荣传统。希望胡适向南京有关当局交涉，解决公费问题。(《胡适来往书信选》下册，432～433页)

9月16日　胡适飞往上海转南京，出席中基会董事会议及中央研究院

院士会议。（次日之《申报》）

9月17日　胡适自上海抵南京。夏鼐陪同午饭。胡适与夏鼐闲谈时说，他除了弄《水经注》，还在考证《直隶河渠书》与《畿辅安澜志》，而《直隶河渠书》不在中央图书馆就在浙江大学。（《夏鼐日记》卷四，203页）

同日　李圣五致函胡适，详述自己与汪伪政权之关系，以及抗战后被羁押、审判等情，希望"由囹圄移置于一图书馆中尽悴学问，了此残生"，等等。（《胡适遗稿及秘藏书信》第28册，279～286页）

9月18日　胡适在南京鸡鸣寺路中央研究院出席中基会本年度年会。出席的其他董事还有蒋梦麟、翁文灏、司徒雷登、周诒春、傅斯年、任鸿隽。另有教育部代表唐培经，外交部代表于彭，美国驻华大使馆代表Lewis Clark。主席蒋梦麟，首由名誉秘书胡适报告，继由执行委员会财政委会及干事长报告。会中通过下年度之事业计划，选举结果，任满董事司徒雷登、蒋廷黻及李铭3人经联选获联任。计董事会职员选举之结果如下：董事长蒋梦麟；副董事长翁文灏、司徒雷登；名誉秘书胡适；名誉会计霍宝树、霍浦金斯；执行委员会委员翁文灏、周诒春、霍宝树；财政委会委员李铭、汤玛士（美花旗银行）、周诒春；副会计汤玛士、叶良才。（据中国社科院近代史所藏"胡适档案"，卷号2352，分号5；又参考次日之天津《大公报》）

同日　梁方仲自国立编译馆为胡适借得杨守敬《水经注疏要删再续补》，夏鼐自中央图书馆为胡适借得《直隶河渠书》稿本25册。（据胡适是日《日记》；《夏鼐日记》卷四，204页）

9月19日　胡适同劳榦到龙蟠里丁家看《水经注》（项纲本，赵东潜早年校本，其上有谢山手笔及赵字）。校勘两部赵东潜《水经注释》抄本。（据《日记》）

同日　陈器伯致函胡适，代绍兴小云栖寺主印西上人向胡适求墨宝。（《胡适遗稿及秘藏书信》第35册，553页）

9月20日　胡适与夏鼐夜谈，谈到佛教传入中国的途径，海路较陆路更重要：

> 胡先生谓佛教传入中国史之初期，海路或较陆路更重要，希望能由考古学方面找出证据来证明。文献方面，白马寺之传说，虽为后起，然下列之五大证据，似不能抹杀：(1) 楚王英之事；(2) 汉桓帝于宫中祀浮屠老子；(3) 襄楷；(4) 笮融；(5)《牟子·理惑篇》。又云，海道至交州后，又由水道至苍梧，更北即可至湘，或由番禺越五岭至湘，佛教传播或先至南方云云。(《夏鼐日记》卷四，204 页)

9月22日　下午4时，胡适出席中央研究院二届评议会临时会议，出席的其他评议员还有翁文灏、李书华、傅斯年、林可胜、茅以升、张钰哲、萨本栋、凌鸿勋、陶孟和、庄长恭、姜立夫、赵九章、秉志、周仁、戴芳澜、吴学周等，由评议长朱家骅主席。决议事项：①修正通过评议员选举规程。②决定评议员名额32名……③本院丁文江奖金，就申请及推应者加以审查讨论，并推定3人作最后之审定。又杨铨奖学金本年度无合格者。(次日之《申报》、天津《大公报》)

9月23日　上午10时，胡适出席中央研究院成立20周年纪念暨第一届院士会议开幕礼。会议由朱家骅主席。蒋介石、张伯苓、何应钦均莅会，蒋介石致训后即离去。朱家骅报告院士选举经过后，继由评议会秘书翁文灏报告，最后由院士张元济、胡适致答辞。胡适说：9月23日是中国学术界值得纪念的日子，他同意翁文灏所说的中国已经在"世界上有了国家学术地位"，同意翁所说的中研院要发挥对内联系、鼓励学术界，对外合作、共进的职务。又强调要多收徒弟，培养后进。(《胡适遗稿及秘藏书信》第12册，177～179页；又可参考次日之《申报》、天津《大公报》)

同日　下午，中央研究院首届院士会议召开预备会，胡适等院士47人出席。朱家骅主席。(次日之《申报》)

同日　胡适致电北京大学秘书长郑天挺，嘱接待印度大使潘尼迦：

> 印度大使潘尼迦博士全家廿六"总统"专机来平，中午可到，可请季羡林兄与印度学生代表去欢迎他。潘君是史学名家，愿在北大清华燕大讲演，燕京题已定，余三题 (1) 印度宪法结构，(2) 印度史的

投影视,(3)印度社会改革,乞与清华各择题并排定三校日期,北大能讲两次更好。印度政府对北大特别客气,似宜设宴或茶会招待,乞兄与华炽、兴昭、枚荪、孟实、羡林诸兄主持,可惜我不能赶回。适申梗。(《北京大学史料 第四卷 1946—1948》,885 页)

9月24日 上午,中央研究院召开第一次院士大会,下午开第二次大会,胡适等49位院士出席。会中选出该院第三届评议员,陈省身、苏步青、吴有训、李书华、叶企孙、庄长恭、翁文灏、竺可桢、茅以升、凌鸿勋、伍献文、秉志、陈桢、胡先骕、钱崇澍、李宗恩、林可胜、汤佩松、冯德培、俞大绂、汤用彤、冯友兰、胡适、陈垣、赵元任、李济、梁思成、王世杰、王宠惠、周鲠生、钱端升、陈达等32人当选,连同评议员朱家骅、萨本栋、姜立夫、张钰哲、吴学周、李四光、王家楫、罗宗洛、赵九章、傅斯年、陶孟和、周仁、汪敬熙等13人共计为45人。并决议:①本届会议暂不举行名誉院士的选举;②成立委员会草拟名誉院士选举细则草案,以通信方式征求院士同意;③从速推定第二次院士选举筹备委员会;④设置论文及学术讲演委员会。(次日之《申报》、天津《大公报》)

按,第三届评议员聘书10月14日由蒋介石签署。(天津《大公报》,1948年10月15日)

同日 罗尔纲致函胡适,将拟撰"太平天国史考证学"一稿之目录抄寄胡适,请胡指教。又述中央大学课程除以所呈考证学纲目为讲授主干外,又加"史料目录""史料鉴定""史迹考证""史事解释""综合著作"等内容。"教学生知道历史家要有广博的知识,然后方能对形形色色的史事加以解释。……目的是要青年人知道要写历史必须有广博的知识,断不是懂得一点'史观'就可以写历史的。"(《胡适遗稿及秘藏书信》第41册,492～495页)

9月25日 杨树达将其翻译成白话的《诗经》中《齐风·东方之日》函寄胡适,请胡适指正。(《胡适遗稿及秘藏书信》第38册,186～188页)

9月26日　上午，胡适出席中研院史语所举办之招待人文组院士的茶话会。到会者还有陈垣、余季豫、杨遇夫、冯友兰、汤用彤、傅斯年、李济、梁思成、王宠惠、周鲠生、萧公权等。散会后，由傅斯年、李济招待午宴，宴后引导参观。（《夏鼐日记》卷四，205页）

同日　下午，胡适在中研院出席联合国教科文组织中国委员会年会。朱家骅主席并致开会辞。刘师舜、谷正纲、杭立武相继致辞、作报告。胡适作为委员代表致辞说：中国每年分担联教组织经费数目甚巨，值此国家财政困难之时，吾人应考虑是否值得。年会通过决议多项。（次日之《申报》、天津《大公报》）

同日　《申报》、天津《大公报》均刊载中央社昨日电讯：印驻华大使潘尼迦日前访晤胡适，邀请胡适前往印度讲学。胡适当即表示：对此东方文化古邦心向往之已非一日，甚愿明春能得暇前往观光。印度朝野接获此项消息后，咸表欢迎，并切盼胡适能提前成行，印度政府与各大学并已为其准备讲学日程。

9月27日　胡适在公余学校讲演"当前中国文化问题"，大要是：

"文化"两字蕴义甚广，"文化""文明"有时可解释为两个意思，也有时可看作一件事。解释为两个意思时，"文明"比较具体，看得见的东西如文物发明，属于物质的，"文化"比较抽象，看不见不易捉摸。

"文化"与"文明"虽可分为两件事，但有联系：某一民族为应付环境而创造发明的是文明……人类之异于一切动物，即是会靠一颗脑袋两只手制造东西，发明火可以制造更多的东西，这是"文明"。在某种文明中所过的生活形态生活方式，这是"文化"。所以"文化"和"文明"有联系。

一般的解释，"文化"是包括了"文化"与"文明"，范围较广。今天讲的属于后者，不采严格解释。

…………

……交通发达到这个阶段，谈到文化便只有世界性文化，如何还

能有纯粹的地方性、民族性、国家性文化呢？

文化的接受与选择，具有"自然""自由"的条件……

…………

……我今年五十八岁，一生相信自由主义。我是向来深信三百［年］来的历史完全是科学的改造，以人类的聪明睿智改造物质，减少人类痛苦，增加人类幸福……

…………

……这次斗争既是文化选择问题的斗争，决不能说输就算了，这不比选择双凉鞋，选择剪头发，选择钟表，选择天文历法那般容易，而得从感情、信仰、思想各方面去决定，我们的决定也即是国家民族的决定！（《胡适遗稿及秘藏书信》第12册，152～176页）

9月28日　胡适在中央博物院出席中国水杉保存委员会会议，商讨保存繁殖研究水杉的计划。出席者还有杭立武，美籍委员庞德及胡先骕、郑万钧等。（次日之《申报》）

同日　张治中复电胡适：介绍印度师觉月等3人赴敦煌参观，现已至酒泉，已派车妥送来回。诚邀胡适来见面晤谈，以便请教。（《胡适遗稿及秘藏书信》第34册，210页）

9月29日　胡适应允周鲠生到武汉做几次公开演讲。晚，应约在蒋介石官邸吃饭，同席者为傅斯年。傅斯年谈军事政治，胡适很少意见可以提出。只提出国际形势之紧张，请政府注意早作准备。（据《日记》）

同日　胡适手抄《水经注疏》3条。（《胡适手稿》第5集卷2，432～434页）

9月30日　晚，丁声树、萨本栋、夏鼐等来胡适房中聊天。夏鼐是日日记有记：

胡先生自谓在中国公学读书时，即能做诗填词，欲拟杜即拟杜，欲仿宋即仿宋，文章亦能写得通顺，惟学字最差劲，临帖摹碑，皆不成功，老师汤某亦谓其学字失败，其后不再临摹碑帖，惟作文稿时一笔不苟且,手稿当在千万字以上,经此训练后,乃敢为人写屏幅对联。又自谓《胡适文存》三集,皆亚东老板汪原放代为搜集已发表稿子,排定篇目,经本人阅过后,去取选择,并修改其次序,然后付印。《文存》能得印出,实出版人之努力,故虽不获分文版税,亦无怨言。(《夏鼐日记》卷四,206页)

同日　南京电讯:去年4月出席新德里泛亚会议的太平洋学会中国分会,四单位负责人经数度商讨后,推定胡适、吴铁城、朱家骅、王世杰、蒋梦麟、陈光甫、吴贻芳、张道藩、郑彦棻、杭立武、叶公超、邵毓麟、陈炳章、董霖等15人负责筹备中国亚洲关系协会。(次日之《申报》、天津《大公报》)

10月

10月1日　胡适与李济同到国际联欢社,与周鲠生等同到招商局码头,搭船前往汉口。(据《日记》)

同日　胡适在江泰轮上阅《全相武王伐纣平话》(建安虞氏刻本),并有题记:"前天王古鲁先生把四册《全相平话》留给我看。我带到长江船上来,今天读完《武王伐纣》一册,始知'全相'本是大删节本,颇似今之'小人书',注意之点在'全相',故文字大被删节,往往不可读。当时必先有很发达的话本流行民间,故坊贾能投机,别出此种'全相'简本。我们不可依据此种简本,遽下判断,说早期的话本文字很笨拙不通。此卷同我旧藏的《武王伐纣》本,可以比较看。"(《胡适藏书目录》第2册,1452页)

10月3日　上午10时,胡适、周鲠生、李济抵武汉。武汉市长徐会之、湖北教育厅长王文俊及军、政、教育各界代表来迎接。下船后,周鲠生等陪同胡适拜会白崇禧,下午续访湖北省主席张笃伦。(次日之天津《大公报》)

10月4日　胡适在武汉大学演讲"两个世界的两种文化",大意谓:

一个民族能在世界上立足的重要原因，就是能吸取别人的优点，也正是极伟大的长处……

人类文化是朝着 One World, One Culture, One Civilization 的方向走去的，有译"One World"为"天下一家"者，似不如译作语体"一个世界"，还较切合……

…………

自十九世纪以来，因交通工具的进步，世界的文化都证明终归是走上了"一个世界"的道路，不但物质上如此，思想上还是如此，我们中国的文化，也成了世界文化的一部份，走上一个世界的路上了，这是自然的趋势，不是人力勉强可行的，再过几百年几万年可以说自古迄今；由中而外，总还是这个趋势的。在现阶段中，人类有三个共同的目标：

一、利用科学的成果，改善人类底生活；提高人类底幸福，减少人类底苦痛——这一点已经全世界接受。

二、政治制度民主化；统治权应操在被统治者的手上，承认人类底基本自由——集会；言论；……此种思想在三十年前大致统一了。

三、经济制度社会化；财富不为少数人的享受，而要为大多数人底幸福，如英美的累进税制重征资本家，有谁反对呢？

…………

……人类从老祖宗以来，除极微小的本位是永久没有方法改变外；都是朝着一个世界一个文化的道路走去，这是一种自然的力量……（《国立武汉大学周刊》第 388 期，1948 年 10 月 21 日）

10 月 5 日 胡适在武昌对公教人员讲演"自由主义与中国"。（《胡适全集》第 22 卷，752～753 页）

同日 郑华炽致函胡适，谈及北大已上课 3 周，情形极好。吴恩裕希望就东北大学事，胡适能替他说一两句话。陈雪屏和郑彦棻都答应和特刑庭庭长交涉，"早日将学生公审，如无罪，可准保释"。郑认可胡适对被捕

学生的两点意见（迅速审判、依法律手续办理）。潘尼迦在北大已讲演两次等。(《胡适来往书信选》下册，437～438页）

10月7日　胡适自武汉飞回南京。行前，周鲠生和很多教育界人士以及地方首长张笃伦、王文俊等都到机场欢送。当日《华中日报》有一则题名《惜别胡适》的报道，内容如下：

> 文化走在政治前面，学者文人走在政府前面，政府才能革新，政治才有进步，这是一般的看法。
>
> 在抗战前半期做了四年的驻美大使，驰名世界的历史学者，中国白话文运动的先驱，由老教授而当了全国第一大学的校长，这就是胡适。
>
> 如果把他看成了思想家、革命文学家，或者新文化领袖，是会使人失望的；用这种尺度来衡量他，对他作严峻的批评，是白费气力的。
>
> 他的讲演和他的清畅的文体，都可以表现出他的超人智慧和朴实笃学来，在今天中国我们有一个胡适，这是值得骄傲的！

同日　朱家骅复函胡适，云：

> 关于平津各校院配发实物一事，顷接云五先生复云，"适之先生所提补充意见三项，除第二项平津配发实物，依照京沪成例办理，工役已包括在内，无须另行规定外，第一项请配发平津冬煤及布匹一节，查京沪系配售炊煤，平津教职员是否愿以炊煤改冬煤，或需两者同时配售？如同时配售冬煤，数量及价格如何核定？煤源有无问题？布匹能否供应？均待研究。业已交经济部核议。第三项唐山工学院请配发实物并入天津办理一节，已由院准予照办，并已分行饬知。即乞先函告胡校长"等语，知注特达。(《胡适遗稿及秘藏书信》第25册，458页）

同日　Mildred McAfee Horton再度函邀胡适来Wellesley College讲学。(台北胡适纪念馆藏档，档号：HS-NK02-012-001）

10月8日　下午5时，中国亚洲关系协会在华侨招待所举行成立大会，

出席者有胡适、吴铁城、陈光裕、朱家骅、张道藩、刘师舜、杭立武、邵毓麟、陈博生、顾毓琇、田雨时等百余人，吴铁城主席并致辞，继由胡适致辞。最后通过理事会名单，胡适系25位理事之一。（据中国社科院近代史所藏"胡适档案"，卷号2381，分号8；次日之《申报》、天津《大公报》）

次日《申报》报道胡适讲演大要：

本人当大学教授卅一年，任大学校长两年，就教育立场言，对中国亚洲关系协会贡献二项意见：①中国为世界大国，五强之一，在亚洲为最老大国家，而全国大学，对亚洲各国，如□、缅、印度、安南、朝鲜之文字语言历史，未曾设有科系研究，以谋沟通，增进了解。以印度论，据调查人口确数，有四万万人，语言文化未通，殊为遗憾。北大自成立东方语文学系，研究印度梵文以来，回教已资送学生入学。希望政府重视此事，因促进亚洲国家之合作了解，必须为东方语言文字历史培育人才。②二次世界大战以后，帝国主义被打倒，民族得解放生存自立，我侨胞在外，以劳苦血汗所得谋生活，往往遭误解，忍辱受苦。欲救其弊，惟有从增进亚洲各国民族间的了解办法，最为澈底，可以改善。故本人认为本会非国际间外交应酬门面之事，乃关系亚洲各国，因此可以增进了解，为和平繁荣之基石。

同日　胡适致函蒋复璁、赵士卿，以翔实的证据证明自己的一个猜想：湖北师范学院《史地丛刊》所发表之《水经注疏》卷一、卷二，是李子魁用杨守敬、熊会贞二人的《水经注疏要删再续补》来冒充杨、熊二人的《水经注疏》。（《胡适遗稿及秘藏书信》第20册，212～223页）

10月9日　胡适抄录《水经注疏》卷一首页的熊会贞遗言3条并题记。（《胡适遗稿及秘藏书信》第4册，168～174页）

同日　萨本栋致函胡适，请胡适补充其院士简历，以便编印《院士名录》。（《胡适遗稿及秘藏书信》第41册，133页）

10月12日　下午3时，中国亚洲关系协会在中研院开首届理事会议。

到理事 13 人，张群主席，推选胡适、张群、吴铁城、朱家骅、吴贻芳为常务理事，决议先设秘书处，推杭立武为秘书长，筹划进行。关于编辑研究工作，依据去年泛亚会议讨论意见，请胡适负责筹划，并分请学者撰著论文。(10 月 14 日之《申报》)

同日　晚间，傅斯年设宴于雨花路之马祥兴菜馆，为胡适送行。(《夏鼐日记》卷四，209 页)

同日　任鸿隽函约胡适 14 日中午一起吃饭。(《胡适遗稿及秘藏书信》第 26 册，666 页)

10 月 13 日　胡适与夏鼐谈及《水经注》研究即将收束，以及如何写研究报告事：

晚间至胡适之先生处，胡先生今晚夜车赴沪返平，谓研究《水经注》再过一个月即为五年，现在大致完竣，惟如何写作，尚未决定。写法有三种：(一) 400 年来《水经注》研究的历史；(二) 新发现之《水经注》版本及戴、赵、全公案之裁判；(三) 60 余种《水经注》版本之提要及体系。明年蔡先生纪念讲演，拟采用其一，询余意思如何？余以为通俗讲演最好用第一题目，不致令人生倦，胡先生亦以为然。(《夏鼐日记》卷四，209 页)

同日　胡适自南京赴沪，日记有记：

我九月十六南飞……新币制行了四个星期，还没有呈现大失败的情形。

九月廿三，济南陷落了，人心为之大震动。但我廿九日见"总统"，他还说币制是大成功，收到了壹亿四千万美金价值的金银外汇，殊不知此壹亿四千万须用五亿六千万金元去换取，此即新政策崩溃之一个大原因。

10 月 14 日　胡适日记有记：

上海情形甚不佳。

我在《新闻报》上发表一个谈话，主张速请经济学者检讨两个月的成败得失，当修正者速修正，当废止者速废止，必须虚心，不可护短。

10月15日　《书报精华》第47期刊登胡适的《从言论自由谈到当前的时局》，胡适说：

自由思想，并不是落伍的思想，它是世界文化向前发展的因素。自由主义最重要的有两件事：第一是言论自由，各人有什么意见可以自由发表，自由讨论，这样使不是"真理"的东西自然抛弃，是"真理"愈见明显，而为人所公认。第二是"容忍异己"的态度，各人既有他思想言论自由，自然对于我不同意见的人，我要容忍，否则就是侵犯了他人的自由……

…………

当前的世界文化潮流，显然有主流与逆流的割分，也就是自由与不自由，民主与不民主，容忍与不容忍的划分。我们中国人要认清世界文化的潮流，选择自己应该走的方向，只有自由可以解放我们民族的精神，只有民主政治可以团结全民族的力量，解决全民族的困难！只有自由、民主，可以给我们培养成一个有人味的文明社会！也只有在自由民主的世界里，才能研究出使文化更进步的真理来！

10月16日　中午，商务印书馆在国际西餐厅宴请胡适、陶孟和、任鸿隽夫妇及高君珊，史久芸作陪。（史久芸著、洪九来整理：《史久芸日记》，商务印书馆，2017年，212页）

10月17日　竹垚生请胡适吃晚饭。（据《日记》）

10月18日　胡适到杭州，游览钱塘江大桥、六和塔、西湖等处。（据次日《日记》）

10月19日　胡适到浙江大学，访竺可桢，见到竺夫人陈汲女士以及潘渊（企莘）、郑宗海等友人。游虎跑寺。（据《日记》）

1948年　戊子　民国三十七年　57岁

10月20日　胡适荡舟西湖，到孤山林社，看高啸桐遗像。下午2时到浙江大学讲演"自由主义与中国"。下午4时乘快车回上海。（据《日记》）

"自由主义与中国"共包括四方面内容：自由与自由主义是什么；我国古代儒者的自由主义思想；过去我国自由主义者失败的原因；今后我国自由主义者倾向。在第一部分，胡适说，"自由"实"由自"，即由于自己，不由于外力的意思。自由主义者争取宗教信仰自由而解除某个宗教威权的束缚，为争取思想行动的自由而解除某派正统思想威权的束缚。古今中外，莫不如此。（中国社科院近代史所藏"胡适档案"，卷号220，分号3）

竺可桢是日日记：

请适之在校演讲。适之"自由主义"讲演中引用王安石《拟寒山拾得二十首》第四云：风吹瓦堕屋，正打破我头。瓦亦自破碎，岂但我血流。我终不嗔渠，此瓦不自由。

……十一点允敏与松松赴新新旅馆约胡适之来校。十二点适之偕郑石君来，并约步青、阮毅成、丁庶为夫妇、振公、季恒、晓峰作陪。中膳后方一点，在院中拍一照留纪念。严仁赓、丁绪宝夫妇均来。一点半，适之偕晓沧、晓峰至文学院。二点约适之在体育馆演讲，题为"自由主义"，听者八九百人。听者大部均驻足而立，但终一小时二十分，鲜有退者，亦可知适之演讲之魔力也。适之小余一岁，近来人甚肥硕，但演讲时已汗流浃背矣，因下午相当热也。述自由主义为中国之固有产物，以《吕氏春秋》为证，并引王安石白话诗。述浙江余姚明代三位大师阳明、梨洲、舜水均为提倡自由主义。述东汉王充（仲任）之自由主义。但以为中国之自由主义缺乏了政治之自由，且少容忍之精神，故自由终不达到，而人民亦无由解放云云。二点讲至三点廿分。回至办公室稍坐，由允敏送往车站。（《竺可桢全集》第11卷，236页）

同日　胡适在离杭前，有致杭州市市长周象贤短札：

企虞兄：

十多年没有来游杭州，这回来玩了两天，因为我知道你实在很忙，故不敢让你知道。前天走过你府上门口，也不敢进去报到。今天托季谷兄代我道歉，并代我问好。(《杭州市政》半月刊新1卷第3期，1948年11月1日)

10月21日　胡适到合众图书馆，在该馆所藏"重校本"确是全祖望的书，有其改稿。是日日记记此次南行见到的6种《水经注》：项絧本上赵东潜校记，及全谢山改定经注；赵东潜最后稿本状态(残)；汪氏振绮堂钞赵书(残)；小山堂清钞本(全，无刊误)；杨、熊《水经注疏要删再续补》；杨、熊《水经注疏》。(据《日记》)

同日　胡适致函徐鸿宝、顾廷龙，云：

约园钞的王梓材原本，居然有很大用处，可以证实薛福成、董沛的刻本改动王梓材本是些什么地方……

…………

谢山改定《水经注》的经注，最感困难的是河水第五卷。他改正经注在赵、戴之先，但因为他早死，成绩实远不如赵、戴。最坏是河水第五卷，此卷他屡次改动，最后定本还比戴、赵多出经文几条……

王梓材曾见两种不同的河水五卷全谢山校本，我叫做"A""B"两本。"A"本代表谢山早期(乾隆十五年)改定的经注，近于我借得的天津图书馆本。"B"本代表谢山最后期(乾隆十九年)改定的经注，近于(或等于)合众图书馆所得的所谓"重校本"。

此两本最不同的地方是在第五卷的经文与注文的考定。

欲明了这个问题，可先看戴东原改定本……

…………

再看赵东潜(一清)改定本，此处共有十二条经文……(《中华文史论丛》1979年第2辑，210～211页)

同日 胡适抄录孙沨鼎《上海合众图书馆藏吴琯本水经注跋》。(中国社科院近代史所藏"胡适档案",卷号53,分号1)

同日 罗尔纲致函胡适,谈及自己治太平天国史,"致力于辨伪考信方面,自问在学问的大海中不过一点一滴,但世之治此学者,正缺乏这方面"。又代徐佛观向胡适邀稿。(《胡适遗稿及秘藏书信》第41册,496～499页)

同日 周叔迦致函胡适,云:1937年春胡适曾答应作即将成立的北平佛教图书馆董事。因抗战军兴,成立图书馆事停顿。现拟于10月26日在北海公园举行第一次董事会,敬邀胡适出席。(《胡适遗稿及秘藏书信》第30册,4页)

10月22日 胡适飞回北平。"此次出外三十六日,真有沧桑之感。局势一坏至此!"(据《日记》)

同日 《申报》、天津《大公报》发表胡适致全体立委函,建议制定市自治法程序:

> 北平、天津市民治促进会,在本月三日的年会上,全体通过了一件议案,"请立法院从速制定市或直辖市自治通则",因为我们觉得市(尤其是直辖市)是我国现代文化的中心,是人口最稠密,工商业极发达,人民知识水准较高的地区,所以民主政治先由市做起,似乎比较容易,"宪法"第二十八条规定"直辖市之自治以法律定之",并指明直辖市得依据自治通则自制自治法。直辖市的地位,应该可以比省的地位。"宪法"第六十四条和第九十一条亦把省与直辖市相提并论,有些省分人口比直辖市少,文化也比直辖市低,所以我们主张直辖市的自治权,至少应该与省的自治权平等,因此,本会站在促进市民治的立场,关于市自治法的制定,向贵院建议采以下的程序:立法院依据"宪法"第廿八条及一百廿八条制定市或直辖市自治通则,市或直辖市得召集市民代表大会,依据市或直辖市自治通则制定市自治法,市或直辖市自治法制定后,即呈送司法院,司法院如认为无"违宪"处,该自治法即为有效。以上是我们的一点意见,很恭敬的奉献给贵院同人。

同日　田庚善致函胡适，告：接到羁押延长书不胜恐惧，请胡适帮忙打听特刑庭的打算和延长羁押的理由，并想办法让其出狱。（《胡适遗稿及秘藏书信》第 24 册，687 页）

10 月 23 日　魏建功函寄台湾《新生报》与胡适，又恳请胡适为《国语日报》写文章，给台湾人士一个鼓励，给魏本人精神上的支持。（《胡适遗稿及秘藏书信》第 41 册，179 页）

10 月 24 日　胡适复函周汝昌，云：

> 《四松堂集》，又你的长文，今早都托孙楷第（子书）教授带给你了。
>
> 子书先生是中国小说史的权威，我很盼望你时常亲近他，他也很留心《红楼梦》的掌故。
>
> 故宫里曹寅、李煦的密折，都绝对无法借出，只可等将来你每日进去抄读了。
>
> 刘铨福是北京有名的藏书家。叶昌炽的《藏书纪事诗》有专咏他的诗，其注语可供参考。
>
> …………
>
> 脂本的原本与过录本，都可以请子书先生看看。他若高兴题一篇跋，一定比平伯先生的跋更有价值。（《我与胡适先生》，书前照片）

按，10 月 23 日周汝昌致函胡适，对胡之恳挚指导深致谢忱，又谈及："由于先生的指示，使我对《红楼家世》一草，更不敢率尔从事。"又谈到刘铨福这个人很重要，是《红楼梦》版本史上一个不朽的人物。又谈到请胡适帮忙借阅《楝亭全集》以及曹寅、李煦奏折事。又谈到归还"甲戌本"等事。（《胡适遗稿及秘藏书信》第 29 册，501～508 页）

又按，10 月 29 日周汝昌复函胡适云：已经取来《四松堂集》；感谢胡适为其改文；感谢赐示叶昌炽藏书《纪事诗》；又希望胡能介绍周到故宫查阅密折，又抄示周著《赋金缕曲赠丛碧先生》等。（《胡适遗稿及秘藏书信》第 29 册，509～511 页）

1948年　戊子　民国三十七年　57岁

同日　北京大学王烈等82位教授发表停教3天的宣言，同时致函校长胡适请借薪津两月：

改革币制以后，物价和我们薪给被冻结了，物价虽然被冻结，我们绝不能照限价购得我们的食用所需，因此我们每月收入不过维持几天的生活。当然，我们宁可饿死而不离开工作岗位，但是我们和我们的眷属在为饥寒所迫的时候，难予安心工作。政府对于我们的生活如此忽视，我们不能不决定自即日（十月二十五日）起忍痛停教三日，进行借贷，来维持家人目前的生活，特此宣言。另致函胡校长适称：物价迫着我们不能不忍痛停教三日，兹将我们停教的宣言附呈，事非得已，尚祈鉴谅；为维持目前生活起见，我们要求学校在一周内借支薪津二月，以免冻饿，至为盼切……（见次日平、津各大报纸）

同日　下午，翁文灏就币制改革问题在北平召集各大学教授、学者举行座谈会，交换意见。此次座谈会，是由胡适向翁文灏建议的。（次日之《申报》、天津《大公报》；10月26日之天津《大公报》）

同日　下午8时，蒋介石在北平行邸宴请翁文灏、张厉生、胡适、陈垣、梅贻琦、陆志韦、袁敦礼及赵迺抟、蒋硕杰、周作仁、吴景超、刘大中、赵守愚、贺麟、戴世光、朱光潜诸教授，席间曾就目前经济问题，询问各学者之意见，以备政府采择。（次日之《申报》、天津《大公报》）

同日　顾廷龙致函胡适，谢赠赐书屏一幅。又谈到沈文起《水经注疏证》于1942年遗失，据闻傅增湘曾手抄一部，请胡适转托傅之公子，希望允许众图书馆借抄一部。（《胡适遗稿及秘藏书信》第41册，603页）

10月25日　胡适复函宣布罢教3天的北大教授：

我上星期五才回平，星期六到校办公，原定本星期三开教授会，报告在南方接洽情形，并商讨同仁生活问题。今天接到诸先生来函，同请假三天宣言，我当然能了解，学校今天先行筹画薪水半个月，以后当然就能力所及，急速设法，并将全校员生生活困难实情，详告政

府当局，促请从速改善。（见次日之天津《大公报》、北平《世界日报》）

同日　北大各院系全部停课。胡适对记者谈话称："教授停教三日，事先不知。就问题本身言：教授生活值得同情，但又系整个问题，平、津比较迫切些。二十四日各大学校长谒见蒋'总统'与翁院长时，曾谈到改善教授生活问题，因时间短促，不能作决定。"（次日之天津《大公报》）

同日　北大学生自治会为支援师长停教罢课，上书校长胡适：为支持师长们为活命而忍痛停教的行动，我们经过半数同学的签名，决定自 25 日起罢课。我们相信校长不但能答应师长们"借支薪津二月，以免冻馁"的要求，而且还能为全校师生员工向政府积极交涉，以谋求根本解决免于饥饿的途径。（次日平津各大报）

同日　下午 5 时，胡适主持召开北京大学第六十九次行政会议，报告在南京接洽经费情形。在南京参加临时校长会议，会议决议如下：今后学校经费标准，员生生活费与行政费之比例应定为 3∶2，行政费内学术研究费应占一半；取消教员资格审查；取消学生资格审查；取消大学总考。胡适又报告：上海北大同学徐士浩捐 50 周年纪念款金元 1 万元，已有 5000 元购纸，5000 元购木器；外交界北大同学捐 1000 美金，尚未汇到。胡适又报告：本校教授 82 人自本日起停教 3 日。又通过职员薪俸各照实支加 5 元并入正薪计算等事项。（《北京大学史料　第四卷　1946—1948》，67 页）

同日　胡适日记有记：

"为人辨冤白谤，是第一天理。"（毛子水引吕新吾）。

此语甚可喜，故记之。

10 月 26 日　蒋介石召见陶希圣，指示陶就中央社发表 17 位教授《为民请命》稿商之于胡适。夜 11 时半，陶希圣访胡适，胡适反对指摘美国帮助地方政府一段。次日陶向蒋介石报告胡适意见，蒋介石首肯。（《陶希圣日记》上册，177～178 页）

同日　天津《大公报》报道：北平各大学教授拟具《为民求命书》，已由胡适呈蒋介石及翁文灏。

10月27日 胡适致电四川省政府主席邓锡侯：报载北大李承三教授在松潘被掳，请查明营救。（《北京大学史料 第四卷 1946—1948》，238页）

10月28日 胡适致函教育部，将北京大学文理法讲师讲员助教联合会为生活问题提出调整薪金、研究费等4项要求的信抄送，又云：因物价波动甚剧，所有教职员工确实困难。（《北京大学史料 第四卷 1946—1948》，166页）

> 按，该联合会的信写于10月23日，10月26日、11月21日又为生活问题再度致函胡适。（《北京大学史料 第四卷 1946—1948》，165～166页）

同日 晚，蒋介石约胡适吃饭，胡适日记有记：

> ……我很质直的谈了一点多钟的话，都是很逆耳的话，但他很和气的听受。
> 1. 局势很艰难，有很大的危险。
> 2. 决不是一个人所能对付，必须建立一个真正可靠的参谋部。
> 3. 必须认错，必须虚心。
> 4. 美国援助是不容易运用的，也须有虚心作基础。
> 5. 黄埔嫡系军人失败在没有根底。必须承认这失败。
> 6. "国军"纪律之坏是我回国后最伤心的事。
> 7. 必须信赖傅作义，真诚的支持他。
> 8. 北方的重要千万不可忽视。
> 9. "经济财政改革"案实有大错误，不可不早早救正。
> 10. 我在南方北方，所见所闻，实在应该令人警惕！……不可不深思反省。

10月29日 北大、清华、师大、北平研究院等单位负责人胡适、梅贻琦、袁敦礼、李书华等在北大举行谈话会，讨论员生生活问题。决议：要求政府

按物价调整待遇；调整学生公费，增加救济金名额；冬煤款速拨汇；粮荒速补救（员工配给之面粉请政府源源北运）。（次日之《申报》、天津《大公报》）

10月30日　胡适函谢顾廷龙帮忙影印谢山重校本卷二首页，并告知张氏约园本与此页手迹全同；另谓跋杨守敬两札一文似较可单行，其中论全校《水经注》一段，烦代修改几个字。（《胡适手稿》第3集卷3，297～299页）

10月31日　胡适在北平图书馆看书，在该馆所藏的两种四明卢氏（抱经楼）书目中看到自己想看的几种书：《修文御览》360卷，明钞本；《华阳国志》12卷，明嘉靖张刻足本；《旧五代史》150卷，目录2卷，抄本16本。（据《日记》）

同日　高宗武致函胡适，谈及：美国大选若杜威获胜则"援华"行动当可起劲一点；对中国前途并不乐观；中国的官僚社会中容不下想做事与想解决问题之人等。（《胡适遗稿及秘藏书信》第31册，262～263页）

11月

11月1日　胡适复函傅斯年：

> 此行出门三十七天，有如做了一个噩梦，醒来时不知身睡在何处。
>
> 为了教员罢教（三天），学生罢课（五天），职员罢工（星六，一天），我还没有工夫来细想一切。老兄近在京城，当此时机不可不用冷静头脑替国家想想。我盼望你同大维单独细细谈谈，你们两个大智慧人应该可以帮国家想想。此时不是责人骂人所能了，也不是悲观叹气（那班叹气骂人的"大百姓"，都要不得！）所能了。我看南京此时只有你们两位责任最大，不可放弃责任。詠霓太使人失望，别人可以骂人，可以悲观，他却不应该，因为他有他的责任。北方事当以全力支持傅宜生，此是今日之长城。（王汎森：《史语所藏胡适与傅斯年来往函札》，《大陆杂志》第93卷第3期，5～6页）

同日　邓嗣禹致函胡适，谈及，"离开和气一团的北大同事，温仁诚笃的校长前辈，使人时常想念，仿佛若有所思。希望时局不致大乱，使同事、同学可以安心教学，希望先生身体健康，可以多出几种伟人的著作，为国际争体面，为未来学术界放光辉"。(彭靖：《1940年代邓嗣禹与胡适的交往》，《胡适研究通讯》2013年第1期，2013年2月25日，25页)

同日　李奕发致函胡适，请胡适参与民主救国党。(中国社科院近代史所藏"胡适档案"，卷号1168，分号2)

11月2日　胡适致顾廷龙二函，第一函请顾抄示全祖望"重校本"《水经注》卷六的"湛水"篇。第二函云：

> 你若有闲暇时……可试将"陈本"卷四与"重校本"卷四对比一次，即可知此卷两本异同所在。
>
> 我最不解者，前十卷号称得之卢家，而陈劢在林家发现一大堆残稿之中，"前十卷亦尝录存，所少者《题词》《序目》也"。(王氏第二跋)是前十卷有卢林二本，难道两本都"逸其半"吗？
>
> 这里面是不是有可疑？乞兄思之见告。(《中华文史论丛》1979年第2辑，214页)

同日　田庚善致函胡适，告自己已被羁押两个月又10天，请胡适帮忙使其早日恢复学业。其妻姜莹致函胡适，请求胡适为田庚善作保。(《胡适遗稿及秘藏书信》第24册，688、692～693页)

11月3日　下午5时，胡适主持召开北京大学第七十次行政会议。胡适报告：中央研究院办理三十八年度院士选举，函请本校提名候选人，本校拟请俞大绂、胡适、殷宏章、张景钺、许宝騄、汤用彤、饶毓泰7位教授组织中央研究院院士提名委员会，由汤用彤教授召集，决议通过。又报告：一年级自费学生请求救济，经决定凡清寒自费生在政府未设置贷金前，由学校暂时按照各人所需要的情形酌予贷借，请大一文理两组主任负责与学生分别谈话，核定数目。又通过补充聘任教授等事项。(《北京大学史料　第四卷　1946—1948》，68～69页)

11月4日　田庚善致函胡适，述自己已被羁押两个月又11天，妻子又

将临盆,请胡适援救。(《胡适遗稿及秘藏书信》第 24 册,689～690 页)

11月5日　何之瑜致函胡适,赞佩胡之《时论集》,又谈及"五四"的史实,重点谈整编陈独秀遗著过程中关于陈独秀的新发现和新心得。(《胡适遗稿及秘藏书信》第 29 册,23～26 页)

11月7日　上午8时,胡适应邀在冀省府月会中发表讲演,评美国大选,说杜鲁门的胜利,就是杜鲁门主义的胜利,他对于全世界的影响很大。胡适相信,今后爱好自由的国家,都可以获得美国援助,而与反自由的国家展开斗争。胡适也认为美国多数人民对罗斯福新政的怀念,以及杜鲁门表示继续"新政"的精神是杜鲁门获胜的基本因素。并且,杜鲁门今日的胜利,是 3 年来继续不断奋斗的果实。(次日之《申报》、天津《大公报》)

同日　许宝骙致函胡适,感谢胡适曾给予其半年薪水以休病假,目下身体状况仍不好。拜托胡适向王世杰推荐朱垣章外放欧美。(《胡适遗稿及秘藏书信》第 33 册,143～144 页)

同日　罗家伦致函胡适,告:日本人山本所译《罗摩衍那在中国》,中文原文系 251 年康僧会所译,足证罗摩故事在 3 世纪时在中国已流传。胡适的孙悟空来自印度之说,可得新证。(罗家伦先生文存编辑委员会:《罗家伦先生文存》第 7 册,"国史馆"、中国国民党中央委员会党史委员会 1988 年印行,250 页)

11月8日　任可毅致函胡适,谈公司"法人"事,认为国共应以"和为贵",希望胡适斡旋时局,重开和平之门。(《胡适遗稿及秘藏书信》第 26 册,133～138 页)

11月9日　是日乃胡适研治《水经注》5 周年。(据《日记》)

同日　胡适致函傅晋生,谈:顾廷龙来信言沈文起《水经注疏证》稿原藏嘉业堂,后遗失,但傅增湘曾抄,傅抄本目前不知在否。合众图书馆有《两汉书补正》及《苏诗补正》稿。顾廷龙请托传抄《水经注疏证》,故写此函代请。(《胡适遗稿及秘藏书信》第 20 册,133 页)

按,顾廷龙原函作于 10 月 24 日,收入《胡适遗稿及秘藏书信》

第 41 册，603 页。

同日　胡适致函北大同仁：红十字会系国际慈善团体，在抗战中对教育界贡献甚多，中国红十字会会长蒋孟麟先生又系本校前任校长。本年该会征求会员，特请本校积极赞助，谨此奉达，务恳加入该会为普通会员。会费全年国币 2000 元，拟即由学校交费代办入会手续，如先生早经入会或无意参加，即请于 11 日前来函复知，以便统计为荷。（《北京大学史料 第四卷 1946—1948》，1144 页）

同日　雷海宗致函胡适，告陕西省参议会拟为在周论社帮忙的高文廉之父丧送一挽匾，想恳请胡适题写，但不敢贸然自请，故托雷海宗代为恳询。胡适在此函上批道："为省时间计，可请人写"；又批道："'遗爱在人'如何？"（《胡适遗稿及秘藏书信》第 38 册，338 页）

11 月 11 日　胡适复函陈雪屏，告：

　　……此间各校十日已完全复课，惟被捕学生孟、李二人尚未移送法院，陈武鸣因有训令，故颇固执。弟意浙大被捕三人已送法院了，何必须出一血案然后移送乎？甚盼兄代陈主席请依卅三年公布之特种刑事案件诉讼条件第一条及训政时期约法第九条与八十四条之规定，训令此间当局将被捕而非军人身份者一律即移送法院。此事关系颇重大，"宪法"即属生效时期，不可不早树立"守宪"风气。至盼兄努力图之。（《胡适研究丛刊》第三辑，381 页）

11 月 11—12 日　胡适写成《记中央图书馆藏的〈直隶河渠书〉稿本廿六册》。（《胡适手稿》第 1 集卷 2，289～327 页）

11 月 14 日　胡适有《全氏七校水经本目次考异》。（《胡适手稿》第 5 集卷 1，63～77 页）

同日　胡适致函顾廷龙，告昨日拜访傅增湘，询及沈文起的《水经注疏证》，傅告系他购自扬州，后来转让给别人（记不得是谁）；从傅处借来残宋本《水经》，预备 12 月 17 日展览。（《中华文史论丛》1979 年第 2 辑，

215 页）

  同日　许思园致函胡适，介绍自己的研究，希望能到北大执教。（中国社科院近代史所藏"胡适档案"，卷号 958，分号 7）

  11 月 15 日　下午 5 时，胡适主持召开北京大学第七十一次行政会议。胡适报告，教授宿舍代表来谈三点：请尽速并筹发薪俸一部分；请学校催询本校教授会建议改善公教人员待遇结果；请学校注意本校水井。又通过补充聘任教授等事项。（《北京大学史料　第四卷　1946—1948》，69 页）

  同日　胡适抄录《东潜诗稿》第二册。（中国社科院近代史所藏"胡适档案"，卷号 52，分号 2）

  11 月 16 日　胡适复函近藤春雄，同意其翻译的胡适作品"付印流通"。（《胡适之先生年谱长编初稿》第六册，2056～2057 页）

  同日　王重民复函胡适，云：

  奉十二日手谕并尊稿二篇，敬谢！跋朱藏《水经注》，已遵嘱清钞一份，发《图书季刊》登载；跋《直隶河渠书》稿本，也拟清钞一份，仍愿在下一期《季刊》发表！

  先生精研熟读赵、戴两家《水经》，以赵说证赵稿，以戴说证戴稿，有若观火，读过之后，于钦仰之余，只有觉得痛快！此事缪荃孙固然不能，孔继涵、段玉裁能识戴的笔迹，不能辨赵的笔迹，再论到分别的学力，恐孔、段二公亦不能也。

  末一册"俱玉田补写"，先生解作"京东的玉田县"，恐怕戴震未必有机会到那边去！"玉田"好像是人名，方观承号宜田，"玉田"可能是他的兄弟子侄辈。重民数日来都在家写文章，稍后当往图［书馆］一检《桐城方氏家集》。

  …………

  在北大五十周年纪念日，先生过生日的时候，一定能把印本的《吴承恩交游事迹考证》呈献在先生面前了！先生的跋文，好像已交给李伯嘉先生，而没有一同寄到北平来，先生如有底稿，请再送下钞一份，

为祷!（《胡适遗稿及秘藏书信》第24册，130～131页）

同日 《申报》报道：胡适再否认北大等校南迁说。

11月17日 胡适为教职员生活问题致函教育部长朱家骅，要求将11月和12月调整增加之生活补助费先行借用，以为紧急救急之需。并云："此事负有安定人心之作用，万不可延缓。"（《北京大学史料 第四卷 1946—1948》，168页）

11月18日 胡适复函阮毅成，谢赠《胜流》合订本，又谈及游杭时畅谈，至今以为快事。（阮毅成：《适庐随笔》，《小世界》第401期，1961年9月2日）

同日 胡适日记有记：

春天为陈器伯写宋僧显万诗云：
万松岭上一间屋，老僧半间云半间。
三更云去作山雨，回头方羡老僧闲。

器伯寄诗云：
白云出山本无心，老僧入定得闲地。
政须霖雨慰苍生，独善疑非圣人意。

我久未作答，今夜戏为他写一幅纸云：
偶然写了懒僧诗，我本无心你莫疑。
树下六年枯寂坐，圣人辛苦为人时。（最后一诗又见《胡适遗稿及秘藏书信》第35册，555页）

11月19日 胡适致函北大各学院负责人，云：接到中研院第二次院士选举筹备委员会函称，明年选举第二次院士的名额，依规定，最多不过15人。北大为提名机关之一，本校行政会议曾经议决，由本校在平院士7人组织第二次院士候选人提名委员会。该委员会昨日开会商定，先请全校各学院的负责人推荐人选，然后由委员会决定名单交由本校盖印提出。北大提名应以全国为范围，务求为各学科选出最有贡献的学人为院士。送上院士候选人提名表。(《胡适遗稿及秘藏书信》第20册，406页)

同日 王重民复函胡适，云："玉田一条，先生看是东原亲笔，当是可信"；"先生拟再去南京时再看，并一校《安澜志》，亦好！"《东潜诗稿》第三、四册已抄好。"尊跋朱本《水经》已遵嘱钞一份寄上海付印。《跋直隶河渠书稿》奉还！"(《胡适遗稿及秘藏书信》第24册，132页)

11月20日 胡适下午3时在华北"剿总"讲演国际形势，其结论为"和比战难、苦撑待变"。胡适论及和平问题时一段演辞为"要求和平不要性急，和比战难，要难上千倍万倍"。渠并以马歇尔为例称：马歇尔是上次大战中民主国家的总参谋长，他战胜了轴心的德日，但来华经年，却不能使国共的和谈成功。胡适的结论是，目前只有苦撑待变，所谓待变，不一定要爆发第三次世界大战，我们只要对我们的生活方式（民主自由和平的生活方式）有信心，那么，半年、一年后，大局不会没有转变，这个转变，一定有利于我们。在说到杜鲁门当选对于大局的影响时，胡适读了一段杜鲁门去年3月咨请国会援助希土的咨文，相信杜氏一定会以援助希土的前例援华。他相信北平永远不会丢，所以他回答外国记者说，北大一月、两月、半年、一年也不搬家。(10月22日之《申报》)

11月21日 胡适复函吴相湘，云：

……我去康乃尔大学学农，一个原因是因为农学院是 New York State 州立的，不收学费，我们庚款学生每月八十元，可省出一点钱养家。但一九一二年我从农学院改入文理学院，不但每年须出学费，还须补还农学院三个学期学费。故我当时曾为《大共和日报》翻译了一点东西，短篇小说《最后一课》似即是为此报翻译的。稿费即由日报寄我家中。(吴相湘：《胡适之先生身教言教的启示》，载胡不归等著《胡适传记三种》，安徽教育出版社，2002年，323页)

同日 胡适在吕坤著《呻吟语》六卷（万历二十一年刻）题道：癸巳是万历二十一年（1593），在王守仁、陈献章从祀孔庙后9年。(《胡适藏书

目录》第 2 册，1482～1483 页）

11 月 22 日　下午 5 时，胡适主持召开北京大学校务会议本年度第一次会议，通过校务会议参加人数及名单等。会议表示：北京大学从来没有考虑迁移，现在也不会考虑迁移。(《北京大学史料　第四卷　1946—1948》，78～79 页）

同日　胡适为教职员生活问题致函教育部，转呈教职员要求改善待遇的呈请，要求设法予以调整。(《北京大学史料　第四卷　1946—1948》，168 页）

同日　陶希圣衔蒋介石之命劝胡适出任行政院长。陶希圣是日日记：

> "总统"于上午八时四十五分召见，嘱即往平征适之先生同意出任行政院长或美大使……下午五时四十五分抵平机场……食后访适之，决不同意。（"总统"有电追来，只谈组阁，不谈出使。）(《陶希圣日记》上册，186 页）

胡适当日日记有记：陶希圣"奉有使命"从南京来访，"可惜我没有力量接受这个使命"。

11 月 23 日　陶希圣日记有记："昨日下午十至十一时半，今日上午十一时半至一时，两度与适之先生长谈，彼坚决不同意组阁……"陶即电告蒋介石："两次访谈均以体力能力不胜繁剧恳辞，愿于适当时期入京以较为闲散地位表示支持中央并竭尽心力以求有助于国家。"并谓："星期四回京详陈覆命。""午间晤朱孟石彼将与汤锡予先生劝胡出马。"(《陶希圣日记》上册，186 页）

11 月 24 日　下午 2 时半，胡适主持召开北京大学本年度教授会第二次全体会议。胡适报告了 20 天内校务会议决议情形等。讨论迁校问题，仅以数分钟之时间通过"北大从未考虑过迁移，今后也决不迁移"之议案。郑天挺报告经费问题。（次日之《益世报》、天津《大公报》）

11 月 25 日　陈之藩致函胡适，寄赠时论集。又谈自己的感想。(《胡适遗稿及秘藏书信》第 35 册，234～236 页）

11月26日　胡适致函顾廷龙，告发现《水经注疏证》喜信，又云：

我想请你为我影钞"重校本"卷一的第二及三叶（？），须包括引"管子曰水者地之血气……"至"又命曰川水也"一大段。

又请你代钞"重校本"卷二（叶数当薛刻本三十七叶），包括"河水又东南过金城县故城北，应劭曰……"直至"管子曰内为之城……命之曰金城"。

此三叶可以帮助我解答尊处三个本子的问题。若蒙吾兄将陈劢钞本的此三叶与"重校本"此三叶作一校勘，用朱记出异同，那就更好了。

黄友钞本乃是一个无知书贾所钞，毫无价值。（《中华文史论丛》1979年第2辑，216页）

同日　郑天挺来谈理想的内阁人选等。（据《日记》）

11月27日　闻鸿钧致函胡适，谈及自由固属可贵，然今日之中国，经济的社会化，或者说人民要求经济上的平等，已成为迫不及待最严重之问题。又谈及国共内战的前景，等等。（中国社科院近代史所藏"胡适档案"，卷号1483，分号3）

11月28日　胡适函谢顾廷龙影写《黄友本》的《湛水》《沁水》两篇，及《洹水》一页。认为"黄友"是一个没有学问的小书店老板，其抄本是毫无价值的。"黄友"所据底本乃是黄晟翻项纲刻本。合众图书馆藏的"黄友"补录本，除陈劢本所有的各篇可供与陈本参校之外，其陈劢本所无，都是不可靠的，无价值的。烦请顾能将"重校本"的《湛水》一篇影印见寄。又指出：王梓材在道光二十四年从卢杰家抄来七卷全氏《水经注》，这个十卷本可称为"王一本"。他在道光二十八年把林启成家的两组稿本加上卢家十卷本，汇录为一本，编成四十卷，是为"王二本"。他在道光二十九年得见"重校本"六卷，又加入"王二本"，是为"王三本"。这三个本子之中，我们现在已经看见了的实物只有"重校本"六卷与约园本四十卷。约园本是"王三本"。用重校本校约园本的前六卷及卷十一的《湛水》篇，可以推得"王二本"是个什么样子。有些地方还可以推知"王一本"是个什么样子。

又云：王梓材重录本——"王二本"与"王三本"——对于他所得的谢山校语，似很忠实，很谨严，但他在道光二十八年正月半到三月抄——75天之中！——编成全校四十卷，有不能不采用戴震、赵一清的本子来补充全校之处，则甚不忠实，甚不谨严。(《胡适手稿》第3集卷3，319～329页)

11月29日 胡适致函顾廷龙，认为"黄友录本"可定案，但陈劢录本与"重校本"似尚有一些小问题没有弄明白，故再请顾影抄或影印有关各叶（附清单）。(《胡适手稿》第3集卷3，330～331页)

> 按，12月6日，顾廷龙复函胡适，更正所钞黄本《洭水》篇一字，并附呈所嘱钞重校本及校陈劢本共7则；另提及沪上藏家有《水经注》批、校本两种。又云，自胡适提倡《水经》之学以来，中外人士，无论学与不学，皆知是书。(《胡适手稿》第3集卷3，335～336页)

11月 胡适始写《跋中央研究院藏的奉化孙锵原校的薛福成董沛刻本〈全氏七校水经注〉》，未写完。1949年7月8日，略修改，抄一清本。1957年7月11日，又补写了《湛水》篇的一段。(《胡适手稿》第2集卷3，475～492页)

同月 胡适与郑天挺联名致中国红十字会北平市分会：贵会本年征求会员运动，承嘱组织北大队，经向校内校外进行征员，截至11月25日止，其结果共征得特别会员86人、普通会员758人、青年会员25人，总计应收特别会员费86万元、普通会员费1516百万元、青年会员会费25000元。其入会手续，尚未全部办竣，先此函达结果，以便即希查照登记为荷。(《北京大学史料 第四卷 1946—1948》，1145页)

12月

12月1日 胡适在其甲戌本《石头记》上写题记一则：

> 现存的八十回本《石头记》，共有三本，一为有正书局石印的咸蓼

生本，一为徐星署藏八十回钞本（我有长跋），一为我收藏的刘铨福家旧藏残本十六回（我也有长跋）。三本之中，我这个残本为最早写本，故最近于雪芹原稿，最可宝贵，今年周汝昌君（燕京大学学生）和他的哥哥借我此本去钞了一个副本。我盼望这个残本将来能有影印流传的机会。

12月2日 北京大学以校长胡适名义分别行文教育部长朱家骅及行政院云：前北平大学工学院纺织工程学系原有之设备在抗战期间曾被敌商泰兴纱厂盗用，复员后该工学院由北洋工学院过渡接收，今该院既已划归本校，其一切资产自应连同转移。惟以北洋工学院已有纺织系之设立，以致该项设备未获运回。经本校查明，该项设备仍然运用于泰兴纱厂改称之天津企业公司纺织厂中，且该厂内全部设备尚称丰富，共计有七八套之多，足以供给北大、北洋两校纺织系实验之需用。前平大纺织系设备只占其少数。兹值此泰兴纱厂尚未经敌伪产业处理局处理之前，特此声明，对于该项有关机器等仍请钧部再予考虑，并请转行政院饬天津敌伪产业处理局将前平大工学院纺织机器归还本校，并将泰兴纱厂现有之全部机器平均分配于两校，俾均沾教学实验之便利。（《胡适遗稿及秘藏书信》第20册，359～363页）

同日 王重民致函胡适，告北大、北平两个大图书馆都没有聚珍原印戴震《水经注》，也没有原印《聚珍版丛书》。曾昭燏来信，说最高命令中央博物馆古物集中，空出房子住荣誉军人，明知胡适爱莫能助，但她仍希望转告胡适。又认为展览《水经注》写详目最好，只要胡适在10日前后写好还不迟。（《胡适遗稿及秘藏书信》第24册，133页）

12月3日 胡适校读《东潜诗稿》第四册。（中国社科院近代史所藏"胡适档案"，卷号52，分号4）

12月4日 胡适与北大的行政首领公宴钱端升，胡适最后说：

我过了十二月十七日（五十周年纪念日），我想到政府所在地去做点有用的工作，不想再做校长了。不做校长时，我也决不做《哲学史

1948年　戊子　民国三十七年　57岁

或《水经注》!

至于我能做什么,我自己也不知道。(据《日记》)

同日　胡子云致函胡适,报告华北人民政府官员详情。(据中国社科院近代史所藏"胡适档案",卷号1510,分号4)

12月7日　陈雪屏自南京飞抵北平,下机后即访胡适。(次日之《申报》、天津《大公报》)

12月9日　马大猷致函胡适,邀请胡适做题为"校庆前夕的感想"的专题演讲。(《胡适遗稿及秘藏书信》第31册,558页)

12月10日　胡适复函蒋介石:雪屏兄带来12月5日的手示,又恳切转达尊意,我十分感谢,也十分了解先生的用心。在12月4日夜,胡适曾对北大9位主要负责的同事说:"过了北大五十周年纪念,我要走了。我近来深深地感觉我研究《水经注》固然无用,做校长也无用处。我要到政府所在地去,不是去做官,只想做一点我能做的有用工作,至少也许可以表示我是支持政府的。我现在还看不清我能做些什么,但我若不做校长,我也不玩《水经注》了。"胡适表示:我叙述这个故事,要先生知道我早已有了南来的意思,关于"国策顾问委员会",我总觉得此时"宪法"施行未久,否则责任内阁之外别有一种不负政治责任的幕府团体,或将使行政院感觉不安。又告元旦后几日之内就可以来南京了。请蒋"不要操心去想如何位置"胡的问题。"那是最小的问题。"(《胡适中文书信集》第3册,756页)

同日　顾廷龙致函胡适云:《水经注》校本已请魏建功师举呈,想日内亦可入览。全祖望手稿兹选印一张奉阅,原底亦已送还张芸联兄。连日报载先生不日南来之讯,并有出任教育部长之传闻,但皆不敢遽信。(《胡适手稿》第6集卷4,477～478页)

12月11日　蒋介石日记有记:晚,与陈雪屏商谈接北平重要教授与胡适之来南京办法。

12月12日　午间,北大、清华、燕京、师大4校校长胡适、梅贻琦等人欢宴新任北平警备总司令周体仁,就各校与时局有关问题交换意见。(次

日之《申报》）

12月13日　下午5时，胡适主持召开北京大学第七十三次行政会议，由农学院院长俞大绂报告农学院应变情形，决议农学院教授眷属入城。（《北京大学史料　第四卷　1946—1948》，69页）

同日　胡适作有《北京大学五十周年》一文，历数北大成立50年来的历次危机与灾难，指出：

……北大这个多灾多难的孩子实在有点志气，能够在很危险、很艰苦的情形之下努力做工，努力奋斗。我觉得这个"国难六年中继续苦干"的故事在今日是值得我们北大全体师生记忆回念的——也许比"五四""六三"等等故事还更有意味。

现在我们又在很危险、很艰苦的环境里给北大做五十岁生日，我用很沉重的心情叙述他多灾多难的历史，祝福他长寿康强，祝他能安全的渡过眼前的危难正如同他渡过五十年中许多次危难一样！（《北京大学五十周年纪念特刊》，北京大学出版部，1948年，5页）

同日　夜，胡适复函陈垣，告：据《邻苏老人年谱》，杨惺吾在光绪乙未至丁酉间仍处于母丧中，故其作札署名"守敬"，不合当时礼制。故，陈垣依据梁节庵与叶浩吾两人在武昌的时代，修改胡之结论，"断定杨惺吾两札作于光绪廿三年丁酉（1897）四月，当时还没有《水经注疏》的著作"，此说似还须再斟酌。又询陈是否藏有杨惺吾丙申年九月致梁星海书等。（《胡适手稿》第5集卷2，418～420页）

按，陈垣函作于12月7日。在此函中，陈垣就胡适几年来一直审定的《水经注》学术公案一事，依据自己掌握的材料，写信给胡适，指出《水经注》案"关键人物之一的杨惺吾（即杨守敬）所撰的《水经注》两札，"作于光绪廿三年丁酉（1897年）四月"。（《胡适手稿》第5集卷2，415～417页）

同日　胡适复函顾廷龙，告：由徐森宝、胡文楷、顾廷龙合校的瞿氏藏明抄宋本已由魏建功带到,已交去参加 16 日、17 日和 18 日 3 天的《水经注》版本展览。将来要为这部合校本写一篇跋,请顾代谢徐、胡二人。又谈西安发现沈文起《水经注疏证》事。西北大学校长杨钟健函告胡适:"同人商讨结果,为万全计,先由此间抄一份,俟抄竣后,或将原本奉上,或将抄本奉上,均无不可。"胡适复电:"乞钞副本见寄,钞费由适担负。"又告北大教员王利器说,在民国二十五年上海杂志公司出版的《艺文》第一卷第二、四期上登出有沈文起的《水经注疏证》序、目录及疏证卷一、二、三、四、五。胡适拜托顾廷龙询问《艺文》主编夏剑丞以下问题:"……他们从何处得来此稿?先后共登出多少卷?其底本现在何处?揆公与剑公甚相熟,当不难一问此稿的究竟。"(《中华文史论丛》1979 年第 2 辑,218～219 页)

> 按,胡适此函当时未寄出,直到 29 日才寄出。

12 月 14 日 胡适给汤用彤、郑天挺留一便笺云:今日及今午连接政府几个电报,要我即南去。我就毫无准备的走了。一切的事,只好拜托你们几位同事维持。我虽远去,决不忘掉北大。(《北京大学史料 第四卷 1946—1948》,1104 页)

同日 胡适给周炳琳留一便条,内容为:我走了,一切请多保重! 适之。(张友仁辑释:《周炳琳先生来往书信辑录》,载《黄岩文史资料》第 15 期,1992 年印行,76 页)

同日 胡适日记有记:

> 早晨还没有出门,得陈雪屏忽从南京来电话,力劝我南行,即有飞机来接我南去。我说,并没有机来。
>
> 十点到校,见雪屏电:"顷经兄又转达,务请师与师母即日登程,万勿迟疑。当有人来洽机,宜充分利用。"
>
> 毅生与枚荪均劝我走。我指天说:"看这样青天无片云,从今早到现在,没有一只飞机的声音,飞机已不能来了!"
>
> 我十二点回家,又得电报,机仍无消息。到一点半始得"剿总"

电话，要我三点钟到勤政殿聚齐。

后来我们（有陈寅恪夫妇及二女）因路阻，不能到机场。

同日　陶希圣日记有记："总统"派专机抢救胡适之，未成。（《陶希圣日记》上册，191页）

同日　立法委员范予遂呈文蒋介石："深以今后转移国际舆论、振奋军心民心之最佳方法，为敦请第一流人才，党外如胡适，党内如顾孟馀者担任行政院长，授以全权，作全面而彻底之改革。"（台北"国史馆"藏档，全宗号"国民政府"，卷名"国是一件"，档号：001010020010091）

12月15日　下午，胡适夫妇等乘坐蒋介石派来的专机离开北平，当日下午6点多飞抵南京。与胡适同机南飞的有陈寅恪夫妇、张伯谨夫妇、张佛泉、王聿修、王云槐等。飞抵南京时，王世杰、朱家骅、蒋经国、傅斯年、杭立武等到机场迎接。（据次日国内各大报纸）

胡适是日日记：

昨晚十一点多钟，傅宜生将军自己打电话来，说"总统"有电话，要我南飞，飞机今早八点可到。我在电话上告诉他不能同他留守北平的歉意，他很能谅解。

今天上午八点到勤政殿，但总部劝我们等待消息，直到下午两点才起程，三点多到南苑机场。有两机，分载二十五人。我们的飞机直飞南京，晚六点半到，有许多朋友来接。

儿子思杜留在北平，没有同行。

12月16日　上午11时，胡适访傅斯年，旋同赴蒋介石官邸，应蒋召宴，席间叙谈北平教文界动态。胡适提议，由蒋介石指定3人小组，空运北平学人。蒋介石指定傅斯年、陈雪屏、蒋经国3人负责。（次日之《申报》）

同日　上午，陶希圣来访。（《陶希圣日记》上册，192页）

同日　下午10时，北京大学举行第七十四次行政会议，决议推汤用彤、周炳琳、郑天挺3人为行政会议常务委员。（《北京大学史料　第四

卷 1946—1948》，70 页）

12 月 17 日　胡适与美国驻华大使司徒雷登长谈，表示拥护蒋介石，并决定为了国家利益放弃学术生涯。（司徒雷登致马歇尔函，1948 年 12 月 21 日，载世界知识出版社编印：《中美关系资料汇编》第一辑，世界知识出版社，1957 年，912 页。）

同日　下午 3 时，胡适出席南京的北京大学同学会所筹办之北大 50 周年校庆大会，并发表沉痛演辞。庆祝会于中央研究院礼堂举行，到会校友 200 余人，礼堂正面悬蔡元培遗像，布置简单，首由胡氏致辞。胡适一再说明他如一逃兵，言毕，声泪俱下，与会者几同声一哭。次由蒋梦麟、傅斯年、朱家骅、狄膺先后致辞。集会结束后，有简单之酒会。（次日之《申报》、天津《大公报》）

同日　晚，蒋介石在黄埔路官邸宴请胡适夫妇，祝贺胡适 57 岁生日，陶希圣、陈雪屏诸氏坐陪。（次日之天津《大公报》）

同日　北京大学当局收到胡适抵南京后来电：安抵京，即与家骅、孟真、雪屏筹划空运同人事，必须获得傅总司令协助始有效，请兄与梅、袁二校长切实主持，并与实斋兄密切联系……此次在校庆前夕远离同人，万分惭愧。（《北京大学史料　第四卷　1946—1948》，1105 页）

同日　北京大学举行 50 周年校庆，汤用彤主席。徐悲鸿、周炳琳先后致辞，预定之讲演节目皆未能举办，展览会停开。（次日之《申报》）

同日　北平《益世报》刊登朱家骅为北大 50 周年校庆发给胡适的贺函。

按，在此前后给胡适发来贺函、贺电祝贺北大 50 周年校庆的个人和单位还有：蒋梦麟、余上沅、叶云峰、胡寿民、吴伯超、吴贻芳、陈可恕、欧元怀、孙国璋、吴鹏、周叔弢、汪德耀、刘文腾、周明阿、谭锡沂、傅汝霖、延国符、刘锡五、刘鹍书、朱颂曾、冯友兰、刘树勋、张含英、鲍国宝、徐佩琨；武汉大学、西北大学、广州北大同学会、厦门北大校友会、武汉北大校友会、贵州北大同学会、成都北大同学会、北农校友会浙分会、上海北大同学会、私立中华工商专科学

校、桂林校友会、北平研究院、武昌中华大学、清华大学、国立北平图书馆、国立北平师范大学、私立北平协和医院。(《北京大学史料 第四卷 1946—1948》，1093～1099 页）

12 月 20 日 胡适致电傅作义：本校农学院，远处西郊，顷遭巨变，该院俞院长及教职员 29 人，迄今尚未出险，选经面达。刻闻该院附近，村落已墟，时有被毁被抢之虑，兹特电请转饬西郊军队，对于该院房舍及仪器家具等，切实予以保护，俾免摧毁，至为感荷。(《北京大学史料 第四卷 1946—1948》，1109 页）

按，1948 年 12 月 19 日北京大学学生自治会致电胡适：北平吃紧，举校惶惧，罗道庄发生战事，部分师生未获撤离，请设法营救，并请宽筹经费，火速返平，主持校政。(《北京大学史料 第四卷 1946—1948》，1108 页）

同日 决定组阁的孙科对外国记者表示："渠曾竭力容纳党内各派之意见，但若干著名人物虽经渠敬邀入阁，终遭拒绝，认为憾事。关于此点，渠特别指出，原拟请胡适博士出任外长……"（次日之《申报》）

12 月 29 日 胡适致函顾廷龙，附寄 13 日信，又附寄西北大学校长杨钟健寄来的沈文起《水经注疏证》（35 卷，8 册）抄本。又与顾商量，可否由合众图书馆收藏此本，但支付西北大学抄费？又云："我在京两周，不能有平心论学的心境，甚愧。"（《中华文史论丛》1979 年第 2 辑，219～220 页）

12 月 31 日 胡适致电北平警备司令部，再度要求保释北大地质系职员赵连壁。(《北京大学史料 第四卷 1946—1948》，239 页）

同日 《申报》报道：平津国立院校南来校长胡适、张含英等，已在南京成立"驻京委会"，办理平津国立院校南来人员登记及疏散安置。

1949年　己丑　58岁

> 是年，胡适因政局巨变而苦闷已极，心脏旧疾数度"报警"。
> 4月6日，胡适受蒋介石委托再度赴美。
> 出国前，胡适与王世杰、杭立武、雷震等人筹办一份鼓吹自由主义的刊物，以唤起舆论。

1月

1月1日　胡适哀叹自己由北平到南京做"逃兵"，做"难民"，已17日。（据《日记》）

　　按，本谱引用胡适1949年日记，除特别注明外，均据《胡适的日记》手稿本第16册，以下不再特别注明。

同日　《新闻报》报道：北大学生致电胡适贺年，请胡返北平主持校务。

1月2日　胡适在日记中抄录陶渊明《拟古》第九：

种桑长江边，三年望当采。
枝条始欲茂，忽值山河改。
柯叶自摧折，根株浮沧海。
春蚕既无食，寒衣欲谁待？
本不植高原，今日复何悔！

同日　上午10时，陶希圣来访。（《陶希圣日记》上册，196页）

同日　胡适复函江冬秀，盼江早来上海，并提及无法推荐胡梦华给陈诚。（台北胡适纪念馆藏档，档号：HS-NK04-014-013）

1月3日　胡适复函顾廷龙，感谢合众图书馆负担沈文起《水经注疏证》的抄费，又谈到拟为此本写一短跋。（《中华文史论丛》1979年第2辑，220页）

1月4日　胡适致唁函与段锡朋夫人，吊段氏之丧：

书贻兄竟弃我们走了！自从十二月廿七日得此消息以来，天天想写信给你，总写不出来，实在是不知道从何处说起！

书贻兄是一个最可作我们模范的人，那天南京许多朋友得着他的死耗有掉泪不止的。北大的同学都说他是"北大的完人""北大的光荣"。我自己也这样想，也常这样说。

记得去年九月底，在朱自清兄追悼会之后，我同他到你们家里话天吃饭的情形，还不满四个月，已成了隔世的人了！我想到这里，真不禁热泪满眶，我明天不能赶到送葬，只能托王雪艇先生带这封短信来给你略表示我个人哀悼的情绪，我也代表北京大学敬致哀悼！（《益世报》，1948年1月7日）

1月7日　胡适访澳大利亚驻中国大使。（据《日记》）

同日　胡适与张治中共进午餐，胡谈到"平津问题应有急救办法"。（据《日记》）

同日　胡适日记有记：7:00, *New York Times* supper（湖南路518）。

同日　胡思杜分别致函胡适及江冬秀。在致胡适函中说，胡适藏书已装箱，共98箱。中古哲学史稿及日记，已由钱思亮带往南京，《水经注》书及稿本共装3箱，如要运往南京，请写信。毛子水和王重民已经将胡思杜调到北大图书馆，帮忙给胡适藏书编目。在给江冬秀的信中主要谈家具的处理情况。又谈到为防止军队强住胡宅，郑天挺、汤用彤等约了几家来住。入住胡宅的有俞大绂太太及其小孩、李景均、王岷源、庄孝僡。（耿云志：《跋胡思杜写给父母的信》，《胡适研究通讯》2008年第2期，2018年5月25日，

14～15页）

同日 北京大学以校长胡适名义给联合勤务总司令部第五粮秣厂出具收据：收到1948年上半年贵厂粮秣研究费国币5000万元整。（《北京大学史料 第四卷 1946—1948》，872页）

1月8日 蒋介石在官邸请胡适晚餐，再度要求胡前往美国。胡适日记有记：

> 7:30"总统"官邸晚餐。我为他述General Wainwright守Bataan力竭投降，胜利后释放回国，美国人热烈欢迎他，国会特授与"荣誉勋章"（Medal of Honor）。蒋公稍有动意？
>
> 蒋公今夜仍劝我去美国。他说："我不要你做大使，也不要你负什么使命。例如争取美援，不要你去做。我止要你出去看看。"

蒋介石是日日记：

> 晚课后约适之谈话甚久。

1月11日 为纪念蔡元培82岁冥诞，南京北大同学会及中央研究院同人，于上午10时在中研院举行纪念会，朱家骅主席。胡适、王宠惠、王世杰、沈士远、狄膺、李书华、傅斯年、陈雪屏、杨钟健、杭立武等300余人出席。朱家骅致辞后，即由胡适讲演"四百年《水经注》整理的小史"。略谓：《水经》原文不过数千字，约为东汉时属稿，而于三国完成，共137条，今存123条。北魏时，郦道元作《水经注》，对北方各水道无不躬自履涉，故能搜录详尽，对于南方各水道，则充分利用当时南方出版之典籍，以为参证，书完得345000言，蔚为巨构。宋时四川成都有两种刻本流传，唯甚多脱落舛误，兼以经、注混杂不分，研究者下手为难。明代黄氏刻本，非唯有所校勘，整页残阙者亦复有之，甚至郦道元原序仅存半篇。明末宗室朱懋埠，于万历四十三年重刻，将错误校正甚多。清代修纂一统志时，顾祖禹、黄仪等复用地图等科学工具，科学方法，使《水经注》之研究进入一崭新的阶段。论及近400年《水经注》整理之历史，胡适特别推崇戴震、全祖望等人的伟大贡献，并谓彼等实系殊途同归，绝无相互剽窃之处。段玉裁乃至王国维、孟森等，为此打成篇累牍之笔墨官司，则为意气用事，而未能以冷静客观之态度出之。最后胡适报告整理《水经注》之经过，自 1943 年起，以 5 年功夫经营，现已可告一段落，最近北大举行 50 周年纪念，曾展览《水经注》版本 70 余种，最珍贵之永乐大典本亦在其中。（据《日记》；次日之《申报》）

1 月 12 日　胡适拜访印度驻中国大使。（据《日记》）

1 月 14 日　晚，胡适应吴铁城、洪兰友之约，吃便餐。（中央社电讯；次日之《申报》）

同日　晚，胡适乘夜车自南京赴沪，抵达后即由陈光甫安排下榻上海银行招待所。（据次日《日记》）

1 月 17 日　晚，叶揆初宴请胡适等。同席有顾颉刚、郑振铎、徐森玉、钱锺书、张芝联、顾廷龙等。顾颉刚日记有记：适之先生南来，一举一动皆为报纸材料……予劝先生，勿至南京，免入是非之窝。然孟真挟之自重，恐终须去。当国民党盛时，未尝与共安乐，今当倒坏，乃欲与同患难，结果，国民党仍无救，而先生之令名隳矣。（《顾颉刚日记》第六卷，406 页）

1 月 18 日　胡适日记有记：昨夜晚报载 Sol Bloom 谈话，说："It was necessary to kick out Chiang and his gang with him and to replace him with a strong leader behind whom China will be willing to fight." 此颇可怪，与传说孔祥熙、陈立夫盼望 Dewey 当选总统同一荒谬。

1 月 19 日　傅斯年飞台，胡适前往送行。（次日上海各报）

1 月 20 日　胡适致函孟治、吴大猷：

今天（一九四九年一月廿日）曾发一电给君平兄，文如下："Referring cable 18th to Zen, please revert Peita Physics Fund and pay City Bank Farmtrust Company China Foundation Endowment Fund Principal A/C No. 314801, Confirmation letter following. Hu Shih."

我是十二月十五日南飞的，到京不久，我即有电给君平兄："Stop all shipments and purchases, Inform Wutayou." 那时北平已在围困之中，而北大依据契约，应于十二月卅一日付中基会第一次利息美金一七五〇元。我曾有电给北大郑秘书长天挺，请他转问饶树人（毓泰）兄，是否应将物理借款十万美金暂还中基会，以减除北大每年付息的担负。郑、饶两兄至今没有答覆我此电，想是有困难不便答覆。

一月十五日我到上海，与中基会诸君商谈缓付利息，并发电给君平："Kindly consult Wutayou and cable Zen China Foundation Shanghai Balance Outstanding Peita Physics Account. Hu Shih."

昨日得君平覆电，我才发今天的电，请君平兄即将北大物理借款全数（Peita Physics Account）暂时归还中基会，即交花旗银行的Farmers Trust Company将此十万美金收入 China Foundation Endowment Fund 项下。

此事最使我伤心，也定使大猷兄伤心，也定使树人兄等伤心。但如此做法实出于不得已，同时既可以减轻北大的负担，也可以保全中基会的基金，不使受损失。中基会对北大的友谊与热诚依然存在，将来北大恢复可以工作的环境时，我深信中基会一定可以将此款照原约借与北大（原约每年利息三厘半，六年后开始分期还本）。想大猷定能信赖谅解。此时交通隔绝，我此信不能加盖北大校印，但能加盖我的私章，想君平兄定能原谅。

我在南方已一个多月了，从来没有尝过这样精神苦闷的日子！我明日（廿一夜）仍回南京，将来行止毫无计画。（吴大猷：《胡适之先生给我的十四封信》上，《传记文学》第51卷第6期，1987年12月）

同日 蒋介石日记有记：与雪艇谈话，商讨驻英大使问题，彼尚不愿担任，故嘱彼与适之先生先以私人资格前往英美。

1月21日 上午，胡适送夫人江冬秀登船赴台湾（与傅斯年夫人俞大䋄同行）。下午请邱锦淇医生诊察心脏。当日晚乘夜车回南京。（据《日记》）

同日 台湾省参议会驻会委员会决议电请胡适来台讲学，台省富户林本源表示自愿负担胡适来台所需之旅费。（1月24日之《申报》）

同日　蒋介石宣布"引退"并离开南京，由李宗仁代理总统。当日雷震日记有记：

> ……党内外有许多人士赞成蒋公下野，和战均比现在好，因蒋公受左右之包围已不能自拔也。盖今日之局面，乃渠一手所造成，渠纵有改造之决心，但亦无能为力，盖无从著手也……蒋公下野之说，君劢倡导最早……最近左舜生亦劝其出洋。蒋公左右之人士除雪艇、适之外，殆无一人不劝其暂时休息。（傅正主编：《雷震全集》第31册，台湾桂冠图书股份有限公司，1989年，125页）

1月23日　李宗仁拜访胡适和梅贻琦，谈一小时。（据《日记》）

1月24日　胡适致函吴忠信，坚辞"'总统府'资政"：

> 依据"大学组织法"，国立大学的校长都不得兼任为俸给的职务。现在我还是国立北京大学校长，因时局关系，此时尚不能辞职。故请先生千万代我辞去总统府的名义与俸津。聘书也请先生代为收回，并乞先生勿发表此事，以免报界无谓的猜测与流言。（《胡适全集》第25卷，406页）

1月25日　胡适与澳大利亚驻中国大使共进晚餐。旋搭夜车自南京赴上海，"在车站月台上等了四点多钟，始得上睡车"。（据《日记》）

1月26日　胡适日记有记：下午近3点始到上海，慢了7点多钟。秩序还不算坏。

1月27日　顾颉刚日记有记：（胡适之先生）平日为国民党排击，今日乃殉国民党之葬，太不值得。推原其故，盖先生办《努力周刊》《现代评论》《独立评论》，一班朋友藉此多做了官，乃将之拖下水去，而先生则受人之捧，为人所利用也。捧之害人如此。（《顾颉刚日记》第六卷，410页）

1月28日　胡适请邱锦淇医士诊察。（据《日记》）

1月30日　邱锦淇医士劝胡适试用"强心"的药剂，以补"自然疗养"的不足，并给胡适打针。（据《日记》）

1月31日　胡适拿到赴美签证。(据《日记》)

同日　中国人民解放军进入北平。

1月　胡适、王世杰、雷震、杭立武等人相继到上海后，常常纵谈时局，筹划办一个刊物宣传自由、民主。雷震后来回忆：

>　　胡适之先生看到南京住不下去，亦于一月二十二日晨到沪，住八仙桥上海银行里，他和上海银行董事长陈光甫是老朋友故也。我和王世杰住在上海贝当路十四号章剑慧先生家里，时杭立武先生亦在沪，不久由胡先生推荐就任教育部长了。我们经常见面，对于时局应该如何来尽国民一分子之力量来图挽救，因为中国还有半壁江山存在也。我们集谈结果，主张办个刊物，宣传自由与民主……因此"自由中国"刊物就主张在上海办……以"自由中国"为报刊的名字，亦系胡适命名，盖仿照当年法国戴高乐之《自由法国》也。我主张办日报，因为在影响"沦陷区"人心上，定期刊物已经时间来不及了。胡适倒是主张办定期刊物，为周刊之类，他说："凡是宣传一种主张者，以定期刊物为佳，读者可以保存，不似报纸一看过就丢了。"结果，由我决定如何进行，我决定筹措十万美金在上海办日报。(雷震：《"自由中国"与胡适》，载《雷震全集》第11册，58～59页)

2月

2月1日　胡适请邱锦淇医士打针。致函哈德门夫人。又分别致函陈诚、傅斯年。(据《日记》)

2月2日　陶希圣日记有记：经国电话托转告胡先生于出国前与蒋先生晤谈。余往霞飞路1946上海银行转达。(《陶希圣日记》上册，207页)

同日　胡适日记有记：

　　12:00　任

4:00　汤飞凡，亚尔培路（79474）。亨利路（新乐路）33。

与光甫谈。

与郝更生、王文山谈。

2月6日　胡适日记有记：

12:30　Alfred, 2 Ili Road, 29555。

徐家（？）

2月7日　胡适日记有记：4:00 高家（叔元），垚生来接。

2月8日　胡适日记有记：

10:00　看侯致本，四川路219农工大厦三楼。

下午，李冈家（？）

同日　下午，胡适请牙医颜遂良看牙齿，10日施行手术。（据《日记》；1949年2月20日胡适致江冬秀函，台北胡适纪念馆藏档，档号：HS-NK04-014-012）

2月9日　胡适日记有记：7:30 Dick Smith，陈沧洲来接。

同日　胡适作成《〈齐白石年谱〉序》，叙及：齐白石1946年秋天拜托胡适撰写其传记，胡适对齐白石文字的朴实之美赞不绝口。又记自己编成《齐白石年谱》初稿后请黎锦熙添补改削，后又请邓广铭订补的过程。（黎锦熙、胡适、邓广铭编：《齐白石年谱》，商务印书馆，1949年，"胡适序"）

2月10日　陶希圣日记有记：下午晤胡适之，告以往溪口路线。（《陶希圣日记》上册，209页）

同日　胡适日记有记：

10:00　颜医生用手术欲救有病的牙齿。

7:00　立武。

2月11日　胡适日记有记：

12:30　Keswick，北京路83（圆明园路）。

4:00　王际昌（茶），291湖南路（朱尔典路）。

7:00　徐国懋（金城）饭？

同日　胡适作有《戴震的官本〈水经注〉引起的猜疑》，指出：上海合众图书馆藏有孙沨鼎校的《水经注》，孙氏有一跋。此跋说明，四库馆里的文人已有人疑心戴震校的《水经注》曾"参用"赵氏校本而"无一言及之"！这是有关戴校《水经注》引起疑猜的最早记载，时在乾隆四十五年夏间。如果没有孙沨鼎的记载，我们竟不会知道四库馆里在戴震死后两三年之中就曾发生这种猜疑。（《胡适手稿》第1集卷1，155～161页）。

2月12日　胡适日记有记：10:00伯嘉来，取《白石年谱》去。

同日　雷震来访，同午饭，长谈。胡适日记有记："11:00雷儆寰来，可同饭。"

雷震是日日记：

午间在胡适之先生寓所便饭，饭后谈数小时，渠告以陶渊明诗一首，正为国民党今日处境之写照也。诗云：
种桑长江边，三年望当采。
枝条始欲茂，忽值山河改。
柯叶自摧残，根株浮沧海。
春蚕既无食，寒衣欲谁待。
本不植高原，今日复何悔？

适之先生告以蒋"总统"过去请其组织，渠云渠之个性不适合，渠有"四不"，第一、不请客，被人约请则去，但从不回请；第二、不拜客；第三、不写信介绍人，渠之学生甚多，从未写一封信；第四、△△△△，故不能组党。（《雷震全集》第31册，130页）

2月13日　胡适得陈雪屏来电："铁城嘱转达，拟请任大使，乞考虑，急电赐覆……"（据《日记》）

同日　胡适日记又记：

11:00　叶良才?

2月14日　胡适复电陈雪屏："弟深信个人说话较自由，于国家或更有益，故决不愿改变。"（据《日记》）

同日　胡适日记又记：

10:00　颜先生。

7:00　徐士浩，1813 Ave. Joffre。

2月15日　胡适日记有记：

9:15　邱先生，带钱去?

10:00　蔡（蒲石路536）。

6:00　叔永约咏霓与我会商会事。

同日　竺可桢日记有记：8点至霞飞路白赛仲路口上海银行分行晤适之，谈半小时。适之患 Angina Pectoris Thrombosis（心绞痛血栓形成）已历年所，在美国时曾进医院，其病与李仲揆、陶孟和、赵九章均相类。孟和得其婿邱锦淇用 Hormone（激素）医疗有效，胡适之与九章均请邱治疗……谓北平之解放未始非福。渠不久将赴美国，或者将赴台湾一转。（《竺可桢全集》第11卷，374页）

同日　司徒雷登日记有记：赴沪。与拉普哈姆他们会同甘介侯、杭立武、胡适会谈。（司徒雷登著，陈礼颂译，傅泾波校订：《司徒雷登日记》，黄山书社，2009年，72页）

2月16日　胡适日记有记：

9:00　Dr. Stuart（林森中路1164一楼）。Dick Smith 说，新出的 Bertram Wolfe's *Three Who Made Revolution* 很可读。

6:30　大新楼，亚东同人邀吃饭。

下午　甘介侯来谈，立武来谈。

同日　10时，胡适在雷震陪同下到某训练班讲话。雷震日记有记胡适讲话大意：

> 第二次世界大战并未结束，人云世界三次大战则为错误，现在是冷战，将来会变热战，但仍为二次大战之继续。二次大战之开头为打倒极权主义，为自由而战……前次大战与苏联合作，因为大敌当前，明知不是伴，事急且相随……中国过去对经济平等之思想，一致拥护……一切自由丧失，连不说话之自由均没有了。在民国二十六七年，渠在美国时，曾有"和比战难，苦撑待变"八个字建议于蒋委员长，因今日为第二次大战之连续，仍当守此目标，世界要变的，且变得与我们有利，但我们必须能苦撑。（《雷震全集》第31册，134～135页）

同日　胡适作有《全谢山〈水经题辞〉写成的年月》，指出：这篇"题辞"是不可靠的伪书。（《胡适手稿》第2集卷2，343～348页）

2月17日　胡适日记有记：7:00君恬（湖南路273内二号），740742。

同日　胡适复函蒋廷黻，云：这两个月真是"难过"！自己一生没有经过这样"难过"的两个月。蒋之信，曾给傅斯年、王世杰、翁文灏、童冠贤、梅贻琦、杭立武等看过。又云：

> 你在国外写此信时——十二月中旬——中国形势确有大崩溃的样子。我那时在南京，亲见亲闻，大都是 defeatism in the extreme！不但中国人士如此，外国的外交家、军事家、新闻记者，也大都如此看！……十二月十九日，我去看李德邻先生……李先生说，"不出一两个星期，南京就要兵临城下了！……"
>
> …………
>
> ……士气的不振，确很可怕。我听军事首领谈话，他们都归咎于最高统帅之越级指挥与战略上的错误。平心而论，这不免是自图卸责。但蒋先生自己实亦不能辞至少一部分的责任……

  我当初即主张"和比战难",此言是我从苦痛经验得来,证之于历史而无疑。今日所谓"和"有两个意思:一是无条件的投降,一是希望画长江为界,做成南北朝局面。两个不同的意思,而用同一名词,故最能淆乱听闻。

  邵力子不客气的承认"无条件的投降也不坏"……

  张治中,据蒋先生说,并不主张无条件的投降,只盼望做到画江分治……

此函未发出,3月10日又写道:

  ……局面还很混沌。孙科内阁倒了,继任内阁还没有产生……立法院在南京开会,多数立法委员对孙哲生只有恶骂,但很少(其实可说"没有")立法委员敢对共产党出恶声!

  我本定了 March 9 的 President Wilson 船出国,但到了二月底,我还想多住些时,多看一点,所以前几天把船位退了。大概我四月六日坐 President Cleveland 出国。此行完全是以私人资格作一个"study tour",绝对不再做外交官,只想看看世界形势。请你把此意告知几个老朋友……

  …………

  ……我盼望改组的政府里的外交部能了解你在 UN 的地位的重要……

  我出国之前,也许杭立武兄诸人能办起一个刊物,我曾提议就叫做"自由中国"(Free China),立武想用"自由周报"一类的名字。我提议请萧公权(现在是政治大学教授,暂避居台湾)主持编辑事。此时办一个刊物很不容易……

  …………

  近来身体不坏,但心绪实在不好!现虽决定出国,我实不愿走开,故已两次取消船位了。没有去台湾,也是因为同样的心理。

  我总力劝当局者努力做到一个"撑"字。"撑"的界说,可用小说书的老话，"只有招架之功，更无还兵之力"。我三番五次的说："苦撑三个月，有三个月的功效；苦撑六个月，功效更大。若能苦撑一年，就可以收很大的功效了。"（邹新明：《哈佛燕京图书馆藏胡适给蒋廷黻的一封信》，《胡适研究通讯》总第24期，2013年12月25日，3～4页。）

2月19日　胡适访牙医颜遂良。（据《日记》）

2月20日　胡适日记有记：12:00（Cornell Club），地平路路口（全国纺织业联合会）。

同日　胡适致函江冬秀，告知最近治牙情形，已定好3月9日由上海开往美国的轮船，以及不能去南京、台湾等情："我本来想到台湾来玩玩。但牙齿痛了近半个月，我没有法子离开上海。这几天南京有电报要我去，广州也有电话来。我若到台湾去，不好不到南京去。所以，我现在只好决定不来台湾了。（南京也不去，别处也不去。）有人问起，可说我的牙病使我一时不能来。"（台北胡适纪念馆藏档，档号：HS-NK04-014-012）

2月21日　胡适日记有记：

颜医生。

过静安别墅174吃午饭。

与经农夫人及梅月涵同去看 Life with Father 电影。我三年不看电影了。

2月22日　胡适日记有记：

到合众图书馆工作，拟写一跋，记馆中三种《全氏校水经》，未成。

4:00　垚生。

同日　顾颉刚日记有记：到起潜叔处，谈……并晤适之先生。（《顾颉刚日记》第六卷，423页）

2月23日　胡适日记有记："读《陈独秀最后论文和书信》，深喜他晚年大有进步，已不是'托派'了，已走上民主自由的路了。"

2月24日　胡适在合众图书馆工作一天。(据《日记》)

按，本年2月、3月间，胡适在上海合众图书馆整理该馆所藏叶揆初藏3种全祖望《水经注》抄本，有笔记草稿（收入《胡适手稿》第3集卷2，93～102页）。这期间，胡适两度试写此3种藏本的跋文（此二稿分别收入《胡适手稿》第3集卷2，103～150、151～165页）。1949年4月12日夜，胡适在太平洋船上写有题记："我在上海时，试写合众图书馆的三种全氏水经注本子的跋文。两次起稿，都不满意，都半途搁起了。但我若不试作此两稿，我必不能发见这两稿的错误。故这两篇残稿都值得保存。"

同日　胡适日记又记：5:30—6:00 大春家。

2月25日　胡适日记有记：

在"合众"工作一点钟。

10:30　China Foundation "Finance Committee"（Cathay Hotel，8th floor，Private Dining Room）。

下午　米桑来，十一年半没相见了！

7:30　Gould Medhurst　Apt.（71）。

a34 Bubbling Well。

按，米桑即曹诚英。

2月26日　胡适日记有记：

9:00　立武来谈？

10:00　Dr. 颜遂良。

12:00　到朱家吃饭。

3:00　杨德恩先生（安和寺路272内二）。

2月27日　上午9时，中央研究院在岳阳路该院礼堂举行萨本栋追悼大会。朱家骅、梅贻琦、胡适、吴有训、张元济、庄长恭、杭立武、杜佐周、任鸿隽、周同庆、吴俊升、李拔可、杨绰庵、王之卓、沈希濂、赵曾珏，及该院各所所长、全体同人、萨氏亲友等数百人参加。朱家骅致悼词后，吴有训挥泪报告生平事略，继由梅贻琦致辞，最后由胡适致辞：

> 萨先生的事业有四方面，即是清华大学、厦门大学、中央研究院，以及他的著作。他教授法非常之好，在北大教过一年物理，因为教得太好，以致他走后继任的教授不受学生欢迎了。他办厦门大学，是抗战期间国内最优秀的大学。他主持中央研究院太负责任，以致耽误了病症。他所著的教科书又是非常的成功。他一生二十年事业，无形中影响了无数的人，所以我赞成梅校长的观点，觉得萨先生虽然与世长逝，他的精神却是不朽的。（次日之《申报》）

同日　林同济来吃午饭。（据《日记》）

同日　午后，雷震、杭立武来访胡适，谈到陈仪的和平主张。雷震日记有记：

> 饭后同访适之，除将在京所见报告外，并将公洽事情略说一二，渠告以抗战前某日，公洽请罗钧任外长吃饭，席上只有二人，饮酒将毕，公洽独斟酒一杯对钧任，请其饮毕，速做李鸿章与日本妥协以救中国，钧任拒不饮，谓李鸿章之后有慈禧太后，谁又为其撑腰部？据适之看法，公洽此举完全出于和平观念。（《雷震全集》第31册，148页）

3月

3月1日　胡适日记有记：6:00茂名南路163弄内8号。

3月2日　胡适日记有记：

> Dr. Yen.
>
> 12:00　亚东。

  7:00（？）　立武处（？）

    Cabot。

3月3日　胡适日记有记：

  9:00　Dr. 邱。

  10:00　回来。

  11:00　毛子水、曾昭燏女士来。

  12:30　北京路83（Keswick）。

  3:00　立武。

  5:00？　慰慈、孟录（同徐太太去）。

3月4日　胡适日记有记：6:30姜绍诚（建国西路327弄5），71402。

  同日　下午，雷震来长谈4小时，胡适告知：南京与台湾必须走一次。雷震劝其行前到溪口一行。(《雷震全集》第31册，150～151页）

  同日　胡适复函江冬秀，告知已于昨日将船票退掉，改在4月初走，详谈不宜偕同江冬秀去美的理由，又拟赴台一行：

    我本定三月九日走的，但我实在不热心早走，故昨日（三日）决定把船票退掉了，改在四月初走。

    ……我想在上海多住几天，也正是要看看整个局势如何变化。如果三月里形势好转一点，长江守得住，上海就没有大危险，那时我想你还是回上海来住。但是我到今天还不敢断定形势如何转变。

    …………

    我的行期既已展缓，我一定要来台湾走一趟。决定行期后，我再打电报给孟真……（台北胡适纪念馆藏档，档号：HS-NK04-014-010）

3月5日　胡适日记有记：

  4:00—6:00　海光图书馆（Olinerlis Rd. 209弄16），Bardar K. M.

Panikkar "Heritage of India"。

6:30　任叔永。

3月6日　胡适日记有记：

马逢瑞来（？）

12:00　大春、祖望来吃饭？去看颜骏人。

6:30　T. P. How，433 Ave. Haig Apt. 4C.（72231）。

3月7日　胡适日记有记：

为吕平得君题《石涛画册》。石涛自题云："不识乾坤老，青青天外山。"可见遗民不肯抛弃希望的心事。

3月8日　胡适日记有记：

11:00　China Foundation（meet 江庸）。

12:00　经农家吃饭（？）

6:30　李熙谋（高安路58，三楼，Apt. 48）。

同日　顾颉刚访胡适于上海银行。（《顾颉刚日记》第六卷，428页）

3月9日　胡适日记有记：12:15 静安别墅饭后看电影 Possessed，男主角 Raymond Massey，我曾与相识。

同日　蒋介石指示即将去上海的蒋经国："便访胡适校长。"（台北"国史馆"藏"蒋中正'总统'档案"，档号：002060100250009）

同日　北大医学院学生焦增煜从北平逃到上海，刚上岸即被扣押。焦在狱中看报纸，见到一则梅贻琦的启事，知道第二天胡适有个公开演讲，就给梅打电话，恰巧胡适也在，接了电话后，他马上打电话给蒋经国，30分钟焦就释放了。焦拜访胡适，请求帮助。胡适当即亲笔给他写了一份证明书：

焦增煜是国立北京大学医学院旧制学生，应于实习两年期满之后给予毕业证书。但当其第六年下学期实习时期，焦君因时局关系，于民国三十八年二月下旬离开北平。其所携北京大学教务处注册组所给历年成绩表及实习证件，均属真实，特为证明如右。(《胡适之先生年谱长编初稿》第六册，2077 页）

3 月 10 日　胡适日记有记：

    8:00　子水。

    9:00　Dr. 邱。

    10:30　谷。

    5:00　看孟馀 Columbia Rd. 215。

3 月 11 日　胡适日记有记：4:00 任宅 Tea（？）。
同日　晚间，汤恩伯邀宴胡适，胡对上海的城防工事有所建言。

胡适当日日记：

    7:00　汤宅，西蒲石路 1221。

雷震日记：

    午间在恩伯兄吃饭，约定今晚请适之吃饭，并请杭立武兄。适之听到上海人士许多对恩伯之谣言，今晚吃饭，适之可说明其意见，使恩伯亦可了解外间之空气。

    谈话甚久，适之对城防工事批评尽量说出，即（1）中国除太原外，其余城防工事，那一处守了？（2）做城防工事，易引起贪污情事。(《雷震全集》第 31 册，156 页）

3 月 12 日　《新闻报》报道：胡适赴美讲学，已定 4 月 6 日出国。次日香港《大公报》报道：胡适逃美。

3 月 14 日　胡适日记有记：

    10:00　Cathay Lobby with Wang。

得毅生函,有锡予、枚荪、续祖、饶树人、华帜、尹树人签名问好。又有大绂信。喜极!

3月15日　陶希圣日记有记:上午10时访胡适之先生。托带口信到溪口:(1)更易简单电码,(2)遵守1月5日"总统"所嘱,以普通国民身份往美。4月6日成行,中间往台湾一行。(《陶希圣日记》上册,219页)

同日　胡适日记有记:

5:00　河滨大楼,210。

N. Soochas R. 400.

3月16日　顾颉刚来访,"同饭","并晤张慰慈、陈伯庄、邱锦淇"。(《顾颉刚日记》第六卷,431页)

3月17日　胡适日记有记:

1:00　Cathay Lobby meet Wang.

3:00　试衣服。

6:00　刘缘子(卢开瑷夫人),善钟里71,曹宅,与月涵同去。

同日　顾颉刚来访,"并晤罗静轩、全绍文、房福安"。(《顾颉刚日记》第六卷,432页)

同日　《申报》报道,何应钦之新阁,"……外交部长亦先后邀请邵力子、胡适、傅秉常诸氏。至十六日晚均未获得结论"。

3月18日　胡适日记有记:7:00 K. P. 家中。

3月19日　胡适日记有记:1:00叶,虹桥路885弄二。

3月20日　胡适日记有记:6:30祖望来吃饭(?)。

同日　胡适为北大学生王泽恒出具学籍证明:

兹特证明王泽恒是北京大学农学院园艺系四年级学生,于民国卅八年二月廿七日离开北平南来。倘蒙贵校准予借读,不胜感激。(台北胡适纪念馆藏档,档号:HS-NK05-143-002)

3月21日　胡适日记有记：

　　12:30　静安别墅吃饭。

　　2:30　试衣服。

同日　胡适致函竺可桢，介绍北京大学法律系二年级学生华力进前往浙江大学借读，但此事未能如愿。竺可桢3月25日日记：

　　上午北大法律二学生华力进以适之函来（廿一晚，即适之飞台前夕所书），余告以浙大开学已六星期，此时不能再收借读生，嘱其于暑中参加入学考试。(《竺可桢全集》第11卷，403页)

3月22日　胡适飞抵台北（杭立武同行）。次日《申报》报道胡适对记者谈话：

　　台湾系童年旧游之地，此来有不胜亲切之感。渠二岁至四岁，曾随父在台东知理州居二三个月，甲午战役始返沪。此次在台将留四五天，不准备正式讲学，或要举行一次演讲会，返沪后即将出国。渠对时局之看法，仍强调和比战难。对北大西洋公约之批评称：有力量之大国，能明确表示态度，在原则上当可减少战争成份。渠对新阁前途，则不愿表示意见。

3月23日　胡适日记有记：

　　9:00　黄朝琴来。

　　10:00　看王雪艇（台北招待所）（圆山）。

　　3:00　□□来。

　　6:00　杜。

3月24日　胡适日记有记：

　　12:30　台大。

　　7:00　黄朝琴、游市长，饭（黄宅）。

同日　雷震日记有记：

  上午分访胡适之、傅孟真……约定孝炎下午三时与适之、雪艇、立武诸兄至草山谈话……至圆山招待所，不久适之、立武及孟真均到，咸以天雨就在招待所谈话。我开始将政府改组情形，以及今后计划，立法院近情及京沪人士意见报告。我之结论政府及立法院均走投降之路，何敬之虽不愿投降，可是不知不觉被人包围而投降，如外交部长傅秉常一事，显为他人操纵。这个内阁也可以说是张文白及邵力子的内阁。继说到现在京沪舆论不健全，舆论全是一面倒，均是主和，甚至连备战谋和亦无人敢言，军人最感困难，因四面均要和，很不易提高士气，假定今日我们为不愿意投降，我们必须奋起，号召一般信仰民主自由之人士团结起来，口诛笔伐，抨击投降论调。因此，可一面办周刊，一面办报纸……雪艇先生并主张先约定数十人，分别对时局发表意见，立武、孝炎均赞成我的意见，傅孟真则东扯西拉，不得要领，晚至绍唐晚饭。(《雷震全集》第31册，165～166页)

3月25日　胡适日记有记：12:30林先生（板桥）。

同日　晚，陈诚约吃饭，雷震日记有记：

  ……在座有胡适之、傅斯年、俞鸿钧、朱绍良、杭立武、王雪艇、俞大维及余等十人。饭毕辞修报告南京之行经过及政府与立法院走向投降之路，与我所报告均不约而同。渠亦表示文人应该出来讲话……(《雷震全集》第31册，166～167页)

3月26日　午间，黄纯青邀宴胡适于晴园（中山北路三段，黄寓）。陪客有吴克刚、谢东闵、台静农、洪炎秋、沈刚伯、陈逸松、林熊祥、杜聪明、李玄伯、黄及时、陈逢源、黄当时、林忠、黄得时、黄逢时、游弥坚、傅斯年、梁寒操、浦薛凤、李翼中，（据《日记》；台北胡适纪念馆藏档，档号：HS-NK05-351-002）

同日　胡适日记有记：许恪士住宁波西路108（游市长左隔壁）。

3月27日　胡适日记有记：12:30（北大校友？温州路20巷1号）。

同日　下午2:30，胡适在台北中山堂演讲"中国文化里的自由传统"。胡适说，"自由"这个意义，这个理想，这个名词，并不是外面来的，是中国古代就有的。自由就是"由自己做主"，不受外来压迫。中国的谏官制度与史观制度，表明中国非常尊重批评自由与思想自由。老子与孔子是自由主义者。春秋时自由的思想与精神比较发达，秦以后，依然有人不断追求自由。胡适又说：

> 在中国这二千多年的政治思想史、哲学思想史、宗教思想史中，都可以说明中国自由思想的传统。
>
> 今天已经到了一个危险的时代，已经到了"自由"与"不自由"的斗争，"容忍"与"不容忍"的斗争，今天我就中国三千多年的史，我们老祖宗为了争政治自由、思想自由、宗教自由、批评自由的传统，介绍给各位，今后我们应该如何的为这自由传统而努力。现在竟还有人说风凉话，说"自由"是有产阶级的奢侈品，人民并不需要自由。假如有一天我们都失去了"自由"，到那时候每个人才真正会觉得自由不是奢侈品，而是必需品。（次日之台北《新生报》）

> 按，是日雷震日记有记：闻纪五听适之先生演讲回来说，今日中山堂挤满，而向隅甚众，连窗门上均立满，使人有窒息之虞。演讲有一时半，群众鼓掌不已。（《雷震全集》第31册，168页）

同日　B. A. Garside 将其所著 One Increasing Purpose：The Life of Henry Winters Luce 题赠胡适："To Hu Shih, from whom Henry Winters Luce learned much of Chinese ancient and modern wisdom, and for whom he had great admiration and affection. B. A. Garside 3/27/49."（《胡适藏书目录》第4册，2855页）

3月28日　雷震日记有记：晚应陈主席约餐……在座中有胡适之夫妇及其公子与公子之未婚妻、傅斯年夫人、张伯谨、王雪艇、谭伯羽诸氏。（《雷震全集》第31册，169页）

3月29日　胡适返抵上海。(次日上海各报)

同日　雷震日记有记：晨起后9时至适之处索文未得到，约在上海取。12时到机场相送，遇林忠谓飞机要于2时30分始能到。(《雷震全集》第31册，169页)

3月31日　胡适日记有记：还净珊60元，尚欠11元。

3月　胡适、黎锦熙、邓广铭合编之《齐白石年谱》由商务印书馆出版。

4月

4月1日　胡适日记有记：

>　　6:00　洪开饭（邀祖望），吕班路（205弄）万宜坊23。
>　　王际昌家（湖南路291）。（To meet R. F. Bender）。

同日　上午，苏雪林来访，胡适为其筹划将来。苏雪林是日日记有记：

>……以电话试探上海银行胡适先生回否？蒙胡先生亲接电话云已回，余言想一见，胡允之，但不久即出拜客，宜速去。余草草换衣，即行前往，蒙胡先生殷勤款待，为余筹画将来出路，若有办法，则赴国外，法国将来恐不安全，不如赴美云云。余告以英文不懂，年龄已老，教会当然不肯花此一笔冤枉钱，胡先生为之一笑，乃劝速行赴港，写一介绍片与马鉴先生，又赠余《胡适文选》、《四十自述》、陈独秀死前言论书信集各一册，签字其上，并与余拥抱吻颊而别，盖视余犹女，行此外国礼也。余感甚，泪盈于眶，嘱其保重，不久相见。(《苏雪林作品集·日记卷》第一册，成大出版组，1999年，111页)

4月2日　胡适日记有记：

>　　11:00　雪屏来吃午饭？
>　　1:30　车来？去理箱子。
>　　7:00　叶良才（虹桥路885弄2）。

同日　雷震日记有记:"雪公说适之主张出周刊,究以何者为宜,请大家讨论日报与周刊两事。不久雪艇先走,在座者均主张出日报,可同时出周刊。"(《雷震全集》第31册,172页)

4月3日　胡适日记有记:12:30叔永、莎菲。

4月4日　胡适日记有记:

Dr.邱、颜医生,惠罗公司。

Mrs.李冈。

静山午饭。

垚生家4——。

同日　顾颉刚来访,"并晤黄如今、张国焘、汪一鹤、李寿雍、董大兴等"。(《顾颉刚日记》第六卷,439页)

同日　蒋介石日记有记:适之台湾讲演稿之检阅。

4月5日　胡适致函蒋梦麟,告自己将去美国,而不知何时归来,故辞去中基会董事会执行秘书一职,建议周诒春继任。(中国社科院近代史所藏"胡适档案",卷号E-91,分号14)

同日　雷震日记有记:8时许访适之先生,转达雪公意见,请其对联合政府向李"代总统"表示意见,并代达介公意见谓"当尽力之所及支持德邻先生,只要其不接受联合政府或投降",谈话中翁詠霓及崔书琴均来。(《雷震全集》第31册,174页)

同日　胡适日记有记:

12:30　翁宅(电话30278)西康路621号(旧名少沙渡路)。

下午去徐家。

同日　胡适为顾廷龙夫人题写扇面,内容为杜甫《羌村》的几句:

峥嵘赤云西,日脚下平地。柴门鸟雀噪,归客千里至。

妻孥怪我在,惊定还拭泪。世乱遭飘荡,生还偶然遂。

邻人满墙头，感叹亦歔欷。夜阑更秉烛，相对如梦寐。（颜振吾编：《胡适研究丛录》封面）

4月6日　胡适自上海搭乘"克利夫兰总统号"前往美国。蒋经国、雷震、陈光甫等到码头送行。胡适是日日记：

早饭在王雪艇、雷儆寰处。

上午九时离开上海银行，九点半到公和祥码头，十点上President Cleveland 船，十一点开船。

此是第六次出国。

雷震是日日记：

晨起至十六铺码头接雪公夫妇，均住章剑慧家，约适之来早餐，雪艇将溪口之行说明，适之并题"自由中国"报报头，渠并云已告知翁咏霓，请其转达德公，不可接受联合政府，当请介公支持其现局。适之所乘 President Cleveland 号十一时开行，坚谢我们送行。（《雷震全集》第31册，175页）

顾颉刚是日日记：

到上海银行，送适之先生西行。遇徐士浩、杨亮功、王同荣、任鸿隽、翁文灏、胡祖望……

…………

适之先生来沪两月，对我曾无一亲切之语，知见外矣。北大同学在彼面前破坏我者必多，宜有此结果也。此次赴美，莫卜归期，不知此后尚能相见，使彼改变其印象否。（《顾颉刚日记》第六卷，439～440页）

当日《申报》报道：

胡适行前，"拒绝评论时事，仅表示在美将多多学习，研究世界大

势，此外拟多发表演说"。

4月7日　胡适日记有记：The following is a complete first class passenger list of the "President Cleveland"。

4月9日　胡适过横滨，本不拟登岸，但在码头遇到吴半农，坚邀胡适到东京玩了半天，见到吴文藻、冰心和吴半农夫人。下午与王信忠大谈。访商震不遇。（据《日记》）

4月10日　胡适日记有记：

En Route To Honolulu

S. S. President Cleveland

April 10 1949

C. C. Davis

Frederick Page

Te-chuan Li

Hu Shih

4月14日　胡适作有《"自由中国"的宗旨》，又作有《陈独秀对于民主政治的最后见解》。（均收入《我们必须选择我们的方向》一书）

4月16日　胡适日记有记：

Prof. Charles Moore will meet ship.Lunch（Pacific Club）.

齐鲁大学外科副教授 Dr. Paul J. Laube，根柢甚好，谈及 Toynbee 的书，甚有见地。他又提及 C. S. Lewis 的三部书，我皆未见：

1. *Out of the Silent Planet*,

2. *Perelandra*,

3. *That Hideous Strength*.

同日　胡适船上写信给杭立武、王世杰、雷震，谈他给陈独秀的书所作的序言，又谈到他为"自由中国"写的宗旨：

一路上很平安，只是不能写文字！

勉强赶成了一篇"述"独秀的文字。如毛子水对此题有文字寄来，他的文章一定比我好，当用他的，不必用我的。此稿请勿抛弃，可寄还我。

《宗旨》写了几次，都写不成。最后有一篇短的，十分不满意。千万请你们与书琴、佛泉、子水诸君仔细斟酌，最好是完全重写过。

请注意这不过是拟稿之一种。

万不得已时，还是不发表书面的宗旨或约章。

若发表《宗旨》定稿，请不要具名。

请不要忘了傅孟真是作文章的大好手！（万丽鹃编注、潘光哲校阅：《万山不许一溪奔——胡适雷震来往书信选集》，台湾"中央研究院"近代史研究所，2001年，1～2页）

同日 胡适在 Philosophy East and West（edited by Charles A. Moore，普林斯顿，1946）题记：Hu Shih, Gift of President G. M. Sinclair and Professor Charles A. Moore, of the University of Hawaii, April 16, 1949。（《胡适藏书目录》第4册，2864～2865页）

4月21日 早8时，胡适抵达旧金山。赵元任夫妇来接。上岸后，悉解放军开始渡长江。（台北胡适纪念馆藏档，档号：HS-NK04-014-007；胡适1960年11月18日《日记》）

同日 胡适日记有记：

4:00　President Sproul conference.

Mah's supper（Home）.

4月22日 胡适日记有记：

T. K. Chang's reception.

Mah's Lunch（？）.

University Lecture（declined）.

4月23日　中国人民解放军解放南京。

4月25日　胡适日记有记：Stanford University Lunch（？）。

同日　韦莲司小姐致函胡适，为胡适重来美国感到幸运。请胡适便中函告近况以及需要帮助的事。若来绮色佳稍事休息，也请告知。写这封信，为探寻胡适在何处，问候胡适和胡适的家人。（台北胡适纪念馆藏档，档号：HS-CW01-009-006）

4月27日　胡适抵达纽约，仍寓东81街104号。

同日　胡适与蒋廷黻会面。蒋廷黻日记有记：胡适说去年8月的金元券改革造成人民对政府的怨恨，军事失利使蒋介石的威信降到零。……胡适认为南京政府应该而且可以守住长江。他很惊讶南京政府居然撤退了。他对司徒雷登、孙科、张群评价很低。张群想结合日本。蒋廷黻鼓励胡适在美国要有积极的作为，领导一个新的社会主义政党。但胡适对社会主义没有兴趣，而且自认为没有领导政党的才具，鼓励蒋廷黻组党。傅斯年遗憾当年没有选上立法院副院长。那是胡适阻挡的结果。事实上，胡适是不应该挡他的路的。（转引自《舍我其谁：胡适》第四部，552页）

4月29日　Everett Case 致函胡适，云：

> I was both relieved and delighted to learn of your safe arrival in California. Tragic as current developments in your country are, it is something to know that you are not only safe but situated where you are free to continue your work.
>
> I am under the impression that you sailed for America before the American Ambassador had received the messages from Wallace Donham and me inviting you to join the Colgate faculty as a visiting professor. For that reason, I venture to enclose copies of those messages. Presumably, your arrangements with the University of California preclude your considering this invitation, but if they are such as to make possible your considering it for any part of the year, we would still be delighted to have you.

1949年　己丑　58岁

In the meantime, I am wondering whether your plans will bring you East either in June or July or both. If so, it would afford me the greatest satisfaction if we might have you as Commencement speaker for our one hundred thirtieth Commencement on Monday, 13 June, at which time we would wish to confer upon you an honorary degree. I am able to suggest this at this late date because Phil Jessup, whom we had invited some time ago, now writes that his schedule will make it impossible for him to come. Since the time is so short, I would deeply appreciate your sending me a wire collect, letting me know whether you are free to accept this invitation. If you are, I need hardly add that Mrs. Case and I would want you to be our guest over the weekend and for as long as you may be able to stay.

I have mentioned July, too, because during the week beginning 22 July, Colgate is initiating a Conference on American Foreign Policy in which we would be delighted to have you participate. I shan't burden you now with details about this Conference except to say that we have assurance of the fullest cooperation from the State Department, The Carnegie Endowment, and the Foreign Policy Association. The rest can wait upon advice concerning your plans.

I realize that the chances of your being East on either of these dates may well be slender. Nevertheless, the invitations this letter conveys are extended with all the warmth and urgency at my command. Should you be free to make the Commencement address and receive at that time the honorary degree we would so much like to confer, an opportunity would incidentally be afforded us to pursue the other questions which this letter raises.（台北胡适纪念馆藏档，档号：HS-NK02-003-007）

按，胡适稍后复电 Everett Case，答允此事。5月9日，Everett Case 为此电谢胡适：Delighted to have your telegram stop I know of no better man.（台北胡适纪念馆藏档，档号：HS-NK02-003-008、HS-NK02-003-014）

5月

5月1日　胡适日记有记：

9:30　（10:30）Leave for Wadin.

5:30　Hornbeck Tea.

7:00　Tan Stt. Dinner.

5月2日　胡适抵华盛顿。与霍恩贝克共进午餐。在大使馆晚餐。（《申报》，1949年5月4日；胡适《日记》）

5月3日　胡适日记有记：1:00 Rockefeller Centre—Luncheon Club（65th Floor?）（T. F. Tsiang）。而蒋廷黻当日日记则云：晚上与胡适长谈。胡适从华盛顿带回一个有关美援的电稿。蒋廷黻建议：美国的情况好坏参半，既有赞成，也有反对援助的。当前应该在长江以南促进团结，新人，新政策；定下一个"必须死守"的区域。胡适同意。（转引自《舍我其谁：胡适》第四部，553～554页）

同日　胡适日记又记：6:30 China Institute Meeting。

5月4日　胡适日记有记：

3:30　Mr. Stewart of *N. Y. Times* comes.

4:00　张子缨 will come to town.

5:00　王毓铨、胡先晋来。

5月5日　胡适日记有记：

4:30　Ni & McKenzie（AP）.

6:30　Old China（W. 52nd. St.）Gilbert Rodney.

大猷 W. 88th Apt. B.

同日 蒋廷黻日记有记：胡适草拟了一个有关美援的电报给蒋介石、李宗仁、何应钦，胡适的序言完全符合蒋廷黻的想法，美国的情况好坏参半。只是胡适把蒋介石放在第一位，而且特别强调。张彭春、刘师舜都同意。这是一个联名的电报，大使馆、联合国代表团，加上胡适和于斌。（转引自《舍我其谁：胡适》第四部，561页）

5月6日 胡适日记有记：

  4:00 Pettes comes.

  6:00 吃中国饭。

  K. C. Li 来谈。

  于斌、曾琦诸人发二电：一致李德公，一致蒋介公，邀我列名。

同日 张佛泉等致函胡适，谈台北的"自由中国"社的活动。（台北胡适纪念馆藏档，档号：HS-US01-062-007）

5月7日 胡适日记有记：

  11:00 am 赖琏先生来谈。

  3:00 王方宇自 New Haven 来访？

  11:00 Thomas Corcoran comes to talk.

同日 胡适在纽约回答联合社记者提问。记者问其对陈纳德所谓每日100万元可以挽救中国一点作何感想，胡氏答称：余非军事专家，无资格判断此种估计，物质援助当然需要。并称："就余观看，今日吾国地位并不软于上次大战时遭德军侵入之法国与比利时更为恶劣，该两国均受敌人践踏，处境岌岌可危，但人民并未丧失勇气，因此辈相信盟国可为其后盾，德人最后必被逐出，余相信国民政府之主张并未丧失，吾人仍能获胜。"（次日之《申报》）

5月8日 胡适日记有记：

1:00　Wait for Victor Hoo.

4:30　何基 & 赵震（Graduate students）。

同日　胡适在其收藏之甲戌本《脂砚斋重评石头记》上写一题记：

> 我得此本在一九二七年，次年二月我写长跋，详考此本的重要性。一九三三年一月我写长跋，考定徐星署藏的八十回本（缺六四、六七回，又廿二回不全）脂砚斋四阅评本。一九四八年七月，我偶然在《清进士题名录》发见德清戚蓼生是乾隆三十四年（一七六九）三甲廿三名进士，这就提高戚本的价值了。

5月9日　胡适日记有记：6:30 容家 Dinner，12 E. 87。

同日　顾维钧请胡适到纽约的雷克饭店午餐，并长谈 3 小时。《顾维钧回忆录》有记：

> ……他告诉我委员长曾经真心诚意地希望胡适被提名为总统，只是因为遭到国民党内的反对才不得不作为罢论。他说 1947 年秋和 1948 年 12 月，曾两次请他出任驻华盛顿大使，两次他都予以谢绝。本年初，孙科曾要求他担任外交部长，但是他未接受。理由是：凭王世杰的耐心尚且不能使国民党评论家们对其政策表示满意，何况是他。因为他不仅完全赞同王的政策，而且其耐心还不及王世杰。
>
> …………
>
> 总之，我感到胡适对委员长建议由他出任总统颇为得意，并且深表感激。至于他的大使职务，并不足奇，因为无论在中国还是其他地方，出于政治考虑而提出一项外交任命并非罕见。（中国社会科学院近代史研究所译：《顾维钧回忆录》第七分册，北京：中华书局，1988 年，95～96 页）

5月10日　胡适日记有记：

T. F. Tsiang's Lunch.

1949年　己丑　58岁

1:00 pm　Rockefeller Centre（Rainbow Room）.

4:00　Call on R. Howard（Ni will fetch me）, Take 5:50 Plane（American Airlines）to Washington, Gen. Pien will meet me.（带宗武各件去。）

同日　夜，胡适到华盛顿，宿魏德迈（A. C. Wedemeyer）将军家中，就目前中国的局势与魏德迈进行了深入交谈。大致情形如下：

……我再三问他，"你不信我们能守住大陆上任何地方吗？"他说，照现在的情形看来，照现在的"士气"看来，福建、广东都守不住。魏将军的看法，最可以证明鱼电所说"有力的失败主义"之可怕！

最后我很严重的对魏将军说：台湾止有七百万人口，台湾的工业又不是可以独立自给的经济基础，台湾是不够做我们"复兴"的基地的。我们必须在大陆上撑住一个"自由中国"的规模，维持一个世界承认的正式政府。

魏将军对此意思颇郑重考虑。他说，我若有权，我可以派丁伯曼将军（前驻中国，曾在北平主持三人和平小组事〔General Timberman〕）（此人昨夜亦在座，但魏将军的意思其实是指他自己。）去中国，由美国筹拨十亿美金"周转专款"，并授他全权，可以招集专家（包括在德国挑聘四五千个军事专家）为中国训练新军人。他说，即使国务院根本改变政策，即使此计画可以实行，也需要半年以上，或一年以上，始可生效力。

我说，如果此计画可以实现，即此计画的宣布，已可以给我们不小的鼓励，精神上的兴奋是今日最需要的。

…………

……到此邦已二十日，日日忧心如焚，而实在一筹莫展。我的看法是今日我们决不可撇开美国当国的领袖（白宫与国务院）而另向在野党（共和党）与舆论做工夫。用在野党与舆论来压当局诸公，徒然使他们更感不快而已。最好的目标是使对华政策也变成两党协力的政策，至于应如何做法，尚未有具体下手方式，当续有所陈述。（《胡适

中文书信集》第3册，785～786页）

5月11日　胡适有致蒋介石函，除报告昨日会晤魏德迈情形外，又云：5月6日顾大使曾有长电（鱼电）叙述此邦对我国的态度，此电由大使馆起草，后来由我完全重写，经列明诸公审查后始发出，想已蒙鉴察。（台北"国史馆"藏"蒋中正'总统'档案"，档号：002020400028113）

同日　顾维钧拜会美国国务卿艾奇逊时说：胡适博士已经到达纽约。胡适让我转告，由于他这次完全是以个人身份来美，他没有提出要求会见，因为怕占用国务卿的宝贵时间。但是如果国务卿希望和他谈话，他完全听候安排。艾奇逊表示：他和胡适是老朋友，他非常希望和胡博士叙谈。（《顾维钧回忆录》第七分册，109页）

同日　徐大春致胡适函，云："苦撑"本不易，而要靠蒋介石的余力来"苦撑"，就更加"万难"。（台北胡适纪念馆藏档，档号：HS-NK02-005-020）

同日　《人民日报》发表陈垣《给胡适之的一封公开信》：

适之先生：

去年十二月十三夜，得到你临行前的一封信，讨论杨惺吾《邻苏老人年谱》中的问题，信末说："今夜写此短信，中间被电话打断六次之多，将来不知何时才有从容治学的福气了。"当我接到这信时，围城已很紧张，看报上说你已经乘飞机南下了。真使我觉得无限怅惘！

记得去年我们曾谈过几回，关于北平的将来，中国的将来，你曾对我说："共产党来了，决无自由。"并且举克兰钦可的《我选择自由》一书为证，我不懂哲学，不懂英文，凡是关于这两方面的东西，我都请教你。我以为你比我看得远，比我看得多，你这样对我说，必定有事实的根据，所以这个错误的思想，曾在我脑里起了很大的作用。但是我也曾亲眼看见大批的青年，都已走到解放区，又有多少青年，正在走向这条道路的时候，我想难道这许多青年——酷爱自由的青年们都不知道那里是"决无自由"的吗？况且又有好些旧朋友也在那里，于是你的话在我脑里开始起了疑问，我当时只觉得这问题有应该研究

1949年　己丑　58岁

的必要。在北平解放的前夕，南京政府三番两次的用飞机来接，我想虽然你和寅恪先生已经走了，但是青年的学生们却用行动告诉了我，他们在等待着光明，他们在迎接着新的社会，我知道新生力量已经成长，正在摧毁着旧的社会制度，我没有理由离开北平，我要留下来和青年们一起看看这新的社会究竟是怎样的。

当北平和南京的报纸上刊载着，我南飞抵京的消息，这就看出南京政府是要用我们来替他们捧场的，那对于我们有什么好处呢？现在我可以告诉你，我完全明白了，我留在北平完全是正确的。

今年一月底，北平解放了。解放后的北平，来了新的军队，那是人民的军队；树立了新的政权，那是人民的政权；来了新的一切，一切都是属于人民的。我活了七十岁的年纪，现在才看到了真正人民的社会，在历史上从不曾有过的新的社会。经过了现实的教育，让我也接受了新的思想，我以前一直不曾知道过。你说"决无自由"吗？我现在亲眼看到人民在自由的生活着，青年学生们自由学习着、讨论着，教授们自由的研究着，要肯定的说，只有在这解放区里才有真正的自由。以往我一直是受着蒙蔽，适之先生：是不是你也在蒙蔽着我呢？

在这样的新社会里生活，怎么能不读新书，不研究新的思想方法？我最近就看了很多很多新书，这些书都是我从前一直没法看到的。可惜都是新五号字，看来太费力，不过我也得到一些新的知识。我读了《中国革命与中国共产党》和《新民主主义论》，认清了现在中国革命的性质，认清了现在的时代，读了《论联合政府》，我才晓得共产党八年抗日战争的功劳，这些功劳都是国民党政府所一笔抹煞的。读了《毛泽东选集》内其他的文章，我更深切的了解了毛泽东思想的正确，从而了解到许多重要的东西，像土地改革的必要性，和我们知识分子的旧的错误的道路。读了史诺的《西行漫记》，我才看到了老解放区十几年前就有了良好的政治，我们那时是一些也不知道的。我深深的受了感动，我深恨反动政府文化封锁得这样严紧，使我们不能早看见这类的书。如果能早看见，我绝不会这样的渡过我最近十几年的生活。我

爱这本书，爱不释手，不但内容真实、丰富，而且笔法动人。以文章价值来说，比《水浒传》高得多，我想你一定不会不注意的。况且，史诺作这书的时候是一九三六年，那时你正在美国，难道你真没有看见过吗？读了萧军批评，我认清了我们小资产阶级知识分子容易犯的毛病，而且在不断的研究，不断的改正。我也初步研究了辩证法唯物论和历史唯物论，使我对历史有了新的见解，确定了今后治学的方法。

说到治学方法，我们的治学方法，本来很相近，研究的材料也很多有关系，所以我们时常一起研讨。你并且肯定了我们的旧治学方向和方法，但因为不与外面新社会接触，就很容易脱不开那反人民的立场。如今我不能再让这样一个违反时代的思想所限制，这些旧的"科学的"治学方法，在立场上是有着他基本错误的。所以我们的方法，只是"实证主义的"。研究历史和其他一切社会科学相同，应该有"认识社会、改造社会"两重任务。我们的研究，只是完成了任务的一部分，既有觉悟后，应即扭转方向，努力为人民大众服务，不为反人民的统治阶级帮闲。

说到证实，我又该向你说一个我的想法，最近有一天，我去过你住的东厂胡同，房子里现在有别的朋友住着。我和朋友谈天的时候，记忆清楚地告诉我，这屋子从前是怎样的陈设，旧主人是怎样的研究《水经注》，你搜罗《水经注》的版本到九类四十种之多，真是尽善尽美了。可是我很奇怪，你对政治的报告，何以只看蒋介石那一本，不注意毛泽东那一本呢？你是和我的从前一样，真不知道吗？我现在明白了毛泽东的政治主张和实际情况，我愿贡献你这种版本，校正你孤证偏见的危险。

我一直不同意你在政治上的活动，但是我先前并不知道你在服务于反动统治政权，我只是以为学术与政治是可以分开来看的。这种错误的看法，直到最近才被清除，我才知道了"一切文化服从于政治，而又指导了政治"。

你在政治上的努力，直到今日，并未减少。昨天北平人民日报载你二十二日在旧金山发表一段说话，说"中国政府如证明其力能抵抗共产主义，则不待求而美援必自至"。又说"政府仍有良好之海军与强大之空军，如使用得宜，将为阻止共产党进入华南之有力依恃"。你还在做着美国帝国主义与中国的国民党反动统治政权的桥梁，你还有如此奇特的谈论，这使我不禁惊异！难道你真以为借来的美援和那少数反人民的统治集团的力量可以抵得过人民的武装吗？难道你真看不出中国的应走道路吗？现在和平的谈判，被蒋介石他们拒绝了，战争的责任，从来就该他们担负，他们还应该负下去。南京已经解放了，全国解放为期不远，如果分析一下，中国革命是无产阶级领导的世界革命的一部分，在全世界爱好和平的人民已经团结起来的今日，任何反人民的武力也要消灭的！

在三十年前，你是青年的"导师"，你在这是非分明胜败昭然的时候，竟脱离了青年而加入反人民的集团，你为什么不再回到新青年的行列中来呢？

我以为你不应当再坚持以前的错误成见，应当有敢于否定过去观点错误的勇气，你应该转向人民，要有为人民服务的热情。无论你是崇拜美帝也好，效忠国民党也好，是为个人的知恩感遇也好，但总应该明白这是违反人民大众的意思，去支持少数祸国殃民的罪魁！

我现在很诚挚的告诉你，你应该正视现实，你应该转向人民翻然觉悟，真心真意的向青年们学习，重新用真正的科学的方法来分析，批判你过去所有的学识，拿来为广大的人民服务。再见吧！希望我们将来能在一条路上相见。

一九四九，四，二十九。

按，关于此文出炉之来龙去脉，可参考刘乃崇《不辜负陈援庵老师的教诲》，载《纪念陈垣校长诞生110周年学术论文集》，北京师范大学出版社，1990年；刘乃和《陈垣的一生》，载《名人传记》，1994年第4期。

5月12日　晚6时，胡适于1790 Bway（7th floor）出席美国医药助华会执行委员会的会议，并有演讲。（据《日记》；台北胡适纪念馆藏档，档号：HS-NK02-006-001、HS-NK02-006-002）

同日　胡适日记又记：

1:00　"Time"（Fred. Gruin）（Dorret Hotel, 30 W. 54th St.

4:30　Loy Chay.

…

7:30　Gen. Mao's Party, Apt. 8-B., 101 E. 74.

5月13日　胡适日记有记：

1:00　Ni luncheon at Old China.

Kohlberg, Sokolsky

下午到Yale，四点王方宇来接。F. Y. Wang（Tel.）New Haven 7-3131-ext 2461。

5月16日　晚，胡适访蒋廷黻，谈他在5月18日演讲的内容。（转引自《舍我其谁：胡适》第四部，554页）

5月17日　胡适日记有记：

11:00　惟果来谈。

1:00　C. F. Yao & Mrs. Forman.

House of Chan.

Mrs. G. M. G. Forman, 77 Oakland pl. Buffalo, N. Y., 今年七十八了，有儿女四人，孙儿女16，重孙8。

7:00　K. W. & Virginia.

5月18日　胡适在Overseas Press Club的午餐会上发表演讲（La Zambra Restaurant, 127 W. 52nd St.）。胡适说，他对当前中国的情况感到困惑、不解。（据《日记》；次日之《纽约时报》）

同日　胡适日记又记：

　　3:30　or

　　4:00　or Dr. Harold Loucks.

　　　　　Miss Duvall（？）

　　6:00　James Yu.

　　同日　张佛泉等人函告胡适：张国焘、崔书琴已去港穗。在台北的朋友们口头相传，知道并热心"自由中国"运动的已在百人以上。目前的努力集中在筹备周刊。经费虽然尚无着落，但是独立时论社的存款，暂且借来运用一下，总可维持3个月左右。仍定6月1日发刊，但为等候胡适的大文，也许要稍迟一点。先生寄给雷震的一篇关于陈独秀的文章，张已经写信给雷，请他寄来。"自由中国"周刊的筹备已经在办理登记手续中，公推先生担任社长兼发行人的名义。我们除了希望先生多写文章之外，还盼望先生能在国内外筹募些基金，支持"自由中国"周刊和"自由中国运动"。（台北胡适纪念馆藏档，档号：HS-US01-062-008）

5月19日　胡适日记有记：

　　11:30　Dr. Brown.

　　5:00　胡敦元。

5月20日　胡适日记有记： 11:30 Eugene Delafield。

5月21日　胡适日记有记：

　　3:00　C. T. Liang.

　　3:30　Pardee Lowe.

　　4:30　彭道尊。

　　4:30　颜朴生。

5月22日　胡适致函赵元任、杨步伟：

别后，我的心境很不好，没有一件事值得报告你们！到 Washington 去了两次，都不曾住过一天半。许多同情于中国的朋友，如 Hornbeck，如 Bullitt，如 Prof. George H. Blakeslee，都觉得"一筹莫展"！第二次去时，见著 Wedemeyer，他也是"有心无力"。

我后天（廿四）又得去美京一次，可以见着 Paul Hoffman 与 Butterworth 诸人。

我这三星期接得冬秀两信，她很有点焦急，很想我把她带出来。但此事颇不容易。我自己的护照，听说已很费事，所以 Dr. Stuart 自己嘱托各大学发函电请我讲学 "to justify visa"！（此一点我近日始大悟！U. C. 校长之函与 Dean Donham 为 Colgate U. 代发之电都是 "to justify visa"！）但我如何能叫冬秀明白此点？心境之恶劣，此亦是一个原因。

我到 New Haven 住了一日夜，Yale 朋友也收到罗公的信，叙述他已完成若干研究，正进行若干工作。同时，他也想有机会出国。

香港《大公报》五月十日登出北平三大学（北大、清大、师大）已组成校务委员会，北大是汤用彤主席，另常务八人，其中学生代表一人，助教代表一人，余六人为许德珩、钱端升、曾昭抡、袁翰青、向达、闻家驷。

清大叶企孙主席，余常务八人中，教授六人为陈岱孙、张奚若、吴晗、钱伟长、周培源、费孝通。

两校常务七人中，除主席外，色彩皆甚浓厚。

周枚荪已辞法学院长，端升代他。郑华炽辞教务长，曾昭抡代他。

你们收到 Nova 培云的信吗？武汉大学怎样了？鲠生怎样了？请告我一点消息。

前借你们两百元，今寄还，千万请收下！我带来一点款子，现已取出存放，故此时实不缺钱了。将来有困难，一定老实告诉你。

上次存在你家的一本"剪报"，若能寄下，十分感谢。

身体颇好，稍感疲乏，前天去检验一次，下星期可得结果。血压125，体重比船上轻了四磅（144）。（《近代学人手迹》三集，16～17页）

5月23日 胡适日记有记：

11:30　Hotel Pierre（1608）Dr. Koo & Kan.

12:30　Albert Smith（lunch），202 Central Park S.

7:00　Meeting with Gregerson（？）

7:00　T. F. Talk with Small Group of Friends?

Dinner at Mr. Lunnine's home with Loucks & P. E. King, 24 Gramercy Park（Tel. Apt.）Or-3-5821.

5月24日 胡适自纽约抵达华盛顿。晚访顾维钧，告顾他已会见魏德迈，并说魏德迈强调台湾作为"自由中国"的基地并不理想。胡还告顾，他即将会晤美国国务院的巴特沃思（Butterworth）。顾维钧极力要求胡适摸清楚"如何才能获得新的对华援助，以阻止共产党向前推进方面，巴特沃思有些什么想法"；因为巴特沃思一直在为国务院制定对华政策，而此人对国民政府和国民党心怀不满。（《顾维钧回忆录》第七分册，111页）

同日　胡适日记有记：

11:30　Leave.

5:00　Paul G. Hoffman, 800 Coun. Ave（？）

5月25日 胡适与巴特沃思共进午餐。（据《日记》）

同日　午后，胡适访顾维钧，将会见巴特沃思的情形通报顾：巴特沃思对任何事情都要争辩；巴特沃思认为李宗仁是个好人，但是无权；他向胡适透露，美国尚无意承认中共政权。（《顾维钧回忆录》第七分册，111页）

同日　胡适日记又记：Evening—Dinner by McKee at the Carlton to meet a number of friends in Congress。

5月26日 10:30，胡适在大学俱乐部会见 Everett Case。（据《日记》；台北胡适纪念馆藏档，档号：HS-NK02-003-013）

同日　胡适复电夏威夷大学教授 Charles Moore：无法参加讨论会。（台北胡适纪念馆藏档，档号：HS-NK02-008-003、HS-NK02-008-002）

5月27日　胡适日记有记：11:00 Garride, National City Bank（6th floor）。

5月28日　胡适日记有记：

11:00　Eugene.

6:00　阿欢夫妇来，约我们同去吃饭。

同日　蒋介石复胡适11日函称：此时所缺乏而急需于美者，不在物质，而在其精神与道义之声援。故此时对美外交之重点，应特别注意于其不承认中共政权为第一要务。至于实际援助，则尚在其次也。对于进行方法，行政与立法两途，不妨同时并进，但仍以行政为正途，且应以此为主务。望胡适协助顾维钧，多加功夫为盼。又云：国内政治问题首在团结一致……（台北胡适纪念馆藏档，档号：HS-NK04-008-001）

5月29日　胡适日记有记：

4:30　毓铨等来。

8:00　Ambassador Pao's Dinner, 617-18（Ambassador）.

同日　胡适复函江冬秀，云：

……一个月以来，我已出门四次。有一次飞行，颇受辛苦……五月十九日，请医生作仔细诊察……

你三次信上都说起你要来美国同住。这件事，其实我早就记在心里了。今年正月里，我回到南京，叶公超兄同我说起护照事，我说："我做驻美大使时，出门讲演赴会至少二百次，从没有带一个秘书或随员，替国家省了不少金钱。但我现在是六十岁的人了，又曾生过心脏病，我不能不带个人帮帮我的忙。我本想请徐大春跟我去，但陈光甫先生很器重他……所以我想叫我的儿子祖望跟我去，可以帮帮我，照应我。"

叶公超先生第二天对我老实说："祖望的事，我一定帮忙。但他不能同你一块出去。你叫他请天元公司呈请工商部，工商部批准了，外

1949年　己丑　58岁

交部才可以发护照。我一定帮忙。"

他又对我说："王雪艇的护照，请你带去，亲自交给他。请你带口信给他，王太太的护照，部里不能发。"这句口信，我明白了，后来我也对你说过。

当我在南京时，我还不知道连我自己的护照还有问题。叶次长有一次对我说："美国有些大学很盼望胡适先生去讲学，美国大使馆曾说，最好是有几个大学打电报来请胡适先生去做客座教授。"我说："我不能叫他们来请我。我并不想到外国去教书讲学。"叶君说（后来别人也说）："你不用管。司徒大使自己去办。"我当时没有懂得这句话，就没有说下去了。

后来一月卅一日，外交部上海办事处打电话来说，可以去美国领事馆办护照签字手续了。我去了不到二十分钟，就办完了。

后来我注意到我的护照是外交护照，期限是三年，而领事馆给的是普通签证，期限为十二个月。我想，也许这是因为我曾表示不愿意用外交护照罢？

后来我到[旧]金山，移民局的人说，他只有权签六个月，故又改成六个月，到本年"十月二十日"期满。我当时也不曾明白，还只当作一种官样文章。前几天看见刘瑞恒大夫的护照，入口时，移民局签字时，把他的护照证明本年"六月十二日"期满。我看见了刘先生的护照，才恍然大悟我自己的护照从三年改为一年，又从一年改为六个月，都不是偶然的形式，都是因为护照紧缩的政策。

二月底，司徒大使写信给我，说："柯尔盖特大学有电报来，要请你去讲学，但我现在还等候哈佛大学的回信。"我读了此信，才知道司徒大使当真打电报去叫几个美国大学来请我，其中一个是柯尔盖特，一个是哈佛。此事甚使我感觉为难，所以我没有回他的信。

…………

直到五月初，我收到柯尔盖特大学校长的信，里面附有他和美国大使往来的函电，我才知道美国大使请各大学校长来电请我讲学，原

来是因为"要使使领馆有个理由可以签发我的护照"……
………

我现在知道，这不是对我一人一家的。护照签证之变严，目的是要拒绝宋子文、孔令侃、陈立夫等人来美国。但我因此受累了。我既不做大使，又不曾在美国寻得职业，故与其他官员出国同科，故司徒大使要自动的请几个大学来电报请我，才使他们签证为合格。（我若负有外交任务，或政治任务，如甘介侯之行，也许不会有如此麻烦。）

我收到你的第（一）（二）两信之后，就想你出国的问题……因为你的事，和我的去留问题有关，我得先弄明白我自己究竟作何计画。

第一个问题是，我自己打算在外国住下去做"白俄"吗？若在从前，国家还有点面子，我们学者在外国教书，并不算丢人。这一年以来，就不同了。这四十日以来，就更不同了。

（我的护照还有问题，将来也许还有问题。这件事不是小事，是一个警告。）

我从前对你说过："留得青山在，不怕没柴烧。"青山是国家。国家倒霉了，我们都跟着倒霉了。将来在外国做"白俄"，这个日子不好过。

所以我在五月二十二日发一电报给祖望，说："汇六百美金给妈，我当设法还你。请告妈在台候我秋间回国。"

这个电报的意思是：

1. 先汇点钱给你，丽门的四百元有收条在祖望处，故加汇六百元，凑足千元，让你可以租点小房子分居。

2. 此地无法直汇美金给你，故要祖望……

3. 要你知道我现在决定不在美国久住，也许秋季归国。你若租得小房，我可以同你住。

租房分住的话，电文中没有说明白。……

关于我回国的事，我还没决定先到何地。当然先飞香港，也许先到内地去看看。此时不能预先决定，当与孟真、子水诸人商量后再定。

……我的护照满期是十月二十日。如有合式小房，价不太贵，望

早留意租顶。我是能吃苦的，不必大房子。（台北胡适纪念馆藏档，档号：HS-NK04-014-005）

5月30日　胡适日记有记：7:30 Merz Supper—10 Gracie Square。

同日　竺可桢日记有记：下午谢季骅来，钱临照偕来。知季骅于昨日由南京至丹阳，与陈毅同来，据陈毅云，共产党待敌党将尽力宽大，适之、孟真、詠霓均无避去之需要。渠曾阅研究院士录，见有郭沫若之名，知研究院之能兼收并蓄。并曾提余名，谓当电杭州市长谭震林至浙大访余，云云。（《竺可桢全集》第11卷，449～450页）

5月31日　胡适日记有记：

  4:00–4:30　James Yu 来。

  Dr. J. Horahou.

  5:00–7:00　China House.

  Dr. Brown 11:30 am.

  Dr. Brown's dinner is called off.

6月

6月1日　胡适日记有记：

  4:00　Lewis.

  6:00　United Board of Colleges，13th floor（Solarium）156 Fifth Av.（Wm. P. Fenn）.

6月2日　胡适日记有记：

  12:45　Lunch Club, S. D. Ren will fetch me（12:15）（Downtown Lam Fang）.

  5:00　Burnett's Cocktails，312 E. 53（E. M. Foster）.

□□□。

同日　顾维钧打电话给胡适，请胡来参加另一次学者和官员的会议，讨论中国的内政问题。但胡适表示他来华盛顿有困难，并提出星期日上午对他是最合适的时间。(《顾维钧回忆录》第七分册，124页)

6月3日　胡适日记有记：

12:15　President's office，before lunch.

4:00　Michelson（China Emergency Com.）

5:00　Hsu & Kiang come & will go to supper together.

6月4日　胡适日记有记：

Stt. Called to say that P. Fu wrote a letter of introduction for a man named C. P. Lee，a personal representative of 李宗仁. The letter was dated Dec. 2, 1948！Nearly 2 months before Li became acting president！（The American lawyer sponsoring him——David Block. Evans Bldg.，Washington D. C. Tel. Nat. 7534）.

6:30　吴大猷 341 W. 88 Tr. 3-9640（Dinner）.

6月5日　蒋介石日记有记：朝课记事后访阎伯川，商谈其组织行政院之施政方针及外交、财政、国防各部长人选，余闻其称李荐邱昌渭为外交部长，不禁失笑，彼仍不知外交与国势之严重而以国事为儿戏也。余明告其军事财政外交政治各项要著7条，嘱其参考。

6月6日　胡适日记有记：

ABMAC?——to sign statement with?

4:30　N. Y. Historical Society, Meet Smith.

6月7日　胡适日记有记：

5:00　Call on Dr. Dewey, 1158 Fifth Ave.

1949年　己丑　58岁

Dinner with V.

6月8日　胡适日记有记：3:45 at Riegelman office，420，Lexington。

同日　蒋介石致电胡适，请其就任阎锡山内阁之外交部长：伯川兄或将提先生为外交部长，想必坚辞。但为国家与政局，促成阎内阁早日成立计，则不能不请先生加以考虑，至少亦须请暂勿表示决辞，而容予考虑为荷。（台北"国史馆"藏"蒋中正'总统'档案"，档号：002-020400-00028-013）

同日　蒋介石就新内阁中外交部长人选复电阎锡山：外交部长发表胡适，如由兄暂自兼代，不如派次长代理部务，实际上即由院长主持一切。如此则较自兼名义为佳，但弟无成见。（台北"国史馆"藏"蒋中正'总统'档案"，档号：002-020400-00031-052）

同日　Everett Case致函胡适：非常感谢您发来演讲稿。我刚刚收到，还没有来得及看，但是我很了解作者对于自己所从事的工作和思想充满信心。自从我们在纽约会面之后，我询问了此间一个有避暑之所的可信赖的朋友是否乐意您来他这里做客。他就是Philo Parker。他和他夫人已在中国生活多年，当然，他们会知道您。Case夫人和我很不情愿放弃您来做客，但是我们也最终尽可能优雅地办妥了。我们会派车到绮色佳接您，周日早上11点钟会有电话给您。Parker夫妇已经准备好那天举行午宴，假如您11点离开绮色佳，那么您会准时到达并参加午宴。Case夫人和我也在场，并且，届时我们可以制定出安排得更进一步的细节。Parker夫妇是非常有魅力的主人，您在那里不仅倍感舒适，而且午宴结束后，您会感到比在我们家更安静。那样，我们会倍感欣慰。（台北胡适纪念馆藏档，档号：HS-NK02-003-017）

6月9日　江泽涵复函江冬秀，云：未曾听闻有关胡适在美国哈佛时和一位看护同居的传闻，并劝江冬秀暂勿疑虑。（台北胡适纪念馆藏档，档号：HS-NK05-048-005）

按，此前，江冬秀听说胡适在美国与女看护同居后，甚生气，不

放心。徐大春在信中也说江冬秀对胡适不带其赴美甚不满。胡适解释说他没有办法，很忙，所以不回信。江冬秀曾为此事向与其感情甚笃之堂弟江泽涵诉说。于是，泽涵乃写信为江冬秀排解。(《胡适之先生年谱长编初稿》第六册，2095页；又见台北胡适纪念馆藏档，档号：HS-NK05-048-007。)

6月11日　胡适在康奈尔大学接到皮宗敢打来的长途电话，告蒋介石请其就外交部长密电。胡适托皮转达一电，大意：外长重要，不宜虚位，英美对王世杰甚敬重，最好请彼担任。(台北"国史馆"藏"蒋中正'总统'档案"，档号：002-020400-00029-006)

6月12日　胡适出席康奈尔大学同班毕业的35年的纪念会。(台北"国史馆"藏"蒋中正'总统'档案"，档号：002-020400-00029-006)

同日　阎锡山内阁名单公布，胡适为外交部长；外交部长胡适未到任前，由政务次长叶公超代理部务。胡适当日从合众社记者长途电话中得此一消息，即以"未接正式通知，不愿有所论议"答之。(台北"国史馆"藏"蒋中正'总统'档案"，档号：002-020400-00029-006)

6月13日　胡适应邀出席Colgate大学毕业典礼，接受该大学授予的荣誉博士学位，并发表演说。(台北"国史馆"藏"蒋中正'总统'档案"，档号：002-020400-00029-006；台北胡适纪念馆藏档，档号：HS-NK02-003-007、HS-NK02-003-014、HS-NK02-003-020、HS-NK02-003-021、HS-NK02-003-023)

同日　胡适在日记中粘贴一则剪报，有记：马歇尔向国民党新政府提出两条建议。同时粘贴了一则英文剪报，由胡适出任外交部长就是马歇尔的两条建议之一。

6月14日　胡适回到纽约，读到阎锡山6月12日的电报。因遵蒋介石齐电"暂勿决辞"之旨，故暂时没有复阎。(台北"国史馆"藏"蒋中正'总统'档案"，档号：002-020400-00029-006)胡适在日记中有记：

见廷黻兄，他说宋子文兄从欧洲回来后，极力主张要我出来领导救国的事业，他愿从旁力助！

我去看子文，途中忽发心脏病，下车后进入 Ambassador Hotel 的北面小门，在椅子上静坐几分钟，"警报"才解除。

与子文谈，果如 T. F. 所说。我猜想他在欧洲必见了 Thomas Corcoran，受了他的影响，故作此幻想。

6月15日　胡适抵达华盛顿，顾维钧前往车站迎接。(《顾维钧回忆录》第七分册，143页)

同日　段茂澜函劝胡适接受外交部长职务。(台北胡适纪念馆藏档，档号：HS-US01-001-020)

6月16日　胡适前往大使馆，与顾维钧谈话3小时。胡适向顾出示蒋介石致魏德迈的感谢信。胡适认为："传闻中的委员长和李将军的合作仍需外力推动。"(《顾维钧回忆录》第七分册，144页)

6月17日　胡适日记有记：4:00 Dr. Fournier, 29 Clarement Ave.（He may get Prof. Anderson Pen. Yale & go out to supper together.）。

同日　蒋廷黻、宋子文来访。胡适告诉他们和一些参议员以及 Ruck、周以德（Walter Judd）的谈话。决定建议蒋介石、李宗仁、何应钦、白崇禧联合发表一个宣言。(蒋廷黻日记，转引自《舍我其谁：胡适》第四部，553～554页)

同日　宋子文致电蒋介石，谈美援获得的条件，力荐胡适出面组阁。电称：抵美后晤三妹、适之、廷黻、少川、淞苏及美友如露士华、德黎达夫等讨论结果。美援在以下条件可以获得：一是国内外我方人士团结一致。二是美国所谓自由分子者出面执政，使马歇尔及国务院诸人得以下台。并称，如适之出面组阁并以廷黻、孟馀、大维、国桢等参加，国内外影响必佳。适之现虽谦让，但就如去年秋钧座曾嘱某君转请其担任行政院长，当时如令彼之好友传言，彼亦可从命。现在"国难"日深，彼必不惜羽毛，至如何达成目的是否请其先就外长，或即直接组阁。(台北"国史馆"藏"蒋中正'总统'档案"，档号：002090103006152)

6月18日　上午10时，胡适、宋子文、蒋廷黻在Ambassador Hotel商量致蒋介石联名电。胡适就中文稿提了建议，宋子文就英文稿提了建议。(台北"国史馆"藏"蒋中正'总统'档案"，档号：002020400031059；又可参考蒋廷黻日记，转引自《舍我其谁：胡适》第四部，567页；胡适当日《日记》)

同日　胡适日记又记：

11:30　T. C. Tang — (Central News Agency).

3:00　(？) McKee.

6:00　Ni.

7:00　Metropo.

同日　蒋廷黻日记又记：有关胡适辞去外长一事，他出示了婉拒的电稿，并解说道：虽然蒋介石请他不要拒绝，但他并没有坚持要他接受；李宗仁没有一个电报。宋子文和蒋廷黻都极力劝他缓一缓。(转引自《舍我其谁：胡适》第四部，567页)

6月19日　胡适读罢 *Far Eastern Bulletin* 第2卷第22号上《陈垣给胡适的公开信》英译本后，在日记中记道："其第一段引我给他最后一信的末段(Dec. 13, '48)，此决非伪作的。全函……读了使我不快。此公老了。此信大概真是他写的？"是日日记又记：

12:30—1:00　(C. F. Chang) 来。

5:30　Mr. Wu. (Son of 达诠)。

7:00　蒋夫人。

同日　陶希圣日记有记：昌焕告以魏德迈胡适先后有电致总裁，谓美可支持，以台湾为基地，魏并表示彼可来相助。(《陶希圣日记》上册，247页)

6月20日　胡适再读了陈垣公开信英译本，"更信此信不是伪造的(？)，可怜！"(据《日记》)胡适是日日记又记：7:30 Tinker (350 Park Ave.) (52nd.

St.）。

  同日 蒋介石复电宋子文、胡适、蒋廷黻，同意"联合各方面领袖发表宣言"，并再度催促胡适回国入阁："惟为转移友邦态度振奋人心计，内阁人望亦甚重要。适之、廷黻两先生最好能毅然返国入阁，现时各部人事尽可再行调整，以容纳其他为美国朝野所信任之人士。愚意百川与适之兄必能充分合作，如适之先生能充任副揆兼任外长一席，或外长由廷黻兄专任均极相宜。如两先生能大体同意，中拟即与李'代总统'暨百川院长晤商一切。大局已届极严重关头，见危援命为兄等之素养。如何？"（台北"国史馆"藏"蒋中正'总统'档案"，档号：002020400031059）

  同日 蒋介石日记有记：接宋子文、胡适来电，主张各党派人士及军政长官联名通电，表示团结一致，反共到底之决心，阅之甚慰，乃嘱雪艇等拟办法。又记，约雪艇聚餐后商谈联名通电办法及顾问等组织人选。

  同日 蒋介石致电阎锡山，询问胡适对入阁之态度，又请阁坚留胡适：适之复兄电意如何？请示以大略。最近接其函电皆甚积极，似有入阁之可能，请坚留。不许其辞为荷。（台北"国史馆"藏"蒋中正'总统'档案"，档号：002-020400-00031-062）

  6月21日 胡适经过七八天的"仔细考虑""日夜自省"后，致电叶公超、董显光并转阎锡山，恳切要求辞去外交部长一职。电报说：自己在此努力为国家辩冤白谤，私人地位，实更有力量。并云：今日恳辞，非为私也。（台北胡适纪念馆藏档，档号：HS-NK05-014-004）

  同日 胡适、宋子文、蒋廷黻聚叙于宋子文寓。宋子文出示蒋介石昨日来电与蒋、胡。胡适表示，已辞外长职。胡适谈及自己任驻美大使时，宋子文的种种不是，宋子文劝胡适有一种开放的心态。胡适又谈及他1947年拒绝出任驻美大使，说他建议蒋介石不要任命翁文灏组阁。（蒋廷黻日记，转引自《舍我其谁：胡适》第四部，567页）

  同日 胡适从6月15日的《华侨日报》上读到陈垣公开信的中文本，在日记中记道："我读了更信此信不是假造的。此公七十岁了，竟丑态毕露如此，甚可怜惜！"

同日　蒋介石日记有记：发子文、适之及彦棻等征求联名通电之电。

6月22日　胡适日记有记：

> Dinner at "Town Hall Club"（Informal）.
> 10:30　at T. V.'s Apt.

同日　胡适有演说，颇沉痛。（据《日记》）

同日　蒋廷黻、宋子文与 Thomas Corcoran 会面。Corcoran 力主胡适出任外交部长或驻美大使，蒋廷黻则主张胡适应出任行政院长。Corcoran 还主张，在艾奇逊调整外交政策的时候，胡适应该会见艾奇逊。胡适在讲演结束后与3人见面。胡适答应去见艾奇逊。Corcoran 认为要有新人、新政策，以赢得国务院的信心，胡适认同，但胡适不认为他自己不属于"新人"。（蒋廷黻日记，转引自《舍我其谁：胡适》第四部，575～576页）胡适当日日记亦有记：

> Thomas Corcoran 自法国回来，在子文兄［处］见面，他力主张我出来担任救国事业的领导工作。
>
> 我早猜子文是受 T. C. 的影响，T. F. 不信。今夜我听 T. C. 的话，更恍然明白了。

6月23日　中午，顾维钧宴请胡适，力劝胡适出任外长，胡适不应允。蒋廷黻在座。（据《日记》；蒋廷黻日记，转引自《舍我其谁：胡适》第四部，577页）

同日　胡适日记又记：

> 1:15（Pierre）
> ……
> 5:00　铁如来。
> Write letter to T. C. & T. V. and send to J. Hong.

同日　胡适复函蒋介石，云：

……每对美国朋友问我"美国如何可以帮助中国？"我总说，只有三句话：第一，消极的，不承认主义（即斯汀生主义）。第二，积极的，精神的援助。例如一种政策的宣言，使中国人知道美国人同情于中国，并没有放弃中国。第三，倘能使精神援助有物质援助（经济的与军事的）作陪衬，那当然更好了。此意与先生信上说的"现时对美外交之重点应特别注意于其不承认中共政权为第一要务，至于实际援助则尚在其次也"，正相符合……

…………

……适此次恳辞，实出于至诚。我是一个无政治能力又无政治经验的人，固二十多年绝不敢参预实际政治。一九三八年十二月四夜的心脏大病，即是到大使任之整两个月。一九四七年十二月十六夜，先生面嘱我考虑再作驻美大使，十七日我曾作长信托雪艇兄代为辞谢。然中心实焦虑此事，归途于十二月十九日及二十日，连发两次心脏病。加上今年六月十四日发病一次，前后共计四次，都是因为我是一个无能的人，把责任看的很重，故临事而惧，遂致发病。个人生死病苦，在此危难时期，本不足计数。但此种事例正可以证明我是无能的人，绝不能当大任也。

子文兄从欧洲来纽约，他与廷黻兄谈过几次，他们忽发幻想，以为我可以出来担负救国大任。我听说子文有电上先生陈说此意，此电我并未看见，但昨日见先生覆电，似亦赞同此意。故我很害怕，诚恐先生过信子文与廷黻之臆说，真以为一个无能的学者倚赖一点虚名，一点诚心，即可以担任国家大事，救亡而图存！吾乡（徽州）有句俗语说："做戏无法，出个菩萨。"子文、廷黻诸友今日之臆说正是妄想"出个菩萨"，绝无可以考虑之价值。……千万请先生相信我不是不爱国的人，但绝不能做我自己深信我无能力担任的事。上述电文中，我自己说我现在做的工作是"为国家辩冤白谤"，此是我能做的事，我不敢推辞。（《胡适中文书信集》第3册，794～796页）

同日　宋子文致电蒋介石，其中语涉胡适：

……适之日内谒国务卿及共和党上议员塔夫脱、廷黻等商量劝其任副院长，留美一个月，与美政府洽商后回国任行政院长。但不知国内情形许可此种布置否？适之昨谓李"代总统"迄今未来电邀就外长，又云百川与彼恐难合作……少川陪同甘介侯见"总统"情形，已迳电报告钧座。少川云甘在两星期前电李，谓廷黻提议，请其劝李任适之为行政院长。但甘意阎甫受命，且立法院已在假期，故个人不赞成此议。惟希望胡能入阁任教育部长等职云云。（台北"国史馆"藏"蒋中正'总统'档案"，档号：002-020400-043-045）

按，6月28日胡适见到此电。（见胡适6月29日《日记》）

6月24日　胡适致江冬秀一函，云：

我把刘瑞恒先生带给大春美金二千元的汇票一纸。我要你能收到美金，故托大春代为设法。刘先生自己只准带五百元，故他不能带现款给你。

去年孙科组阁，曾要我做外交部长，我坚决辞了。此次阎锡山先生组阁，事前未得我同意，竟发表了我的外交部长。六月十二日我在康南耳大学，远在乡间，始得合众社电话报告，我说，事前无所知，至今未得正式通知，消息大概不确。但我在乡间（赴我们同班毕业三十五年的纪念会）的休假日子从此不得清闲了。

十四早晨回到纽约，始得读阎先生六月十二日的电报，我同时也收到别位朋友的电报，劝我不要即日坚辞，以免拆新阁的台。

我在十四日正午出门看人，即发心脏病一次。下午请医生来验看，那时心脏早已复原了，血压也不太低，睡了半天，我觉得完全好了。你读了此一段，千万不要着急。

但这是一个警报。我是一个无能的人，遇事就发愁发急，故前年十二月十九、二十两日连发老病两次，也是因为政府在十二月十六夜提议要我改行，要我再出去做大使。

　　我想了几天，到六月二十一日，没有同朋友商量，就打电报给阎先生，把此事坚决辞了。到今天已是第四天，我想此事大概没有问题了。即使还有麻烦，我决心不干是不变的。

　　我还是决定要回国，所以有五六个大学请我教书，我都没有接受。我的护照是十月二十的期限，我也没有去办展限事。

　　我自己深切明白自己是个无能的人，但总有一些人梦想我能做别人不能做的奇迹。徽州俗话说"做戏无法，出个菩萨"，正是这种梦想。

　　…………

　　只是睡觉不好，常常要用安眠药……（台北胡适纪念馆藏档，档号：HS-NK04-014-003）

同日　胡适在日记中记道：我今天细想，陈垣先生大概不至于"学习"得那么快，如信中提及"萧军批评"，此是最近几个月前发生的事件，作伪的人未免做得太过火了！是日日记又记：

　　11:30　Eugene.

　　1:00　Old China（11：）to meet Robert □ Smith.

6月25日　中午，胡适、宋子文、蒋廷黻在大使酒店会面。谈及请胡适出任行政院长等事，胡适仍以能力不够坚拒。（据《日记》；蒋廷黻日记，转引自《舍我其谁：胡适》第四部，576～577页）

同日　胡适日记又记：

　　Eugene，11:30。

　　…

　　5:15（？）Smiths'.

　　7:00　□□□。

6月26日　胡适日记有记：

11:30　Gen. Pee?

6:30　Mr. Pei（910 Park Ave.）

6月27日　阎锡山复电胡适："以私人地位为国家辩冤白谤，究不如以新命资格在美活动，徐图援助，更为有效。如须暂时留驻彼邦从事工作，尽可缓缓归国。此在我国外部，不乏先例可援。请勉屈就新职，勿再谦辞。"（台北"国史馆"藏"蒋中正'总统'档案"，档号：002020400031062）

同日　蒋介石复电宋子文：甚望适之先生能先回国，再商一切也。28日，胡适看到此电。（据胡适6月29日《日记》）

同日　朱家骅致函胡适，劝胡就任外长。（台北胡适纪念馆藏档，档号：HS-NK05-014-005）

按，朱氏又来函为此事相劝。（台北胡适纪念馆藏档，档号：HS-NK05-014-006）

6月28日　胡适日记有记：

得阎百川先生一电（廿七日），仍不放我辞职。

3:30　（China House）U. S. C. Director's Meeting（Freeman—Di—4-9200）

7:00　T. F. & D. C. Chang.

6月30日　胡适连发3封电报：一给阎锡山，一给杭立武，都是坚辞外长事；一给蒋介石，认真地表示宋子文电报中所说，"从未赞成，亦决不赞成"。（据《日记》）致蒋电云：

28日始得见子文兄上公梗电稿，及公感电，不胜惊惶。子文梗电所陈劝适云云，只是渠与廷兄一种幻想，适从未赞成，且决不赞成……但做官治事，则绝无能力。去年亲见翁阁中师友毅然推行新币政策，竟使政府失去全国中产、小产阶级之人心。适因此更觉悟，无能书生不应担任国事职权。去冬命适组阁，适即以无能力坚辞。此次阎公命长外交，亦以无能力坚辞，实皆是严重考虑的结果。子文梗电所说，千万请公勿加考虑，至为盼祷。(《胡适中文书信集》第3册，797～798页)

6月　胡适著《我们必须选择我们的方向》一书，作为"自由中国"社丛书之一，由香港东南印务社出版。此书收入《两种根本不同的政党》《眼前世界文化的趋向》《我们必须选择我们的方向》《国际形势里的两个问题》《自由主义是什么？》5篇文章。

7月

7月3日　阎锡山致电蒋介石："顷接适之先生卅电略谓，以外长资格命令留美工作，不愿再开此例。日前与美副代国务卿久谈，曾评论近年美国对华外交政策与人物，并坦白指正司徒大使，若是新部长，即无此自由。自省是一个绝无治事能力的书生，不敢误国，请许辞职等语。并举叶公超、吴国桢两人选代。山意如蒙钧座设法敦促，当必有效。可否敬请钧裁示复为祷。"(台北"国史馆"藏"蒋中正'总统'档案"，档号：002020400031069)

7月4日　胡适在 Arrows in the Gale (by Arturo Giovannitti. —Riverside, Connecticut: Hillacre Bookhouse, 1914) 一书扉页题记：About 1914 or 1915, a copy of this book was given to me by Will Edgerton. From that copy I quoted the 4 lines on page 18 (Whither Mankind). Mr. Eugene Delafield was kind enough to find this copy for me in June, 1949. Hu Shih, July 4, 1949。(《胡适藏书目录》第4册，2697页)

同日　胡适在 Thank God for My Heart Attack (by Charles Yale Harrison, New York: Henry Holt and Company, 1949) 第144页记：Read with much enjoyment and with kindest recollections. Hu Shih, July 4, 1949。(《胡适藏书目录》第4册，2916页)

7月5日　胡适有关于校勘学、考证学"正路"的题语：

校勘学的正路是多寻求古本——寻求原稿本或最接近原稿本的古本。

同样的，考证学的正路是多寻求证据——多寻求最直接的、最早的证据。"推理的校勘"不是校勘学的正路，证据不够的推求也不是考证学的正路。(《胡适手稿》第2集卷1，91页）

7月6日　胡适日记有记：到 New Jersey State Teachers Colledge—Mr. Meng will come about 9:10 am。

7月8日　胡适日记有记：1:00 P. H. Chang—Rainbow Room。

7月9日　胡适日记有记：

12:30　Meet at T. F.'s Place & go to lunch together?

5:00　Dr. & Mrs. Tiliwa will come.

6:30　Cocktail at Metropolitan Club.

7月11日　胡适心脏忽又"警报"。这是很可怪的。也许是由于精神上的不舒服。(据《日记》）

同日　胡适复函 Charles R. Wilson，云：

I owe you sincere apologies for my failure to answer your kind invitation of June 21st to participate in the Conference on American Foreign Policy from July 22nd to 28th.

I am really interested in this new experiment of yours, and was seriously tempted to spend a few days at the Conference—not so much as a speaker, as a learner. Unfortunately this desire has to be curbed because I have not been able to plan for a visit of this kind. So I am writing at this late date to express to you my profound regret in not being able to participate in the Conference.

I hope you will kindly convey my regrets to President Case and to the invited speakers, many of whom, like Robert Aura Smith, Marquis Childs, Norman Thomas, Dr. T. V. Smith, Clarence Streit, Clark M. Eichelberger, Dr. H. D. Fong, Dr. George B. Cressey, and Miss Dorothy Borg, are my old friends.（台北胡适纪念馆藏档，档号：HS-NK02-003-026）

按，6月21日，Charles R. Wilson 致函胡适云：

In consequence of your recent visit to the Campus, we would like very much for you to return as a participant in the Conference on American Foreign Policy the University is sponsoring during the week July 22—28. I am inclosing a brochure which will give you some idea of its scope.

If you felt free to do so, we would like you to speak before the plenary session on Monday evening, July 25th, when "The Marshall Plan and European Recovery" will be under discussion. We feel that a discussion of whether the Marshall Plan could and should be extended to the Orient is quite germane, and we further feel that you would be an ideal spokesman in this regard.

If you were able to spend a few days away from the heat of New York, we would also like to have you participate in the round-table discussion on the Orient, scheduled for the mornings of July 23rd, and July 25th to 27th, inclusive.

President Case is out of town at the moment, but I may say that he heartily endorses my invitation. In view of the significance of this Conference and the very real contribution you can make, I earnestly hope you will find it possible to accept.（台北胡适纪念馆藏档，档号：HS-NK02-003-024）

7月13日　胡适日记有记：8:00 Chinese Embassy。

7月14日　胡适日记有记：10:00 am See Gen. Marshall，2E—844（River Entrance）。

7月16日　胡适日记有记：

3:30　汪亚尘。

6:00　梁先生（森太？）《美洲日报》。

同日　胡适通知驻美大使馆，"取消一切约会，不接见任何政府和国会的领袖"，意在"替国家保留一些尊严，替国家保留一些人格"。（胡适：《越清算越了解》，载《胡适作品集》第26册，远流出版公司，1986年，86页）

7月17日　下午4时半，胡适与宋美龄茶叙。（据《日记》）

同日　胡适与蒋廷黻在电话中长谈。胡适云，他此次去华盛顿很受挫，没有见到艾奇逊，只是见到了马歇尔、魏德迈和陈纳德。（蒋廷黻日记，转引自《舍我其谁：胡适》第四部，622页）

7月18日　蒋廷黻、宋子文来访，胡适告诉他们他与马歇尔会面的情况。然后一同去与 Roy Howard 共进午餐。宋子文先行离去后，胡适说，宋子文不可能留在中国政治舞台上了。胡适告诉 Roy Howard 说蒋廷黻是社会主义者。胡适又谴责英国的工党政府，并要蒋廷黻小心点。胡适又说，他支持杜威当选主要是为中国好。（蒋廷黻日记，转引自《舍我其谁：胡适》第四部，556～557页；胡适当日《日记》）

7月19日　蒋介石复电胡适：外长职务事，弟当请阎先生详细考虑后与兄商定，在商决前如不能对外作任何表示，实所深盼。（台北"国史馆"藏"蒋中正'总统'档案"，档号：002-020400-00029-027）

7月23日　胡适日记有记：4:00—5:00 Benton fetching me。

7月24日　胡适日记有记：

Benton—9C　11:30　EST，Southport 12:41.

3:30　Meeting at 27 W. 67th.

7月25日　胡适日记有记：1:00　1910（Pierre）。

同日　下午5时，林藜光遗孀李玮（李璜之妹）来访，胡适托其带一函与陈受颐。函中说：吾国学者之中，治梵文与佛典最精最有成绩者莫如林藜光先生。在大战最困难时期，藜光抱病，仍继续工作，竟于1945年春初逝世。此是中国学术界之绝大损失。黎光死后,他的遗著——《新获得的诸法集要经梵写本的研究》——全赖林夫人整理写定。她在巴黎东方语言学校任教 5 年,刻苦维持生活,竟将黎光遗著第一册写定付印。林夫人国学根柢甚深,很盼望君家昆弟能把她留在此邦工作。(《胡适中文书信集》第 3 册,798 页)

同日　胡适应 D. H. Hyers 7 月 19 日来函请求,复函证明 Dr. Yu Why Chen 在数学方面的教授与研究能力:作为同事和朋友,自己与 Dr. Yu Why Chen 已经相识多年。他是一位仔细、认真、富有启发性的数学教师,同时在应用数学领域又是一位卓越的研究者。他是一位真诚而正直的绅士。(台北胡适纪念馆藏档,档号:HS-NK02-003-029、HS-NK02-003-028)

7 月 26 日　胡适日记有记:12:00 Dr. Loucks,CMB office,30E. 60。

同日　胡适复函 Walter H. Judd,云:

I am most grateful to you for your kind letter of July 15th. The remarks I made at the meeting of the ABMAC Executive Committee on May 12th were off-hand comments which I was unexpectedly called upon to make and which apparently were recorded by a secretary of the ABMAC without my knowledge. No copy of the minutes containing my off-hand speech were sent to me. So I read them for the first time in the copy which you were kind enough to send to me with your thoughtful deletions.

I must confess that I was surprised that my remarks were circulated without my revision. For example, there were these two sentences:

"The collapse of the nationalist government can be largely blamed on American desertion of the Chinese cause. I would say that 30% of the responsibility for the collapse is the fault of State Department policy."

You can trust me to have sufficient sense not to mention the State Department in such connection. I am therefore most appreciative of your deletions and especially your revision of the above two sentences.

I am returning these sheets to you with some revisions of my own. If you will forgive me, I would prefer not to have these remarks entered into the Congressional Record. One of my objections is that they were not fully correctly reported and it is my experience that it is not easy to rewrite an extemporaneous speech.

I was very happy to read in your letter that you were "moderately encouraged about the trends in the State Department". I share in your hope "that there may at long last be some change for the better — before it is too late". If such a change for the better should come, you and your friends who have worked hard with you will richly deserve a share of the credit.

I promise to send you any future prepared speech of mine which may be of interest to you.（台北胡适纪念馆藏档，档号：HS-NK02-006-002）

7月27日　胡适日记有记：P. H. Chan 1:15 cd 51553 □ -3403。

同日　胡适复函杨联陞，谈诗：

你劝我"多作几首诗"，这个意思颇新鲜，我一定记在心里。可惜的是

待等秋风落叶，

那时许你荒寒？

诗是你的，是我借加的。

你寄的四首诗，最末一首《成功之夜》最近于你说的"胡派"，因为那是明白清楚的小诗。《花儿本不愿开》一首，我觉得第三节也许可以再修改？此诗的意思很好，第二节使我想起一个故事。十多年前在北京家中看见内人种的牵牛花两朵，是梅兰芳送的种子，大如饭碗，浓艳的真可爱。我想写首短词，只成上半首，现在只记得两句：

也知生命促，

特地逞风流！

其实你我都不免 anthropomorphic。谁说"花儿本不愿开"？谁说牵牛

花自知"生命促"?

你那首《白日梦……》,我嫌他譬喻太多,你不见怪吗?

《成功之夜》下半似乎有个小湾儿没有转好。第五六句不必用"盛装""明镜"等字,好让出地位来说"那人"何时回来,末两句才有交代。(《胡适中文书信集》第3册,799页)

按,杨联陞原函作于7月21日,台北胡适纪念馆藏档,档号:HS-LS01-002-015。

又按,8月20日,杨联陞复函胡适云,今日又收到胡适寄还顾立雅一书,自己曾为此书写过一个短评,大意说孔子"民主"。感谢胡适对自己习作的批评。武汉大学方面全无消息。国内来函,只收到聂崇岐从北大发出一信,平津情形尚好。自己仍专注于经济史研究。(台北胡适纪念馆藏档,档号:HS-LS01-002-017)

7月29日　午间,胡适与韦莲司小姐会面。(据《日记》)

同日　蒋介石与李宗仁谈话,提及应任胡适为外长职务事,并嘱李亲电胡适敦劝。(蒋介石是日日记)

7月30日　程毓淮夫妇来。(据《日记》;台北胡适纪念馆藏档,档号:HS-NK02-006-003)

8月

8月1日　胡适复函D. K. Lieu:感谢来函并为迟复致歉。关于约晤时间,胡适说:"If you can come to New York on Thursday, August fourth about four or five o'clock, I would be most happy to reserve the time for our discussion. Kindly ask your Secretary to send me a wire to confirm the appointment." 胡适又云:But I must warn you that no one can give you a satisfactory view point about the big problems you have proposed to discuss. I am more interested in listening to your views which may help me in forming mine.(台北胡适纪念馆藏档,档号:

HS-NK02-007-008）

　　　按，D. K. Lieu 原函现存台北胡适纪念馆，档号：HS-NK02-007-007。

　　同日　胡适复函 Hans Kohn，为没有及时回复 4 月 22 日（也就是胡适抵达纽约那一天）的亲切来信深感惭愧并致谢。胡适说："我深深感激您对我的好意。您好心得告诉我，您非常希望停留在这里一段时间坚持重要工作。以必要的平和心态安顿下来工作是非常困难的。但是我对在这里停留多久，能做什么，心中并没有成算。告知自己的电话号码是 Bu-8-5199。假如在不远的将来您来纽约的话，请给我一通电话。我有太多东西想向您请教。感谢赠送《东欧1948》这本书的复制本。我非常愉快得读完了。"（台北胡适纪念馆藏档，档号：HS-NK02-006-016）

　　同日　胡适复函 Yasaka Takagi：我很高兴从 Ichiro Shirato 教授处得知，您已经途经纽约在华盛顿安顿下来。两周前我曾短暂访问华府，但因时间关系而不能联系您。我迫切希望下次很悠闲地到访华府时能与您见面并做一次长谈。我时常想起多年前您在送给我的小扇上写下的座右铭："寻求才会发现；放弃就会失去。"这是放之四海而皆准的说法！（台北胡适纪念馆藏档，档号：HS-NK02-010-008）

　　同日　胡适复函 J. R. Livermore、R. G. Wiggans，云：I am sending you the enclosed letter which I am afraid may be too late for enclosure in the collection of personal letters you are making for presentation to Professor H. H. Love on his retirement. I sincerely apologize for the delay. I do hope you will have the kindness of forwarding this letter to our beloved friend.（台北胡适纪念馆藏档，档号：HS-NK02-007-009）

　　8月2日　胡适日记有记：

　　　11:30　Eugene.

　　　4:00—5:00　徐 Mrs. Hsu K'an Comes from L. I.

1949年　己丑　58岁

8月3日　胡适请Dr. Fuchs大夫检查了眼睛，结果甚好。（据《日记》）

同日　皮宗敢致电蒋介石：胡适谓因近日国务院成立远东问题检讨顾问会，其人选如翟塞浦"为美参加联合国代表"及助手二人，均系彼之好友，故拟留此与彼辈多接触解释，嘱职转陈。（台北"国史馆"藏"蒋中正'总统'档案"，档号：00202010400029036）

8月4日　胡适日记有记：4:00 Dr. DK □？

8月5日　胡适日记有记：Dictation。

同日　美国政府发表《美中关系白皮书》。

8月6日　胡适日记有记：

Call UN Relation office for Hsu.

5:00　Mr. Huang.

同日　胡适在 *United States Relations with China: with Special Reference to the Period 1944—1949*（Washington：U. S. Government Printing Office，1949）扉页题记："Hu Shih, August 6, 1949, Gift of Dr. Wellington Koo."（《胡适藏书目录》第4册，2924～2925页）

8月7日　下午5时，王毓铨、胡先晋来。（据《日记》）

8月8日　蒋廷黻打电话与胡适。胡适表示，艾奇逊给杜鲁门呈递《白皮书》的函很薄弱。他对《白皮书》公布李宗仁的信表示愤慨。宋子文打电话给蒋廷黻，希望胡适撰文反驳《白皮书》。（蒋廷黻日记，转引自《舍我其谁：胡适》第四部，619页）

8月9日　蒋廷黻来长谈。胡适指出司徒雷登给国务院报告里一些可笑的地方，并询蒋对马歇尔、艾奇逊和司徒雷登的看法。蒋力劝胡适撰文反驳《白皮书》。（蒋廷黻日记，转引自《舍我其谁：胡适》第四部，619页）

同日　胡适致函William Benton：您赠予我的过于贵重的礼物——1949年版《大英百科全书》24册的送达，提醒我忽略了我应该写信感谢您夫妇陪我在Southport度过的美好周末。这是一次多么开心的造访，以至于我都不想离开。我希望读一篇您跟我提到的Dr. Adler的新分析论文的样本。祝

您在欧洲度过一个充满收获的假期。请将我的良好祝愿和谢意送给尊夫人，以及出色的司机、孩子们和管家。（台北胡适纪念馆藏档，档号：HS-NK02-001-009）

同日　胡适复函 Geo. S. Montgomery, Jr., 云：

Pardon me for having delayed replying to your interesting inquiry of June eighth, concerning the possible Chinese priority of the familiar saying, "That government is best which governs least".

Your friend, Mr. Amos Hiatt, was substantially correct in saying that the statement was first uttered by a Chinese Philosopher many centuries ago. The philosopher he had in mind was probably Lao-tze, a senior contemporary of Confucius（551-479 B.C.）. Lao-tze had several sayings which in substance came near the above quotation. One of these sayings is: "The Best kind of government is that the existence of which is（barely）noticed by the people, the next is one that is beloved and praised; the next is one that is feared; and the lowest is one that is despised."（Chapter 17, The Book of Lao-tze.）An early textual variation makes the first clause read: "The best kind of government is that the existence of which is not noticed by the people."

Another sentence of his is: "The people are difficult to govern because those above want to do things（for them）."（Chapter 75.）

The 18th Century philosophers of Europe apparently had knowledge of the sayings of the philosopher Lao-tze through the early translations of the Jesuit writers. The ideal of "laissez-faire" was probably influenced by the ancient Chinese political concept of "Wu-wei" which literally means, "Do nothing" and which was not only mentioned by the Nihilist philosopher, Lao-tze, but also was mentioned with apparent approval and admiration by the more positive philosopher, Confucius.（台北胡适纪念馆藏档，档号：HS-NK02-008-005）

8月10日　胡适致傅安明信片："谢谢转来的信。我来此地已十天，拟八月十五日回纽约。何时来华府，尚未能定。恐须在八月之尾了……此地甚凉爽，最宜于避暑，夜间甚有秋意。"(《胡适中文书信集》第3册，800页)

8月13日　胡适日记有记：7:00—7:15 Florence Smith at Metropolitan Club。

8月14日　下午，蒋廷黻来谈，交换对《白皮书》的意见。(蒋廷黻日记，转引自《舍我其谁：胡适》第四部，619～620页；胡适当日《日记》)

8月15日　胡适、宋子文同访蒋廷黻。他们的谈话包括：司徒雷登仍然幻想与共产党中的自由分子合作；艾奇逊认为胡适把自己卖给了蒋介石。(蒋廷黻日记，转引自《舍我其谁：胡适》第四部，620页)

同日　胡适日记有记：

> Call Armstrong of the Foreign Affairs.
>
> Mr. Pei...
>
> C. V. Starr/place to decided on.
>
> Chadbourne 550 Park 7:30.

同日　胡适致函 Edwin M. Borchard，云：当他在1949年7月17日《本周》杂志上读到 Borchard 的题为《当正义走向歧途》的文章时，对于文中提到的大著 Convicting the Innocent 甚感兴趣，他从一篇社论中得知这本书的新版本将在年内出版，于是写信给作者询问何时能得到这本书的复本。如果这个新的版本还没有出版，他会乐于买一本旧版的。胡适对于纠正一些中国历史上的知识分子冤案很感兴趣。在最近几年花了5年多的时间在一个历史事件的调查上，为了捍卫一个18世纪中国伟大哲学家的声誉。他被不公平地指控在学问上剽窃了别人。这就是为什么胡适对于像 Bertram Campbell 事件以及最近报道的伊利诺伊州沃基根的 James Montgomery 事件如此感兴趣。(台北胡适纪念馆藏档，档号：HS-NK02-001-033)

8月16日　胡适致函韦莲司小姐，谈及哈德曼夫人已经将韦莲司小姐承担胡适住所安装冷气费用的支票寄还韦莲司小姐，又谈及中国的历法及

节气，以及 8 月 3 日检查眼睛结果良好诸事。(《不思量自难忘：胡适给韦莲司的信》，257～258 页)

同日　胡适在写给赵元任夫妇的信中，叙述了自己"精神上十分苦闷"的缘由，并表示"不愿意久居外国"，"更不愿留在国外做教书生活"：

> 两个月来，精神上十分苦闷！"外交部长"的事，事前我不知道，事后我打了许多电报辞谢，但政府至今还是用"无赖"的方法，再三劝我不要向外发表不干外长的事！……
>
> 你们劝我在外教书，把家眷接来。此事我也仔细想过，但我不愿意久居外国。读了"White Book"之后，更不愿留在国外做教书生活。
>
> 我想回去做点我能做的事。第一，决不做官，第二，也不弄考据了。(You will probably notice the difference in the fore of the two sentences！)
>
> 至于"我能做"什么，我现在还不很明白。也许是写文章，也许是讲演，也许是两项都来。此事请元任替我想想，就给我一个判断，请不必告诉外间朋友。(《近代学人手迹》三集，18 页)

同日　胡适日记有记：

> 3:30　Mr. Armstrong, Foreign Affairs, 58. E. 68.
>
> 5:45　C. T. Liang.

8 月 17 日　胡适日记有记：1:00 Bang Hon（Carlye）。

同日　下午 3 时，胡适、宋子文、蒋廷黻同访 Roy Howard。(蒋廷黻日记，转引自《舍我其谁：胡适》第四部，621 页；胡适当日《日记》)

8 月 18 日　胡适日记有记：

> Eugene　11:15.
>
> Mr. Ni, 12:00, RCA, 31st floor Room 3137.
>
> 5:50　Younger son of 金国宝 comes to see me.

8 月 19 日　胡适日记有记：12:00 T. V. comes（？）。

8月20日　胡适致电杭立武：弟决不愿就外长，亦不愿就任何官职。弟昨始得见新发布之千叶《白皮书》，更觉得我前所谓辩冤白谤，实有需要。若政府不许我向外声明未就外长事，岂非闭我之口，裹我之脚乎？此意千乞代陈介、邻、百、骝诸公为感。(《胡适之先生年谱长编初稿》第六册，2099～2100页)

同日　胡适日记有记：5:00 Dr. Wang 光超 & Mrs. Comett。

8月21日　下午1时，胡适与顾维钧会晤于 Hotel Pierre。(据《日记》)

8月22日　胡适日记有记：7:30 Ambassador invites me to dine at 19, E. 72 (will write)。

8月23日　胡适日记有记：7:30 C. V. Starr & McNutt 930 Fifth Ave. (74)。

8月24日　胡适日记有记：

　　11:45　Eugene.

　　12:30　China Institute——Lunch——with Dr. Gerald Winfield.

　　333-57th, 7:30　Mrs. Brown.

同日　下午，蒋廷黻与胡适讨论他所拟议成立的"中国自由党"事。胡适认为想法很好，但他拒绝担任党主席。(蒋廷黻日记，转引自《舍我其谁：胡适》第四部，749～750页)

8月25日　胡适日记有记：12:45 Ni (Old China)。

8月27日　胡适函谢 Pardee Lowe 8月22日来函：对于您告知我司徒雷登的观点以及 Pacific Coast 对《白皮书》的反应，非常感兴趣。看到司徒雷登先生对中国的民族主义者和共产主义者的看法，我很伤心。(台北胡适纪念馆藏档，档号：HS-NK02-007-012)

8月28日　胡适日记有记：6:45 Pagh Moore's dinner？

同日　胡适致函司徒雷登：对于您从中国归来，请接受我稍迟但却是真诚的欢迎。我已经从我的本国朋友处得知，您在抵达华盛顿后不久将来纽约，因此我很期待能有机会在这里和您晤面。我最希望的是您的身体非常健康。我要感谢您通过各种努力，暗示我们在美国大学里的共同朋友们

邀请我来这里讲学。当您 3 月底第一次告知我科尔盖特大学的盖斯校长邀请我时，我还没有完全理解您的好意。当我在檀香山收到由 Phillip Fough 先生转给我加州大学 Sproul 校长的信，以及我到东部与 Pettus 先生，之后与盖斯校长本人谈话，我开始更充分地意识到您的好意。那时候我不可能为您在我毫无所知的情况下所做的一切致函道谢。请接受我对您的周到考虑所表达的深深谢意。对我而言，在这个糟糕的时期，很难作出决定接受这个国家的任何教职。我相信您能理解。我想您已经被告知我没有接受 6 月 11 日宣布而事前没有征询我意见的外交部长一职。因此，我还是一个平民百姓。我希望下个月能尽早在此见到您。（台北胡适纪念馆藏档，档号：HS-NK02-002-003）

　　同日　胡适复函 I. Y. Li，云：

　　I have received your note of August 11th. I am sorry that you did not sign your name in full and in Chinese. I am therefore unable to recall what Mr. Fu had written to me in Peiping. And I have not been able to contact Dr. P. Z. King who, I understand, is not in town.

　　I shall be happy to see you when you are in New York next time. My telephone number is Bu 8-5199. I would suggest that you drop me a line before the proposed visit.（台北胡适纪念馆藏档，档号：HS-NK02-007-013）

　　8 月 29 日　下午 5 时，胡适与蒋廷黻见面。他们商谈了"中国自由党"的核心人物问题。蒋廷黻拟的名单是：胡适、顾孟馀、童冠贤、翁文灏、周诒春、傅斯年、俞大维、陈光甫、郭泰祺、顾维钧。胡适又增加了蒋廷黻和梅贻琦。他们商谈后又共同增加了于斌、萧公权、张佛泉。（胡适日记、蒋廷黻日记，转引自《舍我其谁：胡适》第四部，750 页）

　　同日　胡适日记有记：7:30 Chadbourne，550 Park。

　　8 月 30 日　胡适日记有记：11:30—45 Eugene。

　　8 月 31 日　胡适日记有记：

1949年　己丑　58岁

4:30　Call on Ambassador Chough（Korea）, Hotel San Carlos（Apt. 1205）, 150 E. 50.

Dr. & Mrs. Fuchs 7p.

同日　胡适复函 E. H. Cressy，请原谅迟复 8 日来函。函中说：I have not been able to make any plan or schedule of work. I have not accepted any invitation to teach in the universities，primarily because I do not wish to be committed to any binding engagement. So I would like to beg you not to include my name in the outline of your project of research。胡适又赞誉 Miss Huang Hui-chi 能力，又对 Hoddus 过世致悼意。（台北胡适纪念馆藏档，档号：HS-NK02-003-032）

同日　胡适复函 Mrs. Herbert E. Ives，云：很高兴在 Summer China Institute 见到您。感谢您送给我您亲笔签名的 Chinese Love Songs，在您的诗集里能收录我自己的诗，我倍感荣幸。我希望能得到 3 个副本以便送给我的朋友们。请您在这些书上签名并寄给我是否会给您带来不便？您告诉我把我悼念母亲的这首诗译成英文实在太好了。如果能把您翻译的副本一起给我，我将会如获至宝。（台北胡适纪念馆藏档，档号：HS-NK02-006-005）

同日　J. E. Wallace Sterling 致函胡适，云：

Just a note to add my greetings of those of Shau Wing Chan and respectfully to support his hopes that you will find it possible to spend some time with us during this forthcoming academic year.

I hope this finds you in good health and in good spirits. My wife and I remember with pleasure your visit here. We remember it particularly because it gave us an opportunity to bring together two old friends, yourself and Dr. Wilbur, under circumstances that will not occur again. We send you our best personal wishes.（台北胡适纪念馆藏档，档号：HS-US01-001-030）

9月

9月1日　胡适日记有记：5:00 meet Kohlberg——Grand Central Station, Information & to go to dinner。

同日　蒋廷黻日记记录了他与胡适讨论"中国自由党"党纲的一些内容。胡适建议把自由企业列为党的一个原则，但蒋劝胡收回。胡适强调教育，特别是人文通才教育，蒋认同。胡适建议设立一个较大的"执行委员会"或"全国委员会"，而以一个10到12人的小组作为"中央执行委员会"，蒋亦接受此点。胡适反对用 feudal tribute 这个名词来称呼佃农付给地主的地租，胡适认为那是一个无意义的宣传用语。（转引自《舍我其谁：胡适》第四部，750页）

9月2日　胡适日记有记：

12:30　Walter Robertson Lunch（Waldorff □ 1249）.

4:30　Luce（Waldorff Tower 28H）.

9月3日　胡适日记有记：

11:30　Miss Hofferen.

12:30　贝

8:30　Hans Kohn（no dinner）（Riv. 9–2177），800 West End Ave. Apt. 13B.（99th St.）

同日　胡适读《大英百科全书》最新版的《象棋》一篇，乃作《象棋小考》一文，认为：

所以我假定，象戏从印度先传到中国南方，当六世纪前半，长江流域的都市（如江陵）已有象戏流行了。在六世纪中叶，北方军队攻陷萧梁的西都江陵，虏掠十余万人口北去作奴婢。印度输入的象棋也就跟着王褒、庾信、何妥一班南方文人和那十几万俘虏北来了。在十五年中，奴婢教给了主人，教给了皇帝，故北方皇帝有《象经》之作。

但宇文周是个复古空气最浓的时代，而宇文邕（武帝）又正是一个毁灭佛道，尊崇儒教的皇帝。他作《象经》，决不是要宣传一种从外国传来的游戏，也不是要宣传南方俘虏传授的一种游戏。这位北方大皇帝虽是鲜卑种人，却是受汉化很深，行古丧礼最严格，自命为古文化护法的。他作《象经》的用意很明显的是有意改造象戏，使他成为中国化的一种游戏。他把印度原有的象马车卒改成了日月星辰，故《象经》的"象"已不是印度的战象，乃是日月星辰等等天象了。（《胡适手稿》第9集卷2，241～266页）

按，9月5日，胡适又记：

如果以上的解释不算错误，我的结论是：象棋的输入中国，必在六世纪之前。这就是说，象棋在印度的创作与流行，大概更远在六世纪之前。依当时中国与印度交通的密切情形，印度佛教新出的经论有时在四五十年中就传到中国了……象棋输入中国可能在四世纪（东晋），而象棋在印度的制作与流行可能在三世纪（魏晋）。因为象棋流行中国已两百年了，故那位聪明的周武帝能自出心裁，制作一部讲象棋新局势的书。（《胡适手稿》第9集卷2，272～274页）

9月7日　胡适日记有记：

Dr. □ returns Bn. 8–5868.
1:00　Rainbow Room，Passport（65），P. H. Chang's Lunch.
5:30　□，C. I. dinner Dr. Stuart 7 pm.

同日　司徒雷登日记有记：承蒙一些官员与支持者在中华会馆设晚宴款待。当时是和胡适离开他住的第81街104号公寓，然后一起去出席的。（《司徒雷登日记》，183页）

9月8日　胡适日记有记：

11:30　Liang □.

4:30　Mr. M. H. Chang.

6:30　T. F. dinner.

9月9日　胡适日记有记：

2:30　Hsia & Meng（IPR）（my apt.）.

Loy Chang 5:30 fetches me for dinner in honor of Dr. Stuart（？）.

9月10日　胡适日记有记：

12:30　Dr. Chough at his Hotel.

5:30　杨西昆来。

7 pm　Buckingham Hotel，57th or 6th Ave.，Mr. McKee.

9月11日　胡适日记有记：12:30—1:00 Minister S.tt. Tan comes to fetch me for dinner。

9月12日　胡适日记有记：

5:30　Kan.

7:00　Chadbourne，550 Park Ave.

9月13日　胡适日记有记：

1:00　Prof. Wisan（N. U. College），Main Bldg.（Room 12CA），138th & Corant Ave.

4:00　Dr. Ho.

5:00　K. W. & dinner.

同日　胡适致函 Kechin Wang，云：

I was very happy to learn from Ambassador Liu Chieh, that your father is much better and that you are back in Ottowa. Indeed I was quite overjoyed to

1949 年　己丑　58 岁

learn of his great improvement.

I was grateful for your kind letter of June 3rd. I fully sympathize with your troubles and shall keep in mind the suggestions you made in that letter. I do not know anybody in the Bay School of the University of California. I would suggest that you send some of your published articles to Dean Emeritus Roscoe Found of the Harvard Bay School. You may write in your presentation letter. □ these are sent to him at my suggestion. He is very sympathetic with China, as you probably well know. You may state in your letter that you are in the Diplomatic Service now but that your heart is still set on research in law.

On September 20th, beginning at nine thirty, there will be a whole day meeting of the Pacific Council and of the national representatives of the Institute of Pacific relations, to be held at □ House on the campus of the University of Toronto, the Chairman of the China IPR, I asked a number of members to meet the other day in my apartment. It was decided that I may be excused from attending the meeting because of my "dubious position" which the Ambassador can explain to you; and that Dr. Franklin Ho and Dr. Kan Lee will go to the meeting to represent the China IPR. I am happy that both Dr. Ho and Lee have consented to go.

In talking over this matter with Dr. Franklin Ho, I suggested that you might be invited to attend the conference as an alternate and secretary to the Chinese Delegation. Dr. Ho is enthusiastic over the suggestion. I think it would be a good thing for you to attend the meeting if it does not greatly inconvenience you. In the absence of the Ambassador, this would give you an opportunity to represent the Embassy to greet, not only the Chinese Delegation, but all other Delegations. Kindly consult the Ambassador if he is still in Ottowa. （台北胡适纪念馆藏档，档号：HS-NK02-012-009）

同日　杨联陞致函胡适云:"《玄怪录》跟《太平广记》这里都没有好本子，只好从商务印的旧小说抄出一份寄上，《图书集成》也引用此条，但原印本在善本书室，一时不得查对。"又请胡适切实指教他的文章。（台北胡适纪念馆藏档，档号：HS-LS01-002-018）

9月14日　胡适日记有记：

4:30　孟休。

6:30—7:00　Dr. Chough will come to fetch me.

同日　胡适致函 Director of Foreign Students，证明赵曾珏有能力进入哥伦比亚大学攻读更高的课程。胡函云：我和赵先生是多年的好友，我可以证明他是一个忠诚、爱国的中国公民，是个有着令人印象深刻的能力和正直而且是非分明的公仆。（台北胡适纪念馆藏档，档号：HS-NK02-010-010）

9月15日　胡适日记有记：

4:30　Iwanagh comes.

5:30　Mr. Lei Lien.

9:30　T. F.

同日　胡适与蒋廷黻会面。胡适不同意蒋廷黻拟定的"自由党"《党纲》中制定"党证"的规定。（胡适日记、蒋廷黻日记，转引自《舍我其谁：胡适》第四部，750页）

9月16日　胡适日记有记：

1:00　Hampshire House.

　　　James Yu

（507）$\begin{cases} \text{Garride} \\ \text{Gregerson} \\ \text{William} \end{cases}$

4 pm　Dr. Fournier.

同日　胡适复函 A. Vernon Croop，云：

I want to apologize humbly for my failure to answer your kind letter of August 2nd in which you conveyed to me the suggestion of Mr. Frank Gannett about securing an interview with me on the current situation in China.

Your letter arrived on the day of the publication of the State Department White Paper on China, and you can understand my hesitation and even reluctance to visit Washington at that time. As a matter of fact, I have not gone there since the middle of July.

You suggested that I send you in writing "your solution to the chief problems in China today and what part you believe the United States should play in helping to solve them". That is certainly a very big order and I am afraid I cannot fill it. I can only promise to think about your suggestion and to give you a ring when I go to Washington next time.

Kindly convey to Mr. Garnett my kind greetings. Whenever I visited my Alma Mater, Cornell, I heard good things said about him as an active alumnus.

（台北胡适纪念馆藏档，档号：HS-NK02-005-007）

9月17日　胡适日记有记：

Ke Chen Wang.

5:00　Roland Liem（alone）.

7:00　McKee dinner, Hotel Buckingham.

9月18日　胡适日记有记：12:00 I give lunch to Ho, Lee & Hsia & Kiang? Welly arrives, get him。

9月19日　胡适日记有记：

4:30　Dr. T. Y. Wu, & Mrs. Wellington Liu.

9月20日　胡适日记有记：

Dr. Holden（11—12）.

4:00　Fourencer（Take back book）on FDR.

同日　胡适在 Hans Kohn 著 The Twentieth Century: A Mid-way Account of the Western World（纽约，1949）注记：Hu Shih Sept. 20, 1949。(《胡适藏书目录》第4册，2922页）

9月22日　胡适日记有记：

Seth Low Hall, Mo. 2-4800.

6:15　Prof. & Mrs. Kilpatrick（Supper, alone）106 morning □

Mrs. Starr P. C.

9月23日　胡适日记有记：

U. N. 10:30.

Dr. Fournier. □

9月24日　胡适日记只有"天放"二字。

9月25日　胡适日记有记：Mrs. Holmes, pm, W 72。

9月26日　胡适日记有记：

3:15　Dr. H. H.

4:00　M. H. Chang.

5:45　Dr. K. W. Koo.

8:00　Dinner with Chadbourne（?）（Mrs. Reid & Mrs. Thomas, J. A.), black tie.

9月27日　胡适致函 Ernest Brooks, Jr., 云：

It gives me pleasure to write this letter to recommend to your consideration, Mr. Wu-chi Liu, who is applying to the Bollingen Foundation for a grant-in-aid in connection with his work on a "History of Chinese Literature" in English.

I have read Mr. Liu's research project together with a tentative outline of his projected "History of Chinese Literature". While I do not entirely favor his topical treatment in an outline history, I believe he is well qualified to make a successful attempt to write this work which is badly needed in the English language.

Mr. Liu comes from a family of literary tradition and has had very good training in both Chinese literature and English literature. He has translated into Chinese Shakespeare's *Julius Caesar*, and a number of lyrical poems of the Elizabethan period. He has published in Chinese a number of interesting studies of western literature from the Greek tragedies down to the contemporary period. A man of his training in the comparative study of the literatures of the East and the West, seems to be entitled to encouragement in his projected work of producing an authentic and up-to-date *History of Chinese Literature*.（台北胡适纪念馆藏档，档号：HS-NK02-007-020）

9月28日　胡适日记有记：

Lunch with Paul Martin.

Dr. Fournier 4 pm.

9月29日　胡适日记有记：

5:00　Eugene.

C. M. Chen（？）

9月30日　胡适日记有记：4:30 Mr. Wang & Mr. Feng。

同日　胡适作有《试考董沛所见全祖望的〈水经注〉校本》，指出："董沛特别宣传那十二卷殷权残钞本。他把这个残本看作'七校清本之仅存者'，

看作殷权从谢山的'定本'钞出来的！……董沛说，这些多出的经文'当是七校所增者'。所以他把这个殷氏残钞本看作'七校清本'。"胡适认为，董沛的话是不可靠的。(《胡适手稿》第2集卷3，461～468页）

同日 胡适致函 William M. Doerflinger，云：

Some weeks ago my friend Mr. Eugene Delafield bought for me a copy of *As We See: Russia* by Members of the Overseas Press Club of America. He told me that you had recommended it. I read the book and enjoyed it so much that I am inspired to write this note to thank you for your recommendation. It is certainly one of the "must" books for men like myself who want to know and understand Soviet Russia.

I want to take this opportunity also to express through you to the E. P. Dutton Company my appreciation for the publication of *Lost Peace in China* by the late George Moorad, which in my humble opinion is undoubtedly the fairest and most objective book on China written by an historically minded journalist whose death will be mourned by my people. I have asked Mr. Delafield to order a few copies of this book for presentation to my Chinese friends.

Last night in reading Max Eastman's foreword to Benjamin Gitlow's *The Whole of Their Lives*, I came upon a footnote mentioning Mr. Gitlow's earlier book, *I Confess*, published in 1939 by the E. P. Dutton Company. If it is not too great a favor to ask of you, I would deeply appreciate it if the E. P. Dutton Company would send me a copy of this together with a bill. (台北胡适纪念馆藏档，档号：HS-NK02-004-009）

10月

10月1日 中华人民共和国成立。

同日　胡适长子胡祖望与曾淑昭女士在曼谷结婚。（曾淑昭女士告诉笔者）

同日　胡适日记有记：4:30 Prof. & Mrs. J. C. Chu call（？）

10月2日　胡适作有《全谢山改定〈水经注〉卷五的经文有先后各本的异同》，胪列最近几年内所见几种全祖望的《水经注》校本目录，指出：这些本子都可以用来考订现行的董沛替薛福成校刻的《全氏七校水经注》的来历与真伪。又指出：

> 我们比勘这些本子，可以得着这些结论：
>
> 第一，谢山先生自从"五校"本之后，还继续修改他的《水经注》校本。
>
> 第二，谢山晚年寻出了（或接受了他的朋友施廷枢、赵一清寻出的）几个辨认经注的标准：一是经文作"过"而注文用"迳"；一是经文无"故城"之文。……
>
> 第三，关于改定经注一项，上海合众图书馆现存的六卷"重校底本"，大概最近于谢山最后定本……
>
> 第四，王梓材搜访谢山的《水经注》校本，确曾发见些残钞本，剪截转黏本，还发见了一部"重校底本"六卷。……
>
> 第五，董沛替薛福成校刻《全氏七校水经注》，用的是王梓材重录本……（《胡适手稿》第2集卷2，321～339页）

同日　赵元任函谢胡适赠书，又谈及杭立武信中有关"斠酬选刊"一事，又提及陈之迈办纪念章赠送等事。（台北胡适纪念馆藏档，档号：HS-US01-060-005）

10月3日　胡适请利维医生（Dr. Levy）诊察心脏。之后，本月内曾有两次心脏痉挛相去不过10天。（胡适1950年1月10日《日记》）

10月5日　胡适日记有记：

> 11:45　T. F. comes to take me to Lunch with Cadogan.

4:00—5:30　Archbishop comes.

6:00　K. C. Li sends car.

10月6日　胡适日记有记：Princeton 4 pm Penn。

10月7日　胡适日记有记：

9:00　李惟果。

10:00　Rowsell（？）.

12:00—12:30　宗武、惟瑜来。

下午去 Library of Congress.

7:00　访 Dr. P. H. Kau（the Broadway 3601 Coun. Ave.）。

1:00　Dr. Kan Lee.

10月11日　胡适日记有记：

11:30　C. T. Feng come to say goodbye.

Hair cut.

6:30　China Inst.

　　　Lewis Clark—8（45th & Madison）（Ritz Carlton Suite）.

10月12日　胡适日记有记：7:30 Phi Gamma Delta, 106 W. 56th（6th）。

10月13日　胡适日记有记：

6:45　Dewey.

Kaufmann at Bean Jolais，17 E. 60th St.

同日　胡适致函蒋廷黻夫人，云：

It was very kind of you to let me come to see you two weeks ago. Many thanks for the tea and cakes.

As I told you that day, I could not offer you any useful advice. I told you of the views I had expressed on 1933 on the question of marriage and divorce.

Unfortunately I cannot send you a copy of my book, *Chinese Renaissance* which contains these views, because it is now out of print. I have made a copy of these pages which I briefly summarized for you from memory.

You will see from these pages that I am not entirely free from what may be called bias against the Chinese wife who could not be divorced. In that sense, I am not well qualified to give you advice.（台北胡适纪念馆藏档，档号：HS-NK02-010-011）

10月14日　胡适日记有记：

1:00　Old China（Nyi）with Smith.

5:45　at Metropolitan Club（Bruce Smith）.

10月15日　胡适访蒋廷黻，同意担任"中国自由党"主席，条件是：决定"自由党"什么时候参加"政府"；如果"自由党"决定参加"政府"，再决定他所扮演的角色。胡、蒋最后决定保留各自不同的看法。（转引自《舍我其谁：胡适》第四部，750～751页）

10月17日　胡适日记有记：12:30 Lunch with Riegelman。

10月18日　胡适送花给杜威。（据《日记》；台北胡适纪念馆藏档，档号：HS-NK02-004-012）

同日　胡适日记又记：

11:15　Eugene.

Dr. Evans.

Dr. Fournier 4 pm.

10月19日　胡适日记有记：

4:30　"Ambassador" Pao.

7:00　Nehru Dinner（K. C. Li's table），Black.

10月20日　胡适在 Hotel Commodore 出席杜威 90 岁生日晚宴（据《日记》），并发表演说 "Salute from the Orient"。全文如下：

It is a real pleasure for me to be here tonight and to offer you. Dr. Dewey, the warmest and heartiest felicitations on your birthday, not only on my own behalf and for the group of Chinese friends present tonight, but also on behalf of the thousands of your Chinese friends who are either your students or students of your students.

We honor you and love you. We are most grateful to you for having spent more time in China than in any other foreign country. You spent over two years, to be exact, plus two months, living in our schools throughout 11 provinces, talking to our teachers and students, and bringing to us a new philosophy and new theory of education.

We are grateful to you for having been our teacher... You have influenced the life and happiness of millions of Chinese children in our schools.

Many of our friends tonight may recall that I had the honor of participating in the celebration of your 80th birthday here in 1939. Few of them, however, will remember that 30 years ago today, in 1919, many Chinese educators gathered with you in Peking to celebrate your 60th birthday, which, by a peculiar astronomical coincidence, fell that year on the birthday of Confucius.

Reference has been made to Aristotle who is a baby compared with Confucius. Dr. Dewey, you will recall what a happy occasion it was for all your Chinese friends to celebrate your birthday simultaneously with that of our most honored ancient sage, who preferred to describe himself as a teacher who is never weary of learning and never tired of teaching others.

Dr. Dewey, you will recall that on your 80th birthday you were unable to be with us in person but on that occasion you sent us a message in which there were these solemn words: "When think of the conditions of men and women who are living in many foreign countries today in fear of espionage with danger hanging over the meeting of friends for friendly conversation, when I think of these, I am inclined to believe that the final guarantee of democracy is in free gatherings of neighbors on street corners in uncensored news of the day and in gatherings of friends in living rooms and apartments where they can converse freely with one another."

Ten years have passed but unfortunately men and women in many countries are still living in constant fear of espionage with danger hanging over the meeting of friends in private gatherings. Indeed, too, there are many hundreds of millions living in conscious fear where they know no such a thing as uncensored news, none of the basic freedoms, none of the elementary guaranties of democracy.

My birthday wish is that when we, your students, gather the next time to celebrate your 100th anniversary, you will have the satisfaction of seeing the guaranties of democracy realized throughout the whole world, including my own country.（台北胡适纪念馆藏档，档号：HS-NK02-004-001）

同日　胡适复函 Bernardine Szold-Fritz：

Many thanks for your letter dated Oct. 4. You are just the same Bernadine who gets "disturbed" on behalf of your unjustly victimized friends! More power to you!

I do not know Mr. Bertrand C. Wolfe, have never met him, and never corresponded with him.

In fact, I have never written to any one saying that Mr. Owen Lattimore was not an advisor and was "not permitted to see Chiang"（Quotation is from your letter）. The fact is that I have not written any letter to any body on the question of Owen's appointment, because I really know nothing of the matter—I was not consulted before the appointment and I left the Embassy in

1942, not long after Owen went to China.

This is the first time I wrote to any one on this question.

Pardon me for the long delay in replying. I have not been quite well for some time. I am much better now.(《胡适研究通讯》2019年第3期之封三，2019年9月25日)

10月21日　胡适日记有记:

11:00　Mr. Wang comes to take me to Museum.

4:45　Bishop Y. Y. Tsu（朱）comes.

10月22日　胡适日记有记: 11:30 Prof. C. W. Chang, Dean, Nanking。同日　胡适致函Hamilton Fish Armstrong，云:

I regret most profoundly that I have to disappoint you a second time in the assignment you have given me to write an article on China. I can assure you that I have made a serious effort since early September, in working on it. But I have had a breakdown, and am suffering from insomnia with the result that I am advised to abandon any serious effort at writing.

I hope you will forgive me for once more failing to live up to your very generous expectation of "presentating to the American public an article which they need to read and which the interests of China demand that they be able to read".

I shall always remember your kind proposal with grateful appreciation.(台北胡适纪念馆藏档，档号: HS-NK02-001-016)

按，10月24日，Hamilton Fish Armstrong复函胡适云:

I can't conceal that I am much disappointed by the news in your letter of October 22, but certainly you should not undertake any work which interferes with your health. I send you best wishes for a speedy recovery and hope that it won't be too long before I have the pleasure of seeing you again.（台北胡适纪念馆藏档，档号：HS-NK02-001-016）

10月23日　胡适日记有记：

Woke at 3 am with a heart spasm—it passed away soon.
7:00　Austin P. Evans（Dinner），445 Riverside Dr.（116th），Apt. 52.

10月24日　胡适日记有记：

Riegelman.
China Society，570 Lex. 51st St.
4 pm　Zend Seelyed.
7:00　China Institute.

10月25日　胡适日记有记：

12:45　Mr. & Mrs. Mowinckel... 48 E. 53rd St....
"Reculer Pour mieux sauter"（Return in order better to jump）Mr. John A. Mowinckel引这句法国话相劝，意至可感。

10月26日　胡适日记有记：

Dr. Atkinson.
12:15　meeting with Brodie & Smith at the City Bank.
3:30-5:00　Church Peace Union，170 E. 64th St.

10月27日　胡适日记有记：11:15 Eugene。

同日　晚，蒋廷黻来。胡适对"中国自由党"非常不看好。他坦白告蒋：之所以答应作党主席是为了蒋，不想让蒋失望。（转引自《舍我其谁：胡适》第四部，751页）

10月28日　胡适日记有记：8:00 T. F. Tsiang's party in honor of Romnlo

（Black tie）。

同日　胡适致函蒋廷黻夫人：

Kindly forgive me for not having replied to your last letter sooner. In that letter you asked me:

Do you think it is reasonable to let the court decide on the basis of law and facts regarding my case? May I count on your moral support? Any advice from you will be highly appreciated.

As an old friend who cannot tell an untruth merely to please you, I must tell you that I do not consider your attitude sound or reasonable. I cannot support your course of action which, although you may not realize it yourself, has brought sadness on all your friends and to all real friends of our country, but which has certainly given no little satisfaction and joy to China's enemies.

It is unfortunate that a person with your high degree of intelligence should be unable to view the picture objectively. You seem, for instance, not to have understood the main point in my 1933 lecture. My point was that the practical impossibility to have a divorce in old China was a source of much real suffering.

You think you have done no wrong and therefore you should not be divorced. Two persons may both be good, each in his or her way, and yet can not get along. Sensible and enlightened people in such an unfortunate situation should quietly arrange for a divorce and try to remain friends, after assuring themselves that they could no longer live together as husband and wife. Divorce in such cases should be considered as a civilized and reasonable measure to relieve human suffering and preserve friendship. There is no stigma attached to the person involved.

I gave sincere praise to the new Civil Code because it takes a really civilized attitude toward divorce by mutual consent. With educated and self-respecting people, divorce should not be regarded as punishment for either party, nor should it involve the question of victory or defeat, spite or revenge.

For your own good as well as the good of your children and of T. F. I would advise you to agree to a divorce. Any further refusal on your part will not contribute to the happiness of anybody or to the respect of your friends. On the other hand, it will continue to damage your reputation, T. F.'s usefulness, and the welfare of the children.

As a result of the "national crisis", all of us must be prepared to face great difficulties in life. The education of the children, and even our daily bread may become serious problems. If freed from worry, T. F. may manage to provide for you all and at the same time render some service to our "country". If hampered, he may have difficulty in even earning a living. The world is cruel. Many of the so-called friends disappear in the hour of need. I advise you not to aggravate the already very bad prospects.

"The Government", I learn, has not paid the missions abroad for three months. Salaries in the higher ranks have been reduced by one-third. Before long, all pay may stop. T. F. may have to find employment somewhere else. In normal circumstances, finding suitable work is difficult with an unsettled divorce on his hands, his chances in the United States would be very poor.

You will forgive me if I have written about things unpleasant or offensive to you. I feel that friendship requires me to be frank. You know that I have no axe to grind in this matter. If you wish, I would be glad to help you and T. F. to reach an amicable agreement.

With your strong character, keen mind, and good education you can find happiness in useful work and in the love of your children. I do hope that you and T. F. may become friends again, just as Professor and Mrs. Buck have remained friends since their divorce.（台北胡适纪念馆藏档，档号：HS-NK02-001-014）

10月29日 胡适日记有记：12:30 "Ambassador Cheng" to go to lunch。

同日 胡适复函杨联陞，讨论象棋问题：

> 我把"劳动节"的三天假期用在"象棋"的历史上……
>
> 我曾有一条笔记……拾出象棋在中国的史料两条：一是念常《佛祖通载》在唐文宗开成己未（839）之下，大书"制象棋"……一是《全唐文》160 吕才的《因明注解立破义图序》，提及吕才"由来不窥象戏，试造旬日复成"……今年偶读最新版 Encyclopedia Britannica 的 Chess 一篇，觉得此文远胜旧版，其中韩信作象棋之说（第十一版）已删去，而决定印度始创象棋之说，证据甚好；其叙象棋到欧洲之后的演变，如"后"（原是"士"只能斜走一步）的异军突起，如"主教"（原是"象"，只能斜走两方格）的加强，都使我恍然大悟中国象棋实近于印度象戏的最初状态，所谓"近古"也。但 Britannica 此文说，我们现存的象棋最古文献是阿拉伯作者 Masndi，他著作在西历九百五十年，当五代汉乾祐三年。
>
> …………
>
> 我的假设是：武帝作《象经》，乃是中国第一次改造印度输入的象棋，牛僧孺（？）的"用车马将士卒，加炮（砲）"，乃是中国第二次改造象棋。第一次改造，虽有帝王之力，终归于失败。第二次改造——不必真是牛僧孺——乃是充分沿用原来久已风行的印度象棋，而稍加改革，其改革不大不多，故能成功，成为东亚象棋的一种。
>
> …………
>
> ……印度象棋传入中国，也许同佛教传入中国一样，都走海道，都先经交、广，传到长江流域，然后传到北方……江陵之陷，北军杀了梁元帝，"虏其百官及士民以归，没为奴婢者十余万，其免者二百余家"……很可能的宇文皇帝学会了印度象棋，就是他家中的南方"奴婢"传授的！
>
> ……周武帝作《象经》，是当时印度象棋已输入中国的重要证据，

似无可疑。他虽然把棋子的名称全改换了，终留下了《象经》《象戏》之名——这是遗迹之一……

…………

我不完全同意老兄对《玄怪录》四行韵语的说法……

但我并不否认象棋有很早输入中国的可能，正如我常说佛教入中国很早一样……

…………

上星期病了，休息了几天，不敢读"正经"的书，故写这封信给老兄谈象棋玩玩。

此信所谈，你可以自由引用。我最盼望的是你能考考这个有趣的问题，切实批评我的胡说……（台北胡适纪念馆藏档，档号：HS-LS01-002-020）

按，杨联陞致胡适谈象棋的信写于10月18日，杨函云：普通常提周武帝作象戏，看《庾信集》，与近代象棋似乎差的太多，《说苑》所谓"足下燕居斗象戏"更没法子知道是什么东西了。又猜想中晚唐之象棋跟现在未必全同。又谈及近代谈博弈的书似以杜亚泉的《博史》为最好，对象戏却无贡献。（台北胡适纪念馆藏档，档号：HS-LS01-002-019）

又按，11月2日杨联陞复函胡适云：您对周武帝作象戏的解释，很近情理。之后，胡适又致函杨，不得见。唯见杨复函胡适（1949年12月1日）谈为考象棋而查书事。（台北胡适纪念馆藏档，档号：HS-LS01-002-022）

10月30日　胡适日记有记：Milly。

10月31日　胡适日记有记：

　　5:00　Mr. Kuan comes to get a letter to Price.
　　　　　Mr. Wen.

同日　胡适复函 Derk Bodde：

Kindly forgive me for not having written you sooner to thank you for your very kind note of October 3rd. Your note came when I was going to Princeton and I shared part of it with Professor Lockwood of Woodrow Wilson School.

I am really grateful for the message you brought back from my beloved city. I have intended to come to see you and hear you talk in greater detail concerning my friends and colleagues in Peiping. Unfortunately I have not been quite well physically and have done almost no travelling since my Princeton visit.

If you should happen to be in New York in the near future I do hope you will be good enough to give me a ring（Bu 8-5199）, so that we may arrange for a chat.（台北胡适纪念馆藏档，档号：HS-NK02-001-017）

同日　胡适复函 Byron Price，云：

It gives me pleasure to send you this note of testimony on behalf of a Chinese young man, Mr. Tak-kong Kuan, who is applying for a Grade Ⅵ accounting clerkship in the United Nations Bureau of Finance. As a friend of the family, I wish to say that Mr. Kuan is a young man of pleasing personality, moral integrity and good habits.

I take this opportunity to reciprocate your kind greetings which my friend and fellow-clansman, Mr. Victor Hoo conveyed to me.（台北胡适纪念馆藏档，档号：HS-NK02-006-024）

同日　胡适复函 Henry Goddard Leach，云：

I deeply appreciate your kind note of October 27th. It would have been a great pleasure to have seen you the other day at your old home.

1949年　己丑　58岁

I always remember the great kindness of my editor, publisher and good friend who over twenty years ago made me known to the American reading public. I look forward to seeing you and Mrs. Leach in your new home.（台北胡适纪念馆藏档，档号：HS-NK02-007-023）

同日　胡适致函 Carl Ten Broeck 夫妇，云：

I hope you will forgive me for not having written you sooner.

I want to thank you very heartily for the charming hospitality you extended to me on my recent visit to Princeton. It was one of the most restful nights I have spent throughout these many months of troublous events.（台北胡适纪念馆藏档，档号：HS-NK02-009-007）

同日　胡适致函 William W. Lockwood，云：

Kindly accept this much belated but very sincere expression of thanks for the kindnesses you rendered me on my recent visit to Princeton. Your charming dinner party gave me an opportunity to meet old friends and make new acquaintances. Your helpful guidance in going through the famed Firestone Library will long remain a pleasant memory.

When you come to New York I hope you will give me a ring.（Bu 8-5199）

With kind regards to yourself, your family, and friends in the Woodrow Wilson School.（台北胡适纪念馆藏档，档号：HS-NK02-009-006）

同日　胡适复函 Joseph E. Wisan，云：

Many thanks for your kind letter of October 21st inviting me to speak informally to the members of the History Department, at 11 p.m., either December first or eighth.

As I have to be in Washington on December eighth, may I choose December first? You were kind enough to ask me to have luncheon with you at noon, but unfortunately I cannot have that pleasure. Will you be good enough to let me know in what room we are to meet at one o'clock? I shall be very happy to avail myself of your kind suggestion of showing me the college after speaking.（台北胡适纪念馆藏档，档号：HS-NK02-012-014）

10月 胡适在 Prophets and Peoples: Studies in Nineteenth Century Nationalism（by Hans Kohn，纽约，1946）扉页签记：Hu Shih, October, 1949。（《胡适藏书目录》第4册，2875～2876页）

11月

11月1日 胡适日记有记：2:30 Mrs. Hayes Buck Bues。

11月2日 下午3时，胡适突发心脏"警报"。（据《日记》）当日日记又记：

  11:15 Eugene.

  ...

  8 pm Stanley Hornbeck, School of Ed. Auditorium, Mash. Sq. East.

11月3日 胡适日记有记：

  11:00 Dr. Fournier, With V. D. H.

  5:00 Mr. Yin-sheng Lee of U. S. C.

同日 胡适复函 Margaret Clapp，云：

Your kind letter of October 31st, because of delay in forwarding, reached me only this noon. This afternoon I succeeded in talking with Mrs. Maurice T. Moore after which I sent you the following telegram:

MANY THANKS FOR YOUR LETTER OF OCTOBER 31

WHICH REACHED ME TODAY. I GLADLY ACCEPT YOUR INVITATION TO BE RESIDENT SCHOLAR. BECAUSE OF PREVIOUS COMMITMENTS HERE, PLEASE PERMIT ME TO COMMENCE RESIDENCE ON WEDNESDAY NOVEMBER NINTH AND END NOVEMBER 23RD. I SHALL ARRIVE BACK BAY 12:55 H.M. NOVEMBER NINTH AND GIVE LECTURE ON CHINESE CLASSICAL EDUCATION SAME AFTERNOON IF IT CANNOT BE POSTPONED. SHALL ACCEPT ITEMS A, B, E, G, UNDER TWO OF YOUR LETTER. I LEAVE REMAINDER OF PROGRAM TO YOUR DISCRETION. ADDRESS 104 EAST 81ST STREET, NEW YORK, AND TELEPHONE BUTTERFIELD-8-5199.

SIGNED HU SHIH

I hope you will understand that my request for a change of date was due to commitments made before the arrival of your letter.

I take this opportunity to express my appreciation for your gracious invitation. I look forward to the Wellesley visit with much pleasure. (台北胡适纪念馆藏档，档号：HS-NK02-012-015)

11月4日　胡适日记有记：1:00 Rainbow Room——Consul-General Chang。

同日　晚，胡适访蒋廷黻。胡适认为，蒋廷黻很早就谈联合政府会让别人产生疑惧。蒋廷黻认为胡适胆小，没有勇气。(转引自《舍我其谁：胡适》第四部，751页)

同日　胡适写长信给潘尼迦，他以陈垣的《致胡适之一封公开信》和费孝通的《我参加了北平各界代表会议》二文作为潘氏来函所持观点的例证。胡适又说：I deeply appreciate your kindness in sharing your thoughts and observations with me. You said: "My sadness arises from the fact that it is obvious now that the thing has come to stay at least for a considerable time... And I leave China with the feeling of despair... Man's efforts seems so puny, so purposeless against a typhoon or a volcanic eruption. This is the feeling I have."（台北胡适纪念馆藏档，档号：HS-US01-006-002）

按，潘尼迦来函作于1949年10月24日。（台北胡适纪念馆藏档，档号：HS-NK02-009-005）

11月5日　胡适日记有记：

4:00　Yen（W. Y. 文郁）.

6:00　Dinner at the home of Mr. Ksiang——（He will come to fetch me?）

同日　胡适复函王恭守，云：

Many thanks for your kind letter of October 31st, which arrived at a time when I was really thinking of visiting Boston and vicinity. I feel very guilty toward my Boston and Cambridge friends for having postponed my visit for so long after my arrival in the United States.

I have just accepted an invitation to spend two weeks on the Campus of Wellesley College. It was an old invitation which the former President of the College had extended to me many times but which I did not accept until a few days ago. I shall be in Wellesley from November 9-23, during which time I hope to visit you after I have found out what is required of me at the college. They are sending a car to meet me at Back Bay station at 12:55 p.m., Wednesday, November 9th. Of course I shall call you and Lucy as soon as I get settled.（台北胡适纪念馆藏档，档号：HS-NK02-012-017）

11月6日　胡适致函罗家伦，将他给Prime Minister Nehru和Ambassador Panikkar的信抄示罗，又叮嘱罗"勿示外人，并请勿告受信人兄曾见此两信稿"。（《罗家伦先生文存》第7册，275页）

同日　胡适复函E. Motzfeldt，云：

1949年　己丑　58岁

I must beg your forgiveness for my long delay in replying to your kind letter of September 17th, inviting me to be the guest of honor at your meeting on November 21st. My ill health has made it impossible for me to make binding engagements at distant dates.

I deeply appreciate your kind invitation. Unfortunately my present state of health does not permit me to accept. My regret is all the more profound because I have many friends in your great city and I hold and [an] honorary degree from McGill University.

With kind greetings to yourself and the other officers of the Canadian Club.（台北胡适纪念馆藏档，档号：HS-NK02-003-036）

同日　胡适致函 Arthur、Carolyn，云：

I feel really ashamed of myself when I realize that I have not written to you since my arrival in the States half a year ago.

I appreciate the kind note which Carolyn wrote me from Princeton even before I arrived in America. I hope both of you will understand that my failure to write and visit you has been chiefly due to a feeling of frustration, not merely about the situation in China but about world affairs in general. What a tremendous change has taken place during the three years of my absence from your country.

I write to tell you that I have just accepted an invitation from the new President of Wellesley College to spend two weeks（November 9-23）on the campus as a Resident Scholar, giving only one public lecture and talking informally to several classes in philosophy and literature.

I have not been very well this summer, suffering from worry and insomnia. I hope this short visit to Wellesley may give me some rest. After I have found out what is required of me at the College, I hope to arrange to visit you in Cambridge. Meanwhile accept my warmest regards and best wishes.（台北

胡适纪念馆藏档，档号：HS-NK02-005-029）

11月7日　胡适日记有记：

1:00　Nyi—Old China—to meet A. T. Steele，Rodney Gilbert.
6:00 pm　"ABMAC" Directors Meeting & Dinner.

同日　胡适致函 The Chase National Bank，云：

A few days ago I received from the United States Lines Company a letter saying that a Bearer's check of mine, #104, drawn on your bank in August, 1946, and presented in 1947 by a Mr. S. Y. Teng to the Shanghai office of the United States Lines Company, as part-payment of his passage—has been lost in transit. I hereby request that you stop payment on the above check.

I take this opportunity further to inform you that a recent check, #255, dated November 1, 1949, in favor of Gearge's Stationery, in the amount of $7.70, has been lost and I hope you will stop payment on that check also. （台北胡适纪念馆藏档，档号：HS-NK02-003-037）

同日　胡适致函 D. R. Fitzpatrick，云：

Kindly accept my much belated but very sincere thanks for your wonderful volume of cartoons which David Lu left with a New York friend for me. I deeply appreciate this kind gift although I blush at the presentation remarks in which you refer to me as "the greatest authority on American Editorial Cartoons".

I have been in the States for a little over six months residing mostly in New York. I have not yet been able to visit your part of the country. I was happy to hear from David Lu on the telephone that you and Mr. Irving Dilliard and other friends of the Post-Dispatch were in good health. If you should happen to be in New York, do give me a ring. My number（Bu-8-

5199）is not in the book.

　　I cannot help feeling sad in looking through your volume. So much water has gone over the dam but so few of our idealistic dreams have come true. Your cartoons on pp.184, 210, 218, 220, in particular have recalled to me this feeling of unrealized dreams.（台北胡适纪念馆藏档，档号：HS-NK02-004-030）

11月8日　胡适日记有记：

　　Te—8-8750.
　　8:00　Tinker，550 Park Ave.（Black Tie）.

　　同日　胡适打电话给蒋廷黻，告：*New York Campus* 刊登了有关他的流言，让他非常不舒服，想退出"自由党"。蒋廷黻表示：这是公众人物的宿命，希望胡适要坚强一点。（转引自《舍我其谁：胡适》第四部，751页）

11月9日　胡适日记有记：Wellesley College，Oh me.

11月20日　"自由中国"在台北创刊。胡适系该刊物的发行人。"创刊号"又发表张起钧翻译的胡适《民主与极权的冲突》（1941年7月在密歇根大学的演讲）一文，共分"民主主义醒觉了""极权主义的特征""急进的革命与渐进的革命""民主政治对进步的看法""独裁的力量并非必须的""划一与互异""经济发展的千头万绪""结论"八部分。胡文说：

　　我认为急进革命与逐渐改革二者的区别，正是民主的生活方式与极权的生活方式最基本的不同。这种根本的差别，几乎可以解释这两个互相冲突的制度中的任何问题。我们举一个例子，它可以解释反民主的国家为何一定要采取独裁的手段。一切急进主义必然走上极权政治的道路，因为只有绝对的力量能够完成急进革命的工作，只有用凶暴的手段，与令人极端恐怖的专制政治，才能把现存的社会制度整个推翻，阻止它恢复或再生……

11月21日　胡适在日记中记下读唐兰《我的参加党训班》一文的感想。又记前年选举院士唐兰函请胡适推荐之掌故。（据《日记》）

11月27日　胡适日记有记：

 3:30　Prof. Huang Wen-shan（黄文山）.

 4:30　Mr. 王纪五（Wang）.

11月30日　胡适日记有记：5:00 Anshen, Dr. Jackh, 14 E. 81（Bu-8-2313）。

12月

12月1日　胡适日记有记：

 12:00　Lunch，Main Bldg. Room 128.

 1:00　Meet the City College, History Dept.（Joseph E. Wisan），（Talk）"What of China?"

 5:00　Reception（Paul G. Hoffman）.

12月2日　胡适日记有记：

Work on the Washington Speech.

 4:00—4:30　Mary Ferguson comes.

 5:30—7:00　Lockheed（Cocktail），15 E. 91st St.

12月3日　胡适日记有记：

 7:30　Gregerson—Dinner, 25 Claremont Ave.

 8:30　（on）Miss Diana Kan's Exhibit，45E. 66（Mrs. Rimer's）.

12月4日　胡适日记有记：

 1:00　Epsteins' Dinner（Ritz-Carlton 1420）.

4:30　George Kao comes to say goodbye.

12月5日　胡适日记有记：

Before going to Washington D.C., telephone to 李惟果（Lee—Woodley—0387）.

4:00　P. W. Kuo & T. N. Lee.

12月6日　胡适日记有记：3:00—4:00 See Dr. Quo。

同日　黄少谷致电时在美国的李惟果等，希望胡适、于斌等"以大义劝李"，勿作出出格行动，以免"贻羞国际"。（台北"国史馆"藏"蒋中正'总统'档案"，档号：0020901040001010。）

12月7日　胡适日记有记：10:00 am　Senator Smith, Unversity Club。

同日　胡适复函江冬秀，谈到自己身体不大好。10月中有两次发病，故11月9日出门去玩了十五六天，11月中只发病一次。函寄100元支票与江，作为生日贺礼。重点是谈决定留美：

我上个月写信给祖望大致说，为了妈妈的事，我怕不能不就教书的事。我现在正想法子。要先决定了在一处教书，写书，然后可以出门到加拿大一次，改换"护照"的身份。

此事不很容易，因为种种手续，需要一点筹画，计算。当时是人请我，我没有就。现在是我要人请我，所以不很容易。何况在"国家"最倒霉的时候！何况我又是最不愿意求人的人！但我要你明白，我一定十分注意这件事。（台北胡适纪念馆藏档，档号：HS-NK04-014-009）

12月8日　晚，胡适在华盛顿"东西学会"上讲演"中国历史上争取自由的故事"。（台北胡适纪念馆藏档，档号：HS-NK05-196-087）

同日　雷震致函胡适，谈到"自由中国"期刊第一、二期的发行情况；又恳请胡适为拟出的新年特大号赐文，理由是"本刊在社会上已发生相当

号召力，这都是由于先生为发行人之故，如先生专号不来文，不独减低编辑人之勇气，我们对社会不好交待"；还谈到李宗仁的出国和蒋介石即将"复职"；雷函重点谈了传闻中胡适要组织"中国自由党"一事：

> 很凑巧的事，蒋廷黻先生对外发表谓先生要组织"中国自由党"（草案已由纪五弟寄来雪艇先生处见到），"自由中国"刊物适逢其时出版，《新闻天地》附会这两件事有关联，他的题目是《胡适、自由、自由党》，开头就说"胡适提倡自由主义，不是一日间事，由自由主义进而组自由党，也不是一件传闻的新闻，但是从'我国'堂堂正正"驻联合【国】代表团长"蒋廷黻在成功湖宣称，却是一个道地的新闻，何况适逢其时的，由胡适为发行人的'自由中国'半月刊正在此时于台北出版"，谁说天下没有这样凑巧的事。
>
> 《"中国自由党"章程》已拜读，先生愿出来领导，使爱好自由人士以十分的兴奋。既名为党，则不能不讲组织，广纳自由人士于一组织之内，这是万分万分困难的事，希先生对此点特别注意。又负此责者，不但要有组织能力，并须公正、和平与任劳任怨，国民党失败之前车可鉴，务祈（负组织之人，心地不可狭隘）先生注意组织人选，一切毛病与漏洞，将来会由此而生。又，"自由党"组织部分，定得太简单。（《万山不许一溪奔——胡适雷震来往书信选集》，4～7页）

12月9日　李惟果来谈。崔存璘、袁同礼、高宗武夫妇来谈，同晚饭。到Library Congress看赵一清朱墨校的《水经注笺》的缩微胶卷。（据《日记》）

12月10日　胡适访施肇基夫妇。访顾维钧，久谈。李芭均夫妇邀吃饭。搬到Nelson & Jane Johnson家住。晚上到Barnet Nover家吃便饭。（据《日记》）

12月11日　Mrs. Wm. Crozier邀胡适去游览弗吉尼亚州新造成的大路。她赠胡适200元买书。（据《日记》）

12月12日　胡适与郭泰祺、王景春会面。与王景春同午饭。与霍恩贝克会面。（据《日记》）

12月13日　胡适到医院探视李宗仁。（据《日记》）

12月14日 胡适日记有记：

11:15　Eugene.

5:30—7:00　Auggan Reception for Y. C. Mei.

7:15　P. C. Chang—（羊城）for Mei.

12月15日 胡适日记有记：

10:30　Senator Smith at University Club.

12:30　"Vice Minister Tung" comes to go with me to lunch.

3:30　Mr. C. M. Chen & Mr. 盛岳（Sheng Yao）.

……

12月16日 胡适日记有记：

"Ambassador Pao"，"Vice-Minister Tung"，about 11:30—12:00。

同日　刘锴邀晚饭，为胡适庆生，在座有于谦六、唐瑛（容太太）、游建文夫妇、Mr. & Mrs. Bruce Smith、Mr. & Mrs. Riegelman、Virginia D. Hartman、Ethel Chen。（据《日记》）

12月17日　于谦六请胡适吃午饭，为胡适庆生。朋友来祝寿的，共18人。江冬秀夫人、胡祖望夫妇、陈光甫、徐大春及赵元任一家来电祝贺。马如荣一家送一条毯子，乃其女儿Lurm手织。（据《日记》）

同日　霍恩贝克夫妇函贺胡适生日。（台北胡适纪念馆藏档，档号：HS-NK02-005-032）

同日　雷震日记：今日下午张佛泉来寓，持蒋廷黻复函，大意谓"中国自由党"，适之愿意任领袖，渠拟在中国招到40人，美国20人为发起人，在中国成立。佛泉嘱为转请雪艇，请示总裁许可后，即可在台北公开活动也。（《雷震全集》第31册）

12月18日 胡适日记有记：

3:20　艾国炎。

3:00—4:00　奚玉书……

4:30　"Minister" Hsieh（谢）to the Vatican.

12月19日　胡适日记有记：

4:30　Mr. Feng & Mr. Wang.

5:15　Dr. Feis, Herbert.

12月20日　胡适日记有记：

Columbia Faculty, Prof. Goodrich.

Dr. Djen, Dutch Scholar Ch.

4:30　王纪五 comes.

同日　哥伦比亚大学学生全泰勋来谒，当晚全氏又致函胡适称：蒋廷黻筹募"中国自由党"并请胡适出任党魁，这是"一件非常有意义和大效的"工作，急待先生积极推进；"诚恳的敦请先生出来领导，以便主持正义，造福同胞"。（台北胡适纪念馆藏档，档号：HS-US01-060-011）

12月22日　下午5时，蒋廷黻来。胡适告蒋：自己并没有否认蒋就"中国自由党"所发表的谈话。他表示宁愿把它局限在一个教育运动，而不求政治力量。（据胡适日记、蒋廷黻日记，转引自《舍我其谁：胡适》第四部，751页）

12月23日　胡适日记有记：

10:30　T. F. comes to take me to see President Li.

4:30　Prof. 程毓淮。

同日　胡适致函赵元任，抱歉许久总没有写信："实在是提不起劲儿来，有些日子真难受！"并就赵元任寄的照片和发来的贺生电报表示感谢。又云：

……现在冬秀到了曼谷，看看儿子媳妇……但她的意思很不愿久居曼谷……她也不愿回台北去。因此，我不能不重新考虑我的教书问题。

元任上次提到 U. C. 对此事提议在先，要我先考虑 U. C.。我不知道 U. C. 是否有此需要？也不知 U. C. 要我做些什么，期望我做些什么？（President Sproul 给 Stuart 大使的信是很空泛的，虽然十分客气。）我盼望 Y. R. 设法问问看，给我一个考虑的基础。（六月中，阁内阁发表了我的外交部长，后来他们用种种法子，力劝我不要向外发表我不就外长的话。因此，我从六月到十月初，什么报馆记者都不见！十月初公超的外长发了，但局势大坏，我也不忍就谈我私人的吃饭问题，所以一搁至今。）

从前冬秀在台北，我总劝她不要轻易离开台北。我寄了一点钱去，劝她自己"顶"一所小房住。但此次她既去曼谷……很感觉新时代的"婆婆"不应该久居叫新时代的"媳妇"生厌……所以我要托元任为我仔细想想。曼谷的事还牵涉到暹罗是否会承认中共政权的问题，又牵涉到暹罗本身是否安全的问题，所以我颇忧虑……（《近代学人手迹》三集，19～21 页）

12 月 24 日　胡适日记有记：7:00 T. F. Tsiang。

12 月 25 日　胡适日记有记：

  3:00（？）Sulyloger.

  5:00　Dr. Cheng Min-teh.

12 月 26 日　胡适日记有记：5:00—7:00 Armstrong—Tea—58 W. 10th St。

12 月 27 日　胡适日记有记：

  7:00　Chen Dinner（to meet Prof. Liu of U. of Nanking）（Mon. 2-3003）.

  3100 Broadway，at W. 123rd St.（Apt. 2）.

同日　胡适复函 John Haynes Holmes：

I appreciate your kind letter of December 20th, inviting me to serve as a sponsor of the dinner to honor Mr. Roger N. Baldwin for his thirty years of distinguished work in the American Civil Liberties Union.

Although I am an admirer of the American Civil Liberties Union, and of Mr. Roger N. Baldwin, I hope you will forgive me for not serving as a sponsor of the dinner. I know that you and Mr. Baldwin will understand my hesitancy is entirely due to the fact that I am not an American citizen.（台北胡适纪念馆藏档，档号：HS-NK02-001-022）

同日　胡适复函 Herbert Feis，云：

Thank you for your kind letter of December 21st, together with the insert.

I like your insert which is very accurate. I have only these points to make. On line 7, "he waved her aside", is not quite correct. I would prefer, "He motioned to the Ambassador to resume his seat." Secondly, I notice that you have omitted mentioning the President telephoned to tell me of the attack on Pearl Harbor and Manila. Do you not think it better to include this as a possible indication that he suddenly recalled the last part of his conversation with me in which he did not think of the possibility of Pearl Harbor being attacked?

Please feel free to use my talk with the President on November 26th when he showed me Berryman's cartoon. I suspect your book will have to include illustrations of this kind.（台北胡适纪念馆藏档，档号：HS-NK02-004-034）

同日　胡适致函 Bruce C. Hopper，云：

Kindly accept my warm greetings of the season for yourself and for the family.

It was very kind of you to write a note to Mr. George Kennan of the State Department when I told you I would like to meet him. You will recall that in your letter to him dated November 24th, you suggested that his secretary might send me a signal, should he find such a meeting feasible. No such signal came from him prior to my departure for Washington on December eighth. So I did not make any appempt to contact his office or residence for an appointment to see him while I was in Washington.

I want to thank you again for having taken such trouble in this matter. I still hope some day to meet Mr. Kennan when he is less burdened with state affairs.（台北胡适纪念馆藏档，档号：HS-NK02-005-033）

12月28日　徐大春致函胡适，谈回大陆之观感及胡思杜近况：

这次出门两个月多一点，来去都是从天津走的……到了天津下船在海关检查行李，有解放军问我很多问题，比如来津原因，何处做事，做些甚么事，在那里读书等等，问得相当多，态度很客气。我据实以告，完全"坦白"！有别的乘客被问得很简单，所以也要看碰到甚么人。我出来的时候就运气好，行李也没有怎样检查，也没被怎样盘问。离开上海到香港来得领路条，他们办事相当快……不过就是有一点：关于路条，上海有上海的解释，而天津有天津的解释……

从北方到上海的火车办得不错，很少误点，现在已经做到36小时可以从上海到北京，除非碰到空袭。现在他们安排时间，总在一清早六点以前赶到北站……

我回来的时候有机会去北京一次，看到小三，他还好，请您放心。他如今已离开北大，报名加入中共办的政治研究所念书……这研究所在北京城里一个庙里面，受训的多是过去国民党的官员，如前北平市长刘瑶章，受训期间为八个月。训练方式是集体住在一起，研究讨论，三二天有中共的人来参加小组研讨，看看思想方面搞通了没有。我看见小三，他穿了一套蓝灰色的制服，他说他钱够用，能照呼自己，也许训练完毕之后可以有机会去新疆教书。他很希望能因此学些俄文或去莫斯科走一遭。他兴致并不高，不过很现实，过下去再说，离开北京出来也没有甚么办法。

…………

我在上海住了一个多月，看看听听，所得的印像可以简单地报告如次：

（1）解放军给人的印像确是好。对于中共人员的吃苦，肯干，不贪污，风气等等不能不佩服，武断地说：as a governing machinery, the communist government is very good. 比国民党高明太多……

（2）一班人虽不爱戴新政权，但更不愿意旧的蒋先生那一套再回来，如果有第三方，拥护的人应该不会少……

（3）工商界一般的头痛万分，职工斗争问题应付为难，薪资无法减少，开支浩大而收入极微，要关门却又关不得，痛苦万分。做事人情绪都差，事情棘手，对前途甚悲观。城市里情形还算好，四乡更苦，征粮借粮，有田的人希望他们马上实行土地改革，却又不成。

（4）中共经济拿不出办法来，通货膨胀仍有，物资缺，政府开支大，收入不敷，根本问题也。所不同者中共不贪污，税收无人中饱，抢劫风气减少多多，故物价上通［胀］率没有在国民政府时候那样怕人……

（5）个人自由干涉甚少，到今天为止，管制可以说是上海最松，城市越小越紧，天津北京就不如上海，东北更是另一世界。上海在表面上与从前没有甚么不同，市面最近比刚解放时要热闹得多，吃喝嫖娼都可以，但是普遍的有一种不安的感觉，不知道几时共党要紧下来，同时又明晓得他们总有一天会紧下来。中共作风各方面都是傍敲侧击，避免正面手段，关于个人生活及其他之自由，中共绝无明文规定禁止，但是所收到的实效却一样，上海人风行的一句话"自己识相"。（台北胡适纪念馆藏档，档号：HS-NK02-005-034）

12月29日　胡适日记有记：4:30 Two Chinese Visitors，（Rep. of labor）（Liang）。

同日　苏雪林致函胡适，强烈要求加入"中国自由党"，并略述研究、求学计划及纳于斌入"自由党"作用等事。苏函云："我的对先生之尊敬、信赖直到了崇拜的程度，先生是知道的。我的渴慕自由、民主……先生也是知道的，那么，凭这些资格我是可以加入你和蒋先生领导的党了。我对政治向无兴趣，所以从来没有参加什么政党，现在想参［加］'中国自由党'，实是平生破题儿第一次，凭这一片诚心，贵党也该接受我。"（台北胡适纪念馆藏档，档号：HS-US01-060-013）

同日　高克毅致函胡适，谈拟撰《胡适传》事。（台北胡适纪念馆藏档，档号：HS-US01-060-014）

12月30日　J. E. Wallace Sterling 向胡适电贺新年并盼望胡适能重返学界。（台北胡适纪念馆藏档，档号：HS-US01-002-028）

12月31日　胡适日记有记：1:00 Hampshire House □□□。

是年　胡涤赠胡适《邻苏老人年谱》（杨守敬著，熊会贞续述）一部，胡适在此谱上略有批注。（《胡适手稿》第5集卷2，239～286页）

是年　雷震有促动胡适出来领导"自由中国运动"给胡适的敦劝函：

> 再者，"自由中国运动"，因先生不起劲，仍不能开始，港、台一般志同道合之人士及青年学子，十分失望。先生所推荐之人，如孟馀、孟真两先生，都不愿担任此工作，而孟馀先生更消极。老实说，"自由中国运动"如非先生出来领导，绝对没有希望。以拯救民族挽救文化为己任如先生者，还能这样长此因循下去么？先生不愿组党，犹有理由可说。而先生不做这个运动的领导人，实在说不出道理来。前次征求先生组阁，我是反对的。因如此必然牺牲了先生个人而于'国事'毫无补益，请先生领导这个运动，我是极端赞成的，因为只有先生才配领导这个运动。（《万山不许一溪奔——胡适雷震来往书信选集》，8页）

是年　胡适在 *The Autobiography of Benjamin Franklin*；*The Journal of John Woolman*；*Fruits of Solitude*（by William Penn；edited by Charles W. Eliot. -New York：P. F. Collier & Son Corporation，1909）扉页题记：赵元任同杨韵卿赠送这部五尺丛书给胡适。1949年。(《胡适藏书目录》第4册，2701页）

是年　Tjoe-som Tjan（曾珠森）著 *Po Hu T'ung*= 白虎通：*The Comprehensive Discussions in the White Tiger Hall*，*Vol. 1*（Leiden：E. J. Brill）出版。作者题赠胡适：To Dr. Hu Shih with Compliments of the author。(《胡适藏书目录》第4册，2868页）

1950年　庚寅　59岁

> 4月，为夫人江冬秀来美，胡适改换了"护照"身份。
> 7月1日，胡适受聘就任普林斯顿大学葛思德东方图书馆的职位：Fellowship of the University Library and Curator of the Gest Oriental Library with rank of professor。

1月

1月1日　胡适读《朱子》，并作"《朱子语类》记录的门人姓名索引"。是日来胡府过新年的客人有：游建文一家6人，容显麟、唐瑛与其子李名觉、严恩梽、夏晋麟夫妇、董显光、Dr. Brian O'Brien Jr.、于焌吉。（据是日及次日《日记》；台北胡适纪念馆藏档，档号：HS-NK05-181-001）

> 按，本谱引用胡适1950年日记，除特别注明外，均据《胡适的日记》手稿本第16册，以下不再特别注明。

1月2日　胡适作毕"《朱子语类》记录的门人姓名索引"，又试作《〈朱子语类〉的历史》。曾琦、刘东岩来访，曾琦谈到郭沫若："郭沫若是无行文人，他从前想加入'少年中国学会'，我已推荐他了，但李石岑等人不赞成。后来我介绍他与宗白华通信，沫若有一封信上说：慕韩（曾君）与太玄，望之如天上人。我乃堕于污泥之中而不能自拔……此信见《三叶集》。可见沫若是惯做阿谀文字的。"（据《日记》）

同日　《美洲日报》发表胡适的《纪念革命的意义》一文，大要是：

辛亥革命的成功，中华民国的建立，在整个世界史上是有重大的意义的。因为这是亚洲人民推翻君主政制的第一次成功，这是东方第一个民主国的建立……

　　……中国人民废除无限的君主专制政体确是几千年来最大的解放，最重要的革命。因为君主政体的推翻，几千年来托庇在专制帝王之下的许多恶制度……都跟著帝王倒了。这种革命在精神上有大解放作用。我在民国六年到北京大学做教授，我才感觉，我们那时候可以在国立大学里公然提倡文学革命和思想革命，这都是政治革命的恩赐。

　　…………

　　自由是难得而易失的。当我们享受辛亥革命以来的种种自由权利的时候，我们都不能充分了解三十八年前大革命的重大意义……

　　…………

　　三十八年前的革命，为的是建立一个民治、民有、民享的中华民国……

同日　杭立武致函胡适、蒋廷黻，云：

　　……关于组织政党事，数月来博采众议，详加研思，谨抒愚见，以供参考：

　　一、国内甚多中坚分子尤其优秀青年皆望能有新政党出现以扭转时局挽救颓风，如由适之先生出面领导，将来拥护与加入者必云起景从，且亦必能发生甚大效用。

　　二、介公对此当可赞助，但国民党中一部份人士未必乐意，或将不免小有争竞，乃势所必然。

　　三、此种百年大业，缔造固属艰难，尤非数十人发一宣言所能立刻成就，依目前情形而言，第一须有经费然后始可着手组织从事，活动例如创办报社、发行刊物皆为先决之事，故宜充分准备。

　　四、缔造虽属艰难，但时势所趋，仍应积极进行。惟当务之急在于保卫台湾，此乃数个月内所面临之事，不能倚办党以求速效。

>依上所言，愚意以现时所倡导之"自由中国"作为运动，以此运动吸收优秀人才，尤其注重青年，将来严格组织，俟至若干时后再一变而为政党，庶几收效易而亦较有把握也……（台北胡适纪念馆藏档，档号：HS-US01-062-016）

1月3日 胡适续写《〈朱子语类〉的历史》。到 Mrs. Morris Stokes 家晚餐。同席有 Anne O'Hare McCormick 夫妇，John Mason Brown 夫妇，Lawrence Morris（Ambassador Morris 之子），Franklin J. Walls 以及 Mrs. Morawetz。（据《日记》）

1月4日 下午，胡适受王毓铨之邀到 American Numismatic Society 参观该会收藏的欧美两洲的古今钱币和中国古货币，由王导引。胡适在日记中记道：古代的"布"（镈）行于三晋，"刀"则行于齐。此地理上的差别，我从来不知道。今天看见古刀布上的地名，始知之。（据《日记》）

同日 胡适到医院探访李宗仁，谈40分钟。（据《日记》）

1月5日 胡适复函普林斯顿大学奥茨教授（Prof. Whitney J. Oates），同意担任阿尔佛莱德·霍德基金（Alfred Hodder Fellowship）之候选人。理由是：

>我颇想借一栖身之地，把《中国思想史》的英文简本写定付印。
>前些时曾见冯友兰的 A Short History of Chinese Philosophy，实在太糟了。我应该赶快把《中国思想史》写完。（据《日记》）

同日 胡适有《朱子与经商》札记。（《胡适手稿》第9集卷1，137～138页）

同日 美国总统杜鲁门发表对台湾问题的声明。他保证遵守《开罗宣言》和《波茨坦公告》关于台湾归还中国的规定。他说：美国对台湾和其他任何中国领土没有掠夺性意向。美国目前无意在台湾获取特别权力和特权，或建立军事基地。美国亦无意使用武装力量干预现在局势。美国政府将不遵循足以使之卷入中国内争的方针。同样地，美国将不对台湾提供军事援

助或军事上的意见。(联经版《胡适日记全集》第 8 册,464～466 页)

1 月 6 日　胡适看了杜鲁门的宣言及国务卿艾奇逊的说明之后,做了如下评论:

> 人都很悲观,我的看法则不然。此宣言说,根据 Cairo & Potsdam 宣言及日本投降条件,台湾是应归中国的。这是于我们有利的。此文虽否认军事的援助及海军保护等等,但仍主张经济援助,这也是有利的。
>
> 如果我们能守台湾,我们将来还可以得到外面的援助。(据《日记》)

同日　胡适复函赵元任、杨步伟,谈及:房子决不可先定,因自己确实没有力量买房子,而且"家"太小,用不了一所房子。况且胡适买房子,是要挨骂的。Spronl 校长的一封客气的信,原是 Pettus 奉了司徒雷登之命去运动他写的,决不可把此信看的太认真,请赵元任不要再去问结果。又谈及:这几天东方忽然发生了一件意外的事。普林斯顿大学有个"Special Program in the Humanities"想给我一个 post-doctoral Fellowship,钱是不多,从 $2500 到 $4500。胡适特别指出:写此信,是要你们不要因 U.C. 没有好消息而失望。还要你们不要太热心。自己对于你们的《四部丛刊》大感兴趣,谢谢你们准备送我的一部 Harvard Classics。最后说:今天的消息真糟糕!(Truman & Acheson's prate much Pritain's recognition of Peking)……(《近代学人手迹》三集,14～15 页)

1 月 7 日　顾维钧请胡适、蒋廷黻、宋子文吃午饭:这几天的局面太坏,我们都很失望。但我们谈前天 President Truman 与 Acheson 的两个谈话,都觉得其中有两点不无有益:①明白指出中国拥有台湾是合法的,是没有疑问的。②两君皆说经济援助应继续。(据《日记》;又可参考《顾维钧回忆录》第七分册,635、567 页)

同日　林行规幼子林继俭来访。(据《日记》)

同日　胡适写成《〈朱子语类〉的历史》。胡适日记有记:这种文字皆是

自己为自己便利的笔记，没有创见，不过整理材料，使自己容易了解而已。（据《日记》;《胡适手稿》第9集卷1，1～29页）

1月8日　胡适为王毓铨、胡先晋夫妇饯行，因王、胡二人次日将返北大。董霖（为公）来谈。叶揆初（景葵）的嗣子叶绚来谈。（据《日记》）

1月9日　胡适致函宋美龄，祝贺其昨日演讲成功。（据《日记》）

同日　胡适写长信给王世杰、傅斯年、雷震，皆托游建文带回去。（据《日记》）

同日　胡适与 Norman Angell 同吃饭，畅谈。胡适在日记中记道："Angell 是今世一个最能思想的政论家，四十五年如一日，为西方民主国家作先见的警告，老而不倦。我一生受他的影响很大。我从'不抵抗'主义逐渐转到用力量制裁强暴的见解，是受了他和 John Dewey 的影响。"

同日　胡适复函雷震，表示不愿再做"自由中国"的发行人，又转请台湾的朋友重新考虑"自由中国"的宗旨：

> 我最不高兴的是你用我的姓名为"发行人"。这是作伪，不是发起一个"救国运动"的好榜样。我想请你老兄考虑，另请一人为发行人。
>
> 我又觉得我去年四月在太平洋船上写的四条宗旨，实在不够用。……千万请台北各朋友，实行组织一个"自由中国"的组织，细细讨论一套切合今日需要的宗旨。雪艇、孟真、子水、佛泉诸人一定有更好、更切要的意见。（《万山不许一溪奔——胡适雷震来往书信选集》，9～10页）

同日　吴公任致长函与胡适，详述对解放军解放上海后的观察以及台湾的情势，希望胡适出面组织"中国自由党"并提出相关意见。（台北胡适纪念馆藏档，档号：HS-US01-060-016）

同日　李孤帆复函胡适，谈胡适所托购《四部丛刊》初编平装本及《国学基本丛书简编》的价格，当代为购买。（台北胡适纪念馆藏档，档号：HS-NK02-007-027）

按，2月13日，李孤帆在收到胡适寄来的250美元支票后，就代购以上各书复函胡适；又谈及商务旧刊馆缺，拟代搜求事。（台北胡适纪念馆藏档，档号：HS-NK02-007-029）

1月10日　胡适在日记中评论了赵贞信（云端，字肖甫）的《封氏闻见记校证》：

十二月里，偶见赵贞信的《封氏闻见记校证》……借了来重读一遍。这书在当时，我们都认为整理古书的一个很好的榜样。现在看来，这书并不高明，校者的训练不大精细，又不懂得校勘学，故文字繁复而实不曾给我们一个定本。

《封氏闻见记》本身是很有用的一部笔记，篇幅也不多，大可以用作校勘学的一个范本。将来还可以让学者试作新的校证。（据《日记》）

同日　胡适到利维医生（Dr. Robert L. Levy）诊所去做第三次诊察，心电图表示没有新的伤痕。（据《日记》）

1月11日　胡适与张平群谈，劝他不要太悲观。（据《日记》）

1月12日　胡适读《朱子语类》。晚在 Thomas K. Finletter 家晚餐。（据《日记》）

1月13日　得翁文灏自巴黎来信，谈"中基会"事，甚悲观。在 Judge Learned Hand 家吃饭。（据《日记》）

同日　王毓铨、胡先晋致函胡适，感谢饯行，告所搭乘轮船要经过台湾基隆，恐台湾当局留难，当电告胡适请设法解释放行。（台北胡适纪念馆藏档，档号：HS-US01-062-020）

1月14日　晚，胡适到医院看望李宗仁，是日日记有记：

……我说，在这大局势里，私人很少扭转局势的力量。我在一九三七〔年〕的十月一日，曾作全国广播，说："The same stupidity of the militarists of the aggressornation which forced you into the last war, will not be lacking to drag you into the present one." 后来果然灵验。我现在

的看法还是这样：我们不可以轻易想立功，不可以轻易想走这路子，走那路子，要收速效。希腊人说的好，"神要毁灭的人，神先叫他们发疯"。总有水到渠成，瓜熟蒂落之一日。（据《日记》）

同日　高克毅复函胡适：关于胡适赐教的两点，甚以为然。关于工作本身自然应该"从小处着手"，一步一步的做去，方可有成就；其中又不免有发生困难和缺乏资料之处，希望以后能随时指示。又谈为撰《胡适传》搜求资料事。（台北胡适纪念馆藏档，档号：HS-US01-060-017）

1月15日　Richard G. Irwin 致函胡适，讨论《水浒传》的版本诸问题。（台北胡适纪念馆藏档，档号：HS-US01-003-007）

1月17日　李孤帆赠送胡适的汤用彤著《汉魏两晋南北朝佛教史》（商务印书馆，1944年）寄到。胡适题记：此书现在已很难寻。孤帆把这部重庆印本寄给我，纸张虽坏，但大致还可读。后又注记："纸张实不坏，甚能耐翻读。"（《胡适藏书目录》第1册，703页）

1月20日　胡适在 The Philosopher of the Common Man: Essays in Honor of John Dewey to Celebrate His Eightieth Birthday（by Sidney Ratner, et al., 纽约，1940）扉页题记：1939年10月20日是杜威先生80寿辰。我在纽约的庆祝会上曾有演讲，我的全文载在此册里，是我用心写的。今年我的朋友 Eugene Delafield 替我寻回这一册早已绝版的书，我很高兴。（《胡适藏书目录》第4册，2863～2864页）

1月21日　胡适在日记中记下 Alger Hiss 被判有罪之事，并记下他所了解的 Hiss。

1月22日　下午，分别拜访王际真夫妇、袁家骝与吴健雄夫妇。到医院探访李宗仁不遇。（据《日记》）

同日　胡适为其收藏的乾隆甲戌本《脂砚斋重评石头记》写一题记：

王际真先生指出，俞平伯在《红楼梦辨》里已引余姚《咸氏家谱》说蓼生是乾隆三十四年进士，与《题名录》相合。（据原件）

1月24日　胡适请 Dr. Norton Brown 检查无名指发麻的毛病，无碍。St. John's College 校长 Richard D. Weigle 托人请胡适到该校执教，胡适以该校学生、教员少，不需要中国哲学一类学科而婉拒。（据《日记》）

1月26日　胡适致函 Committee on Admissions：

It gives me pleasure to recommend to your consideration Miss Mabel Liang, who is applying for permission to reside in International House.

Miss Liang is the daughter of my friend, Dr. Liang Lone, former Ambassador to Czechoslovakia, and she is planning to continue her musical studies in New York City. She is a young woman of charming personality and seriousness of purpose.

I would be happy if your Committee can grant her the advantages of the International House's cosmopolitan fellowship.（台北胡适纪念馆藏档，档号：HS-NK02-006-009）

按，是年希望胡适在申请奖助金、谋求赴美进修、申请基金出版论文等方面帮忙的，还有严倚云、余又荪、蒋丙然（代其子）、殷一明、陈之藩、苏雪林（代其侄苏经国）。（据台北胡适纪念馆所藏档案不完全统计）

2月

2月1日　Norman Angell 复函胡适，云：

（It seems presumptuous so to address an "ex-ambassador", but I hope that I can be just "Norman Angell" to you, though once in some sense perhaps your teacher.）

I was naturally delighted to get your note about the "New Leader" article. I don't think this point of view need be just lonely cries in the wilderness

1950年　庚寅　59岁

if a few intellectuals would get some sense of responsibility and give a lead. It is only perhaps now that the fallacy of many of the Leftist assumptions as revealed in the American attitude towards China are beginning to show in their true colours....

I was delighted to find you so vigorous the other night at the Rublees'. My own health is not good, but it has never been perfect, and I manage somehow to carry on.（台北胡适纪念馆藏档，档号：HS-NK02-001-023）

2月3日　胡适复函恒慕义：

I hope you will forgive me for this much delayed reply to your kind letter of January eleventh in which you conveyed to me the inquiry of my friend, Mr. Huntington Cairns, whether or not I would be interested in accepting a stipend from the Bollingen Foundation to expand my lecture, "The Fight for Freedom in Chinese History", into book form and have it published by the Foundation. I want to express through you to Mr. Cairns and Mr. Stites, my sincere appreciation of their interest in this subject.

As you well understand, the above topic is merely a part of my life-long work, *The History of Chinese Thought*. Since receiving your letter I have been thinking how big a book it would make, if I should treat separately the story of China's fight for freedom together with the historical background that necessitated such struggles. I am sorry to say that it has not been very easy to achieve such a task of isolation. For, to me, the whole intellectual history of China, has been a series of intellectual emancipation, especially under the most difficult conditions of a long unified empire under which there was no place to find asylum for the persecuted heretic. It is rather difficult to confine the story to the fights against the more spectacular persecutions in history, or even to the two or three specially notable periods of absolutistic rule.

I should however attempt in the near future to work out a tentative outline of such a book based more or less upon the general outline of my recent lecture. Such an outline will enable me to see how much background material is necessary to make the story intelligible to the western reader. By that time I may be able to inform you and Mr. Cairns and Mr. Stites whether or not it would be worthwhile to make a separate book as they have so graciously suggested.（台北胡适纪念馆藏档，档号：HS-US01-003-004）

按，1月11日，恒慕义代 Bollingen 基金会函邀胡适撰写 The Fight for Freedom in Chinese History 一书。（台北胡适纪念馆藏档，档号：HS-US01-003-003）

又按，是年向胡适约稿的，还有黄明沛、陈道远（代表 Chinese Hand Laundry Association, Inc.）、William M. Chadbourne、Walter H. Mallory、Theodore Schapiro、Rose Morse。（据台北胡适纪念馆所藏档案不完全统计）

2月5日　胡适读朱子为其父朱松作的《行状》。（据《日记》）

2月7日　胡适有《朱子论"尊君卑臣"》札记。（《胡适手稿》第9集卷1，125～136页）

2月9日　胡适复函袁同礼，告因不足法定人数，"中基会"董事会议延期至3月7日。又谈及"中基会"对"北平图书馆"资助事。（《胡适全集》第25卷，427～428页）

2月10日　A. T. Etcheson 致函胡适，云：

Thank you so much for your note and for enclosing the wording of your subject. You will have a very responsive audience, and I hope you will not be hesitant at all in treating your subject as vigorously as you wish.

I am looking forward to the privilege of meeting you and would be glad to have you tell us when you will arrive in Chicago so we may be sure that very comfortable hotel accommodations are awaiting you.（台北胡适纪念馆藏档，档号：HS-NK02-004-015）

2月11日　胡适得胡祖望英文电：妈妈事事干涉，实难相处。很想送妈到你处，或送到香港，或送到台湾。急待回电。胡适得此电后，又气又急，即复电：从我的3000元支票里，拨1000元给妈妈，使她可以离开你家，暂时分住，等我接她来。事实是此电令冬秀夫人更受罪。同日，胡适另寄一张500元的支票给冬秀夫人，另嘱其出来租房子单住（可请沈怡帮忙），又告自己目下财务状况，又告自己正努力寻求教书、研究的机会。（台北胡适纪念馆藏档，档号：HS-NK05-048-012、HS-NK05-014-002）

同日　唐锡如转寄施蛰存诗作与胡适，并谈及朱光潜、冯友兰等知识分子近状。（台北胡适纪念馆藏档，档号：HS-US01-060-020）

2月13日　Harold W. Dodds致函胡适，云：

My colleagues have given me the good news that Princeton might interest you in joining our ranks for a term under conditions which would give you every opportunity to continue your writing, particularly *The History of Chinese Thought* in which you are at present engaged.

Specifically, to speak in business terms, the University extends to you an invitation to come to us for a two-year period as Library Fellow in Chinese Culture and Curator of the Gest Oriental Library. We should hope that you would be able to give some general supervision over the development of the Library and plans for future growth and use of it, and to consult with the Library Administration on matters of policy. Such demands on your time would certainly not be onerous. We should expect to engage a special Librarian who would handle the detailed operation. He or she would be competent to receive scholars, to make the Collection accessible, to catalogue incoming books, check bookdealers' catalogues, and so forth.

The University would profit greatly from the stimulus of your presence with us. The financial honorarium would be in the amount of $4500 annually, to cover your expenses as mentioned in your letter of January 5th to Professor Oates.

The appointment would begin formally with the opening of the next academic year. I know we should be happy to have you as a member of our community at any time, prior to the beginning of your formal term, at which you care to come here.

I can't conclude this letter without expressing the personal satisfaction that it would be to me to have you as a member of this University. I recall with greatest pleasure your visit to Princeton on an earlier occasion when you kindly accepted an honorary degree conferred at my hands. On this account we consider you a Princetonian and will be happy to welcome you back as outlined above.

I might add that if you wish to come to Princeton to talk it over with my colleagues and me we should be glad to have you do so. Or, if it is more convenient for you, I might meet you in New York some day.（台北胡适纪念馆藏档，档号：HS-US01-003-020）

2月16日　下午，胡适搭"二十世纪"快车去芝加哥。（据《日记》）

2月17日　中午，胡适在"The Executives' Club of Chicago"讲演。（据《日记》）

同日　M. Glen Miller 致函胡适，云：

You gave many people a great deal of pleasure today and a lot of information that was good for them to get. We are grateful to you for not only your willingness to come so far to talk to us but for the splendid message you gave us about China.

It has been so pleasant today to have talked with you and to have absorbed some bit of your wonderful philosophy. It would be nice to think that there might be other opportunities but I do want this letter to convey some sense of our appreciation for the splendid program you gave The Executives' Club today.（台北胡适纪念馆藏档，档号：HS-NK02-004-018）

2月20日　Wm. R. Johnson致函胡适，讨论中国问题。（台北胡适纪念馆藏档，档号：HS-US01-003-016）

2月23日　胡适日记有记：

今天我忽然大悟：薛福成、董沛编刻《全氏水经注》，无一字提及陈劢本与"重校底本六卷"！董、薛用的是"王氏重录本"，"以殷氏张氏残钞本校之"。

我始大悟：合众所藏陈本与"重校底本"，其出现在董、薛刻全校之前。其时浙江学政访得此三本，曾拟"编辑全校郦书"，计划未及行。而薛、董贪功，潦草赶成全书，不但未见前"宗师"所见本，也不曾访问林氏颐山校本，故其书甚多谬误。

故"编辑全校郦书"凡有三次，第一次在道光廿八年戊申（1848），王梓材为主编人。第二次似在光绪十三年（1887），其时浙江学政瞿鸿玑（？）似有此议，未成而去。他所得两三种全氏校本，似乎也没有留在浙江。第三次为光绪十四年（1888），即薛、董的编刻工作。

按，1959年9月13日胡适又对此段日记做了批注：上页所记"一个意思"是有不是的。我经过几年之后，才稍明白了。大概林颐山所得三个本子，除"王录本"外，陈本与书贾所来本皆董沛编书时所未见。林书札所称"夫子大人"是定海黄以周，其所谓"宗师"不是浙江学政，乃是江苏学政王先谦也。我说"三次"之第二次乃是王葵园在江阴想请林颐山编"全校"。

2月27日　胡适复函Palmer Cosslett Putnam，云：

Your kind note of January 16th interested me so much that I did not want to answer it without looking up the legends once more.

According to legendary history (which arose fairly late in China, — indeed later then real historical writing), You-tsao, the first builder of houses, came even before Sui-jen, the discoverer of fire, who preceded Shen-nung, the teacher of agriculture and medicine.

But it is interesting to note that, in the oldest account (*the Book of Han-Fei* of the 3rd century B. C.) where the name You-tsao was mentioned, it was said that the people of the most ancient times lived in caves and were often overpowered by animals (birds and beasts) and insects and snakes until they were taught by the great sage (You-tsao) to construct a nest-like house with wood.

Another work, the "Remarks on *The Book of Change*" — one of the ten Appendices of the Ancient classic, *The Book of Change* (I-Ching) — which is probably a century or one hundred fifty years older than *the Book of Han-Fei*, says:

"The people of Antiquity lived in caves and passed their lives in the wilderness. The sages of latter times replaced them with houses and palaces, where there were beams above and rooms underneath, for the purpose of protecting the people from the storms and the rain."

Here again, you see the reference to "living in caves".

Please do not take these legendary interpretations of history too seriously. As I have hinted above, these legends came very late, — they were quasi-anthropological interpretations of history, interpretations made by people who were already remote from the cave-dwelling northwest of China, and who were more aware of the molestations by the insects and snakes. (台北胡适纪念馆藏档，档号：HS-NK02-009-012）

按，是年向胡适请教学问的还有 Daniel W. Cloer、Oliver P. Field。

（据台北胡适纪念馆所藏档案不完全统计）

3月

3月1日　下午，顾维钧来访。(《顾维钧回忆录》第七分册，599～601页）

同日　Thomas K. Finletter 致函胡适，云：

> Thank you for your check on the British election, which I have duly sent forward to Anne O'Hare McCormick, the winner who forecast Labour by twenty seats.（台北胡适纪念馆藏档，档号：HS-NK02-004-035）

3月2日　李孤帆复函胡适，详陈为胡适代购佛学书事。（台北胡适纪念馆藏档，档号：HS-US01-060-022）

3月3日　蒋介石恢复"总统"职位，梅贻琦、胡适致电祝贺，并祝健康。7日，蒋介石复电致谢。（台北"国史馆"藏"蒋中正'总统'档案"，档号：002090106017405；台北胡适纪念馆藏档，档号：HS-US01-062-028）

3月4日　胡适致函袁同礼，告将于3月6日到华盛顿出席"中基会"董事会议，希望能与袁一谈，又拜托袁代查光绪初年至十三年的浙江学政是何人。(《胡适全集》第25卷，428页）

3月7日　胡适在华盛顿出席"中基会"董事会议。会议补选任满董事，新任董事梅贻琦、James A. Mackay 接替傅斯年与瑞德，推胡适为代理干事长。顾维钧设午宴招待与会者。（杨翠华：《"中基会"对科学的赞助》，248页；《顾维钧回忆录》第七分册，614～615页）

3月10日　胡适复函 Gertrude R. Stein，云：

> It gives me pleasure to certify that Mrs. Hsien-fang Y. Juan was in the employ of the National Peking University in Peiping, China, as an Instructor with special duty to train non-Chinese students who desired to learn the spo-

ken Chinese language. For that work she was well qualified by her previous experience at Yale University in assisting in the teaching of oral Chinese to American Service Men during World War II. Although her period of service at the Peking University was cut short... I understand that her work was quite successful.

I may add that her husband, Professor W. C. Juan was then a professor of geology at the same University. I have known both of them quite well.（台北胡适纪念馆藏档，档号：HS-NK02-011-005）

3月16日　台北"外交部"聘胡适为"顾问"。（台北胡适纪念馆藏档，档号：HS-US01-062-026）

3月20日　胡适复函傅斯年，通报"中基会"赞助台大选送赴美进修试行办法，请傅与台大同人商酌后回复：

此次开的是Special meeting，但因詠霓不来，几乎开不成会。后来幸得司徒"大使"医院的许可，我们到医院去开了五分钟的会，法定人数足够了，举出梅贻琦来继任傅斯年……

台大的请求，我们都同情。但前年动用基金作为三厘半年息的投资，此计划完全失败了，只有北大把借款十万元全数归还，其余十五万元，本息皆无着落。故此次会议，无人能重提借用基金之议，只能就"中基会"income之内，提出足够每年七个Fellowships的款数，为台大选送教员与毕业生至美国进修之用，暂定两年，每年暂定美金两万元，于一九五〇年七月一日开始……这就是说，每年以七个Fellowships为限，但如每年两万元之数如稍有不足之处，执行委员会有权可与台大商酌，量为补足。

……我们拟出台大选送赴美进修试行办法如下，请你与台大同人商酌后见覆。

（1）无论教员或毕业生，其学费（Tuition）均由"中基会"代付。

（2）教员与毕业生川资均定每人来往合计美金一千四百元（$1400.00）。

（3）教员"出国"进修，一年为限。每年送四人，则两年可送八人。每年送五人，则两年可送十人。其留美期间，每人以十个月计，每月 $175.00。

（4）毕业生"出国"进修，每人以两年为限。其留美时期，每人以二十一个月计算，每月费为 $150.00。

（5）如此办法，则每一教员"出国"，须有：

川资来往 $1400.00，

十个月月费共计 $1750.00，

共合 $3150.00，

若每年四人：$12600.00，

两年八人：$25200.00，

若每年五人：$15750.00，

两年十人：$31500.00。

（6）如此办法，每一毕业生"出国"，须有：

川资来往 $1400.00，

廿二个月月费 $3300.00，

共计 $4700.00，

若送两人，二年共：$9400.00，

若送三人，二年共：$14100.00。

（7）请台大速决定下列两办法之一：

（甲）每年送教员五人，毕业生二人？

或（乙）每年送教员四人，毕业生三人？

若台大采（甲）法，则：

教员五人，第一年 $15750，

又五人，第二年 $15750，

毕业生二人留两年 $9400，

两年共计 $40900。

若台大采（乙）法，则：

教员四人，第一年 $12600，

又四人，第二年 $12600，

毕业生三人留两年 $14100，

两年共计 $39300。

学费各大学不一致，不易计算，清华之法似太刻，容易驱人选择学费最廉的大学。故我们决定由"China Foundation"担负 Tuition 每年平均以三千元至四千元计，故每年超出两万元之数略等于 Tuition 之费用，此数可由 Executive Committee 酌量拨付。此即议案中 Executive Committee was empowered to make necessary adjustments 之用意。故此两年试办期中，"中基会"担负台大 Fellowships 七个，每年约数为两万三千元至两万四千元。(《台湾大学校刊》第 62 期，1950 年 4 月 3 日)

3月22日　胡适在日记中说："自由"是古人常用的一个字。又列述《隋书》、杜甫诗、宋人诗中出现的"自由"二字。(据《日记》)

3月23日　雷震致函胡适，请胡适出来领导"自由中国"刊物，并请胡时常在此刊上发表文章。(《万山不许一溪奔——胡适雷震来往书信选集》，11～12页)

3月27日　胡适作有《跋所谓"黄友补录本"全校〈水经注〉》，指出：上海合众图书馆藏的七册"黄友补录本"《水经注》，是一个没有郦学知识的人抄的陈劢在道光廿六年抄的全祖望《水经注》残校本，加上他胡乱摘抄的黄晟翻刻项纲本《水经注》，用来胡乱凑足陈劢原抄本残缺的卷数与篇数。故，胡适认为，此七册应改题"无名氏杂凑本"。(《胡适手稿》第 2 集卷 3，371～379页)

同日　John Nicholls Booth 致函胡适，云：

I do not know whether you will recall my two-hour interview with you in Peiping, while representing *The Chicago Sun-Times*, over eighteen months ago, but if you do, it may have crossed your mind once or twice to wonder whether or not the results of it were ever published.

Under separate cover, I am sending you a copy of "The Christian Register", which was printed over a year ago and which contains a rather long article based upon our conversations. This may be of some interest to you.

It has long been a matter of sadness to me that political and military causes have forced your retirement from your native land. At the time we talked I recall the possibility of this arose in our conversations. Peiping is indeed one of the loveliest cities in the world and the work you were doing for all of China so magnificent that it is a pity your people, at least temporarily, must be deprived of your services.

If you are visiting Boston at any time, I would count it a distinct honor to receive a call from you, and should the time be available to you—I would like to have you join me for dinner in the city.（台北胡适纪念馆藏档，档号：HS-US01-003-025）

3月28日　唐子长来访，胡适劝其写回忆录。应邀参加韩国总领事为欢迎韩国议员游历团举行的茶会。（据《日记》）

同日　为考证《水经注》，胡适致函瞿同祖，托他代查其祖父瞿鸿禨年谱中的两事：

（1）《年谱》记光绪十一年"三月十五日奉命简放浙江学政。是年更换学政本在八月朔，因浙学刘廷枚病故出缺，蒙恩特简……六月到任，七月录科"。（瞿君函）请代查他何年何月满任，何时离浙江。

（2）请代查《年谱》（或家集）曾否提及"编辑全校郦书"的事？曾否提及秀才林颐山？曾否记他（瞿公）收购得全谢山《水经》校本两三种？曾否提及董沛、薛福成编刻《全校水经》的事？（次日《日记》）

按，胡适4月10日日记曾摘记瞿同祖回信的主要内容。12日，有复瞿同祖函。（台北胡适纪念馆藏档，档号：HS-NK04-014-002）

3月31日　胡适改定《赵一清与全祖望辨别经注的通则》，指出赵一清

改定经文与注文的两条义例：

> ……经仿《禹贡》，总书为"过"。注以"迳"字代之。以此例河、济、江、淮诸经注混淆，百无一失。
>
> …………
>
> ……凡经文次篇之首有"某水"二字，皆后人所加。盖汉人作经，自为一篇，岂能逆料郦氏为之注而先于每卷交割之处增二字以别之哉？或郦注既成，用二字为提掇，则可耳。然非经之旧也。此卷首列"河水"二字，谓重源之再见也。其义例如此……

又指出全祖望辨别经、注的通则：

> 经文简，注文繁。简者必审择于其地望，繁者必详及于渊源。一为纲，一为目。
>
> …………
>
> 凡经文无"故城"之文，其言"故城"者皆注也。（《胡适手稿》第2集卷2，217～240页）

同日 蒋介石签署聘书，续聘胡适为"'总统府'资政"。（台北胡适纪念馆藏档，档号：HS-NK05-213-001）

同日 王世杰复函胡适，告此间诸友均以胡适为"不可代替"之人。台湾尚未完全脱离危险，其最大危机不在军事，而在财力。稍以为慰者，"海陆空"负责人已能完全合作；"行政院"改组后有朝气。一年以来，此间负责的人可以说是胡适"苦撑"主义的信徒。所谓组党的事，"自由中国运动"事，必须待局势好转后着手。（台北胡适纪念馆藏档，档号：HS-US01-062-022）

4月

4月3日 胡适致函沈怡，谈自己"护照"身份更改详情：1949年所办

"护照"是"外交护照",但上海美国总领事馆所给"签证"是"普通护照",期限一年。1949年4月21日入旧金山,移民局改期限为6个月。1949年夏天,本决定秋天回国,故不拟展期。9月中托纽约馆去把"护照"展年,1950年4月20日满期。1950年初接到夫人江冬秀希望来美的信后,即托朋友代为探问大学教书的事。3月,决定接受 Princeton University Fellowship and Curator of the Gest Oriental Library with the Rank of Professor。自己鉴于江冬秀在曼谷的处境艰难(儿子"一边倒",新妇厉害),乃决定赶办两件事:找一个吃饭的地方,改换"护照"身份以便带家眷来美居住。台北驻华盛顿"外交"机构使用的办法是,聘胡适为"外交部"顾问。胡适又拜托沈怡帮忙办理江冬秀的赴美"签证"。胡函又云:

> 我是有傲性的人,去年七月中旬在华府还见着 Marshall & Wedemeyer 诸人,但自从八月五日"白皮书"公布之后,我就整五个月没有去华府。十二月中旬,因事去一次,三月初又因开会去一次,都没有去访问政府中人,也没有访问国会中人。(台北胡适纪念馆藏档,档号:HS-NK05-019-001)

4月6日 自是日,胡适患肠炎一星期。(台北胡适纪念馆藏档,档号:HS-NK04-014-002)

4月8日 胡适致电沈怡:非正式得知美国驻曼谷大使馆已指示发给胡适太太"护照"签证。感激沈怡与谢"大使"对胡太太的任何协助。详情请见4月4日邮寄的信。(台北胡适纪念馆藏档,档号:HS-NK05-019-002)

4月12日 胡适有两通致瞿同祖的长函,讨论《水经注》的有关问题。(台北胡适纪念馆藏档,档号:HS-MS01-006-001)

4月13日 胡适仔细研究了瞿同祖所抄材料后,又细读林颐山原函的影摹本,悟出以下几条。(1)林函虽是楷书,但涂改添注甚多,故须重抄清本始可寄出。原改稿作者留存在全校本里。(2)林函中说的"编辑全校郦书","八月间禀呈(编辑)条例三纸,十月亲呈问答二纸",以《瞿文慎年谱》证之,都不是光绪十四年(1888)的事。大概是十二年至十三年

（1886—1887）的事。（也许还更早）（3）林函中说的三种本子（"王录本，所购本，陈氏藏本"）似是林氏自己收罗及转借到的资料。我从前猜是"夫子"或"宗师"所收购，所以说不通了。"所购本"是自己所购本。"王录"即王梓材重录本，当时宁波有几个抄本，颇不难传写。陈氏本即陈劢本……叶揆初先生收购陈本与重校本，大概都出于林氏原藏。（此条还有问题）（4）林氏对《王录本》大不信任，指为"伪造"，指为"大非可信之书"。然他所得资料实不够"编辑全校"，故此"编辑全校"的计划，大概不能不打消了。……（5）第一个"编辑全校"计划打消之后，进士董沛始耸动薛道台出钱雕刻他校改的王梓材重录本。（据《日记》）

4月16日　胡适电贺韦莲司小姐生日：衷心的祝你生日快乐，怀着深情的回忆。（《不思量自难忘：胡适给韦连司的信》，259页）

4月18日　雷震致函胡适，谈"自由中国"刊物的发行日益扩大，并请胡适为该刊写稿。（《万山不许一溪奔——胡适雷震来往书信选集》，13页）

4月19日　徐高阮致函胡适，请胡寄还去年借走之孙中山著《中国存亡问题》英文本，又寄赠徐氏所著文章两篇，还谈到在台人士渴望胡适在政治上能做领导的工作：

> 在此间的人常盼望您有什么行动来"领导中国"。但我想您必有您的深思至虑，必有您的权衡，这是我们这里一般人推测不到的。自然我也和一般人一样，渴望听见您的声音。（台北胡适纪念馆藏档，档号：HS-US01-061-002）

同日　Farley W. Wheelwright 致函胡适，云：

> In forwarding you two formal receipts of the Community Service Society, I want to take this opportunity of thanking you again for the generous time and energy you are giving to our work with the Chinese in New York.
>
> Your appearance at the Tea last week was an inspiration for all and with this letter go heartfelt thanks from the staff and Board of Trustees of

the Community Service Society.（台北胡适纪念馆藏档，档号：HS-US01-004-003）

4月20日　Arthur G. Robinson 函寄恒慕义评论 Arthur Waley 的 *The Life and Times of Po Chu-I* 一书之剪报与胡适，并询胡适的意见。（台北胡适纪念馆藏档，档号：HS-US01-003-029）

同日　Hans Simons 致函胡适，云：

I was delighted to learn from you over the telephone that you decided to accept our invitation and that you are ready to deliver the Horace Kallen Lecture on Wednesday, November 15, 1950.

As I told you □□ yet necessary to announce the topic. Some time later we might meet so that I can explain to you in more detail what the New School is doing and how the Horace Kallen Lectures fit into the picture.（台北胡适纪念馆藏档，档号：HS-US01-009-002）

4月21日　胡适得普林斯顿大学聘函。（台北胡适纪念馆藏档，档号：HS-NK04-014-002）

同日　胡适致函江冬秀，详谈近来为其办"签证"以及如何来美等事宜。（台北胡适纪念馆藏档，档号：HS-NK04-014-002）

4月22日　查良钊致函胡适，略述至印度开会及在德里大学任教职等近况，又述及国内国际情形。（台北胡适纪念馆藏档，档号：HS-US01-060-025）

4月24日　胡适托 Chase National Bank 电汇 $1500 给江冬秀。（据《日记》）

4月25日　胡适收到托李孤帆购买的缩本《四部丛刊》初编440册。（据《日记》）当日胡适在此书封面注记：胡适第三次买的《四部丛刊》初编。又在书名页注记：

去年十二月，我在华府，老友 Mrs. Mary Crozier 述 General Wm.

Crozier 的遗志，赠我美金二百元，要我自己挑选爱读的书作为他们的赠书。我才决心要买点有用的书，重建一个参考图书馆。一九五〇年二月，李孤帆兄替我买得这部缩本四部丛刊初编。四月廿五日运到纽约。书价乙千七百五十元港币，六折，合乙千〇五十元。运费等等，共一百五十五元六角。其时美金合港币 6.15，故此书书价与运费（港币 1205）合美金一百九十六元。(《胡适藏书目录》第 2 册，903～904 页）

同日　A. T. Etcheson 致函胡适，云：

I have been delayed in securing the autograph of Mr. Fowler McCormick because he has been at his ranch in Arizona for some weeks past. Now he has just returned to the city and has written his name on the "tablecloth".

So far I have had no success in having either Kroch's or Brentanno's locate a copy of your book. However, I have not given up hope yet, for I shall not be content until I have one with your autograph in it.

It was a thrilling experience to have you address the Club and to have luncheon in your suite at the Blackstone. I hope you will let us know when you are in Chicago or going through, and we will be delighted to have an opportunity to have lunch with you and see you again.（台北胡适纪念馆藏档，档号：HS-US01-003-030）

4月26日　胡适访顾维钧。《顾维钧回忆录》有记：

4月26日在纽约，胡适博士来旅馆访我。如前所述，我们讨论了退出太平洋学会"中国委员会"的事（胡适是"中国委员会"的主席）。后来话题又转到美援。王世杰曾经请他拜访保罗·霍夫曼，商议"中国"需要更多经援之事，尤其是关于作为台湾通货储备的三千万美元贷款问题，但胡觉得无访问之必要。他认为这事应由我作为"中华民国政府"的官方代言人正式进行交涉。他回忆起艾奇逊如何闭门不见他，他（艾奇逊）还对斯塔尔保险公司董事长斯塔尔讲，胡适已经"完全卖身投靠了蒋介石"。为此，胡适说他一直保持缄默，不作宣传工作也不想抛头露面，或在对华政策上劝说美国官员。

  胡适博士秉性十分敏感，总想事事正确。他自然是宁愿缄默不语，而不肯再越俎代庖介入这个问题。这是地道的传统中国学者的做法。（《顾维钧回忆录》第七分册，744～745页）

  4月29日　雷震致函胡适，谈到"自由中国"出刊半年来，"销路日广，声誉日增"，为扩大宣传，"近特向海外扩充，曼谷航空版（香港早有航空版）可销一千本（每期），马尼拉与美国各有二百份（旧金山与纽约均有），现向越南、檀岛及墨西哥等地推进中……在今日出版之刊物中，无一刊物可与本刊相比……"。又请胡适为该刊撰文，又谈到"台湾'军政财'日有进步，海南之失，人心稍受影响，然不甚大，海南军队不良，而合作又差，而内部浓疱（脓包）始终未能肃清，台湾为自身计，又不能倾全力以支持，故海南之失，乃意中事也，惟在美国恐给援助我者以打击"。（《万山不许一溪奔——胡适雷震来往书信选集》，14页）

5月

  5月1日　江冬秀致函胡适，告4月25日得到"护照签证"，5月5日在江元仁伴送下去香港，在香港住沈昆三宅，候伴来美国。（据胡适5月11日《日记》）

  5月4日　江泽涵分别致函胡适与江冬秀，谈北京近情。在给江冬秀的信里，谈到胡思杜：

  小三的情形请你千万放心。他看明了情势，一定要离开，去华北研究部。当时朋友们都替他反复考虑，可没有反对他去的意思。我起初有点担心。他得的津贴，可以维持相当好的生活。我常见著他，觉得他相当快乐，身体也似乎好些。现在反觉得他的原来的办法是相当有远见的。他也快毕业了，毕业后可以就一个适当的事。现在去研究

部的人更多，如游国恩、韩寿萱夫人等。（见胡适 6 月 1 日《日记》）

5 月 5 日　胡适致函 Prescott W. Townsend，云：

Mrs. Hartman has shown me your letter to her dated March 11th inquiring about my son S'su-tu Hu and myself. She has told me of the many kindnesses you rendered to my son. I wish to take this opportunity to thank you most heartily for what you have done for him.

I left Peiping with my wife in December, 1948... S'su-tu volunteered to stay behind to pack up my books which I had left scattered in my house. When he had finished packing and depositing them with the Peking University Library, it was already difficult for him to get out. He has remained in Peiping ever since.

Last December a Haverford chum of his visited him in Peiping and found him in good health. According to this friend's report, S. T. was in a Communist School for an eight-month period of indoctrination and training. He told his friend that he was in quite respectable company, for one of his fellow trainees was the last mayor of Peiping. And I have since learned from other sources that another former major of the city was also in the same school for indoctrination. Both of these ex-mayors were graduates of the National Peking University.

This Chinese Haverford friend transmitted to me the message that S. T. did not want me to worry about him, that he could take care of himself... I may remark that S. T. is rather kind in using the present imperfect tense instead of the present perfect.

The young friend mentioned above wrote to me after he had succeeded in reaching Hongkong, so he could write in complete freedom. Another friend who recently returned to Peking from America wrote to Mrs. Hartman that he was with S. T. at a dinner party, that S. T. is now studying at the

1950 年　庚寅　59 岁

Huapei Revolution University, that he has changed a great deal, and that "the training at the University has made him a new man". This letter goes on to say, "S. T. told us that on the day he helped in the kitchen he cut meat for one thousand persons. He is popular in the University and has been elected a leader of some sort"....

As to myself, I was in Nanking and Shanghai for three months before coming to America by ship. I have been so much bewildered by the general situation in the world that I have made practically no public statement on China, or on America's China policy or the world's future. That is why you have seen nothing in the press lately about me. I may add that I am still bewildered in spite of one year's diligent reading of books, periodicals, and newspapers.

My elder son, a Cornell engineer of the class of 1942, is now working with a Chinese cotton factory in Bangkok, Thailand. My wife, who spent nearly a year in "Formosa", is also now in Bangkok.

With warm appreciation of your kind thoughts, I remain.

Sincerely yours.（台北胡适纪念馆藏档，档号：HS-NK02-009-027）

同日　Prescott W. Townsend 致函胡适，云：

I have been wondering for some time about you and your family in the present situation in China. I was particularly fond of your son, Sze, when he was a student here, and have hoped for a long time to have some news of him.

Our department is interested in adding Far Eastern History to our program as soon as possible. At present, our budget is uncertain, and we do not know what we can do for next year. I have wondered if you would possibly be willing to come as a visiting professor or lecturer for all or part of the coming academic year in case funds could be obtained?

I remember very clearly our pleasant evenings together at Cornell with

Tome and Tablet and would personally be pleased if you could be interested in a possible sojourn here. I regret that this inquiry has to be so indefinite at the present time.（台北胡适纪念馆藏档，档号：HS-US01-009-003）

5月6日　胡适致函袁同礼，谈及自己的"书目与著作目"，对上次袁说的 Sinology 有兴趣。盼望袁抄示 Cordier 原目的一两个例子，并请袁自己拟一个条格，例如袁的"新目"里"胡适"名下，要列些什么著作，如何排列，以便胡适可以试作他上次提议的"胡适学术著作选目"。又告"中基会"通过袁的研究费 3600 元，原案是从 7 月 1 日起。（《胡适全集》第 25 卷，436～437 页）

5月9日　胡适去骨科医院，请 Dr. Stinchfield 割开手掌，抽去一小筋（a band）。（据《日记》）

5月10日　江冬秀飞抵香港，住沈昆三家中。（据胡适 5 月 17 日、19 日《日记》）

同日　Lewis C. Coffin 复函胡适，云：

At the request of Dr. A. W. Hummel, Chief of the Library's Division of Orientalia, we are sending under separate cover today two positive microfilm copies of the famous Chinese novel, *Dream of the Red Chamber*.

Your kindness in loaning this book to the Library of Congress so that it could have copies made for its collections is deeply appreciated.（台北胡适纪念馆藏档，档号：HS-US01-003-037）

同日　Farley W. Wheelwright 致函胡适，云：

Once again it gives me a great deal of pleasure to be able to say, "Thank you for all you are doing for the Community Service Society program in Chinatown."

We are all so pleased to have Dr. Kung and the Bank join our family of contributors. It means a lot to the Board and staff of the Society to obtain support for our work with the Chinese from your own people. I am sure you will agree it gives added significance to the program.

Have you had a chance to think of a good approach to Mr. Hollis Powers Gale? I still think there is a chance of a generous contribution from this source if we approach him properly.（台北胡适纪念馆藏档，档号：HS-NK02-012-036）

5月12日　Oliver Gramling 致函胡适，云：

It was good of you to write on May 3 about the Sigma Delta Chi dinner on May 18, although it appears you will not be able to attend.

As I conclude my year as president of the New York Chapter, I want to thank you for your interest and ask your active support of whoever may follow. The Chapter needs it.

On the chance you may not have seen the recent broadside, on the May 18 event, I am enclosing one for you. If your plans change, try to be with us!（台北胡适纪念馆藏档，档号：HS-US01-003-038）

5月13日　Harold Taylor 致函胡适，云：

We have been talking here at Sarah Lawrence College about introducing a course in the Far East for next year. I have learned indirectly that you are not teaching at present and that there is some possibility that you might be interested in talking about a teaching post. The course we have in mind would be one in Chinese Civilization and would include consideration of the political, historical, and cultural factors which have been operating in the Far East, with particular reference to China. Our plan for the course is to make it like one of the regular Sarah Lawrence courses, — that is, with class meetings once each week, and conferences or group discussions some other time during two days of teaching. As you may know, Sarah Lawrence College is not very well off, since its mortgages cancel out its securities, and we would be unable to suggest a fee for this course commensurate with your distinguished position in Eastern and Western culture. We have the sum of $2,000 in our budget as an honorarium for the course, and I should be glad to talk about the whole matter if you could come to the College within the next week or two.

I wish I had been able to see you more during this past year. I enjoyed our last meeting at John Dewey's place.（台北胡适纪念馆藏档，档号：HS-US01-009-004）

5月14日　有报道称普林斯顿大学聘胡适担任葛思德东方图书馆馆长，为期两年，自7月1日正式履职。（据《日记》；台北胡适纪念馆藏档，档号：HS-NK05-332-051）

同日　雷震致函胡适，请胡适为"自由中国"刊物撰文，又谈台湾形势，"此间日趋紧张，但深信必可渡此难关也"。（《万山不许一溪奔——胡适雷震来往书信选集》，15页）

5月15日　胡适致函赵元任、杨步伟：

三月一日的信来时，我正忙着"中基会"的事，忙着到华盛顿去开会。会几乎开不成，因为翁詠霓不肯来，我们不够"法定人数"。后来我们得到司徒"大使"的许可，到他医院病室中去开会几分钟，举出梅月涵来继任傅孟真，然后回到"中国大使馆"去继续开会。

会中推我代任叔永作 Acting Director，我仔细想想，我无法推脱，只好允任义务职。但会完后，别人都可以走了，我同叶良才兄忙了许多日子，才算把"中基会"的事务弄清楚了。（《近代学人手迹》三集，22～23页）

同日　胡适复函袁同礼，谈及普林斯顿大学的职位事：

去年年底，Princeton 有信来，说有人 nominated 我为 "Alfred Hodder Fellow"，是一种 post-doctorate fellowship。当时因为我要谋改换 status

以便接太太来，故曾覆信兄考虑。后来校长知道了，来信提议改请我为"Library Fellow"，并要我作 Gest 的 Curator。当时我曾托人去说："中国学人在此的，有人比我更胜任此事。"我的意思是预备推荐你（Miss Swann 已退休了）。但此人来说，校长特别要请我，如果我为了"护照"的身份（status）问题，他愿意声明这是一个 full Professor 的 rank，虽然我不须教书上课。

我后来想了，我可以先去 Princeton 打开文史的一条路（Humanities），然后请守和兄来专力整理 Gest。我在 1943—4〔1944〕，Princeton 曾请我去看 Gest Collection，要我替他们想想"政策"（policy）。那时 Swann 在那儿把持不放，一切都谈不到。此时他们自动请我，我有打开门户的机会，故暂时接受了。将来去 Princeton 时，一定要使他们明白请专家学者的必要，一定要请老兄来计划商量这一大批中国书如何能发生作用。此意我想老兄定能相信，定能了解。（我的 Fellowship stipend 是全年 $4500，每月为 $375。我可以专作我的研究著作。Curator 别无薪俸。因为他们并不期望我每日办公。）(《胡适全集》第 25 卷，438～439 页）

5 月 17 日　陈源复函胡适，希望胡适能参加联合国教科文组织理事会，能给予一些建设性的批评。理事会开会，不必每次都来。理事开会的川资是由会议负责的，并给予每天的生活费，不必个人破费。（台北胡适纪念馆藏档，档号：HS-NK02-003-041）

5 月 19 日　蒋廷黻邀胡适午餐。胡适告诉蒋，他在"美国外交关系协会"的讲演，ignorance，或者 innocence，是美国从 1936 年到现在所犯的错误的根本原因。（蒋廷黻日记，转引自《舍我其谁：胡适》第四部，639 页）

5 月 20 日　萧公权致函胡适，拜托胡适代为留意，另觅工作。（台北胡适纪念馆藏档，档号：HS-NK02-005-039）

　　按，是年希望胡适在谋职方面帮忙的还有 Kechin、焦增煜、梁美璞、王肖朱、蔡芳燾。（据台北胡适纪念馆所藏有关档案不完全统计）

同日　顾颉刚日记有记：慰慈言适之先生就美国康奈尔大学太平洋研究所工作，脱离政治。胡师母在曼谷，将返香港。祖望亦去美。(《顾颉刚日记》第六卷，635页)

5月22日　朱经农来访，告：朱写20封信向各大学找事，15处回信没有事，只有5封信说信已转给主管学系，如有需要，再写信通知。此事令胡适"慨叹"。(据《日记》)

按，5月26日，朱经农又致函胡适，请代觅普林斯顿大学教职。(台北胡适纪念馆藏档，档号：HS-US01-060-027)

同日　Frank L. Meleney致函胡适，云：

I was very happy to hear your appointment to the Princeton faculty. This will give you a wonderful opportunity to revel in your books and to think through some of the fundamental problems of our times.

……

I have been asked to see if I could bring about a reconciliation between "General Li" and "the Generalissimo". My only hope of so doing would be through you, but I believe that that would be possible. I have had some encouragement from Li's side and I would appreciate it very much, if you would give me some encouragement from the other side. If so, I will be very glad to be of any service that I can. (台北胡适纪念馆藏档，档号：HS-US01-003-041)

5月23日　陈源、温源宁、段茂澜、于焌吉从佛罗伦萨打电话来，力劝胡适去参加联合国教科文组织年会。"我很感谢他们，但我不能去。"(据《日记》)

同日　胡适致函赵元任夫妇，谈江冬秀的行程，感谢赵氏夫妇为其计划买书事，又告自己已经买到《四库丛刊》的缩印本，请赵"千万不要替我计画买书"。又告还未在普林斯顿找定房子等。(《近代学人手迹》三集，

25～28页）

同日　顾维钧复函胡适，告 5 月 19 日来函及附件收达，即撮要电部。（台北胡适纪念馆藏档，档号：HS-NK02-006-027）

5 月 24 日　Josephine B. Crow 赠送 *The Miraculous Birth of Language*（by Richard A. Wilson. 纽约，1948）一部与胡适，并题道："Dear Dr. Hu: I think you may find this interesting—Your good and affectionate friend Josephine B. Crow, May 24-1950。"（《胡适藏书目录》第 4 册，2836 页）

同日　Sawyer McA. Mosser 致函胡适，云：

Our plans to complete the revision of English of Mr. Wang's manuscript and retype it did not progress as rapidly as we had planned. We are now, however, approaching the end.

In the course of a week we shall be able to send you the remainder of the manuscript if you are still willing to read it and give us the benefit of your criticism.

Please let me know whether this will be satisfactory to you.（台北胡适纪念馆藏档，档号：HS-US01-003-042）

5 月 25 日　Lawrence M. Lew 致函胡适，云：

It was a pleasant evening that we spent together with other friends in Dr. K. C. Chen's home last Christmas in New York. I presume that everything is right with you.

Here in Bradley we are planning to have a series of public lectures on comparative religion and philosophy for the year 1950-51. We would be glad to have you speak on Confucianism.

We would like to know some possible dates on which you can come and also about any honorarium you usually charge. Bradley is a medium-size private university.（台北胡适纪念馆藏档，档号：HS-US01-003-043）

同日　Irita Van Doren 致函胡适，云：

Will you review for the *Herald Tribune* Arthur Waley's LIFE AND TIMES OF PO CHU-I? We should have about 800 words on the book and can take the review at your convenience sometime within the next three or four weeks. I hope very much I may send you the book.（台北胡适纪念馆藏档，档号：HS-US01-004-006）

5月26日　胡适致函赵元任夫妇，拜托他们照料路过旧金山的江冬秀。又谈到自己改换"护照"身份的事，现已办妥。（《近代学人手迹》三集，29～30页）

5月28日　胡适致电沈昆三：Consulate and Friends will meet Mrs. Hu San Francisco June First.（据《日记》）

5月29日　胡适复函杨联陞，谈普林斯顿大学葛思德东方图书馆职位事，谈到冯友兰的书，又谈到阚铎（复初）曾帮助徐雨之（徐润）后人编订《徐雨之年谱》，又谈到待江冬秀到纽约后再定夏间行止，又谈到王毓铨、王重民、韩寿萱等友人近况。又劝杨写信务必注明年月日。胡函云：

普林斯顿的事，名义是"Fellow of the Library and Curator of Gest Oriental Library with rank of full professor"。期限暂定两年，实际上是一个 Fellowship（Post-doctorate），不用教书，我仍可专心著书，对 Gest Lib. 可以作有关政策的顾问。

…………

你评冯芝生的书，未免笔下太留情了。这种没有历史眼光的书，绝对够不上"authoritative & comprehensive account"，更不是"a well-balanced treatment of the important schools"。他一字不提"颜李学派"，可见他无见识。他接受 Northrop 的胡说作纲领，更是好笑！（台北胡适纪念馆藏档，档号：HS-LS01-002-025）

按，杨联陞原函作于5月26日，载台北胡适纪念馆藏档，档号：

HS-LS01-002-024。

6月

6月1日　江冬秀夫人飞抵旧金山。(据《日记》)

6月2日　胡适致函吴大猷夫妇，谈及自己因为夫人要来美国，故须改变原来计划，寻一个 academic appointment。现在接受了普林斯顿大学的 Fellowship。(吴大猷:《胡适之先生给我的十四封信》〔上〕,《传记文学》第51卷第6期，1987年12月)

同日　T. Y. Lee 致函胡适，云：

It gives me great pleasure to forward to you the enclosed cheques totalling $142.00 which represent the contributions of the members of the Chinese Luncheon Club to the Community Service Society of New York.

I would like to take this opportunity to tell you how much the members of the Luncheon Club appreciated your kind attendance at our meeting on April 27th. and we hope we shall have the privilege of your company at many meetings in the future.(台北胡适纪念馆藏档，档号：HS-NK02-007-030)

6月5日　胡适有《朱子与经商》的摘记卡片。(《胡适手稿》第9集卷1，137～138页)

6月9日　江冬秀夫人抵达纽约。

按，江冬秀夫人5月5日在江元仁伴同下自曼谷飞抵香港，在沈昆三家小住，6月1日飞抵旧金山。在旧金山受胡适的朋友叶良才夫妇、赵元任夫妇等招呼，小住，于6月9日飞抵纽约。

同日　胡适致函沈怡，感谢沈氏夫妇照料江冬秀，又云：

……我去年四月出国……世界的危机,得一个自己认为比较满意的解释。十三个月之中,我差不多没有作一次公开的讲演,讨论十三个月的结果,我稍稍明白这十几年的历史。五月十八日,我在 Council on Foreign Relations 领导一个小规模的讨论会……最近出版一书——Hanson Baldwin's *Great Mistakes of the War*——我深有同感……我是最没有政治能力的人,生平又深信 Responsible thinking 的重要,故总觉得没有这力量可副许多爱国朋[友]深切期望。(《传记文学》第 28 卷第 5 期,1976 年 5 月)

6 月 10 日　胡适复函杨联陞,谈及:

内人昨日已到纽约,现在我们暂住此地再作计较。Princeton 的名义并不错。前年 Institute 的主任决定政策,在最近十年二十年中,Institute 没有发展"中国学"之望,故"大学部"决定把 Gest 书库搬到新盖的"火石"(Firestone)图书馆——完全没有请 Miss Swann 帮助!现在"大学"主管 Gest 书库,而 Institute 仍保留书的产权。好久没见《通报》了,故没有知道得蜜味与戴文达的骂人。

今晚吃饭时,客人有容显麟君(唐瑛的丈夫),他是胡庆余堂的女婿,故与徐雨之家有亲。我托他去设法找几本徐雨之《年谱》来。(台北胡适纪念馆藏档,档号: HS-LS01-002-026)

按,6 月 15 日杨联陞有复函,载台北胡适纪念馆藏档,档号: HS-LS01-002-027。

6 月 13 日　胡适从应谊女士处借得《颜氏家训》等书多种。在《中国文学史选例》卷一封面注记:"一九五〇年六月十三夜在宋以忠夫人应谊女士处,得见此册,我请他送给了我。胡适(纽约市)。"(《胡适藏书目录》第 2 册,1061 页)

6 月 14 日　房兆楹、杜联喆夫妇与何兹全来访。(据《日记》)

6 月 15 日　胡适抄录《熊会贞遗言》,并作有短跋。(《胡适手稿》第 5

集卷 2，426～431 页）

  同日 Hans Simons 致函胡适，云：

  You were good enough to promise that one of these days you will let me have the topic for the Horace Kallen Lecture which you accepted for November 15th.

  Our catalogue is going to press and we should very much like to include the title of your address. On the other hand, you don't have to be afraid that you are making an unalterable commitment. Special invitations will be sent out later and if need be adjustments can then still be made.

  In any case, I shall appreciate it if you will let me have your title now.（台北胡适纪念馆藏档，档号：HS-US01-009-008）

  6月21日 胡适牙齿作痛，翻阅上海排印的《五续今古奇观》。胡适有记：《王本立天涯寻亲》一篇，其中写明朝北方"差役"制度的可怕，特别写报充"里役"之种种痛苦，真是重要史料。（据《日记》）

  同日 Sidney Hook 致函胡适，云：

  In commemoration of the 45th year of the Rand School of Social Science, a celebration will be held on the 1st of December of this year at the Hotel Waldorf-Astoria in New York City.

  We would be honored to have your name appear together with other eminent men and women on the list of sponsors of this affair, as an Honorary Chairman.

  The School is the pioneer educational institution both in workers and adult education. It has been characterized by Dr. John Dewey as followers:

  "The school has a vital claim on all those who call themselves liberals and who believe in the spread of intelligence as a means of orderly social progress and maintenance of freedom of inquiry and teaching."

This Anniversary Celebration will be an event of considerable importance in the labor world. A leading feature of the occasion will be a panel discussion on "Labor and Political Action in 1952" by leaders in education, labor and politics.

We wish to print the names of the Honorary Chairmen at a very early date, and trust that you may see your way clear to send us your reply with the least possible delay. This would be deeply appreciated.（台北胡适纪念馆藏档，档号：HS-US01-009-009）

6月23日　美国副国务卿 Dean Rusk（腊斯克）来纽约，约见胡适，谈了一个半小时。胡适对他说："你们现在一定飘泊到一个世界大战。但不要叫他做'第三次世界大战'！这不过是第二次世界大战的未完事件（unfinished business）而已！"（据《日记》）

6月24日　胡适看到"美国对台湾的政策不改变"的新闻。（据《日记》）

同日　深夜，胡适从广播中知道朝鲜战争爆发的消息。（据《日记》）

6月27日　美国总统杜鲁门下令美国第七舰队进入台湾海峡"阻止对台湾的任何进攻"。29日，美国第七舰队的6艘驱逐舰、2艘巡洋舰和1艘运输舰侵入台湾海峡。

7月

7月1日　Alfred Hoffmann 致函胡适，云

Let me thank you very cordially for your kind letter and your kindness to take upon you the trouble to write the Chinese characters for my book on Li Yü and his song-poetry. Printing has made good progress and your characters are just in time. I am very, very glad to have your fine handwriting on the cover and consider it an act of great kindness and friendship for which I am very much obliged to you. As soon the book will be out I shall take the pleasure to send you a copy.

All my best wishes for your personal health and the welfare of your country and people from whom I received unforgettable hospitality during my seven years' stay are with you. I should be more than glad to hear from you whenever your time would allow to do so.

Please accept, dear Dr. Hu, again best thanks and wishes.（台北胡适纪念馆藏档，档号：HS-US01-098-012）

7月2日　杨联陞致函胡适云，此次到纽约得谒见胡适夫妇，非常高兴。又谈读胡适《与钟凤年先生讨论水经注书》的感想，又云：

以先生之聪明绝顶而力主"笨校"，我了解这是苦口婆心，警戒后学不可行险徼幸。自然亦可说："理校"是由"校勘"进一步的"研究"，在"校勘"范围内只可"笨校"。不过证据是死物，用证据者是活人，连版本也不能算绝对确实证据，古书尤其如此。理校之妙者，甚至可以校出作者自己的错误，因人人都可能误记误用，笔误更不必说。人类用语文作达意工具，能"达"与否，真是大问题也。（《胡适手稿》第6集卷3，451～452页）

7月4日　胡适读孟森《心史丛刊》二集。（据《日记》）

同日　胡适在邓析撰《邓析子》一卷（商务印书馆，1936年）之《韩非子》跋末有注记："此跋写顾千里卖书情形，很有趣！"又记："此三跋都有史料意味，都可以使我们想见当时搜求古书的热心。"（《胡适藏书目录》第1册，632页）

7月6日　翁兴庆致函胡适，云：有关先人翁同龢留下的文件及藏书，愿就教于胡适。（台北胡适纪念馆藏档，档号：HS-US01-006-014）

7月7日　杨联陞复函胡适云：

"公私顿乏水"一条，令我拍案叫绝……

"宁烦毋略，宁下毋高，宁浅毋深，宁拙毋巧。"朱夫子这十六字

格言，谨当铭记。

"岛没峦举"一条，我所举的几条文字，只可为"凫没鸳举"之辞例，极是……

昨天寄上英文信一封，略论 Putnam 先生提出的人口问题……

……寄上我新写的关于孙念礼博士译注《食货志》的文字。关于井田一段，务请您切实指教……（台北胡适纪念馆藏档，档号：HS-LS01-002-030）

7月9日　杭立武致函胡适，恳请胡适担任拟议在香港成立的"中国联合大学"董事长。（台北胡适纪念馆藏档，档号：HS-US01-006-016）

7月11日　雷震致函胡适，谈到"自由中国"刊物的编辑情况，"选择文章、编辑、排印乃至校对，我们都非常认真"。又请胡适"写一有关国际问题的文章寄来发表"。（《万山不许一溪奔——胡适雷震来往书信选集》，16～17页）

7月16日　胡适将读杨联陞论人口的短文的笔记函寄杨联陞。7月19日，杨联陞又有复函。（台北胡适纪念馆藏档，档号：HS-LS01-003-002）

7月18日　袁同礼代德国 Alfred Hoffmann 函催胡适为其著作封面题"李煜"二字。（台北胡适纪念馆藏档，档号：HS-US01-006-020）

7月21日　W. L. Copithorne 致函胡适，云：

On October sixth, seventh and eighth, the College will hold a Conference in honor of Robert Frost on the general theme, The Poet and Reality. President Chalmers, who is on vacation at present, has asked me to extend to you an invitation to speak on any subject within the wide limits of the theme. We hope very much that you will accept and will permit us to pay you a small honorarium of three hundred dollars.

We are inviting a few leaders in pursuits which have been especially interesting to Mr. Frost: letters, publishing, politics, science, the arts, and affairs. The program will afford ample time for visiting and talk.

Your friend, Paul G. Hoffman, a Trustee of Kenyon College, hopes to attend, if affairs in Europe will permit him to. He wrote us some time ago saying that he would be pleased to accompany you to Kenyon if possible. In any case, we hope that you will be able to accept the invitation.（台北胡适纪念馆藏档，档号：HS-US01-006-022）

7月22日 朱经农希望得到 State Dept. 的津贴，函请胡适帮忙。（台北胡适纪念馆藏档，档号：HS-US01-006-023）

同日　Sawyer McA. Mosser 致函胡适，云：

As the note we sent you a short time ago has not come back to us, we assume that the address we have for you is still valid. We are therefore taking the liberty of sending on to you the remainder of Wang Yü'ch'uan's manu-script on coins in Chinese antiquity, of which the first chapters were sent you shortly before Mr. Wang's departure for China. We will greatly appreciate it if you will read this copy of the manuscript and give us the benefit of any criti-cisms of suggestions concerning it you may wish to make.（台北胡适纪念馆藏档，档号：HS-US01-006-024）

7月24日 中午，顾维钧与胡适、宋子文、蒋廷黻餐叙，胡适详谈6月23日与腊斯克会面内容。此外，胡适还发表意见：

……他建议委员长摆脱国民党总裁之职。胡称国民党为"庸人党"或"耗子窝"。他认为这样做是符合美国政府期望的一项实在办法。第二，蒋委员长应为他自己万一遭到不测，例如病故或被炸死而准备好"总统"继承人的应急措施。又说李宗仁尽管是"副总统"，但他不能被视为合适的继承人。胡适就是这样把他的观点表达得非常坦率，因为我同他相识至少已有四十年之久，我们经常开诚布公地谈论问题。

…………

胡适强调台湾必须实现真正的民主化政策，并引证了土耳其总统

伊诺努由于民主选举的结果，把政权和平移交拜亚尔的例子。(《顾维钧回忆录》第八分册，57～58页）

7月25日　胡适在其《四十自述》题记：前些时我试寄一张1元美金的纸币去，今天收到上海亚东寄来自述3本。(《胡适藏书目录》第2册，892页）

7月27日　杜联喆复函胡适，谈为胡适从上海购书事。又虑远东战争再扩大，恐怕与大陆的交通断绝，则其书业也得改变方针。（台北胡适纪念馆藏档，档号：HS-US01-007-003）

7月28日　Farley W. Wheelwright 致函胡适，云：

We hear by the grapevine which distributes only good news that you have been appointed to the faculty of Princeton University.

If this is so, I would like to offer you my heartiest congratulations. I hope that this does not mean, however, that we are going to lose you to New Jersey because we would miss you here in New York.

You have been a good friend of the Community Service Society and we have deeply appreciated all your efforts in our behalf. I cannot resist asking you once again if you think there is any chance of your contacting Mr. Hollis Powers Gale in the hope of securing a generous gift to our Chinatown program which could be applied to this fiscal year ending September 30, 1950. You remember we have talked about Mr. Gale, and we decided that a contribution from him would be consistent with his desire to help the Chinese people. We need his help in order that we in turn may help Chinese families in New York.

Last month seventeen new families applied to our Pell Street office for help with their various health and living problems, so you can see we continue to grow more and more important in both the physical and cultural life of Chinatown. With the wonderful start we have made there it would indeed be a shame to cut down our program for lack of funds with which to support it. This is the kind of information I think Mr. Gale would like to know and knowing it I feel sure he would want to do something to help the situation.

　　Please give my very kindest regards to Mrs. Hartman. I hope you have a pleasant summer away from the heat of the city.（台北胡适纪念馆藏档，档号：HS-US01-007-005）

8月

　　8月2日　崔书琴致函胡适，谈到新近应张其昀之约，在台北创办"中国新闻资料供应社"，请胡适为该社写稿："在台湾和港九的朋友们都很渴望读您的文章，不知您能否寄一两篇来给我们发表？我们都很殷切的期待着。"又谈到受蒋介石之邀，参与国民党改造工作，请胡适对该项工作加以指教："您素来对西方的民主政治提倡不遗余力，希望您以后关于国民党的改造能够多多指教……"（台北胡适纪念馆藏档，档号：HS-US01-007-009）

　　同日　沈怡致函胡适，希望胡适发表一篇针对时局的文字。（台北胡适纪念馆藏档，档号：HS-US01-007-010）

　　同日　毛子水函寄台湾大学《文史哲学报》、《大陆杂志》等与胡适，并希望胡夫人给朋友们来信。（台北胡适纪念馆藏档，档号：HS-US01-007-011）

　　8月3日　裘开明致函胡适：拟出售藏书，请胡适代询葛思德东方图书馆。（台北胡适纪念馆藏档，档号：HS-US01-004-009）

　　8月12日　董时进致函胡适，告自己已到香港，想为"真的民主"尽力。国内人士认为，国民党的失败是由其"太坏"所致。大家希望一个新政权出现，对李宗仁、胡适寄予厚望。不知胡适有何计划来满足人们的希望。许多人都愿与胡适取得联络。（台北胡适纪念馆藏档，档号：HS-US01-009-013）

8月15日　雷震致函胡适，谈"自由中国"刊物自发行以来，为时虽仅9个月，因有胡适的领导，以及时贤之赞助，为国内外人士所重视。下一步，拟做进一步的改革：

（一）自十月一日起将半月刊改出周刊。

（二）改组之后，对于内容自当益加充实。言论方针，拟设置社论委员会以主持其事，主任委员一席，应请先生担任，而在先生"出国"期间，则由主任编纂三人轮流代理。委员推傅孟真先生等任之（名单另附）。王雪艇先生以为，彼现任"总统府"职务，如出负名义，易使外间误解为"政府"刊物，故拟不负名义，但实际上愿时应本刊委员会之约参加讨论，协助一切。

（三）其次，设置主任编纂三人，拟请罗志希、梁实秋及震三人任之，负经常编辑之责。

（四）再约请常务编纂若干人（暂拟名单另附），每人每月请其至少撰文两篇，长短不拘。

如此，则本刊之主持者与其思想路线，将以固定之姿态出现，且亦不致有滥用先生名望之事。

以上计画，曾与志希、立武、雪艇诸先生等详商，均甚赞同……但仍望先生裁夺，以便进行。再者，本刊拟请廷黻先生任常务编纂，每月为本刊撰文二篇，敬请转约后示复……（《万山不许一溪奔——胡适雷震来往书信选集》，18～19页）

8月19日　胡适应邀往宋子文的乡间别墅去玩，同去者有刘锴、朱秀峰。胡适劝朱写回忆录，把张作霖、张学良、郭松林、杨宇霆、王永江、常荫槐诸人的事迹详细写出来。（据《日记》）

8月21日　Solomon V. Arnaldo 函寄联合国教科文组织的 *Report on the Project for a Scientific and Culture History of Mankind* 与胡适，并高兴胡适愿参加该组织的活动。（台北胡适纪念馆藏档，档号：HS-US01-007-023）

8月27日　梁锵鸣函请胡适介绍脱售家藏清中兴名将手札及曾国藩、

胡林翼批牍。（台北胡适纪念馆藏档，档号：HS-US01-007-024）

9月

9月1日　顾维钧在纽约与胡适、宋子文、蒋廷黻一起午餐，主要由顾谈访台的印象。（《顾维钧回忆录》第八分册，115页）

9月6日　胡适致函傅斯年夫妇，告江冬秀已经来纽约，以及请傅斯年保重身体等。（台北胡适纪念馆藏档，档号：HS-NK05-105-005）

9月8日　胡适日记有记：

> 检得老友丁毅音去年四月卅日的信一纸，他指出我在《白石年谱序》里"灶内生蛙，语本《国策》（赵策一），非此老自造"，此是我糊涂，记此自责。
>
> 他又说"壁虱"非数百年舶来品，"遍检《公羊》何注，《汉书·五行志》及段玉裁、章太炎所说蜰字，读蜰为壁虱。共人校正《辞源》，得'壁虱'于《一切经音义》，为之狂喜！"此事甚可喜。毅音是我在中国公学的同学，在新公学时他与饶树人、杨杏佛、严庄都是我的英文班学生。在此兵荒马乱的时代，还能为"蜰即壁虱考"，还能为此事"狂喜"，此真不易得之"狂喜"也！

9月11日　胡适在日记中摘录了胡正中给江冬秀函中的一段话：

> 弟接绩溪里中来函云：因干旱严重，米粮物价高昂，乡中百姓多数无法生存下去……土地改革实行了，男人每人可分一亩半田，女子没有分的。这是在家的人。在外经商的人也没有分田的权利。

9月16日　上海《大公报》发表胡思杜的《对我父亲——胡适的批判》，文中说：

> 在旧社会中，我看我的父亲是个"清高的""纯洁的"好人。解放后，有批评他的地方，自己就有反感；周总理到北大讲话说："胡适之

根本不认识什么是帝国主义。"心中反感已极；以为以我父亲的渊博，竟不知什么是帝国主义，宁非侮辱？在华大时，仍以为父亲"作恶无多"。学社会发展史以后，想法稍有转变。经过学代选举前两次检讨会，使我了解在这问题上自己仍是站在反动的臭虫立场。结合社会发展史、国家与革命、中国革命简史的学习，邓拓、何干之等同志的著作，自己斗争的结果，试行分析一下我父亲在历史上作用。

我的父亲出身没落的官僚士绅之家，在一九〇四年到一九一〇年时，他还是一个学生，一九一〇年去美国（年二十岁），美国的物质文明和精神文明，使一个从半封建半殖民地社会来的人迅速的被征服，他的长期的教育环境使他的立场逐渐转移到资产阶级。在国外所写的文章如《文学的改良刍议》等，当时在中国名噪一时，是因为他在反封建（为资本主义开辟道路）的一点上，和当时人民的要求相符合；在反对死文学、旧礼教和守法观念上，他起了一定的进步作用。

一九一七年回国时，正是袁、段窃国的时期，他眼望着横暴的政权，不知是否容许自己"置喙"，于是"抱了二十年不谈政治"的决心，在思想文艺中、整理国故中逃避政治。"五四"时代，自己不能再逃避政治了，他发表了《问题与主义》，用庸俗的点滴改良主义对抗中国新兴的社会主义学说，以为只有在不"根本解决"的基础上，中国社会才有进步。说明一个中国无比软弱的资产阶级知识份子，面对着惊天动地的"五四""六三"运动的必然看法。他所反对的"根本解决"，也就是打碎军阀官僚地主买办国家机器的革命，也就是震撼他本阶级利益的革命。

一九一九年以后，日益走入歧路。提倡易卜生主义，以充实他的"问题论"；介绍实验主义来对抗唯物主义。自己傍徨于统治者之间，期望着在段祺瑞政府的基础上进行"改良主义"，他参加了善后会议。在革命低潮中，他以教育为第一性，政治经济是第二性，幻想在蒋政权下办好一个学校——中国公学。以为在教育办好了时，造就了人材，社会就好了（一九二七——三〇），但在南京反动政府的威胁下，他的迷梦被击破，被逼离开中公。无比软弱的资产阶级知识份子，是不敢反抗既有的"正统政府"的，他和当时他的阶级一样，在反动政权面前低了头，转过来要求蒋光头的政府中实践他的改良主义，在被逼走的那年，自愿的就北京大学文学院长职。在这个位置上，他明确的奠定了他的文化政治统治者的基础，一方面和帝国主义文化侵略利益进行密切的结合，如罗氏基金、中美文化基金董事会、庚款委员会中，他都是重要的支柱；展开"全盘西化"的口号，甘心做帝国主义的工具。一方面创办《独立评论》，望着南京政府的眼色行事，用委婉的口气说"抗战不易"。

更反动的是在"围剿"苏区时，他高呼"好人政府"，翁文灏、蒋廷黻等在他的鼓动下，一一迈进仕途，使一般小资产阶级在不能忍受政府的强暴的时节，忽然看见"开明"的教授们"脱却了蓝衫换紫袍"，以为中国前途有望。反动政府的国家机器有了这批"好人"、新"能吏"，也更能发挥它的压迫人民的作用。至于我的父亲这时所以拒绝了蒋匪的邀请做教育部长，是既维持自己的"清高"，又在"举荐诸贤"以后，可以在圈外发生更大的作用，何乐而不为。他当时要求过"学术独立"，也反对"法西斯"，那不过是他认为学术的依附政治，会使匪帮政府"好景不长"，而他的"改良路线"则是他认为的"万世之业"的打算。

但是，一九三七年日寇侵略到华东华南，深入英美帝国主义在华利益的心脏，英美派大资产阶级被迫不得不战时，在他的阶级利益受到了威胁，他的阶级代表蒋政权威信低落时，他在一九三八年终于做蒋匪帮驻美大使，做了一个蒋匪帮得力的官吏。他在任中签定了种种的商约，使美帝可以廉价取得四大家族从人民手中掠夺来的"专卖品"，签定多次借款，这些借款使蒋政权可以增强"威信"，可以购买更多弹药来防共灭共，并可以使四大家族又多一笔资本，在更广的范围内盘剥人民的血汗。他严肃不苟地为他的阶级服务着。

一九四六年，全国人民要求解放，统治阶级受了全面的威胁，他觉得是他的神圣的责任，他就回国为阶级效忠，尽自己最大的能力来

巩固蒋匪帮政府，尽量争取落后的动摇的小资产阶级及其他人民。他回来以后，一方面在北京大学执行反动政府的命令，一方面技巧的维持学校当局和学生的矛盾。时常发表中间言论，蒙蔽着人民，他在小资产阶级的落后性上发挥了最大的力量混淆是非，多少人给"世界学者"的言论蒙蔽了。

他对反动派的赤胆忠心，终于挽救不了人民公敌的颓运，全国胜利来临时，他离开了北京，离开了中国，做了"白华"，他还盛赞"白俄居留异土精神之可佩"。

今天，受了党的教育，我再不怕那座历史上的"大山"，敢于认识它，也敢于推倒它，也敢于以历史唯物主义的天秤来衡量他对人民的作用。从阶级分析上，我明确了他是反动阶级的忠臣、人民的敌人。在政治上他是没有什么进步性的。从一九一九年《问题与主义》发表以后，他彷徨于改良的路上，和他软弱的资产阶级一样，摸索了十一年。在一九三〇年，做北大文学院长以后，更积极地参加巩固加强蒋匪帮的工作，始终在蒙蔽人民，使人民不能早日认识蒋匪帮的黑幕，不能早日发现美帝狠毒的真相；并替蒋匪帮在美国筹计借款，出卖人民利益，助肥四大家族，巩固蒋匪帮政府。这次出走，并在美国进行第三党活动，替美国国务院掌管维持中国留学生的巨款（四百万美金，收受这笔款的人大都是反动分子，民主个人主义者的资助和养成费），甘心为美国服务。这一系列的反人民的罪恶和他的有限的（动机在于在中国开辟资本主义道路的）反封建的进步作用相比，后者是太卑不足道。

我以前受了长期奴化教育，对于人民政策不了解，又未学辩证法，了解人也不是从发展的和变化的观点出发，所以在学习一个多月以后，一个朋友从香港来北京公干，回港时问我："你对你父亲将来取如何态度？"我错误的回答："他恐怕永远不会习惯集体主义，还是住在美国罢。"今天了解政府的宽大政策，对于一切违犯人民利益的人，只要他们承认自己的错误，向人民低头，回到人民怀抱里来，人民是会原谅他的错误，并给以自新之路的，我的想法因此有了转变。

在他没有回到人民的怀抱来以前，他总是人民的敌人，也是我自己的敌人。在决心背叛自己阶级的今日，我感受了在父亲问题上有划分敌我的必要，经过长期的斗争，我以为在认识上大致划分了敌我，但是在感情上仍有许多不能明确割开的地方。除了自己随时警惕这种感情的危害性以外，我并要求自己树立起对工农大众的感情来。在了解工农的伟大，自己胜利的参加土改后，我想一定会决绝这种狭隘的、非无产阶级的毒性感情的。

（作者现在华北人民革命大学政治研究院二班七组学习，本文是节录他的思想总结第二部分。）

按，此文发表后在国际上引起广泛反响。胡适也曾在对记者谈话时对此事做了回应。（据胡适9月24日日记所粘贴剪报）

又按，陈通造先生指出：此文两天后被重庆《大公报》转载，9月22日香港《大公报》转载。胡适所见，即香港《大公报》所发表者。

再按，9月28日，傅斯年致函"中央日报"，对胡思杜的文章发表声明。（10月5日之"中央日报"）

9月19日　胡思杜、江丕桓、江泽涵、蒋圭贞都有信给胡适。胡适在10月7日日记中摘录了有关部分：

思杜说："从去年九月起，我就在学习，学了十一个月以后，上个礼拜毕业了……

"在这里舅舅叔叔他们照应我很周到，希望你放心。我从下个星期起（九月十六日）就要到唐山交通大学去教书。那里有不少熟人，学生也增加到一千五百多人，一切都很安定，希望您别挂念……

"希望你在美国很快的就习惯下来。爸爸希望他少见客，多注重身体。听说前一向他的身体不大好。书都还存在北大，安好无恙，请放心。"

丕恒[桓]说："三哥还是那个样了[子]，胖得很。他起始在图（图书馆）做事，后来自己要去华北人民革命大学政治研究所学习新知识及革命理论。现在已经毕业了，要到唐山去教政治学……"

主贞说："小三说他有一个女朋友，现在贵州，明春可能回来。希望他明年能结婚。""您直接寄信来也可以。还快些呢，您的地名告诉我们，也可以直接寄给您。"

泽涵说："石头来过一次，他现任芜湖教育局副局长。冯致远也在芜湖教书。听见陈垣先生讲演一次，他确实不同了。"（据《日记》）

9月25日　胡适将9月23日报道胡思杜批评胡适的剪报寄给高宗武、沈惟瑜夫妇。（台北胡适纪念馆藏档，档号：HS-NK05-057-024）

9月　胡适在 The Concise Biographical Dictionary of Famous Men & Women（by Harriet Lloyd Fitzhugh and Percy K. Fitzhugh. New York：Grosset & Dunlap，1949）一书的扉页题记：Hu Shih New York Sept. 1950. This book has Thomas E. Dewey, but not John Dewey！ It has Henry James，but not William James!（《胡适藏书目录》第4册，2736页）

10月

10月2日　《时代》杂志第56卷第14期发表胡适的"No Freedom of Silence"一文。

同日　胡适致函赵元任、杨步伟，谢赠《哈佛丛书》，并恳请不要再送原版的《四部丛刊》，因为自己已有很适用的缩本，关键是无处安放。此外，也与"现在的情形"有关："很像一个baby-sitter，困难万分……我是最怕人多的，最怕热闹的，最怕琐碎麻烦的。现在我才知道，这个小小apartment若要弄的洁净，必须我自己动手扫地，抹桌子，重洗玻璃杯，化冰箱的冰，洗客人留下烟头烟灰堆满的ashtray……只有一位老太太，每星期二来做六点钟的工，但家中若没有人对于清洁有兴趣，有指示能力，用人当然要躲懒的。"（《近代学人手迹》三集，31～33页）

10月6日　美联社法拉盛电讯称：中国退出太平洋学会。中国的太平洋学会于几周前正式退出该组织，此消息直到今天才披露，不过该决定早在9月18日就已做出。（据胡适1950年11月18日《日记》）

10月16日　胡适有关于葛思德东方图书馆"善本"的札记。（据《日记》）

10月23日　Horace M. Kallen致函胡适，云：

> I am glad to have your word about Professor Huang. We will do all we can for him but there are certain regulations of the State Department which we do not know can be obviated. These require that anybody doing research must do it under the supervision of a member of the Faculty of our institution. Professor Huang's field is one in which we have nobody competent, even for formal supervision. In fact, I doubt if there is anybody of his countrymen except himself or you who is aware of the field. If you have any suggestions as to what might be said to the State Department to enable him to carry on his inquiries without having to be responsible to the representative of an institution, I should be very glad to have them. Professor Huang, it turns out, is an old student of ours and had attended my own classes way back in the 20s. We naturally want to do whatever is in our power.
>
> We shall be looking forward to welcoming you on November 15. I trust you are keeping well and making the fun that is the only right appraisal of these times.（台北胡适纪念馆藏档，档号：HS-US01-009-017）

10月28日　蒋廷黻与胡适长谈。之前，蒋已经将其与杜勒斯的谈话记录交给胡适。胡适非常生气，他希望台湾当局对美国说"去下地狱好了"。（转引自《舍我其谁：胡适》第四部，639页）

10月30日　王聿修致胡适函称：

……您最近在《外交季刊》上的文章，台北与香港的报上都刊登

了，大家读了很兴奋。聿修来港已快一年，书琴又去台，佛泉一直在台，都很好，请您释念。国内朋友们（大陆以外的）的精神，大体上说都还好……最近有一封七人署名的信，您收到了吗？希望您能推动一下，大家的了解是：（一）这不是一个政党，只是一种道义的友谊结合，（二）目的在借这种联系，增加说话的分量，替中国争取国际间的友谊和援助……在台北已请傅斯年、杭立武、佛泉、子水诸先生进行，不知您认为怎样？希望您能领导，加以指示，这次如果成功，一般自由份子，总算能有一个联系，如果这次再失败，恐怕就无人再讲这个问题了。聿修个人感觉，在这个动荡的局势下……不知您有什么指示？（台北胡适纪念馆藏档，档号：HS-US01-083-001）

11月

11月1日 杜联喆致函胡适，告代为胡适所购《章实斋年谱》《朱子语类》诸书事。（台北胡适纪念馆藏档，档号：HS-US01-041-022）

11月5日 胡正中自香港来函，告胡适的侄儿思猷"失踪"等事：

程刚从上海来信，说思猷……人就不见了。芜湖公安局宣布他是自杀的，并且留有遗书给他的妻子庆萱，但庆萱没有看见这遗书，也没有找到尸首。

又据昨天〔得〕上海同乡函告：目下里中无论何家今秋收谷若干，全部须交给政府。以后照人口分派，每人分给新谷乙百廿市斤……（据胡适1950年11月11日《日记》）

11月6日 上海亚东图书馆致函胡适，告来信及纸币5元已收到，并及已搜得《短篇小说》一二集各两本、《尝试集》一本；扣除两笔书款外尚存人民币95550元，留待下次来信购书之用。12月12日，胡适收到书。（台北胡适纪念馆藏档，档号：HS-NK05-142-001；《胡适藏书目录》第1册，

596 页）

11 月 7 日　胡适在 The Philosophy of Wang Yang-Ming（translated from the Chinese by Frederick Goodrich Henke，伦敦，1916）扉页题记：I read this work when it first appeared about 1917. It is a great pleasure to own this copy of the first edition and to re-read it with much more appreciation of the pains-taking effort required in this undertaking. Hu Shih Nov. 7, 1950, New York。（《胡适藏书目录》第 4 册，2865 页）

11 月 10 日　胡适有跋《瓜沙州大经印》及麻包袱与敦煌藏经的关联的一段手稿。（台北胡适纪念馆藏档，档号：HS-US01-041-020）

同日　Brian O'Brien 致函胡适，云：

Your letter of September 6 introducing Mr. Edmund Lin was delivered to me just yesterday by Mr. Lin.

It is very nice to hear from you and to meet Mr. Lin who seems to be a very alert and attractive young man. We are very glad to have him at the University of Rochester and hope to have the pleasure of seeing something of him during his stay here.

Young Brian told me about his pleasant visit with you on New Years Day, and he enjoyed to much the opportunity of seeing you again. As I think you know, he is now employed as physicist in a research laboratory at Easton, Pennsylvania, having completed his post-graduate work in physics at MIT a year ago. He seems very enthusiastic about his work which involves the practical application of physics in the printing industry.

Ethel joins me in sending you our kindest regards.（台北胡适纪念馆藏档，档号：HS-US01-009-020）

11 月 15 日　胡适应邀在 New School for Social Research 演讲"The Fight for Freedom in Chinese History"，是为 Horace M. Kallen Lectureship 的第四个演讲。（台北胡适纪念馆藏档，档号：HS-US01-034-003）

11月17日　日本学者泉井久之助来葛思德东方图书馆参观，胡适陪同，当得知胡适的名字后，大惊讶，坚欲与胡适长谈。胡适乃与之约定改日在纽约晤面。(据《日记》)

11月19日　日本学者泉井久之助(H. Izui)来长谈。(据《日记》)

11月20日　杜联喆致函胡适，告代胡适购买明、清实录二书书价诸事。(台北胡适纪念馆藏档，档号：HS-US01-041-023)

11月24日　Mr. Edward Tinker通知胡适，胡适被选为"The Round Table Dining Club"的会员。此会由Edwin L. Godkin等7人在1867—1868年发起，已有83年历史。外国人作正式会员的，胡适是第一个。这是一个聚餐会，每月聚餐一次，不许有演说，以谈话为最大乐趣。每次聚餐人数不过七八人。最多的一次是在1913年2月，在威尔逊总统就职之前，大家给他"话别"，故到的有18个人，为空前绝后的大会餐。会员除威尔逊之外还有Grover Cleveland总统、海约翰(John Hay)、Wm. Dean Howells、Brander Matthews。(据《日记》)

11月26日　蒋廷黻想会商一下当时联合国的局面对中国的代表权问题的影响，为此安排了一次午餐，参加会谈的还有宋子文和胡适。(《顾维钧回忆录》第八分册，164页)

> 按，这个会面讨论，是宋子文提议的。顾维钧回忆说："翌日中午，我与宋子文共进午餐，他提议于11月26日(星期日)与我、胡适和蒋廷黻共同开会讨论一下我们在联合国的处境问题。"(《顾维钧回忆录》第八分册，230页)

11月28日　Robert B. Hall函邀胡适到密歇根大学任教。(台北胡适纪念馆藏档，档号：HS-US01-004-014)

同日　John C. Carlisle函邀胡适担任Utah State Agricultural College的Summer School课程。(台北胡适纪念馆藏档，档号：HS-US01-004-013)

12月

12月1日　胡适应邀在 Commonwealth Club of California 演讲。(周质平编:《胡适英文文存》第3册,远流版,1239～1243页)

12月5日　美国 Claremont Graduate School 授予胡适人文学荣誉博士学位。胡适应邀讲演"The Fight for Freedom in Chinese History",接着获颁荣誉博士学位。(台北胡适纪念馆藏档,档号: HS-NK05-213-002)

同日　David P. Barrows 将 *Power and Politics*: *The Price of Security in the Atomic Age*(by Hanson W. Baldwin; preface by David P. Barrows. — Pasadena, California: Claremont College, 1950)一书题记赠胡适: To Dr. Hu Shih with highest esteem and appreciation. Dec. 5, 1950. David P. Barrows。(《胡适藏书目录》第4册,2873页)

12月6日　胡适受 Colleges at Claremont 之邀演讲。(《胡适未刊英文遗稿》,329～342页)

12月8日　Wm. W. Lockwood 致函胡适,云:

In answer to the attached query, I should be inclined to make one particular suggestion: That if President Wagner is seriously interested in recruiting a scolar on Southeast Asia, he write to Professor John Embree, Yale University. Yale has the most developed program of social studies in this field. Embree is a sociologist who takes a leading part.

Among the people mentioned in the letter, I can identify a few:

Cora Du Bois is a first rate anthropologist who was in charge of OSS research work in Southeast Asia during the war, later was head of the Southeast Asian Section, Division of Research for the Far East, Department of State, and now is in the field with the World Health Organization. She is very talented and attractive in her forties.

Embree is mentioned above. He is better known for his studies in Japan but has lately turned to Southeast Asia.

David Mandelbaum is an excellent anthropologist at The University of California, Berkeley. He is especially interested in India, but he has studied extensively on Southeast Asia as well.

Fay-Cooper Cole, author of The People of Malaysia（1945）is an anthropologist with one of the colleges of the Northwest.

Bruno Lasker you know. He is a sociologist, has written extensively on Southeast Asia, and at present his address is 64 Shelley Avenue, Yonkers 2, New York.

C. C. Zimmerman is a sociologist at Harvard who, as far as I know, has has not concentrated lately in this field. He once did a social survey of Siam.

Harrison Forman is a journalist and neither he nor Sydney Greenbie, so far as I know, has any claim to competence in this field.（台北胡适纪念馆藏档，档号：HS-US01-004-015）

12月12日　胡适有关于《吴敬梓年谱》的笔记。（据《日记》）

同日　胡适致台湾某人，为绩溪同乡程刚赴台事请求帮忙。（《胡适中文书信集》第4册，40～41页）

同日　吉川幸次郎致函胡适，叙自1927年以来听胡适演讲后20余年来与胡适的"关系"以及翻译《四十自述》事，函寄此书译本一本（奈良，养德社，1946年），请胡适检存。又提出本拟向胡适请教的关于该书的两个问题。又不以胡适所说元杂剧元贞大德说为然。（台北胡适纪念馆藏档，档号：HS-US01-070-001；《胡适藏书目录》第3册，2100页）

12月17日　胡适生日，昨天是江冬秀的60岁（旧历）生日。很多朋友来祝寿。晚，于谦六、刘锴为胡适夫妇在"顶好"酒家办寿酒。客人有毛振翔、赵曼、沈惟瑜、王徵、张泰鸿、严文郁、葛先华、陈之禄、毛玲之、高宗武、陈之迈、梅贻琦、游建文、周佑康、夏小芳、潘公展、Linginia B.

YU、Virginia Davis Hartman、Mary Padrick、C. C. HUANG（黄朝琴）、贝淞苏夫妇、夏晋麟、C. V. Starr 夫妇、Harold Riegelman 夫妇、宋以忠夫妇、宋以信夫妇等。（据《日记》）

12月20日　傅斯年逝世。宋以忠夫人应谊电话告知胡适。胡适在日记中有记：

> 这是中国最大的一个损失！孟真天才最高，能做学问，又能治事，能组织。他读书最能记忆，又最有判断能力，故他在中国古代文学与文化史上的研究成绩，都有开山的功用。在治事方面，他第一次在广州中山大学，第二次在"中研"史语所，第三次代我作北大校长，办理"复员"的工作，第四次做台大校长，两年中有很大的成绩。
>
> 国中今日何处能得这样一个天才最高的人！他对我始终最忠实，最爱护。他的中国学问根柢比我高深的多多，但他写信给我，总自称"学生斯年"，三十年如一日。
>
> 我们做学问，功力不同，而见解往往相接近。如我作《词选》序，指出中国文学的新形式，新格调，往往来自民间，遇著高才的文人，采用这种新方式，加上高超的内容，才有第一流文学产生。后来低能的文人只能模仿，不能创造，这新方式又往往僵化，成为死文学。孟真有"生老病死"的议论，与我很相同。
>
> 又如我的《说儒》，大得他的《周东封与殷遗民》一文的启示，我曾公开叙述。
>
> 现今治古史的人，很少能比他的"大胆的假设"与"小心的求证"！

（据《日记》）

12月21日　胡适发唁电给俞大绥：In Mengchen's passing, China lost her most gifted patriot and I, my best friend, critic & defender...（据《日记》）

12月24日　胡适从约翰·杜威夫人处得悉王徵（文伯）昨晚在旅馆房间里被火严重烧伤，即到医院探视。（据《日记》）

按，胡适为王之医药费向一些朋友募捐。据次年 2 月 20 日胡适致赵元任夫妇函，知道孔祥熙、席德懋、郭景琨、容显麟也各捐 500 元，霍宝树捐 200 元。(《近代学人手迹》三集) 高宗武捐 500 元。(台北胡适纪念馆藏档，档号：HS-US01-010-008) 到 4 月 30 日，共募得 4240 多元。(胡适致陈之迈明信片)

12 月 26 日　陈诚致电胡适，请其回台就任台湾大学校长：孟真逝世，台大领导人选，已成为各方注目之问题。日来台大师生窃窃私议，咸望先生回来领导。为该校三千余师生及全台百余万青年学生计，弟与介公亦均以此为请。不知先生能俯允否？特电奉陈，敬请示复为祷。(据胡适 12 月 28 日《日记》)

同日　叶理绥复函胡适，云：

I wish to thank you very much for your letter of December 23. I am sure that it will be most helpful to the committee which will be chosen to act on Dr. Yang's appointment.

With best wishes for a most successful New Year.（台北胡适纪念馆藏档，档号：HS-US01-097-006）

12 月 28 日　胡适到华盛顿出席 American Political Science Association 年会，年会的"理论部"讨论的主题为"Communism, Democracy & Culture Pattern"。胡适应主持人的要求预备论文专讲亚洲或中国。(据《日记》)

1951年　辛卯　60岁

> 5月31日，胡适致长函与蒋介石。
> 8月11日，胡适提出辞去"自由中国"刊物发行人，以示对台湾"军事机关"干涉言论自由的抗议。

1月

1月1日　胡适在日记中记道：

从国家与世界两方面看，这一年中，变化真快，大致是有进步的变化。

韩国的战争，是世界史的一大转机。七个月之前，谁也不能预料在六个月之中美国总统会宣布 a state of national Emergency！共产国际以为南韩可以不费力而得，以为美国必不为韩国出兵，以为美国必不会神速的出兵援韩——此真我所谓"军事家计画必建立在 Certainty 之上"也。

中共的参战，是第二转机。

按，本谱引用胡适1951年《日记》，除特别注明外，均据《胡适的日记》手稿本第17册，以下不再特别注明。

1月3日　胡适在日记里抄录《汉书·河间献王传》"实事求是"的记述以及颜师古对此语的注释。又记道："实事求是"，似是"从实事里求其是"。

（据《日记》）

同日　胡适函谢 Woodbridge Bingham 在自己访问加州大学时给以的盛情招待。又推荐朱文长协助赵元任编字典。1月10日，Woodbridge Bingham 复函胡适，感谢胡适在加州大学的演讲，乐意支持朱文长参与中文字典的编纂工作。（台北胡适纪念馆藏档，档号：HS-US01-005-002、HS-US01-005-031）

同日　朱家骅致函胡适，谈傅斯年猝逝后，史语所应如何完成其遗志，以使此所仍为历史、语言研究之重心，特此征询胡适意见。（台北胡适纪念馆藏档，档号：HS-NK05-014-008）

1月4日　雷震致函胡适，再度请胡为"自由中国"撰稿。（《万山不许一溪奔——胡适雷震来往书信选集》，22页）

1月6日　胡适复电陈诚：介公与兄均欲适继孟真长台大……考虑近旬日，终不敢应命。实因适最拙于人事组织，最怕行政事务。台大比北大困难更大更多，孟真心细才大，尚不免以身殉校，适有心脏病已12年，万不能任此烦剧艰巨之事。乞两公留此微躯，或尚可为国家为学问努力10年。此意至恳，千乞谅察。天放兄亦为台大事有电来，敬乞转告……（何智霖编：《陈诚先生书信集——与友人书》〔下〕，台北"国史馆"，2009年，366页）

同日　夜，胡适有给傅斯年夫人俞大绥唁函：

自从孟真的不幸消息证实以后，我天天想写信给你，总写不成！……孟真的天才，真是朋友之中最杰出的。他的记忆力最强，而不妨害他的判断力之过人，他能做第一流的学术研究，同时又最能办事。他办的四件大事：一是广州中山大学的文学院（最早期），二是"中央研究院"的史语所，三是北大的复员时期，四是台大，都有最大成绩。这样的 Combination，世间希有。我每想起国内领袖人才的缺乏，想起世界领袖人才的缺乏，不能不想到孟真的胆大心细，能做领袖，又能细心周密的办事，真不可及！

孟真待我实在太好了！他的学业根柢比我深厚，读的中国古书比我多的多，但他写信给我，总自称"学生"，三十年如一日。我们见面时，也常"抬杠子"，也常辩论，但若有人攻击我，孟真一定挺身出来替我辩护。他常说："你们不配骂适之先生！"意思是说，止有他自己配骂我。我也常说这话，他并不否认！可怜我现在真失掉我的 Best critic and defender 了。

孟真待朋友最忠厚，最热心调护……

他待青年学者，能尽督责之职，同时又最能鼓舞他们上进。在这一点上，他最像丁在君。

我很想写一篇文字纪念孟真，但因十二月底我有一篇论文在美国政治学会年会提出，故不曾开始写纪念文字。我盼望子水、志希都能写纪念文字。颉刚也一定有纪念他的文字。

新年里 Jackie 同李田意来看我们，冬秀做菜留他们吃饭。Jackie 长的比我高，态度很老成，功课总是考第三，他很能照管自己了，你很可以放心。

你遭此惨变，我们离的太远了，什么事都不能尽一点心力，做一点可以为你分劳分忧的事！想起来十分惭愧！以后若有我可以做的事，望你吩咐我去做。

…………（台湾大学纪念傅故校长筹备委员会哀挽录编印小组：《傅校长哀挽录》，台湾大学，1951年6月15日，102页）

1月7日　胡适致函毛子水，谈傅斯年之死，除赞佩傅为"稀有的天才"外，还谈到傅氏遗稿的收集及印行事：

孟真的著作，除《性命古训》已印出外，都没有成书。他的《古代中国与民族》《古代文学史》，都应该有稿本在家中或在研究所。所中同人应该担负收集保存遗稿的责任。此种事不可迟缓，当及早收集，及早印行。否则，更难收集了。（《傅校长哀挽录》，103页）

1月8日　何成浚致函胡适，恳请胡适呼吁美国救助在港中国同胞。（台

北胡适纪念馆藏档，档号：HS-US01-005-003）

1月9日　胡适致函高宗武、沈惟瑜，谢在华盛顿时招待。请告知张悦联的地址。又谈及王徵复原情况及自己示知医院寄来王的治疗账单，已支付前期账单，将来再请几位朋友共同担负。又谈及已辞却台大校长事，但仍有各方劝驾。但自己才能不在行政，体力也受不了，故一定不会干此事。傅斯年死于郭国基的质问。寄上3000美元，请高全权运用，如有损失，决不可由高负责。（台北胡适纪念馆藏档，档号：HS-NK05-057-025）

1月11日　胡适到 Calvin Bullock Forum 演说。（据《日记》）

1月12日　黄文山致函胡适，对傅斯年之逝深表痛惜。美国国务院复函新学员，自己的研究费拟从2月至6月，每月津贴150元；暑假如继续研究，可继续请求。感谢胡适的推介。（台北胡适纪念馆藏档，档号：HS-US01-005-030）

按，是年希望胡适为申请奖学金、申请学校、办理赴美"签证"函请胡适帮忙的还有余传鹏、Ferdinand D. Lessing、陈之藩、汪申（为其子）、杨玉宏、方东美（为其子）、俞大绥（代李文佩、蔡同芳）。（据台北胡适纪念馆所藏档案不完全统计）

1月13日　胡适在张平群寓所晚餐。与同席的游建文、郑彦棻等谈时局。（据《日记》）

1月14日　胡适在 Park Ave. 的 "Brick Church" 演说。（据《日记》；台北胡适纪念馆藏档，档号：HS-NK05-333-001）

同日　胡适致长函与陈诚，详谈不就台大校长之理由，并荐钱思亮自代：

（一）我在国外，虽不负特别任务，但也有点用处。一九四九年四月底我初到时，中国最"倒霉"，美国朝野都对中国抱"失败主义"。有非笔舌所能争者，（那年的六月里，纽约一个俱乐部请我吃饭。饭后演说中国现状，事后找才知道那个俱乐部曾有会员抗议，说请胡某演说而不同时请一个同情中共的人演说是不对的。当时此人的抗议虽未生效,然此事最可表示那个时代中国"倒霉"的程度。)但我的见解日久渐渐灵验了……这两个月之中,我旅行七千英里,演说十多次。比初到的一年半之中演说的次数还更多。这种谈话,虽然未必有何重大的政治意义,但此时实需要一个无官守的独立说话的人,故我为"国家"设想,此时不愿离开美国,拟稍多留一个时期。此意近于自己说自己有用,想能蒙兄与介公谅解。

（二）台大的困难,实比北大更多,更麻烦,我决不能胜任,此实是我仔细考虑后的结论,绝非客气的谦逊。我觉得"政府"应该打破"偶像"的旧见解,为台大求得一个英年有为的校长。美国近几十年中,最大的大学往往请英年的校长。[按,胡函以哈佛大学现任校长 Conant 和芝加哥大学现任校长 Robert M. Huchins 为例说明]……鄙意此时台大实需要一个英年有为的校长,老一辈中,如蒋梦麟兄,如梅月涵兄〔贻琦〕,都未必肯担任这样困难的职务。罗志希兄〔家伦〕办清华、办中大,皆能树立大学规模,能延续人才,似可供"政府"考虑,但志希亦不是少年人了。我深知孟真在台大两年最得力于台大教务长钱思亮,孟真最后给我的信（十月九日）说:"思亮兄真帮了我的大忙。他是同事中帮我忙最多的,我把他累的不得了。他真是好人,又能办事……台大这两年招生,皆是思亮主持。其办法之周密,中国所无……"我对于孟真赞许思亮的话,完全同意。所以我要向老兄与"总统"上个条陈:台大校长的人选,如钱思亮兄,实可备诸公的考虑选择（他已定于二月五日由金山搭船"回国"）。他今年约有四十岁,可以做一个英年有为的校长。

（三）孟真最后信上（十月九日）说:"思亮的薪水（和我差不多）是可笑的（大家如此）。他有三个儿子上学,而太太身体不好,所以比我更苦。大綵如小牛,会操作。钱太太身体太坏,故不能操作……"这虽是闲谈家务。但我深感台大教职员待遇实在太坏,实在不够生活,校长与教务长平时已如此,何以能持久？

所以我抄此一段呈老兄，第一要请"政府"留意为孟真家属料理善后的事，不可令大绿与仁轨有冻馁之忧。第二要请老兄与"政府"诸公留意公教人员的待遇的改善……（《陈诚先生书信集——与友人书》〔下〕，366～368 页）

1 月 15 日　胡适出席"中基会"的 Executive Committee 与 Finance Committee。（据《日记》）

同日　胡适得陈诚复电：已允胡适不就台大校长。（同日胡适复朱经农函，台北胡适纪念馆藏档，档号：HS-US01-005-008）

1 月 17 日　Charles A. Moore 函邀胡适为 Philosophy East and West 撰稿。（台北胡适纪念馆藏档，档号：HS-US01-005-010）

按，是年向胡适约稿的，还有 S. Arthur Henry、Hamilton Fish Armstrong、William D. Patterson。（据台北胡适纪念馆所藏档案不完全统计）

1 月 19 日　《美国新闻与世界报道》周刊刊登胡适的答记者问。（又可参考 1 月 29 日之"中央日报"）

1 月 20 日　蒋硕杰致函胡适，补贺 60 大寿，对胡适对时局发表的意见深表钦佩。另寄英国人对中国大陆的报道。又谈及王徵之被烧伤及傅斯年之逝。（台北胡适纪念馆藏档，档号：HS-US01-005-012）

1 月 21 日　胡适复函黄纯青，同意将胡传的《台湾日记》作为《台湾文献委员会丛书》的第三种印行，并致谢意。又谈及胡传的《台湾禀启存稿》3 册，是 1895 年之前三四年中最难得的史料，也托钱思亮转带给黄，表示"如先生与文献委员会愿意抄写副本，留作省志材料，或印作丛书第几种，都悉由诸公尊裁，不必再征求我的同意了"。又附上胡传《家传》一册。（毛一波：《台湾纪录两种的编校后记》，载《台湾日记与禀启》第 2 册，台湾银行经济研究室印行，1960 年，267～268 页）

按，胡适本拟将此函连同有关文献托钱思亮带回交黄纯青，但因钱的船期改缓，又将上函摘要写成一短信于次日寄黄。大要是：完全同意将胡传的《台湾日记》印行，并向黄及文献委员会诸公致感谢之意；钱思亮带上胡传《家传》一篇，或可收作《日记》附录以代序文；倘蒙黄加一序文，指出《日记》史料价值，更可使《日记》增加声价；钱思亮带上的《台湾禀启存稿》3卷，是台湾重要史料，如黄认为有价值，请抄副本，或可收作丛书之一种。(《台湾纪录两种的编校后记》，载《台湾日记与禀启》第2册，269页)

又按，黄纯青原函作于1950年11月8日，现藏台北胡适纪念馆藏档，档号：HS-NK05-100-017。

1月22日 胡适致函 Mr. De Francis。因其著 *Nationalism and Language Reform in China* 曾提到胡适1940年说"白话文运动在目前只是便于少数知识分子而已"，而胡适在任"驻美大使"期间"从没有写过一篇中国文字"，乃向作者询问这句话的出处。据 De Francis 复函，知道作者乃将"胡愈之"误作"胡适之"。(胡适是日《日记》及27日《日记》)

1月24日 陈之迈函寄美国参议员 Douglas 的1月15日演说全文与胡适。(台北胡适纪念馆藏档，档号：HS-US01-010-003)

1月25日 铃木大拙与 Mr. R. De Martino 同约胡适餐叙。铃木赠胡适《坛经》与《神会语录》合编等书，而胡适则赠铃木《胡适论学近著》一部。(据《日记》)

> 按，胡适藏书中有一册铃木大拙著 *Living by Zen*（伦敦，1950），扉页有胡适题记："1950—Editor's date. The author's preface gives, no date, but he refers to 'since the end of the war'. It is probably the most recent of his works, H. S. In his preface, the author says that 'he has reconsidered to some extent his understanding of Zen in accordance with later experience and reflection.' See also the Editor's note about 'certain passages which seemed to be so at variance with the rest of the author's views.' I am sorry that those passages have been omitted by the Editor. H. S.."(《胡适藏书目录》第4册，

2817 页）

1月31日　陈诚复电胡适："……台大之事，已不强先生所难。元电奉覆，想邀鉴察。钱思亮兄原亦在考虑之列，重以尊命，益增信心。一俟钱兄'返国'，再（？）行发表。"（据胡适次日《日记》）

2月

2月1日　胡适在 Century Association 的 Monthly Dinner 演说。（据《日记》）

2月2日　杨联陞函寄其书评稿《水经注中之北印度》与胡适，请胡适校正。又谈及自己正忙于写货币经济小史等。（台北胡适纪念馆藏档，档号：HS-LS01-003-007）

2月3日　胡适在纽约大学俱乐部午餐会上有演说。（据《日记》）

同日　Frank L. Meleney 致函胡适，感佩胡适在 Century Club 会上的讲话。附寄一张 1951 年 1 月 17 日 The Atlanta Constitution 剪报一则（由中国归来的中国友人寄来）。（台北胡适纪念馆藏档，档号：HS-US01-010-006）

2月4日　杨联陞复函胡适，谈及 De Francis 误将"胡愈之"作"胡适之"的荒谬。又谈及岑仲勉的一处引文等。（台北胡适纪念馆藏档，档号：HS-LS01-003-008）

2月7日　胡适复电给 March of Time 的 Miss Rixey：

I find myself unable to take interest in the March of Time discussion. I am still of the opinion that such halfminute discussions on gigantic world subjects are impossible & never satisfactory. Forgive me for not participating tommorrow.（据《日记》）

2月8日　胡适复函陈受颐，谈及哥伦比亚大学的 Robert Livingston Schuyler 教授希望胡适能帮何炳棣谋职。今特请陈帮忙，看西岸各校有无安顿此人的机会。又谈及北京出版的《我的思想怎样转变过来的》一书收有裴文中、冯友兰、吴晗、罗常培等人的自白文字等。(《胡适中文书信集》第4册，53页)

按，3月12日，陈受颐复函胡适云，何炳棣事已向多方接头，各校因明年男生人数必锐减，都有辞退现有教员的准备，故进行极不顺利。胡适在 U.S. News and World Report 上刊出的谈话，未曾刊布之前，此间报纸已将大意刊登，后来谈话全文发表后，此处本科三校均采用作时事讨论班基本读物，都认为是"有益世道人心的见解"。本月底将东行，4月初旬可侍教。(台北胡适纪念馆藏档，档号：HS-US01-010-001)

2月9日　钱思亮复函胡适：

台大事，晚在纽约时以为虽由先生推荐，"政府"同意可能甚小，不致实现，并未经意。今奉手示，始知将成事实，至感惶恐。台大校长一职，责任重大，担任者须具备多方面之才干，非晚所能胜任。接孟真先生后任，更难。此意在纽约时已奉陈，并非谦逊。晚任此事，比别人更多一困难，即须另物色一教务长。奉到手示后，即慎重考虑，明日并拟与梅校长一谈，恐须一两个星期，才能有所决定，届时当再奉闻。(据胡适2月12日《日记》)

2月10日　胡适在"中华耶鲁联合会"50周年纪念宴会上发表演讲。次日有报纸对胡适的报道如下：

Characterizing himself as an "incurable optimist" and an "unreconstructed heathen"...

"You have no reason to feel pessimistic on this great anniversary," he urged, "for the effect of 50 years is there in China now, spreading, spreading, spreading." Yali had already gained social immortality in "worth, work and words", he maintained.

Referring to the Buddhist saying that "no effort is ever in vain", Dr. Hu stated that "if heathen Buddhists can say this, certainly Christians can say it of the Yali enterprise."（据胡适次日《日记》粘贴剪报）

2月13日　胡适在《北京大学图书馆善本书录》上题记:"附《水经注版本展览目录》","一九五一年二月十三日杜联喆女士为我购得此册　胡适之记"。（《胡适藏书目录》第1册，581页）

2月14日　胡适致函毛玲之，告毛给钱思亮的信寄到时，钱已经离开纽约。拆开此信后，知道是托钱为毛以亨买书，但钱思亮在这里时很忙，即便收到此信，也没有时间去买书。自己将照此书单购买后直接寄给毛以亨。（黄淳辑校:《胡适夫妇致毛玲之夫妇信件》，载《中国现代文学研究丛刊》2019年第5期）

按，2月24日胡适又致函毛，谈买到书等情。（黄淳辑校:《胡适夫妇致毛玲之夫妇信件》，载《中国现代文学研究丛刊》2019年第5期）

2月18日　胡适在Princeton Unitarian Fellowship演讲"不朽论"。（据《日记》）

同日　徐大春复函胡适，感谢胡适1月31日的长信及附件，感谢胡适对时局的见解使自己得益不少。又附寄陈光甫致任稷生函和江泽涵函。（台北胡适纪念馆藏档，档号: HS-US01-083-028）

同日　杜联喆复函胡适，告收到购书款，以及出售《明实录》《清实录》有关情形。（台北胡适纪念馆藏档，档号: HS-US01-041-025）

2月19日　胡适出席"China Institute"董事会会议。（据《日记》）

2月20日　胡适到医院探视因烧伤住院的王徵，王尚未脱离危险，胡适甚为其医药费发愁。（《近代学人手迹》三集，35～36页）

同日　胡适致函赵元任夫妇，谈王徵的伤情，以及为其募捐、药费不继等情，又谈到李铭之死，谈到陈诚曾力邀胡适回台就任台大校长，而胡

推荐钱思亮就任此职事。(《近代学人手迹》三集，35～36页)

同日　胡适又修订了早年的英文论文"Wang Mang, the Socialist Emperor of Nineteen Centuries Ago"。(台北胡适纪念馆藏档，档号：HS-US01-035-001)

2月21日　胡适到Brooklyn的Naval Yard给"Third District Naval Intelligence Officers"讲演。(据《日记》)

2月24日　胡适在日记中粘贴江泽涵2月6日来函，胡适认为这是江受人逼迫而写的。(据《日记》)

2月27日　胡适到费城给Committee on Foreign Affairs演说一点钟，答问一点钟。住在Mr. Wm. F. Machold家中。(据《日记》)

同日　杜联喆致函胡适，告上周四在胡府谈得高兴，吃得太饱，又带回许多东西，向胡适道谢。再谈《明实录》《清实录》事。(台北胡适纪念馆藏档，档号：HS-US01-041-026)

2月28日　胡适到普林斯顿，与Prof. Scoon茶叙，谈中国哲学。(据《日记》)

3月

3月1日　下午5时，蒋廷黻来谈两小时。二人都担心李宗仁的记者招待会。胡适表示没有心力参与政治活动，自己连领导"自由协会"都没办法，遑论是"自由党"。(转引自《舍我其谁：胡适》第四部，752页)

同日　胡适复函陈光甫，谢其电贺自己的60岁生日。又抄一首旧诗《乐观》补祝陈之70大寿。(吴相湘：《抗战期间两个"过河卒子"》，《传记文学》第17卷第5期，1970年11月)

3月2日　陈诚致电胡适：台湾大学校长，业经俭日(28日)"行政院"第174次会议通过，由钱思亮继任。是项任命发表，各方咸庆得人。弟特就此事发表谈话，本省各大日报均著论赞扬。(据胡适3月5日《日记》)

3月6日　朱经农致函胡适，请胡为其学生梁共璇医师挂牌作介绍人。

（据胡适3月9日《日记》）

3月9日　胡适从朱庭祺夫人处得悉，朱经农当天下午因心脏不济，惨死。胡适在当日日记中记道："经农天性最忠厚，待人以诚，爱国爱人，忠于所事。去年东来，竟无以为生！最近始得FCA的资助，在Hartford, Coun. 的Seminary Foundation 安居读书。岂料今天我刚看他的信，他已死了。我同经农在中国公学同学，又在中国新公学同事，四十五年来，我们的友谊从没有间断。"（据《日记》）

3月10日　杨联陞复函胡适，谈及在纽约听胡适讲《碛砂藏经》及麻布经帙等事非常高兴，又谢江冬秀夫人赏饭。又谈及到巴黎检阅敦煌卷子情形等。（台北胡适纪念馆藏档，档号：HS-LS01-003-010）

3月12日　胡适拜访顾维钧。《顾维钧回忆录》有记：

星期一下午五时四十五分，胡适按照约定的时间来访。我曾想去拜访他，但他愿意到旅馆来见我。他说俞大维曾对他表示，俞这次前来华盛顿系私人访问，而且在和美国朋友谈话时，除了泛泛的谈论外，不曾涉及有关中国的任何"外交"或政治问题。（《顾维钧回忆录》第八册，318页）

3月13日　胡适与蒋廷黻共进午餐。胡适建议蒋将创立"中国自由党"之事搪塞过去。胡适说俞大维和他的看法一样，蒋组织新党等于是要否定蒋介石和国民党。胡适建议蒋廷黻和蒋经国多谈谈，少批评，加深彼此了解。胡、蒋都认为"监察院"乱得不像样，也觉得孙文不应倡议成立这个机构。（转引自《舍我其谁：胡适》第四部，754～755页）

3月14日　胡祖望致函胡适，云：

It has been a long time since I wrote you last. Life in Bangkok has been so routine that I found very little to write you about, hence writing had been postponed again and again.

On your birthday, I cabled you a congratulation message, which I presume that you have received.

Our Cotton Mill is now about 75% completed, and our production is over 10000 pounds of yarns per day. The products are well received by the market, and we are negotiating with the Thai Government to allow us to export part of it. All these are quite a long way from the piles of rusted parts, broken down buildings, waist high grass, it was 20 months ago. By later part of this year, every thing should be in very fine shape.

A few of your friends came and gone through Bangkok. DR. H. H. Love of Cornell is here as an Adviser of the Thai Government, and Mrs. Love is also here. We see them occassionally, and they always ask about you.

Mr. K. P. Chen came here last December, and stayed for a couple of weeks. On your birthday he sent you a cable, which I presume that you also received.

Have you heard anything from Peiping about Ssu-tu? I have not heard any thing since his article appeared in the *Ta Kung Pao*. Ta-chun told me on his return from Peiping last year that Ssu-tu might go to the Northwest to work, I hope he did. Certainly hope that he did not go to Korea.

Enclosed is a letter from someone in "Formosa" to mother, please forward to her.

Hoping to hear from you soon. (台北胡适纪念馆藏档，档号：HS-US01-064-012）

同日　杜联喆致函胡适，转奉杨联陞巴黎来信。又告上海来讯云，北大出版物存货至少，且书价大涨。(台北胡适纪念馆藏档，档号：HS-US01-010-018）

3月22日　胡适读了 Maurer 书稿中有关 Leyte Island 海战中的记载后，在日记中记道："此一战为菲律宾海的大海战。太平洋战局，此一战已定胜败。但我回想，我那时正在哈佛教书的第一个月，故对于此绝大的胜利，

好像没有多大印象！此可见心思不能两用。我在外交使命的五年中（1937—38 的非正式的；1938—42），不曾做一点学术研究。1942 年下任以后，我才回到我的'旧欢'，继续作研究。在那几［年］中（1943—1945），我知道大战的胜利必定属于盟国，故我不大留意做看报剪报的工作了。"（据《日记》）

3 月 25 日　"联合国中国同志会"召开"国民党政府"败退台湾以来第一次会员大会，决议聘请胡适、王宠惠、王世杰、王正廷、吴铁城、张君劢、何应钦、曾琦、蒋梦麟、蒋廷黻、顾维钧等为名誉理事。（朱家骅致函胡适，1951 年 4 月 9 日，台北胡适纪念馆藏档，档号：HS-US01-083-004）

3 月 26 日　胡适为 Herrymon Maurer 的 Collision of East and West 撰成小序。（据《日记》）

3 月 29 日　宋以信夫妇约胡适晚餐，遇见北大的日本学生川喜多长政（时任"东和映画株式会社"社长）。（据《日记》）

同日　胡适复函杨步伟，感谢其捐助 100 元给王徵，又谈到朱经农惨死事。（《近代学人手迹》三集，37 页）

3 月　胡适在 Webster's New Collegiate Dictionary（edited by John P. Bethel. Springfield, Mass. 1949）一书的扉页注记：Hu Shih 胡适 March 1951。（《胡适藏书目录》第 4 册，2930 页）

4 月

4 月 1 日　胡适与老友 Max Epstein 夫妇餐叙，同坐的有 George Messersmith 夫妇。（据《日记》）

4 月 8 日　雷震日记记蒋廷黻谈他与胡适组"自由党"事：

……渠首告以组党之经过，开始时乃系前年八月，纲领草成后，经适之先生多次修改，最后发表者，适之虽有一二点不满意，其余是同意的。对领导一事，适之先前答应任名誉职，经渠一再邀请，并建议设一副的负实际之责，适之亦允可予考虑。英人 William 系贝文在美活动之代表，甚赞同其意见，并转告贝文，贝文亦赞同，美国联合国代表杰塞普亦赞同。惟此事之中止者，渠将此事原委告诉蒋夫人，请其转告"总统"，大致是："对'总统'的法律地位是承认的，此党为第一大党，国民党退到第二党，由此点帮助蒋先生执政，惟国民党现在党员退出来参加此党，应该准许。"以后蒋先生没有回信，大概是不赞成此事，同时因为"控苏案"而工作繁忙，亦无暇及此也。(《雷震全集》第 33 册，76～77 页)

4月9日 晚，胡府聚会：客人有陈受颐、杭立武、刘驭万夫妇、刘锴、王济远等。(《近代学人手迹》三集，38 页)

同日 朱文长、朱文华致函胡适，报告他们的父亲朱经农病故事(1951 年 3 月 9 日长逝)，并提及遗稿特抄录奉闻。(台北胡适纪念馆藏档，档号：HS-US01-097-001)

4月10日 高叔哿有函与胡适。(台北胡适纪念馆藏档，档号：HS-US01-070-002)

4月15日 胡适在日记中慨叹：年老了，记忆力差多了。

4月18日 W. Reginald Wheeler 致函胡适，云：

Enclosed is a copy of a telegram I sent to President Truman on April 13, 1951. I hope this meets with the approval of your historical and philosophical judgment.

Mrs. Wheeler and I hope we may have the pleasure of your presence and that of your wife in our home some afternoon for tea.

Mrs. Wheeler joins in best wishes...(台北胡适纪念馆藏档，档号：HS-US01-101-009)

4月19日 胡适到费城参加美国哲学学会的春季大会。胡适 1936 年被选为外国会员。(据《日记》)

4月20日　胡适在哲学学会一年一度的晚餐会演讲，胡适为唯一演讲者，题为"How to Understand a Decade of Deteriorated Sino-American Relationship"。胡适分析了美国与国民党政权关系恶化的原因。（据《日记》）

4月21日　杜联喆致函胡适，告得到几种胡适的著作和收有胡适著作的书（附书单），请胡适先挑选自己想要的。又谈及：童世纲告，普林斯顿大学无增购图书经费。由于国际局势，美国各大学和各研究中国学的机关都受影响，杜联喆自己和房兆楹所在的研究所也在此例，做半工。请胡适千万不要为两部实录费心。（台北胡适纪念馆藏档，档号：HS-US01-041-027）

4月24日　胡适在 Peace Can Be Won（by Paul G. Hoffman，纽约，1951）一书封面签注：Hu Shih April 24, 1951。（《胡适藏书目录》第4册，2861页）

4月27日　胡适复函高宗武、沈惟瑜：请代订 Brighton Hotel 的客房。5月7日一定同高氏夫妇在北京楼吃饭；收到李干的支票200元，请代为致谢。迄今天为止，共收到朋友为王徵医药费捐助的 $4040.00。（台北胡适纪念馆藏档，档号：HS-NK05-057-027）

4月29日　胡适为陈桂根出具学历证明：兹特证明陈桂根君是国立北京大学医学院的学生，已于民国三十七年六月在北平参加四年修业终了的结业考试。考试及格后，曾在北大附属医院开始作第五年的实习。实习未完，他来到台湾，曾在台南等处继续实习，到1950年夏季实习期满，应届毕业。特为郑重证明，敬请"教育部"依前年北大医学院应届毕业生焦增煜、赵玉华等8人之例，发给毕业证明书，以为服务社会的根据。（陈桂根：《胡适校长亲笔给我写的学历证明》，载《传记文学》第57卷第6期，1990年12月）

4月30日　胡适致函宋子文，感谢他捐赠400美元给王徵住院治疗烧伤。（转引自林博文著：《张学良、宋子文档案大揭秘》，上海人民出版社，2010年，173～174页）

同日　胡适致函陈之迈，谈王徵的伤情以及捐款总额、医药费用等。（《胡适之先生年谱长编初稿》第六册，2172～2173页）

5月

5月6日　胡适携夫人江冬秀作7日之游。是日到费城,看了"独立厅""自由钟",又到宾夕法尼亚大学的博物馆参观。(据《日记》)

5月11日　李国钦致函胡适,云:

Thank you very much for calling my attention to Giles fine article on Wei-ch'i in Temple Bar, photostat copy of which I now have. It is a fascinating description indeed, and I appreciate the opportunity to read it.

The photostat copy I have is from the Yale Library through the kindness of Mr. C. T. Hsia, one of your former instructors at Peita and now a Li Foundation Fellow. Mr. Hsia is now completing his doctoral thesis in English Literature at Yale, a distinction without precedent, I understand, in that seat of learning. He has established such a brilliant scholastic record in the opinion of his professors on the Yale English faculty that our Board was pleased to renew his Fellowship. We have urged him when he gets his doctorate to seek an opportunity in his specialized field, and not to dissipate his training in some other field as he may be inclined to do by necessity or force of circumstances. His is [has] an opportunity for productive scholarship in the field of literature that should help fill the gap of understanding between East and West.

If at any time you can lend him a helping hand, we shall appreciate it. I am sure you will not regret it.(台北胡适纪念馆藏档,档号:HS-US01-098-020)

5月15日　蒋介石电令俞国华,送胡适美金5000元。(台北"国史馆"藏"蒋中正'总统'档案",档号:002010400017019)

5月16日　胡适读萧三的《毛泽东的初期革命活动》。(据《日记》)

5月21日　胡适致函高宗武、沈惟瑜,为费神招待事致谢,并请于见

到崔、傅、谭、陈、李、张诸家朋友时,代为道谢。(台北胡适纪念馆藏档,档号:HS-NK05-057-028)

5月28日　蒋廷黻来谈。(据《日记》)

5月31日　胡适写定致蒋介石函:

> 自前年(卅八年)一月八日辞别之后,两年零五个月不曾得见我公,时时想念,时时想写信,总不能有详细陈述意见的勇气,实在是因为时势变化太快了,今天想说的话,到后天已不值得说了!
>
> 最高兴的是时时从朋友口中——显光兄、少川兄、廷黻兄等的口中——得知我公身体康健,精神如旧,生活规律如旧,远道闻之,不胜欣慰!
>
> 我自从前年四月廿一日重登新大陆以来,就打定主意,先教育我自己,要我自己懂得最近十年的历史,要我自己了解中国何以弄到这地步,世界何以弄到这地步。(我在1943到1948,五年之中,用全力研究"水经注疑案",真是在象牙塔里,过最快活的学术生活,故虽参加两次"国民大会",心实不在政治,又不能多看最新书报,故有重新教育自己的需要。)
>
> 我为了要了解这段历史,曾收买一些关于苏俄、东欧、中欧、西欧、美国的书,并且搜集一些中国共产党的出版品。这研究的结果曾发表一篇三十页的长文,在美国最有学术地位的《外交季刊》去年十月号上登出。题为《在史达林战略里的中国》。此文台北"中央日报"曾译出,颇多译错之处。后由"自由中国社"重译,登在"自由中国"第三卷第十期,错误较少,比较可读,但也不能完全满意。但我盼望此文能得我公一读,倘蒙指示错误,使我有修正的机会,我就很觉荣幸了。重要的一点是此文用意在为世界人士叙述这廿五年的国共斗争史,所以我盼望我公能切实指摘此文的错误,并能切实供给我一些向来不曾发表的史料,为我将来把此文修改扩大作为一本小书的基本……(《胡适中文书信集》第4册,58~59页)

按，此年8月，杭立武持此函回台后呈蒋介石，蒋于9月23日复函胡适，云，希望胡适能于年底回台，为胡适庆祝60寿辰。又云：本党文献浩繁，缺乏整理工作，其弊端确如先生之所言。去年特嘱张晓峰兄着手编纂党史，所据资料除党部案卷外，颇有向来未发表之史料在内。（台北胡适纪念馆藏档，档号：HS-NK04-008-003）

5月　胡适在其著 The Development of the Logical Method in Ancient China 扉页题记：This copy is from the library of my sinological friend, the late Roswell S. Britton, who died in 1951. Hu Shih, May 1951。胡适藏书中，此书还有副本二册，其一册亦有胡适题记：Hu Shih's own copy。（《胡适藏书目录》第4册，2746页）

同月　Alex Faerbery 将庄士敦著 Twilight in the Forbidden City（纽约，1934）题赠胡适：To the man of the 20th Century——Dr. Hu Shih. A great diplomat, historian and philosopher from an admirer——with the best of good wishes, Alex Faerbery New York, May 1951。（《胡适藏书目录》第4册，2922～2923页）

6月

6月1日　胡适在 The Green Pyne Leaf 发表"My Early Associations with the Gest Oriental Library"一文。

同日　"自由中国"刊物第4卷第11期发表《政府不可诱民入罪》评论一篇，揭露台湾一起高利贷金融案件背后有台湾省"保安司令部"人员操纵，批评某些政治要人"竟利用其权势闹出以诈使民的花样来"。

6月2日　徐大春复函胡适，说明代购书延迟及转寄事，又提及自己目前工作与生活情形，又谈及 Starr 奔母丧、胡祖望来信、拜访赵元任夫妇诸事。（台北胡适纪念馆藏档，档号：HS-US01-098-002）

6月3日　胡适在 Freda Utley 所赠其著 The China Story（芝加哥，1951）一书扉页签注：Hu Shih June 3, 1951。书末有作者题赠：With affection, esteem and warmest best wishes Freda Utley. June 1951。(《胡适藏书目录》第 4 册，2715～2716 页）

6 月 4 日　胡适致函 Lawrence Heyl，云：

I called your office today and found you would not be in this afternoon. I am leaving this note to inquire if you have any message for me regarding the purchase of the Ta-ming shih-lu and the Ta ch'ing li-ch'ao shih-lu. If you have any, kindly leave it with Mr. Tung .

Having been administrative head of both state and private universities, I fully appreciate the difficulties of large appropriations for book-purchases. I want to assure you that whatever decision you and your committee may have arrived at, will be accepted with understanding and appreciation.（台北胡适纪念馆藏档，档号：HS-NK05-095-013）

6 月 6 日　Herrymon Maurer 将其所著 Collision of East and West 题赠胡适："To my friend and teacher, Dr. Hu Shih, with very warm thanks and esteem, Herrymoon Maurer June 6, 1951."胡适藏书中有作者题赠的另一册："Taipei, Taiwan To Dr Hu Shih with high esteem and warmest thanks. Herrymon Maurer January 14, 1959."（《胡适藏书目录》第 4 册，2730～2731 页）

6 月 12 日　朱家骅致函胡适：为史语所筹建仓库及工作室一事，多蒙关注，并与美国公私洽商，感佩无似。月前洛氏基金会法斯先生过台，即因胡适之托，对此事极表关切，甚感兴趣。并自动暗示颇愿补助之意。兹将绘成工程图表及估价表各两份寄上，并将其中一份转送法斯先生。又对估价单做一颇详说明。又寄送史语所迁台后概况一份。（台北胡适纪念馆藏档，档号：HS-US01-073-001）

6 月 14 日　胡适偕刘瑞恒访哥伦比亚大学校长艾森豪威尔，谈哥伦比亚大学医学院与台大医学院合作事。(《胡适之先生年谱长编初稿》第六册，2174 页）

6 月 15 日　谭伯羽函谢胡适赠送《齐白石年谱》一册。(台北胡适纪念

馆藏档，档号：HS-NK05-136-007）

6月16日　"自由中国"刊物第4卷第12期发表《再论经济管制的措施》一文。

7月

7月2日　胡适为 Robert Payne 的书作一书评。

7月13日　James G. McDonald 将其所著 My Mission in Israel（纽约，1952）题赠胡适："My good friend Dr. Hu Shih with high admirations & warm personal greeting in memory of old days cordially James G. McDonald 3/7/53."（《胡适藏书目录》第4册，2841～2842页）

7月30日　张紫常复函胡适，并附寄台湾《中国少年报》剪报一则：

> 七月廿八日手示敬悉……兹遵属［嘱］附上：
>
> （一）S. F. Chronicle 社论原文一份。
>
> （二）台大教授抗议今日在少年报已有译载，其他各报明日译登。晚当注意，将来剪出汇寄（英文报在内），勿念。
>
> （三）此间"中华会馆"向美外长抗议原文，同此附上，敬供参考。
>
> 昨日去送魏德迈，忍泪握别，叹英雄才略竟以亲我而尽消磨。
>
> 我公书评为历年罕见之杰作……

《中国少年报》剪报《台湾大学教授通电抗议日约》：顷据胡适博士来函。内称本人最近接到台湾大学全体教授二百三十八人联名签署之电文一件，该电文系于六月廿六日发出，对中国未获邀请签署对日和约一事，表示严重抗议。特吁请美国人民及美国教育文化界领袖主持正义，予以声援。本人（胡氏自称）对该电文所述各节完全同意，并深信所有旅美爱国华侨必具同感……（台北胡适纪念馆藏档，档号：HS-US01-066-001）

7月　胡适在 American Historical Review 7月号发表为 John De Francis

所著 Nationalism and Language Reform in China 一书所写的书评。在该书评中，胡适严厉批评了其中的不确之处。

8月

8月9日　张紫常致函胡适云，胡适发表的台大抗议日约信先后在 Oakland Tribune 暨 China Press 刊登，兹剪附参考。俞大维约于10日回抵金山，闻小住此间即东行就事，程天放在 Berkeley 午宴加大教授，陈受颐在士大教夏令营与常往还等。（台北胡适纪念馆藏档，档号：HS-US01-098-003）

8月11日　胡适致函雷震，再次提出辞去发行人，以示赞成《政府不可诱民入罪》的社评和对"军事机关"干涉言论自由的抗议，并要求将此函发表在"自由中国"刊物上。

……"自由中国"第四卷十一期有社论一篇，论《政府不可诱民入罪》。我看了此文，十分佩服，十分高兴。这篇文字有事实、有胆气，态度很严肃负责，用证据的方法也很细密，可以说是"自由中国"出版以来数一数二的好文字，够得上"自由中国"的招牌！

我正在高兴，正想写信给本社道贺，忽然来了四卷十二期的《再论经济管制的措施》，这必是你们受了外力压迫之后被逼写出的赔罪道歉的文字！

昨天又看见了香港《工商日报》（七月二十八日）《寄望今日之台湾》的社论，其中提到"自由中国"为了《政府不可诱民入罪》的论评……"为了批评时政得失而引起了意外的麻烦"。我看了这社评，才明白我的猜想果然不错。

我因此细想，"自由中国"不能有言论自由，不能有用负责态度批评实际政治，这是台湾政治的最大耻辱。

我正式辞去"发行人"的衔名，一来是表示我一百分赞成《不可诱民入罪》的社评，二来是表示我对于这种"军事机关"干涉言论自由的抗议。(《万山不许一溪奔——胡适雷震来往书信选集》，23～24页)

8月16日　黄大受致函胡适，略述著述经历，并提及在各刊发表之文章拟集结为书，请赐序文；另亦告知计划，请指教。(台北胡适纪念馆藏档，档号：HS-US01-098-004)

8月中旬　胡适复函朱家骅，应朱的要求把1940年将"居延汉简"14箱存放美国国会图书馆的收据一份寄朱。又希望傅斯年遗著出版后，能寄赠一部。(台北胡适纪念馆藏档，档号：HS-NK05-014-010)

> 按，9月30日，朱家骅复函胡适，为胡函寄"居延汉简"存放美国国会图书馆的收据而致谢。又谈及"中研院"迁台后之艰难与欲筹设仓库房屋却苦无经费事，请胡适协助设法。(台北胡适纪念馆藏档，档号：HS-NK05-014-011)

8月25日　胡适摘录了赵一清《东潜诗稿》的有关内容。(《胡适手稿》第3集卷5，623～648页)

同日　李孟立复函胡适，感谢胡适百忙中帮忙卖书。裘开明为哈佛大学所购《云间三子新诗合稿》已经付邮，请裘先生将书款30元就近交于胡适，以作为还款的一部分。另报告其父李宗侗病况。(台北胡适纪念馆藏档，档号：HS-US01-095-001)

8月26日　胡适致函毛彦文，送上陈之迈谈其夫人华府开刀情形信，又谈及谭伯羽的妹妹因舌上生Cancer，在Memorial Hospital开刀，已出院。请毛千万不可自误。(毛彦文：《胡适之先生逝世廿六周年纪念》，原载《传记文学》第52卷第2期，1988年2月)

8月27日　胡适致函钱思亮：

> 上次"中基会"执行委员会席上，提出救济台大教授的问题，蒋廷黻兄与Mr. Brodie尤热心，最后决定交我去同你与蒋梦麟兄("中基

会"董事长）商量出一个具体办法来。提交九月廿九日的"中基会"董事年会决定。

我为此事，想了许多时，暂拟一个"中基会""国内研究补助费"（Research Grants）办法，寄给孟邻先生和你，千万请你见信后就去看他，早点商量出一个可行的办法，早日寄下，此事有个大致决定后，似须与台大各学院院长商量讨论，以求圆满妥善。

我深知道此种事最能使校长院长感觉头疼，但我们本意实是要帮台大的一点忙，同时也许可以有点提倡研究的效果，千万请你同孟邻先生质直的修正我的草案。

"委员会"正式成立时，须有三人或五人在台湾。但此时讨论原则，拟具提案，似可由你们两位商量决定，不必拘泥三人或五人的人数。……（《台湾大学校刊》第144期，1951年11月26日）

8月31日　恒慕义函谢胡适赠送《台湾纪录两种》，并推崇其研究价值。（台北胡适纪念馆藏档，档号：HS-US01-095-014）

9月

9月1日　雷震日记有记："自由中国"这一期因有胡先生的抗议信，下午7时李士英、萧自诚来电话，认为此信不应发表，国际上反响不好，因胡先生地位太大了。雷震答以若台北方面不采行动，让他去流通，表示台湾有言论自由，胡先生所云则不是事实；如加以干涉，则正如胡先生所云言论不自由了。不久志希来电话，说雪公嘱其转达三点，渠并对此事甚为伤心：（一）弄到胡先生与"政府"对立；（二）上次答应调停人以后不再写文章，为何此次未事前通知他们？在友谊上说不过去；（三）台湾今日风雨飘摇，受不起这个风浪。（《雷震全集》第33册，150～151页）

9月2日　夜，胡适重编胡传《台湾日记与禀启》第一卷。方法是把《禀启》三卷依年月日编到日记里去。（胡适次日《日记》）

1951年　辛卯　60岁

9月3日　毛子水致函胡适，谈及钱思亮夫人病愈，请胡适为傅斯年遗著撰序文，以及胡适的辞"自由中国"刊物发行人等事：

> 先生向"自由中国"辞去"发行人"名义一事，经我向社中人数次力争之后，已可无问题。据雷君云："目前因为这一期里登载先生的一封信，所以不好即让先生辞去；如将来先生再来信辞，便可从命了。"我意，只要先生于下次致雷君信中再提一句，便可摆脱这个名义了。（台北胡适纪念馆藏档，档号：HS-US01-079-001）

9月4日　萧自诚主持的国民党会议上，沈昌焕、陶希圣、胡健中、曾虚白、李士英、蒋君章、谷凤翔、周宏涛、彭孟缉、陈仙洲、唐纵等，均认为"自由中国"不应该发表胡适的8月11日函。陶希圣认为："为什么要弄到胡适之与'政府'对立？"（《雷震全集》第33册，153页）

> 按，胡适8月11日函发表后，持续发酵。9月9日雷震日记记陈雪屏态度：此函使困难局面益加困难，因毛邦初事件正在美国发展。（《雷震全集》第33册，156页）

9月6日　夜，胡适续编胡传《台湾日记与禀启》，成第二卷。（胡适次日《日记》）

同日　胡适函托陈受颐、李怀才为王景春之子王克勤与马如荣之女结婚备办礼物。附寄20元支票。（《胡适中文书信集》第4册，69页）

> 按，10月3日，陈受颐复函胡适，告受胡适之托代办赠王、马两家礼事。又告已收到胡适批评Robert Payne之文，并感谢胡适赐寄胡传遗著。又谈到编写《中国文学史简编》以及与张紫常晤面诸事。（台北胡适纪念馆藏档，档号：HS-US01-102-002）

同日　蒋介石主持召开国民党中央改造委员会第201次会议，听取第四组主任萧自诚报告"自由中国"刊物发表胡适抗议信事件处理情形后，指示：本案有关经过事实应公布，雷震违反党纪交纪律委员会议处。（《蒋中

正先生年谱长编》第九册，712页）

同日　胡适档案中一则剪报系李大明的一篇《胡适对蒋抗议》的时评，该文说：

　　……以胡先生对蒋那么亲热，以蒋先生对胡那么礼重，尚有此不幸之事件发生，此何独令胡先生失望？实令所有平素附蒋之所谓自由份子，亦感觉失望也。

　　今胡先生既对台湾当局以辞社长之职来抗议，照理如果台湾当局稍有民主思想者，必当知此种甘地式的作法，不容易惹，亦不好惹。因为这是测验民主的有力武器。如果当局能够领悟，当然可以谈民主，否则其民主外衣，将必被其脱下，暴露出其本来真面目也。

　　几年以来，胡先生袒蒋，故信胡先生者多亦信蒋。而蒋竟得借重胡先生以讲民主，以欺天下。今蒋不自珍爱，居然管制到胡先生的刊物，不许其有言论自由，则何怪胡先生毅然抗议：使天下皆知台湾之所谓民主究作何解也？（台北胡适纪念馆藏档，档号：HS-US01-021-002）

9月7日　师从铃木大拙习禅学的研究生 Richard De Martino 拟以神会为论文题目，特来拜访，请教胡适，谈甚久。（据《日记》）

同日　胡适复函臧启芳，不同意潘夏关于《红楼梦》的论点，因潘的论点还是"索隐"式的看法，其"方法"还是"猜笨迷"的方法。胡函说："这种方法全是穿凿附会，专寻一些琐碎枝节来凑合一个人心里的成见。凡不合于这个成见的，都撇开不问！"胡函又说：

　　潘君此文完全不接受我在三十年前指出的"作者自叙"的历史看法。鲁迅曾指出："谓《红楼梦》乃作者自叙，与本书开篇契合，其说之出实最先，而确定反最后。"确定此论点之法，全靠历史考证方法，必须先考得雪芹一家自曹玺、曹寅至曹颙、曹頫，祖孙三代四个人共做了五十八年的江宁织造；必须考得康熙六次南巡，曹家当了"四次接驾的差"；必须考定曹家从极繁华富贵的地位，败到树倒猢狲散的情况——必须先作这种传记的考证,然后可以确定这个"作者自叙"的平凡而合情理的说法。

我在做这种历史的、传记的考证之外,还指出《红楼梦》的绝大的版本问题。潘君全不相信我们辛苦证明的《红楼梦》版本之学,所以他可以随便引用高鹗续作的八十八回、九十八回、百廿回,同原本八十回毫不加区别。这又是成见蔽人了。

我自愧费了多年考证工夫,原来还是白费了心血,原来还没有打倒这种牵强附会的猜笨谜的"红学"!

…………

总而言之,我们用历史考证方法来考证旧小说,若不能说服"索隐式的红学",我们只能自己感觉惭愧,决不敢希望多写一封信可以使某人心服的。

方法不同,训练不同,讨论是无益的。……(《反攻》第46期,1951年10月5日)

同日 胡适致函杨联陞,感谢杨校勘出胡传著作中的许多错字,自己也做了一张校误补表。方豪建议将《日记》与《禀启》编作一书,将《禀启》依月日编入《日记》,则更有用。自己已照此建议从事合编的工作。今夜可以编完了。又简要答复戴弥微来信:

①铃木的日本出现的敦煌本《神会语录》,不久我可以收到他新照的影片……

②北宋本《坛经》(日本兴圣寺本),铃木说,可以代我寻一份影印本……

③《降魔变文》原本我没有带出来,留在王重民处,托他保存。为戴君教书班上之用,他可用罗振玉的《敦煌零拾》……里面收的《降魔变文》残本……也许可以够用了。

④他的 French preface,我虽未见,他的好意我很感谢。

铃木印的《神会语录》《敦煌出土坛经》《兴圣寺本坛经》及铃木

的《解说及目次》合印（排印）四册一函，原由东京森江书店发行。或可托王信忠在东京代觅一部。（台北胡适纪念馆藏档，档号：HS-LS01-003-012）

同日　雷震致函胡适，介绍张子良前往晋谒。（《万山不许一溪奔——胡适雷震来往书信选集》，25页）

同日　毛子水、雷震、罗鸿诏、殷海光、李中直、金承艺、夏道平、黄中等人联名致函胡适，恳请胡适不要辞去"自由中国"的发行人：

> 四十年八月十一日您写给儆寰先生的那封信，我们拜读过。"自由中国"四卷十一期那篇社论所引起的麻烦，我们未曾告诉您，为的是免得您不愉快。来信对于那篇文字如此地赞许，对于所引起的麻烦，如此地表示难过，我们除深感荣幸外，今后对于言论自由的争取，当更加努力。您的信，我们已刊载本刊五卷五期。
>
> 关于您辞去发行人的那件事，我们本应该尊重您的意见，并藉此向干涉言论自由的人表示抗议，但总觉得"中国"现阶段的民主自由运动——即仅就争取言论自由这一点来看，非由您积极领导不可。"自由中国"发刊以来，能够得到一般读者的爱护而"政府"尚可优容（他们自己认为是很优容的）的，正因为发行人是您的原故。现在台湾的刊物，只有我们"自由中国"才像一个舆论的刊物——这是大家所公认的。我们珍惜它，社会人士也瞩望它，所以我们经一致决议，仍恳您继续担任发行人，继续领导我们，并时时给我们言论方面的指示。我们这个请求，千万请您接受。（《万山不许一溪奔——胡适雷震来往书信选集》，26～27页）

9月11日　胡适复雷震等9月7日来函：

> 今天（十一）收到你们九月六〔七〕日的信，同时又收到旧金山的一家攻击"政府"的《世界日报》……我且把这张报纸借此攻击"政府"的中、英文两篇剪寄给你们看看。

合众社九月五日台北的电报，我并未看见纽约任何报纸登出，只见此《世界日报》一家登出。

我的辞职信，被妄人利用，此是很可能的事，我们不必因此退缩懊悔。我要查明的一点是："自由中国"是否曾在上星期日（九月二日）被禁止发售？你们的信是六日写的，信封上邮局盖印是九月七日。你们并没有提起"自由中国"被禁发售的事，似乎合众社的电报不确。如果不确，请你们通告合众社，请他们更正，并请电告我。如果"自由中国"真有被禁发售的事，那么，我们更应该为此事向'政府'力争，应该把一切证件让国桢"主席"知道，让辞修"院长"知道，让蒋"总统"知道。

总之，"自由中国"不可没有自由，不可没有言论自由。"总统"与"行政院长"在这个"国难"时期，更应该切实鼓励言论自由，使人民的苦痛、"政府"的毛病，都有上下周知的可能。

此是大事，我辞职的事是小事。我要先弄明白这一点：究竟你们在台北办"自由中国"有没有言论自由？你们是否能继续发表像《政府不可诱人入罪》一类批评文章？（《万山不许一溪奔——胡适雷震来往书信选集》，28～29页）

9月12日 胡适日记有记：

我给 V. D. H. 看一篇短文字，他指出其中有 perseverant 一字，是字典里没有的。我不信，试检 *Webster's Collegiate Dict.* 与新出的 *The American Dict.*，都只有 perseverance，而没有 perseverant！今夜又试检 *New Collegiate Dict.*，也没有……

前些时，V. D. H. 听广播有人用 fulsome 字，作褒词，他写信去指出此字总是贬词。其人回信谢罪……

同日 Luther H. Evans 函谢胡适赠送《台湾纪录两种》。（台北胡适纪念馆藏档，档号：HS-US01-095-016）

同日　雷震日记有记：12时陆京士来谈，谓陈诚请他到纽约后去看胡适，请他不要误会。陈诚并谓毛子水不赞成发表此信，是雷震乱来。雷震大气愤，乃找毛子水对质。(《雷震全集》第33册，158页）

9月14日　雷震日记有记：陈诚复适之函送到，前面加了一段，说系由本社探悉，而非陈辞修交来。有人不主张用此语，这明明是作伪，道平兄尤极力反对。最后仍照登而将小评拆去。因丁宪薰数次来电话，务必要这样做。据其意思雪公中间甚为为难。原来陈诚不欲作此书，系受大家劝告而出此也。(《雷震全集》第33册，159页）

同日　陈诚致函胡适：

适之先生道鉴：

违教久矣，海邦翘首，每念清芬。敬维道履安和，至为远颂。顷读先生八月十一日致"自由中国"杂志社一函，关怀祖国之情，蔼然如见，深为佩慕。兹谨就尊论所及，约略陈之……稳定币值，调剂金融，关系"国防"民生最切，与"政治军事"之改革，同其重要。为防止"奸匪"潜踪扰害，及投机取巧者操纵其间，致使台湾经济蹈大陆之覆辙，故各项措施，不得不力求配合与严密。自实施以还，于极端艰困之中，使金融物价获致稳定，成效已可概见。至设井诱民之举，遑论计不出此，亦为情理法之所不许，更非"政府"之所忍闻。惟经济生活，牵涉纷繁，任何法令在执行时，要难免毫无疏失之处。先生远道诤言，心意何切，当本有则改之无则加勉之衷忱，欣然接受。至"自由中国"之言论自由，当可由先生此函之在"自由中国"刊载，而获得明证，无待赘言。先生维护自由民主，瞻怀国家民族，尚祈清诲时颁，曷胜感幸！……(《陈诚先生书信集——与友人书》〔下〕，369～370页）

同日　张伯谨致函胡适，云：顷从"自由中国"上得读大作及雷敬寰兄函，感佩俱深。中美关系之恶化原因诚如尊论，而我自己不振作，不认清自己，更不知世界大势，亦不能不痛加反省。(台北胡适纪念馆藏档，档号：HS-US01-080-014）

1951年　辛卯　60岁

9月17日　毛子水致函胡适，谈胡适致雷震函发表后台湾当局的处置办法，以及自己对胡适辞"自由中国"发行人一事的态度：

……"自由中国"五卷五期登载先生致雷君一信，曾引起此间党政当局的责言（当然是对雷君的）。幸有雪屏、晓峰、书琴诸人主张化大事为小事，而陈辞修"院长"亦颇识大体，所以竟得"无事"，只是雷君交党纪委员会议处罚了（听说某"军事机关"还诬说雷君许多别的事情……）。

这回"政府"处理这事，总算是"文明"的。我并且听人说过：从"自由中国"四卷十一期的社论发表以后，奉行金融管制"法令"的官吏的确"好"得多了。从此可见，无论在怎样的社会里，正当的舆论，多少总有点用处的。……不过"不学"的毛病，根深蒂固。在下者固不足道，手持国家命运的人，若不急愈宿疾，民族前途的危险真不堪设想。思之惨然。先生前能"清诲时颁"，则仁人之言，至少可当得一剂清凉散。

先生辞去发行人名义一事，社中曾有一信给先生。我签名的时候，曾经声明过：等先生再有辞避名义的信到来，便应让先生辞去。他们大致都默认了。我想最好等到第五卷快完的时候（本年十二月）。否则，本年十一月中，我定坚持将发行人名字换去。（台北胡适纪念馆藏档，档号：HS-US01-021-003）

同日　杨鸿烈、万家淑致函胡适，告应征香港大学教授未成，请胡适协助新加坡马来亚大学汉文教授应聘事或争取赴美机会。（台北胡适纪念馆藏档，档号：HS-US01-101-001）

按，据台北胡适纪念馆所藏档案不完全统计，是年希望胡适帮忙谋职的还有孙洪芬、季志仁。此外，胡适还经常收到一些机构负责人（如Emmett F. McCarthy、W. D. Craig）来函，要求胡适对求职者提供评语。

9月18日　裘开明函谢胡适赐寄《台湾纪录两种》，又谈及欲借阅阎若

璿书，请胡适协助诸事。(台北胡适纪念馆藏档，档号：HS-US01-095-002)

9月20日　胡适请利维医生检查身体。(据《日记》)

同日　"中美周报"发表吴敬敷《台湾的致命打击》一文，文章云：

> 据说胡适博士对于台湾"国府"本来并不见得怎样满意……"秀才"总是喜欢说话的，说完就完，无须对他认真，但是台湾对他所发行的"自由中国"杂志，竟横加干涉，致令他忍无可忍，再三考虑，终于反起脸来，大骂"自由中国"没有自由。这一骂，简直是等于宣告台湾的死刑。因为台湾反共最动听的一种口实便是共[产]党剥夺人民的自由，现在既然"自由中国"也没有自由，台湾的高喊反共便等于多余的了。

9月21日　蒋介石复电胡适、蒋廷黻："政府"现决定照兄等建议，组织调查委员会，调查毛案一切事实，至毛等抗缴公款部分，并决定采取"司法"手续，并将发表声明。(台北"国史馆"藏"蒋中正'总统'档案"，档号：002-080102-00129-001)

同日　张紫常致函胡适，谈及对日和约与"自由中国"刊物遭停售事引起"自由亚洲协会"等团体关注等：

> 对日合约事，诸承指导，甚感。现在观察，日方持观望态度，既不敢妄与中共签约，亦不愿急与我方修好，局势如此，一时难有好转。
> …………
> "自由中国"报事，此间"自由亚洲协会"甚为注意，"中国劳工同盟"主席德京士近由台到金山，出席AFL大会，谈及此事，据云"'保安司令部'与雷震结有仇怨，借故曾将该报停售，事为陈'院长'所闻，当晚即自动下令取消"云云。德君将于下星期三起程到纽约，届时当面谒我公，并代陈"院长"向我公致歉意……(台北胡适纪念馆藏档，档号：HS-US01-079-003)

同日　杨鸿烈、万家淑函寄其《中国法律发达史》与胡适，请指正并

介绍出版商。(台北胡适纪念馆藏档,档号:HS-US01-101-002)

同日　雷震日记有记:

> 晚间开编辑会,将适之先生函传观后,决定抄送蒋"总统"、陈"院长"及吴国桢,这是他信上写的。此外我拟送王雪公、张晓峰兄一阅。他来函问"自由中国"五卷五期有没有被扣,嘱我电告,真是一件难事。若把真实情形相告,不独刺激他,也不会发得出去,若说谎话,我不愿意。对发行人一事,他说是小事,他要弄明白:究竟你们在台北办"自由中国"有没有言论自由?你们是否继续发表像《政府不可诱民入罪》一类批评文章?他并说:总之,"自由中国"不可没有自由,不可没有言论自由。"总统"与"行政院长"在这个"国难"时期更应该切实鼓励言论自由,使人民的苦痛、"政府"的毛病,都有上下周知的可能。
>
> 杭立武先生今日参加编辑会,认为"自由中国"即台湾尚未十分安定,谈话要谨慎,适之处不可去信刺激他。(《雷震全集》第33册,164～165页)

9月22日　胡适有感于陈果夫之死,在日记中对其如此评价:"但他是始终忠于国家,忠于国民党,忠于领袖的人……至今不止。"

9月23日　夜,胡适续编胡传《台湾日记与禀启》,成第三卷。(据《日记》)

9月24日　胡适在日记中记道:

> 昨得香港不署名的电报,是明码,今天译出:
>
> 九月一日,台湾当局决议①全部收购;②令港停止出版;③令Northwest停寄。二日United Press发出新闻,四日再行开放。
>
> 此皆指"自由中国"五卷五号我的一封信!

同日　雷震日记有记:下午6时立武来说适之信最好由雪公转陈,不必由社名义直接送去,以免引起误会。(《雷震全集》第33册,166页)

9月26日　方豪致函胡适,告函寄《台东州采访册》钞本与内容审订事。

又就所询"箕斗"源起事有所说明,又提及冀野逃港失败事。(台北胡适纪念馆藏档,档号:HS-US01-096-001)

9月27日　有一封不具姓名的给胡适的信,谈"自由中国"五卷五期事:

关于"自由中国"杂志事,于初发生时,雷儆寰先生精神方面,感到非常的痛苦,但目前已经没有问题,可释远注。兹将经过情形摘要报导如下:

(一)开始时彭孟缉"副司令"处理本案,下令用三种方式同时进行:

(1)九月一日五卷五期发行日,用金钱向各分销机构全部收买。

(2)电知香港时报不准发行。

(3)向西北航空公司抽回寄美杂志。

(二)九月二日合众社发新闻电至美国称"中国"言论没有自由,因此"改造委员会"与当局都重视了这件事,开会议决,把杂志开放了。到四日那天,马路上也可买到了。

(三)因为西北航空公司的班期,是一星期一次,放行以后,重行付运,所以美国收到时,已经是脱了一期了。(台北胡适纪念馆藏档,档号:HS-US01-021-005)

同日　方豪复函胡适:昨日奉书。又告《台湾惯习纪事》第1号有"熟蕃手形"摄影与抄录"摹结状"奉闻,并言"梅阴子"乃伊能嘉矩笔名。(台北胡适纪念馆藏档,档号:HS-US01-096-002)

9月29日　胡适于华府"中国大使馆",召集"中基会"第二十三次年会,通过研究补助费规程,议决继续给予台湾大学学术奖助金。顾维钧、李干被选为董事,接替翁文灏、任鸿隽之职。(台北胡适纪念馆藏档,档号:HS-US01-037-019;杨翠华:《"中基会"对科学的赞助》,248页)

9月　胡适在 The Road to Pearl Harbor: The Coming of the War between the United States and Japan(by Herbert Feis,普林斯顿,1950)扉页签记:Hu Shih Sept. 1951。(《胡适藏书目录》第4册,2886~2887页)

10月

10月1日 《美洲日报》发表社论《"言论自由"的风波》，其中说道：

> 假如胡先生认为"自由中国"的"言论自由"程度不够，那我们百分之百地赞成；倘若胡先生说是"自由中国"没有自由，或不能自由，则似乎失诸平恕。
>
> …………
>
> ……这次胡先生为着爱护"言论自由"，严词正色，大声疾呼，毅然辞去"自由中国"发行人的衔名，而对于某一"军事机关"表示抗议，用心很苦，用意很深，值得我们同情和拥护。

同日 胡适重抄其父胡传《记台东州疆域道里地方情形并书后》。(《大陆杂志》第3卷第12期)

10月2日 胡适复函方豪称：先人文集（不是他自编的）钞本有《记台东州疆域道里地方情形并书后》一篇，共2500余字。当《台东州采访册》寄到时，胡适当先查看此篇是否在内。如此文不在《采访册》之内，当即寄奉方一阅。"箕斗"事胡适甚感方豪所指示诸条，其中尤以"台湾惯习记事"一条最明白清楚……方豪说胡传在治"抽验箕斗"，"或者是受当时管理番人的方法的影响"，胡意以为此意似未必然，此必是中国军营中相沿旧法，用指纹以代相片，其事必甚古。次日，胡适收到方豪所寄《台东州探访修志册》80多叶。得知：此册之建置沿革，果然即是胡传文稿里的《记台东州疆域道里地方情形并书后》一文，其书后750字，文亦相同，此足证方豪考定此册为胡传遗稿，实甚精确。(《胡适中文书信集》第4册，74～75页)

> 按，10月12日，方豪有复函与胡适。(台北胡适纪念馆藏档，档号：HS-US01-096-003)

同日 "华美日报"发表《自由与平等》一文,文章说:

> 以"行政院长"的身份,不凭官架子去压迫一种杂志停刊,只是很客气的用公开信答覆"自由中国"半月刊的发行人,这一点似乎可以表现台湾的"国民政府"已经懂得尊重言论自由的道理了,可喜可贺!
>
> ……………
>
> "自由中国"半月刊这场笔墨官司,只证明了惟有鼎鼎大名的胡适博士才真能享受言论自由,可惜胡适博士外,写社论的记者赔了罪。自由乎!平等乎!

10月8日 胡适复函朱家骅,详细询问朱家骅、董作宾筹议建筑仓库的详情,以便筹款:

> (一)此仓库是否包括"故宫""中央博物院""中央图书馆"运台的古物与古书?或系专为"中研"史语所的图书及史料的仓库?
>
> (二)如系此四处文物合并储藏之仓库,能否把四处运台之文物,总括作一简表见寄?(例如"中央博物院"铜器若干?名画若干?瓷器若干件?"故宫"此三项各若干件……史语所图书约若干册或若干箱,史料若干箱,安阳古物若干,各地发掘古物若干……)
>
> (三)如系专为史语所的储藏仓库,亦乞将文物史料作简表见寄。
>
> 并乞示知:
>
> (a)"故宫""中博""中图"三处运台之文物存储何所,存储的情形如何?归何机关负责?
>
> (b)万一有机会可将此四大处运台之文物合并储藏,是否可行?是否有人反对?兄等(包括济之、雪艇、孟邻诸兄)对此有何意见?
>
> (四)兄等所拟建筑的仓库(a)拟建在何地?已请得公地否?(b)已有图样否?(c)估计需要建筑、设备等项经费若干美金?
>
> (五)来函云,"史语所仍借用杨梅车站仓库,既不能展开工作,

又非安全之区"……然则此拟建之屋似等于史语所的仓库，图书馆、工作室的集合之所？换言之，即是史语所的所址——也许可以叫做"史语所留台储藏工作处"？（此一条可与上第三条合并见示？）

在我知道这些详情之前，我不能说有无筹款办法。有一两点，或可供兄等的参考：

（1）"中华教育文化基金董事会（中基会）"经过战时与战后通货膨胀的影响，所有"国币"投资（占全部资产百分之五十以上）已化为乌有。现在每年收入甚微，除资助台大之外（本年度资助台大 a. 教员留学五人，毕业生二人，共美金两万三千余；b. 在台大设"国内研究补助费"四十名，共美金一万二千元），已无余力可作他事业。

（2）兄等的建筑计画，似须向美国公私方面募款或请款。拟俟得覆信及需款数额之后，再考虑应如何进行。（台北胡适纪念馆藏档，档号：HS-NK05-014-012）

按，10月30日，朱家骅复函胡适云：史语所筹建仓库一事承兄如此关切，感佩无似。此一仓库拟专为史语所而建，包括图书馆与工作室，自可称为史语所留台储藏工作处，亦即为本院史语所也。至于"故宫""中央博物院""中央图书馆"运台之古物图书则已在台中北沟建立仓库。现拟筹建仓库之地址，计划在木栅山中建一较大者……倘能有成则所内古物图书可安全保存，人员亦得正式工作，并可使史语所渐臻充实与发展。余由彦堂兄另函详告"中基会"之情形，弟所深知他方亦不容易，实因无可设法故转再向吾兄有此恳求奉商，诸费清神，不胜感愧。（台北胡适纪念馆藏档，档号：HS-NK05-014-028）

又按，11月3日，董作宾致函胡适，谈拟建史语所仓库及办公室于杨梅或木栅之经费问题。又催寄《水经注》文章。另提及史语所图书、古物制成列表等。（台北胡适纪念馆藏档，档号：HS-US01-073-003）

10月9日 胡适致函方豪称：用旧稿纸钞先父遗文一篇，今天已用探访册本细校一遍，两本各有短长，最宜参校，始可得一定本。（六页"白石

口"一段，我疑心雨本皆有读脱，先生能参考图志，下一定论否？）此文最可助先生证明《台东州探访修志册》确系先父的遗稿。此事乞先生与黄纯青先生一谈。此文或可在《大陆杂志》上发表。（10月19日之《公论报》）

按，10月12日，方豪有复函与胡适。（台北胡适纪念馆藏档，档号：HS-US01-096-004）

10月11日　查良鉴（字方季）、周宏涛携蒋介石9月23日函来访。（据《日记》）

10月12日　胡适在日记中记道："据周君说，关于'宪法'问题，已组有一个委员会，研究办法。委员会有王亮畴、王雪艇、张其昀诸人。党派问题，我的见解似不是国民党人所能了解，似未有进展。"

10月15日　空军上校向惟萱来谈两个钟头。王徵来餐叙。（据《日记》）

10月16日　李景均致函胡适，云：

I am glad to tell you that I have just completed the translation of Julian Huxley's *Heredity, East and West*. It probably will take a few more weeks to have the original manuscript copied in a more legible form.

I wonder if you will contact Mr. Y. W. Wang（王云五）about publishing this translation which consists of approximately 130,000 Chinese words. I would much appreciate your letting me know as to what steps I should take toward its publication. Since it is inadvisable for me to use my own name, I have decided to adopt a pen name "靳镒" for the time being. You will notice that this name sounds like "gene".

It has been a great pleasure to meet Dr. T. F. Tsiang on September 27 when he spoke before the League of Women Voters here in Pittsburgh.（台北胡适纪念馆藏档，档号：HS-US01-079-006）

10月21日　何浩若复函胡适，函寄剪报两则（《蒋介石怒惩雷震》《胡适对蒋抗议》）。（台北胡适纪念馆藏档，档号：HS-US01-093-001）

10月22日 顾维钧致函胡适，云：

I have had further discussions with General Yu Ta-wei regarding the terms of reference. He, too, is of the view that they should be as simple as possible. I enclose herewith a copy of the 4th draft terms of reference of the commission based upon our discussions in New York and in Washington. Will you be good enough to give me the benefit of your comment before I consult our legal counsel and transmit them to our "Government" for its final approval?

Please find herewith enclosed also a copy each of the proposed announcement and a formal letter of invitation to the American members and make any suggestions you wish about the texts.

I am still waiting for the result of Congressman Judd's effort to secure the consent of Judge Kimbrough Stone, formerly of the U. S. Circuit Court of Appeals, to serve on the commission. As soon as his consent is obtained, we will approach Mr. Woll of A. F. L.

I am sorry that T. F. has to leave so soon for Paris because he has been most helpful in trying to secure the necessary number of eminent American citizens for the commission.

Enclosures：

A copy each of draft letter of invitation, terms of reference, and draft announcement.（台北胡适纪念馆藏档，档号：HS-US01-093-017）

10月24日 徐大春复函胡适：收到《徐偃王志》及"自由中国"三册，谈及对胡适文章的看法。告台湾当局已通缉翁文灏，又谈及自己学习以及申请"护照"展期等。（台北胡适纪念馆藏档，档号：HS-US01-093-002）

10月27日 胡适复函陈之迈，谈其友Lawrence Brown论中国历史文化的论文：此君太不懂得中国通史，所以他敢用一句话抹杀两千年的历

史……我的 notes 也很不客气，但他若是有作学问的虚心，也许不致太生气。其实也不能全怪外国学者，我们自己太不努力，到今天还没有一部可读的通史。(《胡适之先生年谱长编初稿》第六册，2194～2195页)

11月

11月5日　杨鸿烈致函胡适，在香港遥祝胡适花甲之庆。前邮呈英文《中国法律发达史稿》742页，想已平安抵美。又谈及应征香港大学、马来西亚大学教职尚无回音，致生活全赖李祖佑医生借贷接济。希望胡适能代为删改斧正，润色推荐，使"处女作品"能变成"稻粱"。(台北胡适纪念馆藏档，档号：HS-NK05-109-014)

11月7日　段荣昌复函胡适，感谢胡适赐函，报告其由大陆逃至缅甸后所见当地情况及其活动；自己建立了一个民主政治学会，奉胡适为旗帜：

……生建立了一民主政治学会，在彼此空暇时，给他讲讲国际问题，及应该革命目标。现函禀我师，您就是这正确路线的旗帜，因事先未得与我师联系，故只告同志以路线，未告以旗帜。他们有问的，生则含糊答"你们且努力，且坚定思想，不久你们就可以得见了"。今我师如有何指示，生愿舍身在南洋或其他地方唯我师之命是活动，只要一作，乘着这时代潮流，不久势力即可大大可观了。

如活动，能与美府取一联系，则功更易速成矣。(台北胡适纪念馆藏档，档号：HS-US01-093-003)

11月8日　胡适在房兆楹、杜联喆合编《增校清朝进士题名碑录附引得》(北平：哈佛燕京学社，1941年)扉页上注记：编者房兆楹先生、杜联喆女士第二次赠我此册。(《胡适藏书目录》第2册，1023页)

同日　陈之迈致函胡适，再讨论社会主义与共产主义诸问题。(台北胡适纪念馆藏档，档号：HS-US01-079-005)

11月13日　胡适在日记中粘贴他人寄来的11月6日台湾《新闻天地》

第 44 期刊登的施问樵《第三势力抬头？》一文，又评论道：

> 此大概是李德邻方面发出的稿件，作者必知道李德邻十月初来看我一次，他预料我是讲礼貌的人，必定要去回拜他，所以他就在十月廿二日发稿出去了！
>
> 他没有料到我十月里太忙，竟不曾去回拜！冬秀常催我打电话去约个时候，好去回拜。"没有叫人家说你不讲礼数。"我总拖延不去。今天见此段"记载"，我指给冬秀看，她才明白了。
>
> 作此文者存心造谣，故他故意把张忠绂先生拖进来。其实我从1950年二月十一日以后，就没有见过德邻先生，直到今年（1951）九月十五（中秋），何浩若邀梅月涵家与我家去吃饭，我去的晚，进门始见李德邻夫妇在座。以后他打三次电话来，说要来看我，直到十月初，我才约他来。作此文的人，故意不说何浩若，又不说德邻来看我，可见其用意了。

11 月 14 日 顾维钧打电话来告知：毛邦初、向惟萱的案子，台湾当局今天在华盛顿法院起诉。晚车去北卡罗来纳州的北卡罗来纳大学女子学院，参加一个社会科学论坛。（据《日记》）

11 月 19 日 胡适复函杨联陞，追叙自己考证"范缜作《神灭论》的年代"这一论题的主要观点。（台北胡适纪念馆藏档，档号：HS-LS01-003-014）

> 按，11 月 27 日，杨联陞复函胡适，云：胡函已给陈观胜看过了，他觉得您的考证，决定梁武帝敕答及诸人弘赞的年代，是没有问题的；但还有一点，即是可能范缜早造此论，至此时才引起萧琛、曹思文及武帝等的大辩难。如此或可勉强维护《梁书》及《南史》记载。（台北胡适纪念馆藏档，档号：HS-LS01-003-015）

11 月 23 日 王隐三致函胡适，希望胡适领导自由民主运动，愿追随左右，又谈及雷震来信嘱领教益事。（台北胡适纪念馆藏档，档号：HS-US01-

093-005）

同日　方豪复函胡适，告稿子收到。又附寄"后山总图"，并论"鲁木鹿"非"鲁木麻"等条与胡传事。又告稿自整理完毕，已交董作宾。（台北胡适纪念馆藏档，档号：HS-US01-096-005）

11月26日　蒋介石致电周宏涛：问适之先生，关于经济、工矿、社会与"外交"等各部门，有学识、有毅力，能设计督导之学者，请其密举5人至10人为盼。（台北"国史馆"藏"蒋中正'总统'档案"，档号：002-010400-00018-039）

11月28日　"中国大陆灾胞救济总会"致胡适代电：恳请胡适发动美洲劝募，以救济从大陆出来之同胞。（台北胡适纪念馆藏档，档号：HS-US01-091-026）

同日　李国钦函邀胡适出席一年一度的圣诞午宴。（台北胡适纪念馆藏档，档号：HS-US01-091-019）

11月30日　周宏涛致函胡适，云：

……此次来美，得聆雅教，如坐春风……

顷接"总统"来电，命晚问候贤劳，并以"国内"政经建设人才缺乏，尤以关于经济、工矿、社会建设（包括"司法"）以及"外交"等各部门有毅力，能设计、督导之学者为然，请先生惠予密举五人至十人等因谨以奉。闻"政府"望治之切，求才之殷，谅当为先生所乐闻及协助者也。晚来美瞬逾二月，颇思早返。毛案未决，因之犹豫，甚望十二月中旬前后能获成行。届时先生有覆"总统"之书，翰愿为携回转陈……（台北胡适纪念馆藏档，档号：HS-US01-091-012）

同日　顾颉刚日记有记：为星期日《大公报》社"胡适批判座谈会"作书面报告，约3500字。（《顾颉刚日记》第七卷，141页）

12月

12月2日　顾颉刚日记有记：到《大公报》社参加"胡适批判座谈会"，自2时至6时。"前、昨两日所写，昨晚给同桌人看，说分量不够。今日给丹枫看，说我讲胡适以前有进步作用，固是事实，但不能讲。因劝予不必用书面方式，为代拟一纲要。盖至于今日而真话说不得矣。"又记出席座谈会名单为王芸生、沈尹默、刘咸、林同济、周谷城、吴泽、张孟闻。"今日会上，和胡适有直接关系者只我一人。此会当是北京方面命开者，而我则为其提名，不容不到，故连日有电话来催迫。"（《顾颉刚日记》第七卷，143页）

12月3日　张国焘致函胡适，推崇胡"自由中国"抗议事，请胡为"中国之声"撰稿，又希望胡适能撰文纪念丁文江：

>……国事演变至此，海外流亡如我辈者，能不忧愤感慨备至。处此疑难丛生之今日，如无先生指示，心中总觉得若有所失。每于报章得读宏论，顿觉快慰，尤以为"自由中国"事之抗议一函，令人景仰。国焘近与友人合办"中国之声"周刊，已出版至第八期，均已按期寄上，未审已收到否？这周刊内容不合理想之处尚多，惟销行颇广，如蒙赐教指正，俾遵改进……倘荷惠赐宏文，影响所及将至为深远，岂独增加敝刊身价而已。处境虽十分险恶，但有可为之机，当愿勉尽绵薄。明达如先生者，或将不遗在远。又明年一月五日为丁文江先生去世之日，拟请先生及张君劢、丁文渊诸先生撰文为之纪念，此固对一代科学巨人之推崇，即对国内外学术界人士，亦可藉此表示吾人之观感……

（台北胡适纪念馆藏档，档号：HS-US01-091-002）

12月4日　胡适复函袁同礼，谈到：胡传的日记将于近日寄上；生日时不在纽约，"因事势如此，实无颜做生日"，故请袁不要来纽约；袁推荐方豪去哈佛燕京做研究事，若有需要助力之处请示知。（《胡适全集》第25卷，

480 页）

同日　董时进致函胡适，对"少年中国"刊登《胡适痛斥所谓第三势力》的谈话持异议。（台北胡适纪念馆藏档，档号：HS-US01-093-006）

12月6日　Ernest K. Moy 致函胡适：

> With further reference to the relief project for the benefit of Chinese intellectuals, I am glad to report that since Congressman Judd sent out his letter inviting prominent Americans to join a Committee, he has received acceptances from, among others, General George C. Marshall, General A. C. Wedemeyer, Admiral H. E. Yarnell, Hon. Paul V. McNutt, Jr., Mr. Henry Luce, Hon. Joseph C. Grew, Gardner Cowles, H. V. Kaltenborn, William Green, and Bishops Herbert Welch and G. Bromley Oxnam.
>
> I suppose that the Committee will be incorporated some time this month. It is expected that in addition to the forming of an Advisory Committee of Chinese intellectuals, of which I respectfully hope you would be the Chairman, there may be organized another group known as "University Presidents Sponsors", in view of the fact that the records in our possession now show that the American college graduates alone among the intellectuals and professionals in Hongkong are alumni of at least seventy American colleges and universities.

（台北胡适纪念馆藏档，档号：HS-US01-094-007）

同日　顾颉刚日记有记：为了批判胡适，足足费了我半天功夫，恐怕此后再要作更深彻的讨论。（《顾颉刚日记》第七卷，145页）

同日　方东美致函胡适，为其子方天华赴美与会时顺道趋谒，蒙胡适关爱事致谢，又谈及自己近况。（台北胡适纪念馆藏档，档号：HS-US01-091-004）

12月11日　蒋介石电令俞国华赠送胡适美金5000元。同时请俞转胡适一电：先生60大寿，不克亲贺，无任想念，特托俞、周二君代为祝贺，并颂伉俪康健。（台北"国史馆"藏"蒋中正'总统'档案"，档号：

002010400018043、002010400018042）

同日　在普林斯顿大学讨论葛思德东方图书馆的一次会议上，为了节省开支，有意擢升胡适的助手童世纲为馆长，并在1952年终止胡适的聘约。（参见周质平《光焰不息》，九州出版社，2012年，380页）

12月12日　胡适晚车起程，13日下午到South Bend的University of Notre Dame。此去是参加Univ. N. D.的Natural Law Institute。讲题是"Has Chinese Thought Developed a Concept or Concepts of Natural Law?"此稿费20天时间，始写成大半。（据《日记》）

12月16日　雷震日记中有当日陆京士谈见胡适等情：

> 下午访陆京士，因他去美今日"返国"。他说见到胡适之，对"自由中国"过去烦恼，略为言之。适之说"军法"与"司法"不分开，政治无法上轨道。适之拟"返国"住二个月，因太太无人照料。（《雷震全集》第33册，210页）

12月17日　胡适自圣母大学搭火车回纽约，有"生日决议案"，决定谢绝一切职务来还清一生所欠的债务：将《中国哲学史大纲》的下卷写完，改为《中国思想史》；完成《中国白话文学史》；《水经注》的考证，应该判决了。如果国家有事，需要我用嘴、动笔、跑腿，只要能力所及，无论为团结自由力量，还是为"自由中国"说话，我总愿意尽我的力量，而不一定担任什么公职。（《胡适时论集》第7册，27～28页）

> 按，《胡适之先生年谱长编初稿》指出，胡适是自普林斯顿大学搭车回纽约（该书第六册，2195页）。陈通造先生与笔者微信交流时认为此说不确，并指出系从圣母大学返纽约。本谱从陈说。

同日　胡适收到的生日礼物中有 Thomas Jefferson: A Biography（by Nathan Schachner，纽约，1951）一书。扉有赠书者题记：The trustees of China Institute in America send Dr. Hu Shih their heartiest congratulations on his sixtieth birthday. They offer him this story of Thomas Jefferson, another university leader, with their admiration and affection. New York, December 17, 1951。(《胡适藏书目录》第 4 册，2917 页)

12 月 26 日　张佛泉致函胡适，为恢复"独立时论社"，拜托胡适写信给"自由亚洲委员会"的 Mr. Noble。张函云：

……恢复"独立时论社"发稿事，曾由王聿修兄拟一英文计划，托蒋廷黻先生修正后，转寄旧金山"自由亚洲委员会"主席格林先生，并已得代主席 Mr. Noble 回信，表示对计划极感兴趣。兹将计划初稿及 Mr. Noble 覆函抄本附上一阅。佛泉等本不应再扰清神，唯思此事发展至现阶段，必得先生加以绍介，方望能使对方彻底了解本计划之价值，因之我们再来请求先生给 Mr. Noble 写信，请对他证实"独立时论"稿件当时曾有订户六十余家报纸……并请证明佛泉、聿修自起始至结束均曾担任编辑和写稿工作。

先生如能对现计划加以推举，并对聿修、佛泉多年来写作评论，始终在发挥民主精神，反对极权主义的情形，略加介绍，自然更所希望。我们如此打搅先生，实非得已。因为我们举不出旁人能知道"独立时论社"的情形……比先生知道的更清楚。"自由亚洲委员会"今后的成功，也正有待于我们亚洲人的协助，我们应提示他们甚么是可作的事，并告以谁是可合作的人。所以，先生此次写信，并不必专当做是为我们找职业……（台北胡适纪念馆藏档，档号：HS-US01-063-002）

12 月 30 日　叶公超、蒋梦麟致电胡适：

...TAIWAN SUGGEST ESTABLISH "TSINGHUA UNIVERSITY". HERE IN COOPERATION WITH TAIWAN UNIVERSITY BY TAKING CHARGE OF ITS FOUR COLLEGES SCIENCE ENGINEERING AGRICULTURE MEDICINE. PLEASE CONTACT STUART AND MEI FOR THEIR VIEWS. DETAILED PLANS COULD BE WORKED

OUT IF THEY EOREE[AGREE]．（台北胡适纪念馆藏档，档号：HS-US01-065-009）

同日 "自由阵线"第 3 卷第 12 号刊登"HU SHIH—REDS' NEW TARGET"一文。

同日 杨鸿烈、万家淑致函胡适，告在香港大学谋职不顺及与其交涉等情。希望以《中国法律发达史》作抵押，告贷 500 元美金。（台北胡适纪念馆藏档，档号：HS-US01-063-004）

12 月 31 日 胡适致函杨联陞，云：

> 范缜在萧子良时代已出头指摘因果之说，他的根据是王充的偶然论。当时朝野攻击他，驳难他，大概是为了因果论问题。这也是佛教的中心问题，故值得朝野哗然。十多年之后，范缜才发表更根本的《神灭论》，引起的辩难更激烈，甚至于皇帝有敕答臣下之举，甚至于有六十余位王公朝士书面拥护皇帝之举。如此热烈的争辩，似乎不会是追论前朝永明时期的一篇旧文字罢？你说"亦不至于有十余年之久"，正是此意。

胡适又详列当时的争论次第，并指出这些争论的事大概都是天监六年下半年的事。胡适又云：

> 你问我"反不朽论"的材料，我要特别推荐朱子的两封信：
> （一）答连嵩卿第一书的末一长段（《文公文集》卷四十一）
> （二）答廖子晦第二书（参第一书答子晦问子路问鬼神一段）(《文公文集》卷四十五）并参卷四十五最后一书。
> 此是朱子的《神灭论》的最精采之处……
> 我在 Immortality Lecture 里曾指出孔子的 agnosticism & atheism 是针对那最不人道的用人祭、用人殉葬的祖先教而发的。《论语》里记的"未能事人，焉能事鬼"，"未知生，焉知死"，"敬鬼神而远之"，真有宗教革命的意义。故墨家直说儒者主张"无鬼神"了。

宋儒如横渠、二程、朱子都是主张"神灭论"者，都是你所谓"反不朽论"者……

我所以特别看重范缜以至司马光、朱熹诸公的《神灭论》，正因为这种主张乃是打击中古宗教的一件重大武器。范缜《神灭论》之末段问此论"有何利用"：他很明白的说他的目标是打倒佛教。到了十一二世纪，是禅宗极盛的时代。禅学大师口说的极高明，但其思想动机实甚愚陋——此等禅子所以勤勤恳恳，千山万水，寻师问道，只为了"生死事大，无常迅速"！试看宗杲（《大慧全集》）教人，只念"十二月三十夜"一时到来，有何准备！

故二程、朱子都要从这一方面打击禅学，指出这是"陋"，这是"私意之尤者"！（台北胡适纪念馆藏档，档号：HS-LS01-003-016）

12月　胡适有函给胡祖望、曾淑昭：60岁了，我又是有过心脏病的人，出门总带防急药走。应该决心先把债还清了。若有余年，才可以做别的事。我今年7月1日起，谢绝一切 binding academic engagements，要用这一两年把两部书写完。这就是"生日决议"的结果。我的《中国哲学史》是民国八年二月初版，初版出来一个多月之后，祖望才出世。现在祖望33岁了。我说的"还债"，也可以说是"还愿"。我许了几个大愿，现在应该完了。一个是《中国思想史》；一个是《中国文学史》（最初名《国语文学史》，1928年修改成《白话文学史》，写到中唐为止了）；一个是我在1943年开始的《水经注》疑案的重审。现在把第二个愿搁起，先把第一、三两个愿还清。（曾淑昭：《山高水长忆家翁》，载《传记文学》第59卷第6期，1991年12月）

是年　Ralph Tyler Flewelling 著 *Conflict and Conciliation of Cultures*（Stockton, California：College of the Pacific Press, 1951）出版，作者曾题赠胡适：Dr. Hu Shih with appreciation and esteem Ralph Tyler Flewelling.（《胡适藏书目录》第4册，2737页）

次年元旦，胡适在日记中总结1951年的成绩：

回想去年的成绩，实在太坏，我很惭愧。长文只写了三篇：

1. "The Important Role of Doubt in China Thought"

2. "The Meeting of East & West in China"

3. "Has China Developed Any Concept or Concepts Comparable to the West Conception of National Law?"

短文也不多：

1. "Review of Robert Payne's *Mao Tsetung*"

2. "Review of John De Francis' *Nationalism & Language Reform in China*"

3. "Introduction to Herrymon Maurer's *Collision of East & West*"

4. "How to Understand a Decade of Rapidly Deteriorated Sino American Relation?"

稍有关系的通信是为了汪汉航（振寰）被拘禁的事，写的三封信：1.寄吴国桢、陈雪屏、蒋经国；2.寄国桢、雪屏；3.寄"自由中国"。我的信不但做到了汪君的保释，并且间接的引起"军法案"与"司法案"的划分，并且引起"自由中国有无言论自由"的争论。